新编21世纪教育学系列教材

德育原理

主编　班建武

中国人民大学出版社
·北京·

内容简介

本教材以马克思主义为指导思想，全面体现党的二十大精神，充分吸收中外德育理论和实践的有益成果，对德育的本质与功能、中国传统德育思想、马克思主义德育思想、学校德育目的、学校德育主体与对象、学校德育形态、德育模式、学校德育体系以及学校德育现代化这九大主题进行了具有思想性、时代性和科学性的分析与阐释。本教材可以作为教育学类专业和未来有志于从事教师职业的本专科学生、德育工作者学习了解德育原理的参考书。

作者简介

班建武 教授，博士生导师，北京师范大学教育学部教育基本理论研究院副院长，北京师范大学公民与道德教育研究中心主任，全国德育学术委员会副理事长。首都师范大学学校德育研究院执行院长、中国劳动关系学院劳动教育学院学术委员会主任。主要研究方向：德育原理、劳动教育、教师伦理等。在《教育研究》等刊物发表论文百余篇，出版著作10余部，主编教材4部。主讲的“德育原理”课程获评北京“高校优质本科课程”。研究成果多次获全国教育科学研究优秀成果奖。

目录

绪 论

德育是整个教育的灵魂，它对学生人格的健康发展、社会的文明进步、国家的长治久安、人类的可持续发展都有着非常重要的价值和意义。自古以来，中外诸多教育家、思想家、政治家都对德育理论与实践进行了丰富的探索，提出了许多真知灼见，并形成了具有广泛影响力的德育著作。

党和国家一直以来高度重视德育工作，多次在相关重要文件中明确强调立德树人的重要性。党的二十大报告强调："育人的根本在于立德。"要将立德树人根本任务真正落到实处，关键在于教师育人能力的提升，这离不开专业化的学习。其中，"德育原理"是教师提升自我德育专业能力的重要课程。

随着时代的发展以及人们关于德育探索的不断深入，德育已经形成了分支学科和交叉学科并存的学科群。而德育原理作为一门基础性、全局性的理论学科，是整个德育学科群得以建立的共同知识基础。因此，学好德育原理这门学科，对我们更好地把握整个德育学科群的知识体系，促进德育实践的科学化、专业化发展有着非常重要的作用。

一、学习德育原理的意义

"德育原理"是教育学专业的基础课程，在整个教育学人才培养体系中具有十分重要的地位和作用。学习德育原理不仅对自我的专业成长有重要意义，而且对个人道德修养的提升以及社会生活品质的改善都有着积极的作用。

1. 学习德育原理的专业成长意义

学习德育原理有助于我们准确把握教育的价值属性。教育具有鲜明的价值属性，它一方面承载着国家和社会的要求，另一方面也蕴含着人们对美好生活的殷切期盼。在 2018 年的全国教育大会上，习近平明确指出，要把立德树人融入思想道德教育、文化知识教育、社会实践教育各环节，贯穿基础教育、职业教育、高等教育各领域，学科体系、教学体系、教材体系、管理体系要围绕这个目标来设计，教师要围绕这个目标来教，学生要围绕这个目标来学。凡是不利于实现这个目标的做法都要坚决改过来。由此可见，作为教育根本任务的立德树人，不是某个学段、某门学科、某个人的事情，而是事关整个教育价值属性的根本问题。赫尔巴特的“教育性原则”在很大程度上也强调了道德、德育之于整个教育的极端重要性。离开了德育，我们将很难正确认识复杂教育世界中的诸多现实问题，也很难对教育的性质有准确的把握。从这个角度看，德育是我们准确理解和把握教育价值属性的关键前提，也是我们进行教育学其他专业课程学习的重要基础。

学习德育原理有助于我们提升育人的专业能力。我们要将立德树人根本任务真正落到实处，就必须坚持“全员育人、全程育人、全方位育人”。然而，相比于教师的教学专业能力，教师的德育专业能力存在着诸多先天不足。突出表现之一就是，几乎很多从事学科专业教学的教师在职前都没有系统学习过有关德育的基本知识，也缺乏这方面的实践锻炼。但是，每一位教师工作之后在事实上既要教书，又要育人。这就在很大程度上导致教师在育人方面由于缺乏必要的专业积累，在很多情况下只能凭借个人的经验进行探索。虽然育人工作离不开日常的教学活动，但是，育人和教学在具体的教育机制、教育途径和方法等方面有着很大的不同。如果教师简单套用开展教学的方式来进行德育，那么，必然带来教师育人工作实效的低下。因此，现有的教师教育培养体系迫切需要加强教师育人专业能力的培养，而“德育原理”毫无疑问是切实提升教师育人专业能力的核心课程。

学习德育原理有助于我们促进教育品质的真正提升。当前中国社会已经进入新时代。新时代的社会主要矛盾已经转化为人民日益增长的美好生活需要和不平衡不充分的发展之间的矛盾。这实际上表明，单纯的物质刺激已经很难满足当代人生活的需要。人们不仅需要在物质层面更加富足，更需要在精神层面获得全面性的发展。当代学生的家长，基本上是在改革开放之后成长起来的新一代，他们对生活、对教育的理解与过去相比已经发生了很大的变化。学校只靠升学率是很难满足这些家长的需要的。在很大程度上，人们对教育的需要已经开始从过去对成绩、升学率的狂热转变到了现在对孩子全面发展、人格完善的重视之上。这一切都表明，未来学校发展的竞争，不是以成绩为唯一目标的，而是以造就自由而全面发展的人为追求的。如果学校不能敏锐地把握人们对教育的美好期盼和对未来社会的要求，那么，学校的发展将难以为继。这就需要学校教育转变其发展的内在逻辑，从过于注重教育的外在效益转变到真正促进孩子全面发展的轨道上来。这一转变的实现，建立在对德育的高度重视和切实推进的前提之上。可以说，谁抓住了德育，谁就抓住了未来学校发展的核心竞争力。要想抓好德育，就离不开对德育的自觉学习。唯有在主动学习的基础上积极探索、不断实践，才能够确保学校德育发挥其良性的育人效果。对德育的学习，不能仅局限于经验性的模仿和照抄照搬，更应有基本德育思维力、批判力和创新力的自觉提升，这就需要我们高度重视德育原理的学习。

2. 学习德育原理的个人幸福价值

学习德育原理有助于提升自我的道德修养。道德是人之为人的基本属性。离开道德，人就会与禽兽无异。对此，孟子就认为："无恻隐之心，非人也；无羞恶之心，非人也；无辞让之心，非人也；无是非之心，非人也。"从孟子的论述可以明显看出，他基本上是从道德的要求的角度去定义人的素质的。而作为人的基本条件的道德，并不是个体先天就具备的，它是个体在后天的社会生活中不断塑造的。哪怕是持"性善论"的孟子，也仅仅认为人具有"善端"。这一"善端"同样是需要个体在后天的社会生活中不断涵养才能不断成长与发展的。对于当代人而言，其所面临的道德生活空前复杂，人们比过去更容易遭遇种种道德难题和困境。在这种情况下，个体仅靠其本能和经验，是很难适应这样复杂的道德生活现实的。这就需要我们有不断进行道德学习的内在意识和外在行动。虽然德育原理并不直接指向学生道德修养的提升，但是，德育原理中包含着对德育基本问题的理论分析，包含着人们对品德形成和发展规律等问题的科学论述，因而在客观上必然有助于个体对道德、道德生活有着更为准确和深入的认识，更能提高自我的道德理性和道德智慧。

学习德育原理有助于提升我们社会生活的品质。道德不仅仅是一个人修养的重要组成部分，也是社会和谐、文明进步的重要标志。道德作为一种重要的社会关系调节准则，不同于法律、经济等社会运行规则的重要地方就在于，它更多以利益外推的方式来缓解人与人之间的利益冲突，因而也就更能彰显社会生活中的人性光辉，使人们的社会生活更有温度。如果每个人都十分计较自己在社会生活中的利益得失，不愿意为他人让渡一些个人的利益，那么，必然会导致社会关系的紧张。如果人与人之间的关系仅靠法律来调节，那么，这个社会的运行或许会很有秩序，但是人与人之间会缺乏必要的温暖。比如，如果家庭中的老人赡养不是建立在子女的"孝"的基础上，而是需要依靠外在法律的强制约束才能确保子女赡养老人义务的履行，那么，这样的赡养由于剥离了"孝"的道德内涵，其所剩下的就只能是个体对法定义务的被动执行，而缺乏了人伦之情的温度。当前，社会关系中出现的诸多不和谐现象，大多与人们过于执着地从经济、法律的角度考虑人与人之间的利益关系，而忽视了道德的调节作用有着非常密切的关系。因此，塑造一个有德性的文明社会对每个人而言都是十分重要的事情。通过对德育原理的学习，我们能够洞悉道德与社会之间的内在联系，更能够意识到自我德性与社会进步的关系，从而有助于更加文明和谐社会的形成。

二、德育原理的学科属性

准确把握德育原理的学科属性，是我们学习好这门学科的重要前提。具体而言，对德育原理这门学科属性的把握，可以从学科的研究对象、学科特征和学科发展三个维度着手。

1. 德育原理的研究对象

厘定一门学科的研究对象意义重大。学科之间的不同，在很大程度上主要就是通过各自研究对象的特殊性体现出来的。因此，把握德育原理的学科属性，首先就要明确其研究对象。

关于德育原理的研究对象，不同的学者有着不同的观点。总体而言，当前关于德育原理的研究对象主要有如下看法：(1) 德育原理以德育规律为研究对象；(2) 德育原理的研究对象是德育问题；(3) 德育原理的研究对象是德育现象。

那么，怎样才能准确把握德育原理的研究对象呢？实际上，研究对象的确定与研究任务是紧密联系在一起的。一旦明确了德育原理的研究任务，我们就能相对容易地把握德育原理的研究对象。

总的来讲，德育原理是德育学科群中的一门基础学科，其根本任务是揭示德育的本质和规律，从而为德育实践的科学有效开展提供理论指导。而本质和规律是隐藏在纷繁复杂的现象背后的必然联系，脱离对现象本身的探讨，是很难发现现象背后的本质和规律的。因此，要揭示本质和规律，就必须深入对现象的研究。从这一角度出发，德育现象毫无疑问就成为德育原理研究所需要直面的对象世界。

但是，这里存在的一个问题就在于，德育现象林林总总、五花八门，是所有的德育现象都是德育原理的研究对象，还是其中的一部分才构成德育原理的研究对象？如果是一部分德育现象是德育原理的研究对象，那么，具有什么特征的德育现象才能在事实层面构成德育原理的研究对象呢？显然，将所有德育现象都纳入德育原理的研究对象是不现实的，也是不必要的。德育学科发展到今天，已经分化出了诸多分支学科和交叉学科，德育原理只是德育学科群中一门具有基础性、原理性的学科，它不能完全代替德育其他学科对整个德育现象的研究。因而，其研究对象必定是有限的。

要准确把握德育原理的研究对象，首先需要对研究对象这个概念本身有清晰的认识。实际上，研究对象并不是一种自发的存在。在很大程度上，研究对象这个概念本身就表明了它是一个明显带有主体价值诉求的概念。也就是说，作为人的重要实践活动的研究，必然带有人作为主体的价值烙印。因此，只有当特定的现象与人的价值诉求产生意义关联的时候，这样的现象才会具体转化为被人研究的对象。德育原理研究对象的确定，同样也应遵循这样的思路。

那么，什么样的德育现象会与人们对德育原理学科的价值诉求产生意义关联呢？从前文分析可以看出，德育原理的任务是揭示德育的本质和规律，最终要达到对德育实践的改进的目的。因此，凡是与德育实践密切相关的德育基本问题，都容易与德育原理学科的价值诉求产生意义关联。从这个角度看，德育现象中那种带有基础性、全局性的德育基本问题，就必然成为德育原理这门学科的研究对象。

强调德育原理的研究对象是德育现象中的德育基本问题，这就意味着德育原理学科的研究需要从鲜活的德育实践出发，对实践中那些带有基础性、全局性的德育问题有敏锐的洞察力和自觉的理论思考力，才能够为德育实践的有效推进提供具有纲举目张效果的理论引导。具体而言，在德育实践中，基础性、全局性的基本问题主要包括：德育的本质和功能、德育的思想基础、德育的目的、德育的对象与主体、德育的形态、德育的模式以及德育的体系等等。对这些问题的研究，必将深化人们对德育本质和规律的认识，从而可以更好地指导德育实践的健康开展。

2. 德育原理的学科特征

德育原理的研究对象的特殊性，使得其具有不同于其他学科的一些基本特征。总体而言，德育原理具有如下学科特征：

首先，德育原理具有鲜明的基础理论特点。虽然德育原理学科是建立在德育实践问题研究的基础上的，但是，这并不表明德育原理是一门具体的德育实务学科。在很大程度上，德育原理关注的是对德育实践中那些带有一般性、普遍性德育问题的理论研究，因而，其所揭示的德育规律带有整体性、方向性的指导意义，而并非对各种具体德育问题的操作性解答。也就是说，德育原理学科不负责解决各种实务性质的教育问题，它更多的是在原理层面澄清问题、阐明规律、引领方向。

其次，德育原理具有突出的科际整合特征。人的道德生活涉及社会的方方面面，这就使得德育自身的复杂性要远远高于人类的其他实践。面对这一复杂的人类德育实践，仅靠单一的学科是很难全面洞察德育发展的基本规律的。因此，德育原理学科需要不同学科的协同研究。这就使得德育原理这门学科呈现出科际整合的特点。总体而言，教育学、伦理学、心理学、政治学、社会学、法学等不同学科，在德育原理的学科建设中，都发挥着非常重要的作用。从这个角度看，德育原理具有明显的多学科、跨学科的学科特性。

再次，德育原理具有明显的价值研究和科学研究相结合的学科特性。德育必然包含着人们对真善美的价值判断，因此，研究德育原理需要坚持正确的价值导向。在我国，关键就在于坚持马克思主义的基本立场、观点和方法，特别是唯物史观和唯物辩证法在德育原理学科建设方面的思想引领作用。与此同时，德育必须坚持实事求是的科学研究原则，尊重教育规律和学生品德发展的规律。唯有如此，才能把德育建立在科学的基础上。总体而言，德育原理的价值性表明了德育需要正确价值观的引导，而德育原理的科学性则强调德育要按规律办事。二者的有机统一是德育原理学科的重要特点。

最后，德育原理具有强烈的现实关怀。虽然德育原理强调其不同于德育实践的原理性，但是，这并不代表德育原理完全脱离实践。实际上，德育原理对现实有着强烈的关怀。一方面，德育原理的形成源于对德育实践真实问题的主动关照，缺乏对德育实践的内在关怀，德育原理将成为无本之木、无源之水。另一方面，德育原理的最终任务不是停留在脱离实践的形而上理论构建上，而是要重新回到实践，能够对实践有现实的引领作用。德育原理只有对鲜活的德育实践足够重视，能够主动对实践开放，才能找到理论不断发展、不断创新的不竭动力，从而才能保证德育原理的生命活力。

3. 德育原理的学科发展

作为人类实践重要组成部分的德育，有着非常悠久的历史。但是，作为一门学科，德育原理则是近代以来才产生的。要想对德育原理这门学科有更为透彻的了解和认识，就需要对德育原理的学科发展轨迹有一个起码的把握。

总体而言，德育原理的最初形态萌芽于人们的德育思想。可以说，自有人类德育实践以来，德育思想就普遍存在于每个人的头脑之中。相比于普罗大众，历史上一些著名的思想家，如中国的孔子、孟子，古希腊的苏格拉底、柏拉图、亚里士多德等人的德育思想更受学界的重视。总体来讲，德育思想是人们关于德育的一种价值性的哲学思考，它更多的是融合在当时人们关于世界的整体性认识中。虽然这些思考缺乏理论上的系统性，也缺乏研究上的科学性，但是，它却反映了人们关于德育的一种最直观、最朴素的看法，成为我们研究德育最鲜活的思想资源。

随着德育实践的不断丰富以及人们关于德育认识的不断深入，原本融合在思想家整体理论体系中的德育思想日益成熟。在这种情况下，德育思想日益向德育论转变。所谓德育论，主要指的是德育已经是一个专门的认识领域，人们关于德育的认识已经由过去德育思想的自发状态走向了一种相对自觉的状态。这突出表现为，人们关于德育的认识已经成为其思想体系，尤其是教育体系中的重要组成部分。比如，夸美纽斯的《大教学论》中就有关于德育的专门论述，如其中第 23 章是道德教育的方法，第 24 章是灌输虔信的方法，第 26 章是论学校的纪律。洛克的《教育漫话》、赫尔巴特的《普通教育学》等著作中也有关于德育的专门论述。相比于以往散落于思想家学说体系不同位置的德育思想，这些关于德育的专门论述，毫无疑问是德育理论化、体系化的重要进展。

伴随人们对德育理论化、体系化探索的不断深入，一种不同于德育论的德育学科形态——德育学逐渐凸显，并成为专门的学科形态。所谓德育学，主要指的是，原本作为思想家整体教育体系有机组成部分的德育，从其所属的教育体系中独立出来，变成了人们独立研究的一个专门领域。这一专门领域的出现，实际上标志着德育学科的正式诞生。在这方面，具有标志性的成果主要有：涂尔干的《道德教育论》（1902，又译作《道德教育》）[①]、杜威的《教育上的道德原理》（1909）、凯兴斯泰纳的《品格概念与品德教育》（1912）、梁启超的《德育鉴》（1905）、蒋拙诚的《道德教育论》（1920）、余家菊的《训育论》（1931）、李相勖的《训育论》（1935）、吴俊升的《德育原理》（1948）、姜琦的《德育原理》（1944）、汪少伦的《训育原理与实施》（1946）等。其中，蒋拙诚的《道德教育论》吸收了现代伦理及欧美各国的德育思想，并初步形成了道德教育思想的体系，可以视为独立的德育学在中国产生的标志。

随着德育学研究的不断深入，人们关于德育的认识进一步丰富。在此基础上，德育学科朝着两个方向不断发展：一是德育学科自身内部不断分化，形成德育管理学、德育课程与教学论、德育技术学等分支学科；二是德育学科与其他学科交叉融合，形成了德育哲学、德育心理学、德育社会学、德育美学、德育人类学等交叉学科。这就使得当代德育形成了一个庞大的德育学科群。在德育分支学科和交叉学科研究不断深入的背景下，人们关于德育的认识进一步深化，在此基础上，就形成了一门具有基础性和概括性的理论学科——德育原理。可以说，德育原理的出现，是德育学科发展不断成熟的重要标志。吴俊升 1948 年出版的《德育原理》可以看作我国德育原理学科诞生的标志。

改革开放后，我国德育原理学科获得了长足的发展。各种有关德育原理

---

① 本书成书于 1902—1909 年涂尔干任教巴黎大学讲授教育学课程（道德教育、学校道德教育等课程）期间，但正式出版于 1925 年（中译版 1929 年）。

的著作呈现百花齐放的繁荣局面。其中，最具代表性的著作有：

（1）胡守棻主编的《德育原理》。该教材是华东师范大学、北京师范大学、西南师范学院、南京师范大学、安徽师范大学、湖南师范学院、天津师范大学、山东师范大学八所院校的专家学者集体智慧的结晶，体现了那个时代的德育学人对德育原理这门学科的基本共识。该教材于1989年由北京师范大学出版社出版。可以说，这部教材是新中国第一部德育原理教材，在中国德育原理学科发展史上具有里程碑式的意义。

（2）鲁洁、王逢贤共同主编的《德育新论》。《德育新论》于1994年由江苏教育出版社出版。这部著作介绍了道德教育与道德哲学、文化学与德育、德育与认知、道德与情感、德育的本质和面临的新挑战、德育的目标及其分类、德育过程理论、德育过程中的教育者、学生的思想品德评价、当代西方道德教育的发展及其特点等方面的内容，对当时社会发展的突出现实问题做出了积极的德育回应，可以看作新时期德育研究的集大成之作。书中对德育变革与发展的诸多基本理论问题进行了新的阐释，对整个德育学科的发展具有非常重要的影响。

进入21世纪后，有关德育原理的研究更加活跃，涌现了一大批优秀的德育原理著作和教材。比如，北京师范大学檀传宝的《学校道德教育原理》、华东师范大学黄向阳的《德育原理》等都是各具特色的德育原理教材。随着时代的不断发展和研究的不断深入，德育原理这门学科也必将迎来新的发展机遇。

三、学习德育原理的方法

要想学习好德育原理这门学科，就必须掌握正确的学习方法。为此，需要首先了解德育原理的研究类型，进而确定德育原理的学习要求。

（一）德育原理的研究类型

一般来讲，德育原理的研究，依据其研究目的和方法的不同，可以区分为规范性研究、描述性研究和元研究三种主要类型。

1. 德育原理的规范性研究

规范性研究主要是依据事物的内在联系和逻辑关系，采用从目的到手段、从内容到方法逐步演绎的方式在理论上推导结论。其出发点是一定的价值标准和行为准则，目的在于研究“应当做什么和怎样做”。因此，在概念揭示和命题陈述上，规范性研究更多的是对事物现象做出如何变革的规定，主要采用的是纲领性定义、规范性命题。可以说，当前德育原理的诸多研究，大多属于规范性研究的范畴。

具体而言，德育原理的规范性研究大多以规范伦理学（normative ethics）为基础进行。规范伦理学主要研究人们的行为准则，是探究道德原则和规范的本质与评价标准的理论，主要有功利主义、义务论以及德性论等流派。

从功利主义的角度审视人们行为的正当性，主要强调的就是行为的后果要有助于大多数人福祉的实现。从这样一种视角研究德育，更多的是突出道德行为的结果而较少考虑个体的道德动机。

从义务论的角度看个体行为的正当性，则是聚焦在其行为所依据的准则的绝对性之上。康德的绝对命令被视为义务论的典型代表。康德认为，一个行为在伦理上是对的，需要满足两个基本条件：当且仅当这个行为准则可以普遍化，当且仅当行为者在完成这个行为时不把任何人当作手段。这两条原则是绝对的，无论行为后果如何。因此，基于这种视角来探讨德育，就是要强调个体的道德义务，更强调人的目的性存在。

从德性论的角度探讨人的行为的正当性，则是认为人的行为的正当性既不在于行为的后果，也不在于行为的准则，而在于个体对自我德性的内在要求。德性论所重视的是“我应该要成为什么样的人”，基于个人想要成就的人格特质，去努力培养相对应的气质倾向。因此，德性论特别强调道德判断的训练胜过对义务的学习，良好习惯的培养远胜于强调纪律。

由此可见，虽然功利主义、义务论和德性论都同属规范伦理学的范畴，但是它们各自的价值旨趣是存在较大的差异的。这三种不同的理论出发点，都从不同侧面关照了现实道德生活的部分事实。但是，仅仅依靠其中一种作为个体或社会行为的唯一准则，是不能很好地揭示整个人类道德生活的所有面向的。因此，我们需要对这三种不同的规范伦理学取向有一个综合的、具体的判断。

2. 德育原理的描述性研究

如果说规范性研究更多反映的是人们研究的某种价值诉求，那么，描述性研究则是尽量避免个体价值判断的影响，而追求所谓的客观事实或规律。因此，描述性研究大多采用自然科学实证主义研究范式，其主要是关于“是什么”的研究。它更多的是采用归纳法，从事实中概括出规律。因此，在概念揭示和命题陈述上，描述性研究主要采用的是描述性定义和命题。

德育的描述性研究主要就是在描述伦理学（descriptive ethics）研究的指导下，试图揭露人们真实的道德观念，包括个体的价值观、对与错的举止、道德主体的良善特征等问题。一般而言，德育的描述性研究只重视对对象价值观和伦理判断标准的客观看法，并不涉及对其观念和行为在道德上的价值判断。在这方面，德育的描述性研究主要包括两种实践取向：

一种是绝对主义的描述性研究。这类研究主要着力于揭示德育中具有普遍适用性的客观规律。有关德育心理学的研究，就是这方面的典型代表。比如，科尔伯格（Kohlberg）的关于品德发展的“三个水平六个阶段”的揭示，就是带有一般规律性的研究结论。

另一种则是相对主义的描述性研究。这类研究不强调从对象中概括出具有普遍性的客观规律，而是强调对特定区域、特定文化中生活着的个体或群体的道德生态有客观真实的展示。这方面的研究以德育人类学、德育社会学见长。

实际上，德育的描述性研究对增强德育研究的科学性有着非常重要的价值。当前德育中存在的诸多问题，都与人们对德育中一些规律性的东西把握不准确有着非常密切的关系。比如，我们都在强调大中小学德育要实现一体化建设，要能够做好不同学段德育的有效衔接，但是，作为衔接重要依据的学生品德发展的阶段特点，目前还没有被充分研究明白。这就在很大程度上影响了德育研究的深度，也制约了德育实效的提高。

3. 德育原理的元研究

元研究主要是以学科自身为研究对象，其目的是澄清学科发展的基本概念和命题，促进学科研究的科学化。在元伦理学（meta-ethics）看来，限于研究道德规范和行为善恶等具体问题的规范伦理学由于更多反映的是人的一种主观价值诉求，因而没有多大科学意义。因而，元伦理学主张用逻辑和语言学的方法来分析道德概念、判断的性质和意义，以此达到学科自身科学性不断提高的研究目的。

元伦理学对德育研究最大的启示就在于，需要对现有的德育学科自身做自觉的理论反思，厘清其中各种司空见惯的概念和命题的具体内涵，避免因概念和命题的内涵不清导致思想和认识上的混乱。比如，作为德育中重要概念的善与恶的具体内涵是什么需要在新的历史背景下给出更加清晰的逻辑推断。德育中的事实判断与价值判断之间的关系，同样也需要进行进一步的分析。总而言之，对德育的元研究会进一步强化研究者的理论和方法的自觉意识，使德育学科体系概念和命题更加精准与科学。

（二）德育原理的学习要求

学习德育原理不仅要把握其基本研究类型，更要注意相关的具体要求。基于德育原理的学科特点，有关德育原理的学习要求主要包括以下六个方面：

1. 坚持马克思主义思想指导

德育原理的价值性决定了我们在学习德育原理时必须坚持马克思主义思想的指导。在当前这样一个价值多元的社会环境中，各种不同价值观念相互激荡。如果缺乏正确价值观的引导，我们在德育原理的学习过程中就容易被各种似是而非的价值观点迷惑。马克思、恩格斯创立和阐明的历史唯物主义和辩证唯物主义是我们在这个纷繁复杂的社会中辨明方向的世界观和方法论。马克思主义关于道德、教育、社会实践和意识形态等一系列重要问题的精辟论述，对我们深入学习和准确把握德育原理的基本概念、命题，以及改进德育实践均有着非常重大的理论意义和实践价值。在中国革命、建设、改革和开创新时代的历史进程中形成的中国化时代化的马克思主义思想，对当代中国德育理论研究和实践探索更是具有直接的指导意义。

2. 立足中国基本国情

德育原理的学习要立足中国基本国情，才能准确把握其基本要求。可以说，德育是一个国家实现政治安全、文化安全的重要保证。正因如此，各个国家都高度重视通过德育来实现其政治上的安定团结和文化上的繁荣昌盛。我国也一直高度强调德育在整个教育中的核心地位，强调在促进学生全面发展的过程中要坚持“德育为首、德育为先”。因此，学习德育原理，需要具备自觉的国家意识，要能够从国家发展的大局中把握德育的基本思想和基本要求。立足中国基本国情，就要求我们在社会主义初级阶段这一基本国情下进行德育原理的研究和学习。只有准确把握这一基本国情，我们才能对相关的德育政策实施的基本背景有深入的认识，也才能更好地在德育原理的科学研究和实践探索中树立“四个自信”，构建具有中国特色的社会主义德育理论。

3. 继承中国优秀传统德育思想

德育具有突出的文化属性，与一个国家、一个民族的文化传统息息相关。不了解文化传统，我们就很难对当下的道德生活有透彻的了解。同时，不将一个国家的道德建设奠基于其传统文化之上，那么，这个国家的道德生活将失去文化根性，从而造成个体国家认同的文化断裂。我国有着悠久的历史和灿烂的文化。在 5 000 多年文明发展中孕育的中华优秀传统文化，积淀着中华民族最深沉的精神追求，代表着中华民族独特的精神标识，是中华民族生生不息、发展壮大的丰厚滋养。这其中也蕴含着诸多体现中国先贤智慧的德育思想。在学习德育原理的过程中，要主动继承我国优秀传统德育思想，并在实践中不断对其进行丰富和发展，实现对优秀传统德育思想的创新性继承和创造性发展，这样才能确保我们的德育具有厚重的历史底蕴和生动的时代活力。

4. 吸收借鉴人类优秀德育思想

德育原理的学习要立足中国基本国情，继承优秀传统德育思想，但这并不意味着我们就要搞思想封闭，拒绝一切人类优秀文明成果。在当前这样一个全球化的时代，各国的政治、经济、文化等各方面的交流与合作日益频繁。虽然近几年也出现了所谓的“逆全球化”现象，但从人类发展的总体趋势来看，全球化依然是世界发展的主要趋势。特别是伴随着气候、能源、反恐等国际性问题的日益凸显，单靠一个国家和地区的力量是很难解决的，迫切需要世界各国的通力合作。与此同时，各国德育也在积极探索中积累了丰富的德育经验。辩证吸收各国优秀传统德育思想，对进一步丰富我国德育理论、提高德育实效无疑是有着积极意义的。

5. 具有多学科的开阔视野

“德育原理”是一门具有明显跨学科特征的综合性课程。德育现实的复杂性就决定了有关德育原理的研究和实践不是某门学科可以独立完成的。因此，学习这门学科，就需要有开阔的学科视野，要善于从不同的学科关照德育的基本理论和实践问题。具体而言，我们除了需要对教育学科的基本知识有足够的了解外，还要主动涉猎心理学、伦理学、政治学、社会学、法学、美学等不同学科的知识，以此加深我们对德育原理的透彻认识。

6. 自觉理论联系实际

德育原理虽然是一门基础性的理论学科，但是，有着非常强烈的现实关怀。因此，学习这门学科，就要自觉做到理论联系实际。在很大程度上，鲜活的德育实践是德育理论得以构建的现实基础，而德育理论最后也要回到鲜活的德育实践中才能彰显其理论活力。因此，在学习德育原理的过程中，一方面需要对德育的基本理论问题有深入的了解和准确的把握，另一方面则需要我们将这些理论自觉应用到对现实德育问题的解释和指导之上。不能仅仅把德育原理的学习看成一种对客观知识的简单记忆，而是要将其看成改进实践的重要世界观和方法论。此外，理论联系实际还要求我们在学习德育原理的过程中，对生动的德育实践带有内在的探索热情和敏锐的问题意识，善于发现德育实践中存在的突出问题、典型问题，并在分析问题、解决问题的过程中自觉总结提炼，从而形成具有解释力和指导力的德育新思想、新理论，实现理论与实践的双向良性互动。

第一章

德育的本质与功能

学习目标

通过本章的学习，了解和把握德育概念的基本内涵，知道德育之“德”与德育之“育”的基本特点；能够从德育的可能性的角度分析德育的逻辑起点，进而把握德育的本质特征。对德育功能的概念和意义有准确的认识和把握，理解德育的个体功能、社会功能和教育功能的基本内容及其实现原则，树立正确的德育观念和意识。

德育是落实立德树人教育根本任务的关键举措，是培养学生健全人格的必然要求，在整个教育中居于核心地位。提高德育的实效性，是各级各类学校改革与发展的应有之义，也是每个教师的育人职责所在。做好德育，离不开对德育本质和功能的准确把握。实践中存在的诸多德育问题，大多与对德育本质和功能认识的偏颇有着非常密切的关系。

第一节　德育的本质

本质是事物本身所固有的基本属性，是一事物区别于另一事物的根本标志。因此，德育的本质主要指的就是德育自身所独有的不同于其他人类实践的内在属性。对这一内在属性的把握，可以从两方面着手：一是从概念层面对德育的内在属性进行语义学的分析，二是从实践层面对德育的内在属性进行逻辑上的推论。

一、德育的概念

准确把握德育的概念，是理解德育本质的关键前提。德育一词由“德”

与“育”二字构成。“德”之于德育，更多地指向的是德育所包含的内容；“育”之于德育，则主要指向的是德育的过程。当前，对德育的诸多不同理解，大多源于人们对德育之“德”和“育”存在不同的认识。因此，把握德育的概念，需要对德育之“德”和“育”有必要的认识。

(一) 如何理解德育之“德”

在很长一段时间里，德育在英语世界中被翻译为“moral education”。然而，英语世界中的“moral education”主要指的是道德教育。但在我国，德育不能被理解为“道德教育”的缩写。因为在中国的语境中，德育之“德”所指的内容要远远大于道德教育。在顾明远主编的《教育大辞典》中，德育是“旨在形成受教育者一定思想品德的教育。在社会主义中国包括思想教育、政治教育和道德教育”。在 1998 年教育部颁布的《中小学德育工作规程》（已废止）中，德育被界定为对学生进行政治、思想、道德和心理品质教育。2017 年教育部颁布的《中小学德育工作指南》则强调德育内容主要包括：理想信念教育、社会主义核心价值观教育、中华优秀传统文化教育、生态文明教育、心理健康教育。

由此可见，我国所讲的德育，并不是道德教育的缩写。它囊括了政治、思想、道德、心理健康等方方面面的内容，甚至在学校实践层面，凡是不属于语数外等学科教学的内容，如环境教育、安全教育、生命教育等等，都会被纳入德育的范围。这样一种关于德育之“德”的理解与实践，在学界层面被称为“广义的德育”。而“狭义的德育”则专门指道德教育。因此，把握德育之“德”，不能脱离我国的具体情境和学校实践。

虽然我国在政策和实践层面采用的是“广义德育”的概念，但是，这并不意味着德育之“德”所指向的政治、思想、道德、心理健康等维度的教育是铁板一块。当前，德育研究和实践存在的突出问题就在于，往往把德育之“德”当成一个没有分化的内在整体，而看不到思想教育、政治教育、道德教育以及心理健康教育等之间的区别。在很大程度上，道德教育与思想政治教育、心理教育、法治教育、规范教育的具体教育机制、途径等各方面存在着本质的不同。如果不能很好地将道德教育与这些教育类型区别开来，就容易导致学校德育工作的低效甚至无效。因此，有必要对德育之“德”所包含的内容做进一步的教育区分，以增强我们对德育的精准认识。

1. 思想政治教育与道德教育

思想政治教育是思想教育和政治教育的总称。它与道德教育有着非常密切的联系，但也存在着诸多不同。

思想教育主要指的是关于思想素质培养的教育，它既包括世界观、人生观、价值观的教育，也包括思维方式的教育。一方面，思想教育是有意识地、系统地进行世界观、方法论的教育，培养和发展受教育者反映客观世界的思想观念和认识能力。思想教育主要是解决主观与客观的相互关系问题，其中不仅要解决主观是否符合客观的问题，还要解决主观如何符合客观的问题。马克思指出："观念的东西不外是移入人的头脑并在人的头脑中改造过的物质的东西而已。"[①] 按照马克思主义的观点，主观认识是客观世界的反映。主观的思想认识要正确地反映客观世界，就不仅要形成反映客观世界的思想观念，而且要提高人的认识能力。另一方面，思想教育还主要作用于人的思维方式。思维不同于感性认识，它是人脑对客观事物或现象的间接的和概括的反映。而思维方式则是思维主体在一定的理论观念和方法论指导下所形成的认识客观现象、在思维中反映和把握客观对象的方式。思维方式与世界观、方法论紧密联系，与人们的社会心理、价值观念也是紧密联系的。思维方式是第二性的、派生性的东西，它受实践方式和存在方式的制约。顾明远主编的《教育大辞典》将社会主义中国思想教育的任务定义为：以辩证唯物主义、历史唯物主义为指导思想，以对整个自然界和人类社会发展规律的认识为基础，逐步引导学生确立科学的世界观、人生观；培养他们勇于实践的精神、实事求是的态度和科学的思想方法等。

政治教育是指一定利益基础上的政党或政治集团有意识地向民众传习政治理想、政治信念、政治观点、政治情感，使之获得适应其政治目的和政治统治的政治倾向及行为模式的发展过程。政治教育从根本上说，是让本阶级及其社会成员了解、认同、接受并努力实施一定阶级的政治纲领、战略策略的过程，即政治社会化的过程。政治社会化最早是由美国政治学者伊斯顿于1958年提出的。他认为政治社会化是人们获得其政治倾向和行为模式的发展过程。它是社会将关于政治知识、态度、规范、价值取向等从一代传给下一代的方式。实际上，政治教育或政治社会化内含着重要的整合意义，它们都致力于实现某种政治系统的稳定性。因此，它必然是有着特定导向的教育活动，具有鲜明的阶级性、方向性，由一定社会的政治经济制度所决定，并受教育方针、教育目的的制约。政治教育以政治思想为内容，包括人们关于社会政治制度、政治组织、政治关系、政治生活以及政策和策略等问题的观点、理论等。它既可以通过关于阶级、国家和社会制度等问题的论述，以理论的形态表现出来，也可以具体体现为党和政府在国家生活、政治关系方面的大

① 中共中央马克思恩格斯列宁斯大林著作编译局．马克思恩格斯选集：第2卷［M］．2版．北京：人民出版社，1995：112.

政方针。在社会主义中国，政治教育的主要内容为：坚持社会主义道路，坚持无产阶级专政，坚持中国共产党的领导，坚持马克思列宁主义、毛泽东思想的教育。[①]

就思想教育、政治教育、道德教育的关系而言，三者既相互区别又相互联系。

就其性质而言：思想教育是提高人们主观反映客观的认识能力和水平的教育，是认知性的教育；政治教育重点解决对国家、阶级、社会制度等重大政治问题的立场和态度，形成和发展反映一定社会、阶级或集团利益和发展要求的政治共识，选择和确定一定的政治方向，具有明显的表达和实现一定阶级经济利益的政治倾向性，是方向性教育；而由于道德教育以传输道德信条及道德规范为主，故其又被称为规范性教育。[②]

就其内容与特点而言：思想教育是依据一定的哲学思想及其方法论对受教育者施加影响，帮助受教育者树立一定的世界观、人生观和价值观并建立一定的思维方式的教育，因此，思想教育的内容主要是世界观、认识论、方法论教育和历史观、价值观、人生观教育。这也决定了思想教育的内容具有总体性，以及对人的导向性和工具性，同时也有一定的抽象性与逻辑性。政治教育的内容主要是以国家观为核心的政治知识、政治观点和政治价值。它包括国家观、政党观、阶级观、民族观、人权观、民主观、法制观、权利观等等。因此，政治教育的内容具有鲜明的宏观性、阶级性、现实性和强制性。道德教育的内容既包括道德思维和道德价值，也包括道德规范。因此，道德教育的内容具有明确的价值导向性，与政治教育相比，其具有微观性和非强制性。

就思想教育、政治教育、道德教育的联系而言：一方面，三者都是对社会存在的反映，属于意识形态范畴。由于它们都属于社会的精神生活过程，都是反映社会存在的思想、观点和学说，因而都具有意识形态的一般性质，如阶级性、继承性等。另一方面，三者在内容上相互渗透、影响。就思想教育而言，一个人的世界观、人生观和价值观会决定他的政治思想和道德意识，而不同的政治和道德教育以及不同的政治和道德实践又会影响其世界观、人生观和价值观。从政治和道德的关系来看，许多行为规范既是政治要求也是道德要求。同时，在一定的社会中，政治思想对道德的形成和发展起着支配作用，而道德又会对具体的政治思想表现出一定的选择性和约束力。[③]

---

① 顾明远．教育大辞典：增订合编本［Z］．上海：上海教育出版社，1998．

② 骆郁廷，张莉．思想教育、政治教育、道德教育的性质与特点辨析［J］．武汉大学学报（社会科学版），2002（4）：440－447．

③ 王玄武，骆郁廷．思想教育、政治教育、道德教育比较研究［M］．武汉：武汉大学出版社，2002：108－113．

拓展阅读

在实际生活当中，政治与道德的关系基本上有三种：（1）纯政治问题，这类问题与道德和道德教育无涉。（2）纯道德问题，这类问题与政治和政治教育没有直接关系。（3）既属于政治又属于道德的问题，这类问题同时关乎道德教育与政治教育。在战争中，政治上是敌我双方，道德上则相互尊重。这是政治教育与道德教育可以分离的典型。而有时，政治教育与道德教育又是无法分离的。比如爱国主义教育，既是政治教育又是道德教育，是二者的交叉融合。因此，基础教育阶段要在加强道德教育的基础上谈政治教育——如果个体对做人的基本道德尚且不知，如何能担当治国平天下的使命呢?

——檀传宝．道德教育的边界：道德教育与相关概念的关系［J］．中国德育，2006（11）：5－8.

2. 道德教育与心理教育

道德教育与心理教育虽然有着十分密切的关系，但是，二者所要解决的问题则有着本质的不同。道德教育毫无疑问主要是培养学生的道德品质，而心理教育则是致力于学生的心理健康。道德与心理最大的不同在于，前者主要反映的是个体生活中的价值问题，具有鲜明的时代性和历史性特征；而后者更多的是属于客观的事实领域，反映的是不以人的主观意志为转移的客观存在。也就是说，道德问题是与特定的价值判断联系在一起的，其评价标准主要围绕善恶问题展开；而心理问题则更多的是一种事实判断，主要表明个体有或没有某一心理问题。因此，价值评价标准不适用于心理问题。

如果不恰当地将心理问题当作道德问题去处理，就容易给孩子正常的心理诉求不恰当地戴上道德的高帽。例如，孩子青春期的叛逆应该被视为一种心理现象，而不能将其简单地看作一种道德问题。但是，面对这一心理现象，成人往往主要从道德的角度去处理。比如，一个曾经乖乖听话的小孩，突然有一天变了，成人让他往东，可他偏偏要往西。在这种情况下，成人最常见的批评就是："你小时候多乖，怎么越长大越不孝顺，翅膀硬了!"这样一种批评存在的最大问题就是把孩子成长中的心理现象当成一种对成人道德上的冒犯。如果是这样的话，问题的性质就完全变了。孩子会认为成人实在不可理喻。因为就孩子而言，他在内心并没有不孝顺的意思，但是，却被成人贴上了不孝顺的道德标签。在这种情况下，成人用道德的方式去谴责他，就会进一步激化双方的矛盾。这就是青春期亲子、师生之间的冲突比任何一个阶段都更剧烈的重要原因。

实际上，面对学生和孩子成长过程中的心理问题，成人的道德冲动就是魔鬼。但在现实的教育实践中，成人往往会控制不住自己的道德冲动去处理孩子成长中的心理问题。比如，所谓的“早恋”，它本质上是孩子成长过程中正常的心理现象。但在很长一段时间里，成人在处理孩子所谓的“早恋”问题时，往往不加区分地用道德的方式去批评和教育孩子。这样除了加剧孩子的逆反或心理负担，对事情的有效解决并无太多实质性的作用。由此可见，将心理问题不恰当地看成道德问题，必然会带来教育实践上的种种弊端。

同样，把道德问题当成心理问题去处理，也不利于孩子的健康成长。把道德问题心理化最大的后果就是，将一件本该有是非善恶的问题归结为与是非善恶无关的心理问题。在这种情况下，个体就很难形成正确的善恶观念。现在社会上所谓的“熊孩子”越来越多，其原因是多方面的，但成人错误地将孩子成长中的道德问题心理化可能是其中一个非常重要的原因。比如，孩子犯了错，成人往往会用“孩子还小，不懂事，大人不要与小孩一般见识”这样的理由去为孩子的过错辩护。如果是这样的话，那么，其所造成的后果就是，把本该有是非善恶的事情，归结为孩子生理、心理不成熟。这样的一种说辞给孩子成长带来的最大问题就是，也许这个孩子将来很难再有道德上的善恶观念。

实际上，判断一件事情是道德问题还是心理问题，主要的依据就是，孩子在做某个事情的时候是否具有主观上的恶意。如果其行为具有主观上的恶意，那么，这一行为几乎就可以判断为道德问题。只有当孩子的行为不受其主观意识控制时，其行为才有可能从心理层面去分析。这里重点强调了道德问题和心理问题的区别。但是，这并不意味着二者之间没有关系。实际上，在实践中，道德和心理是可以相互促进的。

3. 道德教育与习俗教育

学校在开展德育的时候，特别容易出现的一个实践误区就是混淆学生的道德问题与习俗问题。很多时候，学校德育会不恰当地将学生在习俗或个人层面出现的问题误判为学生的道德问题。这一方面不利于问题的解决，另一方面也会引起学生的反感。比如，学生打人、不穿校服、上课手乱放、染发等问题是不是同一类问题？实际上，这些问题所涉及的领域是不同的。如果德育工作者不能根据不同领域的问题特点进行有针对性的教育，那么，必然会在很大程度上影响德育实效的取得。

认知发展领域理论（domain theory of cognitive development）认为，儿童在做行为判断的时候，其判断的推理方式会根据该行为所属领域的不同，呈现出不一样的思维特点。具体而言，领域理论将个体的生活区分为道德领域（moral domain）、习俗领域（conventional domain）和个人领域（personal domain）三个不同的维度。其中，道德领域主要关涉的是他者的权利与福祉。习俗领域主要与特定的社会规范有关。个人领域则主要指的是有关个体生活的某种兴趣偏好。在不同的领域中，个体的判断推理方式截然不同。也就是说，支撑个体行为习惯的内在依据会因其所处领域的不同而发生变化。如果学校在对学生进行德育时，不能准确地根据不同领域行为依据的不同来开展针对性的教育，那么，这势必会因领域规则的误用造成教育效果的低下。

在道德领域，个体判断一件事情的正当性的基本依据是对他人的福祉、权利以及社会的平等、正义等方面的影响程度。凡是能够增进他人福祉、权利和社会平等、正义的行为，都被认为是正当的；反之则被认为是非正当的。这实际上表明，在道德领域，关于行为正当性的辩护，必须以他者的福祉和权利，以及社会的平等、正义为基本依据。而且，这种基于他人利益的道德辩护，是不需要其他外在理由的。因此，在这一领域中，学生所谓好的行为，主要指的就是学生能够自觉地将他人福祉和权利的维护与实现，以及促进社会的平等、正义作为其行为的基本出发点。

在习俗领域，个体行为的正当性源于社会规范的要求。也就是说，个体某一行为是否正当，关键在于是否具有针对这一行为的社会规范。比如，男性穿裙子这一行为是否正当，就取决于其所处的社会是否有关于男性穿裙子的禁忌要求。由此可见，习俗领域中的行为，与他者的利益无关，只与该行为相关的社会规范有关。在这种情况下，规范成了裁定何种行为习惯为正当的关键所在。因此，习俗领域中的行为习惯的培养，重点就在于帮助学生增强对某一行为规范的内在认同。只有学生发自内心地真正认同了特定行为规范，他才会在行为上自觉遵守，并将规范内化为一种习惯。这里的难点就在于，习俗领域中关于行为正当性的规范并不是天然存在的，它要么来源于特定群体约定俗成的文化传统，要么来源于某一权威人士的规定。在这种情况下，个体对某一规范的违背，实质上就是在挑战特定行为规范本身的合法性。

在个人领域，个体的行为只关乎个人的兴趣爱好，其正当性在于个人领域自由的神圣性。也就是说，个人领域主要指向的是个体的私人领域，在这一领域中，个体充分享有不受外在力量干预的行为自由。比如，个体的音乐审美偏好是个人领域的事情，个体完全有权利自由选择。这实际上提示德育工作者，对于学生个人领域的行为习惯，应该秉持最小干涉性原则，充分尊重学生在这一领域的自由权利。如果对学生个人领域内的行为习惯干涉过多，则存在侵犯学生权利的风险。

由此可见，道德问题与习俗问题、个人问题有着非常大的区别。德育工作者最容易犯的一个错误就在于，不恰当地将学生在习俗和个人领域中的一些行为习惯问题误判成道德领域中的问题。比如，学生不穿校服，更多是一个习俗领域中的规范问题，与个体道德品质无关，不能将学生的这一行为定义为学生的品德问题。同样，学生喜欢什么颜色，也仅仅是个人领域的问题，同样与道德无关。如果不加区分地将学生在习俗和个人领域中的行为问题误判成道德领域中的问题，一方面会激化学生的反抗，另一方面也会导致教育效果的低下。因此，德育工作者在学生良好行为的养成过程中一定要具有领域区分意识，懂得按照不同领域学生行为习惯养成的特点来开展相应的教育，这样才能真正取得教育实效。

虽然德育之“德”所指向的思想教育、政治教育、道德教育、心理教育等存在着教育机制、方法等方面的诸多不同，但是，这并不意味着思想教育、政治教育、道德教育和心理教育之间没有关系。在很大程度上，这类教育的一个共同特点就在于它们在教育目标上都指向人的社会性的发展。正因如此，华东师范大学黄向阳提出可以把我国的德育看成一种“社会意识教育”，即帮助学生形成正确的“三观”和健全的人格。

（二）如何理解德育之“育”

德育之“育”反映的是德育展开的过程，其要面对的基本矛盾是：德育的目标要求与学生品德发展实际之间的矛盾。当前，德育中存在的诸多问题都与对“育”的理解有偏差有很大的关系。比如，将德育之“育”与教学之“教”混同，从而导致德育过程被简化为一种单向的知识授受过程。此外，认为德育一抓就应该有成效，如果不是立竿见影，那么就认为德育是无用的。这实际上也是对德育之“育”的特殊性存在误解。因此，要想做好学校德育工作，就必须对德育之“育”有准确的认识。

实际上，德育之“育”的特殊性与其所育的目标和对象的特点有着非常密切的关系。从目标的角度看，德育毫无疑问指向的是人品德（德性）的发展。就目前学界的基本共识来看，品德的心理结构主要有认知、情感和行为三个方面。因此，德育之“育”既要培养人的德性认知、德性情感，也要塑造人的德性行为。认知层面的德性可以采用常规的记诵方式来完成。比如，学生可以通过背诵社会主义核心价值观的方式来获得相应的认知。行为层面的德性则可以采用训练的方式来培养。比如，一个人的友善可以通过训练其对他人得当的言行举止来完成。但是，情感层面的德性是很难通过记诵或训练的方式来培养的。一个人哪怕可以将社会主义核心价值观倒背如流，也很难保证他就一定会真正认可社会主义核心价值观；同样，一个人哪怕表面上看起来对人彬彬有礼，也很难说明他内心就一定尊重别人。因此，从这个角度看，德育之“育”最大的难点就在于，它不仅要解决学生在思想道德层面知不知道、做不做的问题，还要从根本上解决学生在情感上认不认同、愿不愿意、相不相信的问题。德育之“育”本质上就是要解决道德的入心问题。

德育之“育”要想入心，就必须做到引起学生内在的情感共鸣。可以说，能不能找到学生内心的情感共鸣点，是德育是否有效的关键性前提。因此，学校在抓德育工作的时候，要以突破学生内心的情感障碍为着力点。由于德育本质上要解决的是入心的问题，因此，其具体实施必然会呈现出不一样的特点。总体而言，德育之“育”最重要的特点可以归结为以下五点：建构性、长期性、多端性、复杂性和反复性。

1. 德育之“育”具有建构性

德育之“育”的建构性主要指的是德育的过程是教师引导下学生道德自主建构的过程，而不是教师从外而内、自上而下的单向强制灌输。这主要是因为，在德育的过程中，学生并不是一个被动的容器，等待教师的教育，而是有着鲜活人生经验和道德体验的能动主体。这一方面表明，不管教师是否承认，学生必然带着其独有的经验参与德育过程，这些经验将会在很大程度上影响其理解和接受教师的德育，甚至在很多情况下成为学生判断教师德育是否具有合法性的重要依据；另一方面则表明，学生作为能动的主体，有着自己的独立思想和自主判断意识，他们也必然会对教师的德育内容和方法进行个人化的解读与反思。忽视这一事实，德育实效必然不高。

2. 德育之“育”具有长期性

德育之“育”的长期性主要指的是德育成效的取得是一个长期的过程，不能一蹴而就。正所谓十年树木，百年树人。人的品格的成长是不可能一蹴而就的，试图开展一两次德育活动就能够解决学生品德成长的所有问题是不切实际的，也是不科学的。学生的品德发展具有阶段性，学校不能在学生的品德教育方面拔苗助长。这是由学生品德发展的内在规律性所决定的。当前的品德心理学研究已经揭示，不同年龄阶段的学生，其道德认知方面具有鲜明的阶段特点。比如，美国著名道德认知发展心理学家科尔伯格就认为，学生的品德发展具有三个水平和六个阶段，每个阶段的学生都有其独特的道德认知方式。如果教师不考虑学生品德心理发展的阶段特点，片面拔高，那么教育就会适得其反。

实际上，学生的品德和知识、能力的发展一样，是需要建立在一定的成熟度的基础上的。如果在孩子没有达到某一成熟度之前就过早地开发他的某些才能，他有可能掌握，但是，由于这个过程缺乏必要的成熟度为前提，因此，这个孩子可能会失去进步发展的内在动力。这在著名的格赛尔爬楼梯实验中已经得到了很好的揭示。这对孩子的成长而言，无疑是竭泽而渔。没有了内在的学习动力作为支撑，孩子的成长和发展必将失去长久的驱动力。

双生子爬楼梯实验

格赛尔选择了一对双胞胎，他们的身高、体重、健康状况都一样。让哥哥在出生后的第 48 周开始学习爬楼梯。这个孩子艰苦训练了 6 周后，也就是到了孩子 54 周的时候，他终于能够独立爬楼梯了。双胞胎弟弟的基础情况跟哥哥完全一样，不过格赛尔让他在 52 周的时候才开始练习爬楼梯。结果，同样的训练强度和内容，他只用了两周就能独立爬楼梯了，并且还总想跟哥哥比个高低。一个是从 48 周开始，练了 6 周，到了 54 周学会了爬楼梯；另一个是从 52 周开始，练了 2 周，也是在 54 周时学会了。后学的尽管用时短，但效果不差，而且具有更强的继续学习的意愿。

当前，学校德育存在诸多问题的一个共性的根源就在于，没有深入研究学生品德发展的阶段性，认为不同学段学生的德育内容和方式并没有太多本质的不同，这就在很大程度上违背了学生品德发展的内在规律性，因而效果必然是低下的。基于此，学校在做德育的时候，一定要认识到德育是一项长期的系统工程，要有长远的规划和设计。

3. 德育之“育”具有多端性

德育之“育”具有多端性，主要指的是德育的过程可以有多个不同的切入点，不必遵循一个统一的标准化工作流程。在很多学校的实际德育工作中，其着力点往往集中在如何解决学生的道德认知问题上。也就是说，很多人会认为学生品德的形成要从学生的道德认知入手，只有解决了所谓的认知问题，才能激发相应的道德情感，养成特定的道德行为。实际上，这只是人们对品德形成过程的经验性认识。

一般而言，学生品德心理主要包括道德认知、道德情感和道德行为三个维度。对于德育工作而言，这三个维度的任何一个维度都可以成为德育的切入点，能认识到这一点非常重要。这主要是因为，不同的德育形式，其优势往往也是不同的。比如，如果采用活动或实践的德育形式，那么，其突出的优点就在于培养学生的道德行为。因此，行为的培养应该成为该类德育形式的切入点。而且，要解决的德育问题的切入点也需要相应调整。如果重点是要解决学生的道德情感问题，那么，就不必拘泥于必须从道德认知出发，而是可以考虑直接从情感进入，进而再引导学生提升道德认知和养成道德行为。

当前学校德育实效不高的一个重要原因就在于，忽视了德育的多端性特点，总是从认知层面入手来开展德育工作，没有看到不同的德育任务需要的切入点是不一样的。这实际上提示我们，在做德育的时候，不要拘泥于认知—情感—行为这样的培养套路，而是要能够根据德育问题、德育形式、学生特点等方面的不同，选择知情行中合适的一点来作为切入点，这样才能够更好地达到德育目的。

4. 德育之“育”具有复杂性

德育之“育”的复杂性主要指的是德育的过程受多重力量的影响，学校德育只是影响学生品德发展的因素之一而不是唯一因素。当前，如果学生品德出了问题，社会一般会将问题归咎为学校德育没有做好。而学校在面对社会的德育指责的时候，虽然觉得委屈，但往往也缺乏足够的底气回应。这实际上与学校对德育之“育”的复杂性缺乏正确认识有着十分密切的关系。

就过程而言，品德的形成与知识的获得最大的不同就在于，知识的获得几乎可以关起门来培养和训练，而品德的形成则必须有赖于社会育人合力的形成。这主要是因为，知识主要反映的是客观物质世界的运行规律，具有不以人的主观意志为转移的客观真理性。在这种情况下，知识的授受过程就很少受社会文化、制度变迁等因素的影响。但是，品德由于主要涉及的是人的主观世界，主要处理的是各种价值关系，因此，它会因为时间和空间的不同而具有不同的价值规定性。这实际上表明，学生品德的形成特别容易受社会价值观变迁的影响。也就是说，学生的品德成长与学校德育之间不是一种线性的因果关系。学校德育做好了，学生的品德不一定会发展好。同样，学生品德有问题，也不能够推导出学校德育做得不好这一结论。

相比于教学之“教”，德育之“育”的过程更为复杂，更容易受到社会、家庭、媒体等不同环境价值观的影响。强调德育过程容易受社会环境影响的事实，不是要否定学校德育对学生品德发展的积极正面引导，而是帮助学校认清学校德育作用的现实有限性。理解了这种有限性，学校在面对社会的德育指责时，会更容易保持内心的淡定，而不是被社会情绪牵着鼻子走。

这里需要把握的一个分寸就是，承认德育过程的复杂性，承认学生品德的发展是多重因素共同影响作用的结果，不等于否定学校德育的地位。当前，面对社会价值观影响学生品德成长这一事实，一些学校和老师走向了另外一个极端，认为学校德育就是“$5+2\leqslant 0$”，即学校德育 5 天的工作，抵不过学生周末两天的校外生活对他的负面影响。因此，学校德育做什么都是没用的。这种观点过于悲观，看不到学校德育应有的积极作用。实际上，任何一个时代做教育的人，都会抱怨自己所处的时代环境不好。孔子作为中国历史上著名的教育家，也是在感叹自己所处的时代是一个礼崩乐坏的时代。在某种意义上，社会环境存在的问题，更能凸显教育尤其是德育的现实意义。期待等社会环境变好了再来进行教育，只能是一种不切实际的幻想。

实际上，让学校德育直接去改变社会环境，显然是夸大了学校德育的作用。德育对社会环境的影响具有很强的中介性，即学校德育更多是通过培养人去改变社会。因此，学校德育需要做的，就是在承认社会环境已定的前提下，通过提升学校德育自身的育人品质，去引导学生形成健全的人格。事实上，不管社会环境变得如何，只要校门和教室门一关，学生在学校中获得一种怎样的教育体验，完全取决于学校和教师的教育素养。因此，承认德育过程的复杂性，需要学校树立的基本德育立场是，在看到社会影响德育的前提下，将工作重心放在学校自身德育专业水平的提升上，而不是简单地抱怨。

5. 德育之“育”具有反复性

德育从根本上讲，主要解决的是一个人的道德人格、世界观、人生观和价值观的确立问题。在很大程度上，“三观”的确立，与一个人的身心发展成熟度、社会阅历、知识积累等是紧密联系在一起的。因此，一个人“三观”的形成并不是一蹴而就的，个人的道德人格和“三观”在形成过程中，会由于个体的实际遭遇、成长环境等方面的变迁发生摇摆和变化。从某种意义上讲，正是由于个人的道德人格和“三观”在社会实践中不断地受到锤炼，其最终所确认和树立起来的道德人格才会深刻、持久。不经过社会考验的道德人格和“三观”在多数情况下是靠不住的。从这个角度看，德育之“育”与教学之“教”相比，更容易受到社会和个人成长环境的影响，因而不可避免地会出现反复性。也就是说，个体在某一德育活动之后，看起来是形成了某种道德观和价值观，但不久，他们又会抛弃这些道德观和价值观，这实际上就是德育反复性的表现。

了解了德育过程具有反复性，最大的现实意义就在于，我们对学生的道德成长要持有一种静待花开的耐心。对于学生道德发展中的所谓“倒退”问题，要有足够的准备。不能因为学生道德发展有反复，就消极地认为学校德育是无效的。此外，还要清楚意识到的一个问题就是，学生的道德发展只有在不断的“反复”中才能得到锤炼，进而才能够变成其稳定的道德人格。从这个角度讲，学生道德成长的“反复”问题，恰恰是学生磨炼品格的必由之路。

实际上，德育更多地致力于人的主观精神世界的改造。而人的主观精神世界的改造不同于客观物理世界的改造，不同之处就在于，它面对的是活生生的、现实的、具有能动性的人，而不是冷冰冰的、抽象的、有待认识的客体。这就决定了德育之“育”必须要时刻眼中有人，充分发挥人在品德发展方面的主动性、能动性和创造性，而不能凭借学校和老师的单方面强制灌输和片面训练。

二、德育的逻辑起点

如果说德育的概念分析更多的是从语词层面去探析德育的本质特征，那么，分析德育的逻辑起点，则是从德育的可能性的角度去认识德育的本质内涵。关于德育的可能性，主要涉及的问题是：人是否具有接受德育的可能性，道德是否具有可教性，这两个问题是德育得以成立的基本前提。

（一）人具有接受德育的可能性

德育毫无疑问要作用于人的品德的发展。这样一个定义暗含的一个非常重要的基本前提是，人具有接受德育的可能性。如果这种可能性不存在，那么，德育促进人的品德发展这一目标就几乎不可能实现。既然如此，人是否具有这种可能性呢？答案是肯定的，这种可能性就蕴含在人对道德的内在需求之上。

1. 人是一种道德的存在

在中国的语境中，人既是一个描述性的概念，又是一个规范性的定义。作为描述性概念意义上的人，主要强调的是作为自然人的个体的基本生物属性；而作为规范性定义意义上的人，主要突出的就是人的社会属性中所蕴含的价值期待。作为自然人的基本生物属性，在很大程度上是先天决定的，个体可以作为的空间不大。但是，作为社会人身上所蕴含的价值规定性，则是靠个体在后天的环境中通过学习不断习得的。

每个个体刚出生的时候，仅仅获得了作为一个人该具有的基本生物属性。但是，他能否成为一个真正意义上的社会人，归根结底在于他在后天的社会生活中习得了多少的德性。试想一下，人们会在什么情况下指着一个人的鼻子说他不是人？如果这个人不喜欢看《红楼梦》或者不喜欢吃白菜，我们会指责不喜欢看《红楼梦》或者不喜欢吃白菜的人不是人吗？绝对不会。当且仅当一个人在基本的伦理道德方面出现了极大的问题的时候，我们才会指责其不是人。由此可见，不管我们怎么定义人的概念，对于现实的人而言，一个最基本的属性就是他必须具有做人的基本德性。从这个角度来看，道德是人之为人的基本规定性。

而道德本身是社会生活的产物，它既不是凭空出现的也不是自然生发的，而是人在社会生活中通过与他人的道德互动而逐渐形成的。因此，一个人的德性并不是其生下来就先天具有的本能，而是需要在后天的环境和教育中不断习得的。从这个角度而言，道德是每个自然人成为一个真正社会意义上的人的必然要求。正是这种要求的存在，为个体接受德育提供了最为深刻的内在动机。但凡一个人想要过真正的人的生活，他就需要道德，需要德育。

2. 道德是人存在的高度

道德不仅是人之为人的基本条件，而且也从根本上决定了人存在的高度。人的存在不仅是一种生物性的存在，更是一种精神性的存在。人与人之间最根本性的区别不在于二者在生物性欲求方面的差异，而在于彼此在精神性追求方面的不同。在很大程度上，人的精神性诉求的不同，将会成就不同的人生价值和生命意义。无论是司马迁所说的“人固有一死，或重于泰山，或轻于鸿毛”，还是臧克家所指出的“有的人活着，他已经死了；有的人死了，他还活着”，他们都共同强调了人的精神生命的极端重要性。正因如此，斯宾格勒认为，人的存在除了宽度及长度（世俗平面维度），还需要有深度。人之所以为人，并非人拥有世俗的平面的生存进向，而是因为人拥有精神灵魂的立体存在空间。

造成个体精神生命高低的重要决定性力量就是道德。一个具有崇高道德的人的人生境界在于“为天地立心，为生民立命，为往圣继绝学，为万世开太平”；而一个在道德上蝇营狗苟的人的人生境界必然是低下的。因此，一个人要想成就自我的人生高度，提升自我生命的境界，就离不开对道德修养的不断提升。正因如此，古人历来重视通过道德修养来不断提升自我的人生境界，从而成就个体的生命高度。

拓展阅读

人生有四种境界

（1）自然境界（生物的人）

一个人做事，可能只是顺着他的本能或其社会的风俗习惯。就像小孩和原始人那样，做他所做的事，然而并无觉解，或不甚觉解。这样，他所做的事，对于他就没有意义，或很少意义。

（2）功利境界（现实的人）

一个人可能意识到他自己，为自己而做各种事。这并不意味着他必然是不道德的人。他可以做些事，其后果有利于他人，其动机则是利己的。所以他所做的各种事，对于他，有功利的意义。

（3）道德境界（道德的人）

还有的人，可能了解到社会的存在，他是社会的一员。有这种觉解，他就为社会的利益做各种事，或如儒家所说，他做事是为了“正其义不谋其利”。他是有道德的人，他所做的各种事都有道德的意义。

（4）天地境界（宇宙的人）

最后，一个人可能了解到超乎社会整体之上，还有一个更大的整体，即宇宙。他不仅是社会的一员，同时还是宇宙的一员。他是社会组织的公民，同时还是孟子所说的“天民”。有这种觉解，他就为宇宙的利益而做各种事。他了解他所做的事的意义，自觉做他所做的事。这种觉解为他构成了最高的人生境界。

——冯友兰．中国哲学简史［M］．北京：北京大学出版社，2013.

3. 道德是生命的自我救赎

道德不仅成就人的存在高度，还是人面对异化时自我救赎的重要力量。当前，随着经济的发展和科技的不断进步，人们的生活水平空前提高。但由此带来的一个突出问题就是，个人的欲望也空前膨胀。人在日益摆脱自然和物质的束缚的同时，也在不知不觉中陷入了由欲望所编织而成的一张“潜网”之中而不可自拔，从而不可避免地导致了人性的新的异化。

改革开放 40 多年来，我国经济建设取得了举世瞩目的成就，人们逐渐摆脱了商品匮乏的年代。琳琅满目的商品极大地刺激了人们潜藏的消费欲望。特别是那些在改革开放中先富起来的一部分人，更是以空前的热情投入到对商品档次和品位的消费之中，引领着整个社会的消费潮流。人们的消费欲望被前所未有地放大了，西方消费观念深刻影响着人们传统的价值观念和生活方式。在消费社会中，人们乐此不疲地消费各种流行、新潮、时尚、标新立异的商品。人们的消费，不是为了满足自然的生理需要，而更多的是出于一种表现自我价值、自我品位、自我特性的驱动。这样，人们在无休止的消费中，陷入了由各种商品所象征的特定文化符号所编织的即时变动、更新的意义之网而无从逃逸。在现代消费社会，“……财富及物品同话语……构成了一个全面、任意、缜密的符号系统，一个文化系统，它用需求及享受取代了偶然世界，用一种分类及价值的社会秩序取代了自然生理秩序”①。消费中的非理性因素逐渐增多，对商品符合价值的追求胜于对其使用价值的考虑。过度消费、盲目消费、攀比消费、符号消费正日益成为人们消费的主要动因。在这种情况下，人的欲望空前发达。

与此同时，现代科技的不断发展，使得人的主体性也遭遇了前所未有的危机。科技的进步毫无疑问是人类主体性、能动性和创造性的突出表现。但是，随着整个生产与日常生活的自动化、信息化和智能化程度的不断提高，人正日益变成科技的附庸。比如，原本为人服务的手机，现在反过来成了越来越多的人生活的主宰。在这种情况下，不是手机离不开人，而是人越来越

① 鲍德里亚．消费社会［M］．刘成富，全志钢，译．南京：南京大学出版社，2014：70.

离不开手机。人与手机的主奴关系发生了根本性的逆转。而生产和生活越是智能化，就越是将人的主体性排除在生产和生活之外。在这种情况下，人就十分容易陷入一种新的片面发展之中——人变成了只会执行命令的工具。如何在科技不断进步的今天，为人的主体性和能动性的发挥预留一个必要的空间，就成为现代人不得不思考的重大现实问题。

以上表明，如果人类放任自我欲望并不加节制地发展，那么，这一方面会带来严重的环境危机，另一方面也会引发人的自我存在性危机。这种双重危机将会在物质和精神层面给人的存在与发展带来空前的挑战。面对这一挑战，道德毫无疑问是我们应对危机的重要出路。当前我们所提出的生态文明建设的核心就在于通过道德的力量去整体审视和平衡好不同地区、代与代之间的生存权和发展权。而人们对科技伦理的不断反思，则是聚焦于技术与价值、与人性的有机融合。可以说，如果没有相关伦理和道德的内在约束，那么，科技的进步将有可能给整个人类带来难以弥补的沉重打击。从这个角度看，道德就成了人类生命遭遇危机时得以自我救赎的重要力量。

（二）道德具有可教性

道德是否可教是一个古老而又历久弥新的教育话题。早在古希腊时期，人们就对道德是否可教这一问题进行了诸多富有启发的思想探索。苏格拉底以“美德即知识”为基本命题，推导出了美德可教这一结论。但是，对于这一结论，苏格拉底本人并不是十分满意。因为，他并不承认美德教师的存在。而一旦不存在美德教师，美德可教就缺乏其必要的主体前提。对于苏格拉底的这一问题，普罗塔哥拉给出了其富有见地的解释。他认为，美德的学习类似于母语的学习。个体的母语必定是其在后天的环境中习得的，只不过个体对母语的学习并不需要向专门的人学习，而是在生活中，通过与他人的交往就能习得。换言之，人人皆可为母语教师。这一点同样适用于美德的习得。虽然我们很难找到专门的美德教师，但这并不意味着美德就不可以教。而亚里士多德对此问题的认识则另辟蹊径。他将美德的学习类比于技能的获得。他认为一个人的技能虽然不能通过别人直接的口头教授来掌握，但是，可以在他人的榜样示范和批判性指导下通过不断的实践锻炼来习得。因此，美德的教是一种训练之教（teaching by training），而不是一种口授之教（teaching by dictating）。虽然这些古代先贤对于美德是否可教这一问题给出的具体解释路径存在着诸多的差异，但是，他们对于这一问题的思考无疑是帮助我们更好地澄清这一问题的重要思想资源。

要对这一问题有更为准确的理解与认识，需要我们进一步回溯这一问题提出的基本背景。对此，可以做一个简单的对比，即为什么人们很少对知识是否可教这一问题提出疑问，而偏偏对道德是否可教这一问题提出疑问。答案恐怕就存在于知识与道德之间的不同中。在很大程度上，这里的知识更多地指向客观知识，是人们对客观世界认知的产物。知识的重要特点就在于它的认知性，这种认知在很大程度上是不以人的主观意志为转移的。因而，对知识的学习就很少受到人的喜怒哀乐等情绪情感的影响和干扰。只要一个人能够在头脑中再现人类所积累的知识，知识的教学就算完成了。但是，道德不同于知识的重要地方就在于，它更多地反映人与人之间的价值关系，价值性是道德的首要属性，这就使得道德带有明显的主观性特征。因此，相比知识的教，道德的教更需要个体的主观价值判断的介入。这就使得道德的教往往会由于所教对象的价值判断的影响而削弱其教育的实效性。实际上，当人们讨论道德是否可教这一问题时，主要质疑的不是有关道德知识的可教，也不是否定有关道德行为的可塑造，而是关注道德之教在多大程度上可以实现对人的主观价值世界的向善引导。

由此可见，道德是否可教的问题实质在于人们对不同于知识教育的价值教育的质疑，是对教育改变人的主观价值世界的不确定。因此，要从根本上回答道德是否可教，关键就在于论证人的主观价值世界是否可以因教育的介入而发生积极的变化。如果由于教育的介入，人的主观价值世界发生了积极的变化，那么，道德就是可教的；反之，道德就是不可教的。

人们之所以会认为教育很难改变人的主观价值世界，一个非常重要的原因就在于，在很长一段时间里，人们对个体价值观念、道德品质形成的内在机制缺乏足够的了解，因而只能用知识教学的方式对个体进行道德教育，导致德育的教与其所培养的目标不匹配。这必然会影响人们德育合法性的质疑。随着认知科学、教育学、心理学等学科对道德问题研究的不断深入，人们逐渐发现了个体价值观与道德品质形成和发展的基本规律，从而为更有针对性的教提供了非常重要的科学依据。比如，道德心理学对学生品德发展阶段特征的确认，就为道德之教更好地引发学生内在的情感认同提供了努力的方向。

因此，从当代诸多学科的研究成果来看，道德是可教的，只不过道德的教有其内在的规律和特点。我们要做的就是更加深入地研究道德之教的特点，而不是因其教的特殊性就否定了其教的可能性。

综上所述，德育的本质就在于，它更多地致力于实现对个体主观价值世界的向善引导，让个体的人性结构中尽可能地增加属人的精神性厚度，从而让人更加充分地占有其作为人的价值规定性，而不是仅仅占有各种外在的客观知识。

第二节 德育的功能

德育的功能主要指的是德育因其结构特点所客观具有的作用，它与德育目的和德育效果是不同的概念。德育功能主要回答的是“德育能做什么”的问题，而德育目的主要回答的是“德育应该做什么”的问题，德育效果则是回答“德育实际上做了什么”的问题。德育应该做什么这一问题必须建立在德育能做什么之上，否则，就容易导致对德育不切实际的期待；而德育实际做了什么也不能否定德育能做什么，否则容易出现对德育功能认识上的窄化。因此，准确把握德育的功能，对德育目标的确立、德育评价的推进和德育实践的实施等都具有十分突出的意义。

首先，正确的德育功能观是科学德育目标得以确立的基本前提。德育目标反映的是人们对德育的一种价值期待，这种期待的最终实现以对德育功能的理解为基本依据。如果人们对德育的价值期待远超德育功能所能承载的范围，那么，这样的德育目标必将会落空。同样，如果人们对德育的价值期待低于德育功能可以实现的范围，那么，这也会影响德育功能的充分发挥。

其次，正确的德育功能观是德育评价有效推进的保证。德育评价主要衡量的是德育目标的达成度。现实的德育效果与德育目标越接近，德育评价也就越好。从这个角度而言，离开了德育目标，对现实德育效果的评价就无从谈起。而德育目标的确立是离不开对德育功能的理解和把握的。当前，人们关于德育评价普遍存在的一个问题就是，认为德育的实效性不高。但是，这个评价结论的得出，不是建立在德育本可以实现的德育功能这一客观基础上，而是想当然地从自我的主观期待出发来评价。这就使得德育评价缺乏必要的客观基础，从而造成评价的诸多偏颇和随意。

最后，正确的德育功能观是确保德育实践得以实施的前提。没有对德育功能的正确认识，德育实践就容易迷失方向。在很长一段时间里，由于我们对德育功能存在一种非常浪漫化的认识，让特定历史条件下的德育承担了诸多其难以胜任的工作，最终导致了德育实践的无序与混乱。要想避免这一情况的出现，就需要我们准确把握德育的功能。

一般来讲，功能是一个中性的概念。这里所讲的德育功能，主要是从正功能的角度来说的。根据德育作用对象的不同，德育的功能大致可以分为德育的个体功能、社会功能和教育功能三个主要方面。

一、德育的个体功能及其实现原则

德育的个体功能主要指的是德育对个体的发展所具有的客观作用。总体来讲，德育对于个体品德的形成、发展具有积极的促进意义。

1. 德育是个体品德形成的重要基础

品德作为人的基本素质，是人区别于其他生物的重要属性。对此，孟子在其“四心说”中就有过精彩的论述。他认为：“无恻隐之心，非人也；无羞恶之心，非人也；无辞让之心，非人也；无是非之心，非人也。”由此可见，孟子关于人的认识，都是与恻隐、羞恶、辞让、是非这些道德品性紧密联系在一起的。虽然品德是为人的基本规定性，但是，品德并不是人先天就具备的。在很大程度上，品德是需要个体在后天的学习和生活中逐渐习得的。狼孩之所以不是真正意义上的人，主要不是因为它缺少作为人的生物基因，而是因为它缺乏包括品德在内的人的社会性。之所以如此，是因为狼孩从小就脱离了人的社会环境，因此，也就失去了它从人的生活和教育中习得社会性的可能性。

虽然个体也可以在日常生活中从对特定对象和文化的模仿中获得必要的德性，但是，这样一种从生活中直接获得的德性是有一定的局限性的。比如，这种德性的获得更多的是自发的甚至是被动的，而不是个体自觉、主动的一种行为；从生活和文化中直接获得的德性大多是非反思性的，是一种肯定性和继承性的单向接受，缺乏发展的活力且其有效性大多局限在特定的区域。这样一种基于自发状态所形成的德性并不能够确保个体适应当前复杂的社会道德生活。因此，需要在自发的生活德育之外，有更为自觉的德育帮助个体获得更具现代性和普遍性的品德。没有自觉的德育的主动介入，个体的品德形成就很难具有坚实的理性基础。

2. 德育是个体品德发展的推动力

个体品德的形成并不是一蹴而就的，个体品德有一个不断从简单到复杂、从自律到他律、从不成熟到成熟的发展过程。在这个过程中，个体会遭遇各种现实的道德两难问题，也会遇到诸多的伦理困境。在这种情况下，如果个体得不到及时的帮助与引导，就特别容易产生道德上的无力感，甚至会背离道德的正确方向。因此，必要的德育对于切实帮助个体正确认识、妥善处理道德生活中的种种问题，具有十分重要的作用。

首先，作为有目的、有计划、有组织地对个体施加道德影响的学校德育，其目的性更强，专业化、系统性更高，因而能够对个体品德的发展有着积极的促进作用。相比于个体在生活的摸索中所形成的品德，学校德育的目的性更强，具有十分鲜明的方向引导性，因而可以减少个体偏离正确方向的可能性。其次，学校德育是由专门的教师经过相对专业的设计而开展的，因此，可以最大程度地提高教育效率，减少个体盲目探索所带来的自我品德发展的低效性。最后，学校德育的组织化程度明显高于个体品德的自发发展，它不仅体现在不同教师之间的德育协同，同时还表现在可以最大程度地形成家庭、学校、社会整个的育人合力，从而有助于个体形成稳定的品德。

3. 德育是个体配享人生幸福的必要条件

德育对个体品德的形成和发展具有重要的意义，其本身也构成了个体获得幸福的必要条件。幸福作为人的目的得以自由实现，与道德密切相关。如果一个人在追求幸福的过程中不是追求“属人”的目的，而是追求与动物无异的简单的、感官的快乐，那么，幸福所具有的那种自足性、持久性、精神性的特质他是很难享受到的。在现实生活中不难发现，一些人通过违背道德甚至违法的方式获得了大量的财富，在世俗的眼光中貌似获得了极大的幸福，但是，这些在内心上有道德亏欠的人，即使衣食无忧，也会因良心的谴责而难以获得内心的安宁。即便所做的违法乱纪的事情暂时未被发现，他们也会长期处于一种恐惧中，害怕有朝一日东窗事发。因此，道德对一个人幸福的获得具有重大意义。

拓展阅读

在民间，历来流传着“善有善报，恶有恶报”的说法。这种说法虽然说的是一种因果报应，但是“善有善报”中的前一个善显然是指善行或做善事，也就是德，而后一个“善报”中的善，则显然是指好的生活。也就是说，如果一个人总是做好事，必然会有好的生活来报答他。因此，有德必有福，德福是紧密相连的。在学界，不同的伦理学派虽然对什么是幸福有不同的看法，但往往都把道德与幸福联系在一起，只不过它们联系的方式有所不同而已。有的把道德等同于幸福，有的却把幸福等同于道德，古希腊时期的斯多亚派和德谟克利特的快乐主义就是其典型的代表。当然，也有把二者明确区分开的学说，认为它们属于不同的领域，比如古希腊时期亚里士多德的伦理学以及近代的康德伦理学。但是它们的一个共同特点仍然是在区分二者的基础上结合这二者，它们与上述学派的不同之处在于，认定幸福与德性之间不是等同的关系，不是分析的关系，而是综合的关系。在它们的学说中，道德成为幸福的前提性条件。在亚里士多德那里，幸福是合乎德性的实现活动，而在康德那里，德性是配享幸福的资格。

——张传有．对康德德福一致至善论的反思［J］．道德与文明，2012（3）：75－80.

由此可见，人们需要道德、追求道德，最根本的理由不在于道德的外在约束和规范作用，而在于个体要获得一种真正体现人的属性的幸福。德育通过有目的、有计划地对人的品德发展施以正面影响，可以更好地帮助个体在品德发展方面实现从自发到自觉、从消极到积极的转变，从而有助于帮助个体在道德成长中不断提升自我配享幸福的道德能力。这实际上就是德育对个体所具有的享用功能。

拓展阅读

德育应在其全过程中逐步实现和不断发挥这种个体的享用功能。德育不仅要使人感受到掌握与遵循某种道德规范对自身来说是一种约束、一种限制、一种牺牲、一种奉献，而且应当使他们从内心体验到，从中可以得到愉快、幸福与满足，得到自我的充分发展与自由，得到唯独人才有的一种最高享受。这种对道德享用价值的内心体验，需要在德育过程中不断深化与提高。德育要使儿童从小就能因其道德的行为（亲社会行为）而得到赞许、表扬、肯定，从中产生积极、快乐的情绪；要使儿童、少年从能使他人得到快乐与满足的道德行为中体验到自我满足与幸福；要进一步使少年、儿童从有利于集体的思想行为中获得荣誉和尊重，产生自我肯定的深刻体验，满足其在群体中的归属感与安全感等需要；还要进一步地使个体从自身道德的发展、道德人格的完善中获得一种自我提升的满意感、满足感；在人的发展最高层次上，更要使人们从其道德理想、道德信念的实现中获得一种崇高感，体验到一种最大的幸福，感受到一种最高的享受。

只有使德育的自我享用功能不断得到提升与发挥，才能使教育把各种道德规范的遵从逐渐从他律转变为自律；使人们不是把各种道德规范视为约束与限制，而是将其当作自我肯定、自我发展的需要；使人们不是把道德、道德教育视为一种异己的力量，而是将其作为自身的主动追求，作为一种与自身不断完善化、理想化相一致的力量。

——鲁洁．试论德育之个体享用性功能 [J]．教育研究，1994 (6)：46－47.

4. 德育个体功能实现的原则

德育个体功能的发挥必须建立在一定原则的基础上，才能真正确保德育对人的发展的正面促进作用。具体而言，德育个体功能的发挥需要坚持主体性和生活化两大原则。

所谓主体性原则，主要指的是德育的开展要高度重视学生主体性的发挥，要能够充分调动学生道德自主建构的内在动机，而不是将德育视为一个外在的强制灌输过程。只有能够让学生在德育的过程中充分意识到自己是自我道德成长的主人，他们才能够对自我的道德发展负有内在的责任心。当前，很多学校的德育不能很好地发挥其对学生个体的正面促进功能，一个非常重要的原因就在于将学生排除在德育之外，变成学校、教师的一言堂，这样一种德育是很难发挥其对个体道德发展的正面促进功能的。

所谓生活化原则，主要指的是德育要高度重视与生活相联系，要能够从学生的生活世界出发设计相应的活动与要求，不能将德育仅仅视为一种对书本知识的学习。过去德育存在的最大弊端之一就在于，将原本生动的德育从生活中抽离出来，变成一堆抽象的概念和命题让学生记诵。这样一种德育由于缺乏必要的生活根基，既很难引发学生的情感共鸣，也很难被学生真正理解。因此，德育要善于从生活的视角出发，找到其要引导的价值观与学生经验世界的联结点，这样才能够确保学校德育入脑入心，取得实效。

二、德育的社会功能及其实现原则

德育的社会功能主要指的是德育对社会所具有的价值和意义。一般而言，社会主要包括政治、经济、文化等不同维度。因此，讨论德育的社会功能，主要就是了解德育对政治、经济、文化、生态等所具有的作用。

（一）德育的政治功能

德育与政治关系密切。在很大程度上，德育对政治的稳定和发展均具有十分突出的意义，历来受到不同历史时期统治阶级的高度重视。可以说，德育的政治功能在其所有社会功能中居于核心和关键地位。

1. 德育的政治稳定功能

政治稳定主要指的是社会的政治系统能够保持动态的有序性和连续性，主要包括国家的主权稳定、政府稳定、政策稳定、政治生活秩序稳定以及社会政治心理稳定等方面。可以说，政治稳定是一个国家和社会得以发展的基本前提。

实现政治稳定，除了要加强党的领导和社会主义民主法治建设外，最为重要的一点就在于，要能够将广大民众的思想意识统一到党的治国理政方略中，让广大民众能够对国家和社会主导的意识形态有内在的认同。而民众的思想意识是需要主动引导的，尤其是对青少年学生而言，其关于国家、政权、政党、政府、政治生活等方面的认识，是需要教育来引导和塑造的。实际上，在任何民族国家，德育都担负着传播国家主导的意识形态的作用。正因如此，各国都高度重视德育工作，把德育当作一个国家长治久安的重要途径。

2. 德育的政治发展功能

政治发展主要是指政治形态不断从低级走向高级的总体性过程，主要表现为政治结构不断合理、政治功能日趋完善等各方面。可以说，政治发展是政治文明建设的应有之义。

政治发展归根结底是通过不断的制度革新实现的。而制度的革新离不开大量具有现代政治素养的公民的积极推动。以《走向现代化》一书闻名于世的美国社会学家英格尔斯有两段耐人寻味的话："痛切的教训使一切开始体会和领悟到那些完善的现代制度以及伴随而来的指导大纲、管理守则，本身是一些空的躯壳。如果一个国家的人民缺乏一种赋予这些制度以真实生命力的广泛现代心理基础，如果执行和运用这些现代制度的人还没有从心理、思想、态度和行为方式上经历一个向现代化的转变，那么失败和畸形发展的悲剧是不可避免的。再完善的现代制度和管理方法，再先进的技术工艺，也会在传统人的手中变成一堆废纸。""一个国家，只有当她的人民是现代人，她的国民从心理和行为上都转变为现代的人格，她的现代政治、经济和文化管理中的工作人员都获得了某种与现代化发展相适应的现代性，这样的国家才可真正被称为现代化的国家。否则，高速稳定的经济发展和有效的管理，都不会实现。即使经济已经开始起飞，也不会持续长久。"因此，当代国家都把学生现代公民人格的培养看作非常重要的教育目标。

德育毫无疑问就是培养现代公民的重要途径。通过德育，个体可以习得基本的政治知识，形成特定的政治态度，具备必要的政治参与能力，从而可以最大程度地确保其能够有效参与到国家的政治发展与政治变革中，并为政治发展和政治变革的最终实现提供广泛的社会心理基础和现实推动力。

（二）德育的经济功能

德育的经济功能主要指的是德育对于经济的发展所具有的作用。虽然作为上层建筑重要组成部分的德育不对经济的发展产生直接的促进作用，但是，其通过提升从事经济活动的人的道德素养，可以在很大程度上确保经济的良性发展。

1. 德育是现代契约经济存在的基础

现代经济基本上是一种契约经济，其突出表现是参与经济活动的各方以合同的形式来明确各自在经济活动中的权利与义务。而合同在很大程度上是建立在契约精神的基础上的，其实质是各方在自由平等基础上的守信精神。由此可见，以守信为核心的契约精神，实质上是一种对活动主体的道德要求。没有这样一种基于守信的道德素养，现代社会的契约经济将失去其得以存在的必要基础。

2. 德育可以确保经济高效运转

经济要高效运转，就必须降低相关成本。在一个人人讲道德的经济社会中，彼此之间有着良好的信誉基础，因此，双方在开展经济活动时，就可以减少不必要的猜疑和提防，从而提高经济效率。反之，如果是在一个人人道德沦丧的社会中，人与人之间缺乏必要的信任感，就会导致合作的双方不得不投入更多的时间和精力来防止被对方欺诈，从而造成自我经济上的损失。这在无形之中会增加双方经济运转的额外成本，也会在很大程度上造成经济运转的低效。

由此可见，德育通过培养具有道德素养的人作用于经济活动，可以有效地促进经济的良性发展。

（三）德育的文化功能

德育的文化功能主要指的是德育对文化的传承和发展所具有的作用。文化既是一个社会文明的重要表征，也是一个社会存在的基础。可以说，有什么样的文化，就会有什么样的社会生活样态。

1. 德育的文化传承功能

优秀传统文化中蕴含着非常丰富的德育资源，是德育的重要内容和载体。当前，国家高度重视优秀传统文化教育，并把其作为学校德育的重要内容。2017 年教育部颁布的《中小学德育工作指南》明确提出，要传承发展中华优秀传统文化，大力弘扬核心思想理念、中华传统美德、中华人文精神，引导学生了解中华优秀传统文化的历史渊源、发展脉络、精神内涵，增强文化自觉和文化自信。由此可见，德育在文化传承和培养学生文化自信方面具有非常突出的作用。

2. 德育的文化发展功能

德育不仅具有传承优秀传统文化的重要作用，而且具有发展优秀传统文化的功能，即德育对传统文化的传承实际上坚持创新性继承和创造性发展的原则。这实际上就表明了，德育在文化传承的过程中会主动结合时代和社会发展的需要，进行符合实际的创新和发展，不断提高文化的现实适应性和解释力。尤其是在当下这样一个不断飞速发展的社会中，德育更需要与时俱进，通过创新性继承和创造性发展，不断加强其在文化发展方面的积极促进作用。

（四）德育的生态功能

生态环境是人赖以生存的基础。当前，生态环境的不断恶化对人类的生存和挑战提出了前所未有的挑战。如何应对这些挑战，是世界各国都必须携手共同解决的现实问题。在解决这一问题的过程中，德育同样具有十分重要的作用。总体来讲，德育的生态功能，主要是指德育对生态环境的维护所具有的作用，具体包括社会成员生态意识的确立、生态行为的养成等等。

1. 德育有助于社会生态意识的确立

生态意识是一种反映人与自然环境和谐发展的新的价值观，是现代社会人类文明的重要标志，也是生态环境建设的基础。没有正确的生态意识，生态环境的改善就无从谈起。因此，培养学生的生态意识有助于生态环境建设。当前，国家高度重视人类命运共同体建设。这实际上就是要求德育能够自觉地将生态文明作为重要议题。具体而言，就需要在德育的过程中主动引导学生超越“人类中心主义”这一西方传统观念，树立“生态整体主义”这一新的观念，从而具备现代的生态意识。

2. 德育有助于绿色低碳生活方式的形成

德育不仅要致力于培养学生的生态意识，更要强化其生态行动力，即要培养其形成符合生态特征的绿色低碳生活方式，以实际行动切实推进整个生态环境的健康发展。为此，在学校德育中就要加强节约教育和环境保护教育，开展大气、土地、水、粮食等资源的基本国情教育，帮助学生了解祖国的大好河山和地理地貌，开展节粮节水节电教育活动，推动实行垃圾分类，倡导绿色消费，引导学生树立尊重自然、顺应自然、保护自然的发展理念，养成勤俭节约、低碳环保、自觉劳动的生活习惯，形成健康文明的生活方式。

总而言之，德育不仅在观念上可以帮助个体树立良好的生态意识，同时，也可以在行动层面提升学生可持续发展的能力，最终推动整个社会生态的健康发展。

（五）德育社会功能实现的原则

德育的功能是由其内在结构所决定的。而德育社会功能的现实发挥，往往会受多重因素的影响。为更好地发挥德育的正功能，避免其负功能的出现，我们需要对德育功能实现的原则有充分的认识。总体而言，德育功能的实现需要着重考虑整体性、间接性、发展性等原则。

1. 整体性原则

所谓整体性原则，主要指的是德育社会功能的实现必须是全面的，而不是片面的。这里的全面主要包括两个方面：一是要能够全面统筹德育中的思想教育、政治教育、道德教育、法治教育、心理健康教育等不同内容，避免只强调其中某个内容而忽视其他方面的内容。在这方面，我们是有历史上的教训的。在“以阶级斗争为纲”的年代，我们的德育更多的是强调其政治教育的功能，忽视其人格养成的作用。而在以经济建设为中心的年代，我们的德育又更多地强调其对社会主义市场经济建设的作用，这同样也不利于德育功能的整体实现。二是同一德育内容本身也要考虑其内在要素的完整性。人的品德基本上由认知、情感、行为三个要素构成，因此，在德育功能的实现过程中，同样需要整体考虑这三个要素的完整性。任何只强调其中一个要素而忽视其他要素的做法，都必然会影响德育正功能的发挥。比如，如果只强调德育中的认知要素，那么，这样的德育就会变成简单的知识性记诵，是很难帮助一个人形成健全的道德人格的。当前学校德育存在的突出问题之一就在于，更多的是在德育的认知层面下功夫，却在一定程度上忽视了对其他要素的培养，从而使得德育变成了所谓的“知性德育”而影响其育人功能的整体性发挥。

2. 间接性原则

所谓间接性原则，主要指的是德育社会功能的发挥，以其教育的对象——学生为中介，才能够真正作用于社会政治、文化、生态等方面的发展。实际上，不管是政治、经济，还是文化、生态，它们的发展最根本还是要靠人来推动。离开了人，社会的发展与进步就很难实现。因此，德育要发挥其社会功能，重点应该聚焦于其培养对象的人格健康发展之上，而不是直接参与社会的变革。只有通过德育培养出一大批人格健全、思想高尚的人，德育才可以间接地作用于社会的良性发展。而人的成长是一个过程，不可能一蹴而就。这实际上表明，德育作用于社会的发展在很多时候并不是立竿见影的，而是需要一段时间的积累。企图让德育对社会产生直接的效果，是有悖客观规律的。当然，强调德育社会功能发挥的间接性，并不是说德育就可以关起门来进行，就不需要了解社会的发展；而是说德育在充分了解社会的基础上，要有教育的定力，不能因为社会的飞速发展所产生的新问题、新要求、新挑战就立即乱了阵脚，被动去迎合社会的需要，如果是这样的话，德育将会失去其必要的独立性和专业性。实际上，德育更多指向的是一个更加美好的社会的建设，而不是对当下社会的简单再现，因而德育对于社会发展而言，应该有其引领作用。因此，强调德育功能实现的间接性，就是强调德育应有的专业性，强调德育培养人的极端重要性，以及强调德育对社会发展的引领和建构作用。

3. 发展性原则

发展性原则主要指的是，德育功能的实现是一个历史的过程，因此要考虑德育功能实现的社会条件。德育功能的发挥与实现是需要一定的外在条件的。缺乏外在条件的支撑，德育功能也很难取得其应有的效果。比如，在封建社会，我们就很难通过德育造就现代政治文明，也很难通过德育促进市场经济发展。因此，对待德育功能的发挥，我们应该坚持用历史的、发展的视角，不能超越现有的社会条件去要求德育发挥某种功能。我们对于当下德育功能的期待，应该放置到社会主义初级阶段这一基本国情中来考虑。在这个过程中，也要防止对德育功能的一种静止化认识，认为当前由于条件不具备就丧失了对德育促进美好生活的信心。对此，要有一种历史发展的前瞻性和能动性，不能因为当下条件的不成熟就放弃了对美好德育与美好社会的追求。

三、德育的教育功能及其实现原则

德育不仅对个体和社会具有重要作用，而且对整个教育系统也具有十分突出的价值。一般而言，德育对教育的功能主要分为两大部分：一是德育对整个教育的作用，二是德育对教育的各个组成部分所具有的作用。

1. 德育对整个教育的作用

德育在很大程度上决定了整个教育的育人性质。德国教育家赫尔巴特曾经在《普通教育学》中说道："教育的唯一工作和全部工作可以总结在这一概念之中——道德。""道德普遍被认为是人类的最高目的，因此也是教育的最高目的。""我得立刻承认，不存在'无教学的教育'这个概念，正如反过来，我不承认有任何'无教育的教学'一样。"由此可见，在赫尔巴特看来，道德是教育的最高目的，如果教育剥离了其中的道德，那么，也许教育就很难配享教育的称谓了。

关于德育与整个教育之间的关系，可以从一封信谈起。

亲爱的老师们：

我是集中营里的幸存者。我目睹了一般人看不到的事情：

毒气室由有学识的工程师建造，孩子们被受过教育的医生毒死，婴儿被训练有素的护士谋杀，妇女和孩童被受过高中或者大学教育的毕业生射杀。

所以，我怀疑教育。

我的请求是：希望你们帮助学生做一个有人性的人。永远不要用你们的辛勤劳动，去栽培孕育出学识渊博的怪兽、身怀绝技的疯子，或者是受过教育的纳粹。

阅读、写作、数学等学科，只有在用来把我们的孩子教育得更有人性时，才显得重要。

资料来源：吉诺特．老师怎样和学生说话［M］．冯杨，周呈奇，译．海口：海南出版社，2005：239．

从以上这封信可以看出，这些由“教育”培养的工程师、医生、护士、大学毕业生都拥有着丰富的学识，但是，其最大的问题是，缺乏起码的人性和良知。如果一个人拥有知识却缺乏灵魂，那么，其能力越大对社会和他人的破坏力就越大。可以说，不以一定的德性培养为前提的知识传授，极有可能使这个社会陷入万劫不复的可怕境地。当前中国社会面临的重大问题之一就在于，不缺乏有知识、有才干的人才，但是，很多人将知识用到了不当的行为中。比如，那些能够制造出毒奶粉、瘦肉精的人的化学知识并不少，只是这些化学知识没有被用到正确的事情上，而是用到了损害他人和社会发展的错误路径上。前些年发生的清华大学学生用硫酸伤熊的事件，也从另一个侧面反映了当前学校教育过于偏重知识的传授而忽视健全人格培养的现实问题。

实际上，有教有学的活动不一定是教育活动。正如有位台湾学者所说的：“教育应该包含教导和学习的因素在内，但反过来说并不一定为真。亦即有教有学的行为或活动，不见得就是教育。这是因为教育本身也是一种价值的活动。”关于这一点，可以从教育与培训、教唆之间的不同来做进一步的讨论。

教育和培训最大的不同就在于，教育不仅仅教给人知识和本领，更告诉学生知识和本领使用的伦理边界。如果一个教师上课的时候仅仅满足知识和技能的传授，而缺乏对学生相应价值观的引导，那么，教师所做的与其说是教育，不如说是培训。学校开设的计算机教育课和市场上各种不同计算机培训机构最大的不同就在于，前者不仅教授有关计算机的技术，更要教授相关的信息伦理；而后者则主要是一种计算机知识和能力的训练。由此可见，相比于培训，教育多了一份对学生的价值引导。

而教育与教唆相比，二者的共同之处就在于，双方都包含了对学生的价值引导。但是，教唆中所包含的价值引导是一种错误的价值引导，而教育中所包含的价值引导则是一种向善的价值引导。《说文解字》就将教育定义为：教，上所施下所效也；育，养子使作善也。由此可见，教育中必然包含着对人的一种向善的价值引导。

拓展阅读

科学价值的评判与精神价值的评判不可同日而语……培养出来的科技人员只是服务于某些目的的专业工人，他们并没有受到真正的教育。因为技能的培训、专业知识的提高还不能算是人的陶冶，连科学思维方式的训练也谈不上，更何况理性的培养。

——雅思贝尔斯．什么是教育［M］．陈巍，克拉茨，译．上海：上海人民出版社，2022.

由此可见，如果教育中没有包含对学生的价值引导，所谓的教育就是一种培训；而如果将学生引导到了错误的方向上，则教育就沦为了教唆。德育本身就是对学生的一种向善的价值引导。因此，教育剥离了德育，教育就有可能变成培训或教唆。从这个角度而言，德育的存在使得教育配享教育的称谓，教育成为教育的内在规定性。

2. 德育与教育其他组成部分的关系

德育与智育、体育、美育以及劳动教育都有着非常密切的关系。总体而言，人们都会同意：德育可以培养人的体育精神、审美情趣和劳动观念，从而促进体育、美育和劳动教育的健康发展。但是，对于德育与智育的关系，人们往往会有不同的认识。实际上，在学校中，最容易引发冲突的就是德育与智育之间的关系。而德育与智育的关系冲突，在现实中往往通过德育与学科教学之间的矛盾具体体现出来。因此，关于德育与教育其他组成部分关系的讨论，主要就聚焦于德育与学科教学之间关系的分析。

德育为首、德育为先是每个学校口头都会承认并主张的命题。但在实际的教育教学过程中，德育为首、德育为先在很多时候只是停留在口号上。真正摆在学校首位的，依然是各科教学。之所以会造成这样的局面，是因为在很多人的观念中，抓德育就会影响教学。

那么，德育与教学真的是一种水火不容的矛盾吗？开展德育活动，就一定会影响学生的学习吗？实际上，好的德育与学习成绩之间不是一种对立的关系，二者是相辅相成、彼此促进的。

第一，德育的最终目的是提高学生的思想道德水平。学生思想道德水平的提高，将会对其学习发展有很好的促进作用。

（1）提高学生的道德水平，可以激发其学习动机。学生道德水平提高了，意味着其更加明事理，更加懂事，更能够意识到学习对于其个人发展乃至整个社会的发展进步所具有的重要作用，这将会进一步激发他们努力学习的热情。

（2）提高学生的道德水平，有利于学生养成良好的学习习惯，增强其克服困难的意志力。良好的道德水平可以让学生自觉地遵守学校的各种规章制度，减少教师管理学生的时间和精力，这有利于教师以更多的时间和精力投入到教育教学中。

（3）学生道德水平的提高能够增强他们的意志力，促使他们在学习中不断迎难而上。而良好的道德水平也必将造就和谐的师生关系，同学之间更容易形成互帮互助的学习氛围。这些必将提高学校的教学效率，最终将会提高学校的教学质量。

实际上，一个人的品格不仅包括做人的品格，也包括做事的品格。前者主要表现一种伦理价值，它要求个体懂得“做人”，具有仁爱、公正、尊重、责任、诚实、信任、公民性等道德品质。后者则体现为行动价值，它要求个体学会“做事”，具备主动探究、节制、毅力、创新精神、批判精神、团队合作、领导力等实践品格。不管是何种意义上的品格，都对促进学生学业成绩的提高有非常重要的意义。

第二，德育不仅可以促进学生学习的进步，而且，学生学习成绩的提高也会反过来促进学生品德的发展。

（1）学校教学效率的提高，将为德育的展开提供更多的时间和空间。由于当前教学效率不高，学校不得不通过补课等方式来弥补正常教学的不足，这在客观上会挤压德育活动的空间。学生学习成绩的提高，将会给德育的展开提供更加充裕的时间和空间。

（2）学生学习成绩的提高，会进一步提高他们学习的兴趣，这会减少学生的厌学情绪，从而减少各种违纪现象的发生。

由此可见，德育与学生学习成绩的提高之间是一种相辅相成的关系，认为二者彼此对立的看法是片面的，是对德育的误解。

3. 德育教育功能实现的原则

德育要想发挥其教育功能，需要确保整个教育能够主动贯彻立德树人的根本任务，将教书与育人有机结合。为此，学校教育应遵循知识与价值相统一、直接教导与文化熏陶相结合、全员全程全方位育人的原则。

（1）知识与价值相统一原则。当前，学校德育的教育功能之所以发挥不畅，一个非常重要的原因就在于，学校教育过于聚焦在学生知识的习得方面，在很大程度上忽视了对学生的价值引导，从而造成了知识与价值之间的割裂。因此，强调学校教育要做到知识与价值的统一，其目的就是回归教育的育人原点，把人的成长摆在整个教育的核心地位，不能只见知识不见人。这实际上是需要学校在育人理念方面做出深刻变革。

（2）直接教导与文化熏陶相结合原则。学校德育的开展，既要坚持正面引导，也要注意文化的熏陶作用。在很大程度上，学校品德的发展是需要特定文化的支撑的。如果学生在课堂、活动中所接受的直接教导与其在整个学校生活中所感受到的文化在价值取向上存在不一致，甚至存在冲突，那么，这会在很大程度上削弱学校德育直接教导的作用。这就要求学校在管理、制度等各个方面体现其在德育中所倡导的道德原则和价值观念，并将这些道德原则和价值观念转变为学校的校风、学风和教风。

（3）全员全程全方位育人原则。全员指的是学校中的每位教师都是德育工作者，都承担着共同的育人使命；全程指的是德育应该伴随学生成长的始终，而不是聚焦于某个时段；全方位则意味着德育应该囊括学生生活的每个空间，而不是局限在特定的课堂或者学科中。只有在学校中真正做到“三全育人”，德育的教育功能的发挥才能够获得人员以及时空条件的全面保障。

本章小结

准确把握德育的概念，需要对德育之“德”和德育之“育”有清晰的认识。德育之“德”可以有广义和狭义两种主要理解方式。从广义的角度看，德育之“德”是思想教育、政治教育、道德教育、心理健康教育等内容的综合；从狭义的角度看，德育之“德”则主要指道德教育。我国在政策和实践层面采用的是广义的定义。因此，我们在理解德育之“德”的时候，要准确区分思想教育、政治教育、道德教育、心理健康教育等不同教育领域之间的差异，增强教育的针对性。

德育之“育”的特点就在于，它强调的是德育过程与方法的建构性、长期性、多端性、复杂性和反复性。我们要根据德育之“育”的特点采用有针对性的教育形式，如此才能取得德育实效。

德育的逻辑起点就在于它具有可能性。这种可能性主要基于两个主要前提：（1）人具有接受德育的可能性；（2）道德具有可教性。前者主要回答了德育得以发生的对象机制，后者则强调了德育可以实施的教育条件。基于此，德育的本质可以规定为：致力于实现对个体主观价值世界的向善引导，让个体的人性结构中尽可能地增加属人的精神性厚度，从而让人更加充分地占有其作为人的价值规定性，而不是仅仅占有各种外在的客观知识。

德育的功能主要指的是德育因其结构特点所客观具有的作用。正确理解德育的功能，对德育目标的确立、德育评价的推进、德育实践的实施均具有十分重要的作用。总体而言，德育的功能主要包括：德育的个体功能、德育的社会功能和德育的教育功能。

思考题

1. 德育之“德”包含哪些内容？这些内容所对应的教育有何不同？
2. 德育之“育”有哪些特点？理解这些特点对德育工作有什么启示？
3. 德育何以可能？道德是否可教？

4. 如何理解德育的功能？德育的个体、社会和教育功能分别是什么？

参考书目

1. 檀传宝．德育原理［M］. 3 版．北京：北京师范大学出版社，2021.
2. 黄向阳．德育原理［M］. 上海：华东师范大学出版社，1999.
3. 鲁洁，王逢贤．德育新论［M］. 南京：江苏教育出版社，2010.

第二章

中国传统德育思想

学习目标

通过本章的学习，理解当代中国德育为什么需要通过“文化寻根”来继承传统，以及为什么需要通过“文化诠释”来与时俱进。了解中国传统文化中的“德”的内涵与特征，能够从“文”和“化”的观念与思想中把握将德育放置于中华“文-化”背景中的意义，能够通过对“仁义礼智信”五德的理解来系统把握德性修养的思想，并能够准确把握将中国传统德育思想融于德育课程时需要注意的关键问题。

当代中国德育理论和实践的深化发展，从思想资源来说，除了继续打开视野，广泛吸收世界其他国家的经验和启迪外，更离不开对中国传统德育思想的价值挖掘和转化应用。

第一节　中国传统德育思想的现代价值

中国传统德育思想的现代价值主要体现在当代中国德育的“文化继承”与“文化创新”两个方面。前者意味着当代德育需要通过“文化寻根”来扎根于民族文化传统，从中吸收营养，达成对自身文化根源的自知自明和自觉自信；后者意味着当代德育的理论与实践可以通过“文化诠释”的进路来完成与时俱进和转化创新。

一、当代德育需要通过“文化寻根”来继承传统

1. 道德的谱系与德育的根性

翻开中华民族的历史不难发现，从文化与信仰以及人对生命和道德的观

念来看，我们能发现某些似曾相识或者周而复始的东西。今天人们对道德以及终极价值的各种百花齐放的观点和立场，站在历史的角度上，也可以视作各种带有创新和进步色彩的“重演”。即便是“道德”这样的主题，也是存在着思想谱系和观念传统的，而这些东西会潜移默化地影响着人们，不管人们是否能够准确认知到那些占据自己心灵和支配自己头脑的文化观念。在一个相对同质性的文化环境中，对于文化的不自知可能并不会显示出特别的重要性，但是在有差异和有比较甚至有冲突的国际环境中，对于自身文化传统的不自知、对于哪些观念在支撑自己的信念和行为的不自觉，则有可能导致对话和行动的“无根性”。

拓展阅读

中华优秀传统文化源远流长、博大精深，是中华文明的智慧结晶，其中蕴含的天下为公、民为邦本、为政以德、革故鼎新、任人唯贤、天人合一、自强不息、厚德载物、讲信修睦、亲仁善邻等，是中国人民在长期生产生活中积累的宇宙观、天下观、社会观、道德观的重要体现，同科学社会主义价值观主张具有高度契合性。我们必须坚定历史自信、文化自信，坚持古为今用、推陈出新，把马克思主义思想精髓同中华优秀传统文化精华贯通起来、同人民群众日用而不觉的共同价值观念融通起来，不断赋予科学理论鲜明的中国特色，不断夯实马克思主义中国化时代化的历史基础和群众基础，让马克思主义在中国牢牢扎根。

——习近平．高举中国特色社会主义伟大旗帜 为全面建设社会主义现代化国家而团结奋斗：在中国共产党第二十次全国代表大会上的报告［M］．北京：人民出版社，2022：18.

中国传统的道德观就是德育的“根性”所在，其与马克思主义应该得到更有机的融合，从而更有效地释放各自的潜力，共同构建中华民族在当代社会道德信仰的根基。

2. 德育问题的解决需要“文化寻根”

放眼当今时代，不同国家和民族地区之间，常常因为文化背景、信仰传统或意识形态的差异而发生激烈的冲突与对抗。这种局面不仅没有随着科学技术的发展而减弱，反而可能随着互联网的广泛应用而呈现得更加明显。这意味着任何公民都有可能在不经意间，通过浏览新闻或音视频素材，而在没有准备的情况下遭遇各种来自不同价值立场和观念背景的素材信息的冲击。有时候这种冲击会给个体尤其是学生带来思维和价值观的混乱，甚至带来“文化虚无感”，这是一种价值和意义感层面的无方向感。那么，“我们”是谁？“中国人”意味着什么？个体如何面对多元的价值系统与文化观念，如何与异域文化沟通和协调，甚至在有时无法有效沟通的情况下，根据什么来选择和检视我们自己的前进方向？这些问题需要学校德育课程与教材的有效应对，而对中华民族传统文化的了解、辨析和传承，就是必不可少的教育内容和过程。

当代中国社会常常面临代际价值共识的断裂，这突出表现在两代人或三代人之间在很多观念上的巨大差异。虽然说代与代之间的观念差异几乎总是存在的，但是像转型期中国社会这样代际文化断裂如此之大和如此之深的情况，恐怕在历史上也并不多见。老一辈认为是天经地义的道理和行事准则，往往并不能得到青年一代的认同，例如对于“孝道”的理解，对于“血缘关系”的重视程度，对于婚恋的观点，对于“集体主义”和“奉献”等的情感认同，对于家庭经济和投资理财的观念与策略，对于工作的观点，对于养育儿童的观念与合作分工，等等。这常常会给老一辈带来巨大的困扰。但是与父辈的思想疏远与情感间离，其实也并不是子代的理想希求，他们往往也在承受着无法顺畅交流带来的痛苦。对于代与代之间的价值断裂，有些情况难以避免，而有些情况则可以得到缓解和改善。一个重要的途径就是对传统文化中所蕴含的价值取向和思想观念进行有效的诠释，尤其是结合当代的社会实际情况进行合理的阐发，让其中宝贵的精神营养能够释放出来，得到人们发自内心的认同。传统文化中天然地包含了超越代际的“共同信念”和“文化图景”，这些东西正是德育的重要资源。

在德育中，一个核心的任务就是帮助学生探寻自己的生命意义感，以及逐渐内生出对道德的信仰和追求，但是在越来越复杂而多元的社会动态中，这一核心任务的难度似乎越来越大。如果德育的这个核心任务的达成度太低，那么教再多的德育内容、花再多的时间在德育课程上，效果也终究十分有限。中国传统文化蕴藏着大量的精神性和超越性的资源，它们不仅起着人生哲学的作用，而且具有中国哲学所特有的紧密联系生活的特点，具体表现在成语、俗语、民间故事、传说等人们耳熟能详的文化和艺术形式中，并且往往凝聚着朴素的人生哲理。与来自西方的哲学理论不同，这些本土的哲理和人生智慧对于中国人来说是最容易思考的。发掘出传统文化中的超越性，有助于促进个体的意义追寻和信仰生成。[①]

因此，当代中国德育需要通过“文化寻根”来扎根于民族文化传统，从中吸收营养，达成对自身文化根源的自知自明和自觉自信。

3. 中国传统德育思想的基本特点

总体而言，中国传统德育思想具有以下几个方面的突出特点：

首先，中国传统德育思想以强调生命实践的“内求法”为鲜明特点，既

① 刘峻杉．传统文化融入德育课程与教材的基本理论探讨［J］．北京教育学院学报（社会科学版），2022，36（1）：21－29.

重视先天德性的善根，也关注成长过程中反映先天德性不足的“禀性”释放与后天耳濡目染获得的“习性”交织在一起所形成的复杂的道德成长轨迹。[①]因此，中国传统德育思想不否认人的道德成长是不断突破小我、超越功利和一般社会性认知的过程。但是与科尔伯格理论不同的是，中国传统德育思想并不认为人的道德成长由简单上升的几个阶段组成。

其次，中国传统德育思想以明心见性的道德直觉作为根本[②]，强调通过道德信息传递与交流促进个体内在道德主体性的成长，因此高度重视心灵体验和心灵交流。无论是道家、儒家的思想，还是佛家的思想，其中都蕴含着丰富的通过自我觉察达到澄清意识的理论和方法。尤其是道家“能辅万物之自然，而弗敢为”的思想，显然包含了关怀伦理提倡的“以需要和反应为基础”，而不必然地导致强制和僵化，只是这一思想自汉朝“罢黜百家，独尊儒术”之后，就被皇权专制下的儒学思想遮蔽了。

最后，在道德与美德的认识方面，中国传统德育思想其实是以一种个体特性与公共伦理结合的人格-伦理体系为基础的。例如，“仁义礼智信”五德就是这种思想体系的代表，可惜的是，五德被僵化为“五常”并与“三纲”相提并论之后，其内在深厚的道德意蕴受到了严重的制约，在当代已经很难为人们所珍视和引起人们的共鸣。

总体而言，中国传统德育思想以“修之身，其德乃真”为基本要求，继而随着实践性的深化和承载力的增强来“修之家，修之乡，修之邦，修之天下”，高度重视道德的实践性和求真性，以及基于道德能力的道德责任。这一路径与西方中世纪之后更倾向于在宗教文化的背景之下思辨和发展公共伦理有所差别。重视这种差别，从中挖掘和深化具有民族特色的宝贵资源，还需要付出大量的努力并经受实践的考验。

拓展阅读

修之身，其德乃真；修之家，其德有余；修之乡，其德乃长；修之国，其德乃丰；修之天下，其德乃博。

——对应《老子》第 54 章的帛书本[③]

① 熊春锦．国学道德经典导读［M］．北京：中央编译出版社，2008：186－187.

② 谭维智．道德教育的非知识化路径：道家的知识观及其道德教育方法研究［J］．教育研究，2011，32（6）：85－89.

③ 学术界普遍认为新出土的四种《老子》古本比通行本的《老子》更有文本和思想上的优胜之处，尤其是帛书《老子》兼具时间早期性和文本完整性。因此，本文引用的《老子》文本以帛书甲本为主，主要参考了帛书甲乙本文物图片、裘锡圭主编的《长沙马王堆汉墓简帛集成（四）》、北京大学出土文献研究所编的《北京大学藏西汉竹书（贰）》、高明的《帛书老子校注》、徐志钧的《老子帛书校注（增订本）》和熊春锦的《老子·德道经》等著作。为了方便，依然采用了通行本的章节序号，但是用的是帛书本的修订文字。

二、当代德育需要通过“文化诠释”来与时俱进

1. 德育研究的“知识生产”与“文化诠释”

德育理论研究的“知识生产”视角可以概括为：运用理性态度和适切的研究方法，观照现实伦理和价值教育问题，将这种思辨或实证所得加以理性表达，以概念化、命题化、结构化的形式呈现出来，以期促进公共理性的发展、伦理共识的产生以及德育效果的取得。

相对而言，“文化诠释”的视角更强调本土的、超越的、激活潜隐文化基因等方面的意涵，话语来源主要是中国传统文化、中国思想的诠释传统、当代诠释学理论以及文化研究等。“文化诠释”视角的基本途径是促进理解自身所在文化的意义之网和洞察意义世界。这种视角认为“幸福”、“存在”或“道”、“德”等只有通过内在的方式才能得到体现，只有通过诠释的方式才有可能被传达，因此可从“本体论意义上之诠释学”的角度加以理解。其核心追求和关注点是人类存在和发展的根本之“道”，而且这种根本既具有形而上的永恒性，也具有形而下的变化性，因此最重要的是在变化性中守住永恒性，即守“中”。在每个新时代和新情境中，通过适应此时此境的新诠释而回到意义之源和超越之境。区别于“知识生产”以“原创性”为核心，“文化诠释”的重点是“再一次回到”或“再一次领悟或证得”，“新”不是重点，“高度”和“精深”才是重点和难点，所以是在延续中追求圆满。表 2-1 罗列了德育理论研究两种视角的意涵与区别。

表 2-1 德育理论研究两种视角的意涵与区别

	“知识生产”视角	“文化诠释”视角
话语来源	知识转型后的当今知识社会	中国传统文化、诠释学、文化研究
基本途径	说明可对象化的现象、规律、本质	帮助理解意义之网、洞察意义世界
哲学观	具有进步主义的某些特征	具有永恒主义的某些特征
核心追求	求“新”，开拓新的可能性	守“中”，在新的诠释中回到意义之源
价值取向	以原创性为重点，在创新中延续	以承传性为重点，在延续中追求圆满
指向的隐喻	头脑与知性	心灵与德性
成果的隐喻	知识是一种“器”	文化是一种“光”
主要依靠	理性的力量，逻辑、推理、实证	意义之网，领悟、体证、直觉启迪

续表

	“知识生产”视角	“文化诠释”视角
如何产生	强调研究方法、知识结构、知识确证	强调意义生成、文化脉络、自觉觉他
主要适用	公共理性，伦理共识，方法手段	个体德性与自我创造
怎么用	模块化传递，分门别类	闻者有益，韵味绵长，引人入胜
什么是“好”	适用性，明确性，稳定性，承载力	超越性，激活性，灵韵性，感召力
主要功能	解释，指导，预测，填充	唤醒，启迪，照亮，承传

资料来源：刘峻杉．中国德育根性的探询：先秦道德系统思想及其当代德育转化［M］．杭州：浙江教育出版社，2022：27.

2. 德育的“文化诠释”需要扎根于传统

“文化诠释”指向心灵和德性，对其成果而言，文化如同一道“光”，是与生命相关的，带有能量性的，活泼灵动的，指向心灵并通过意义之网来传递，需要的是领悟、体证、直觉启迪，因此仅靠逻辑、推理等是不够的。“文化诠释”视角强调意义生成，认为意义的生成需要在文化的背景中加以解释，并经由文化的脉络得以传递和生长，承传的过程是“自觉—觉他”，即首先需要个体自身的领悟和觉醒，然后才有可能带来对他者的启迪。

“文化诠释”的视角特别适用于个体德性成长与自我创造，其不严格依赖于精细分科，反而依赖多种途径和类型知识的融合交汇。由于其不属于“专门性”的产出，而是关涉每个人和人类整体的根本，因此往往带来“闻者有益”的效果，这种“有益”未必即刻见效，而重在韵味绵长、引人入胜的“涟漪效应”。

“文化诠释”视角下某一理论的“好”，主要是指其具有超越现实的深刻洞察，具有激活他者对内在意义世界的敏感性的能力，具有唤起精神活泼灵动之觉知的灵韵性，以及具有纯真道德和正义的感召力等；“不好”则往往意味着该理论或言说缺乏源流依凭和意义之根，没有经过研究者本人的深刻体证从而无法获得“修之身，其德乃真”的厚实感和可信感，缺乏“文化”天然应该具有的本真灵韵，因此无法完成唤醒、启迪、照亮、承传的文化功能。

德育理论研究的“文化诠释”视角可以概括为：感悟和承接“文化灵光”，用之照亮自己的“意义世界”，不断激活和深化内在道德觉醒，并将这种感悟和意境进行理论化的表达和适应当代生活情境的诠释，以期促进个体道德的内在觉悟。

这两种视角反映了德育理论研究的两种功能。如果缺失了“文化诠释”

的视角和追求，德育理论研究有可能遨游在知识的海洋中而失去了方向，行进于概念和方法的丛林中而找不到回家的路。如果缺失了“知识生产”的视角和追求，德育理论研究也只可能“灵光一现”，而无法有效参与当下生活的建构，只能呼吁和感召，而缺乏达成知识共识的必要手段和路径。如果两种功能和视角能配合起来，“文化诠释”的根本气质经由“知识生产”而得以显化并稳定下来，“知识之器”能够以闪耀着“文化之光”的品质牢固地承载起促进社会进步和成就幸福人生的使命，那么德育理论研究的意义感和成效一定会显现出来。毫无疑问，德育理论研究的“文化诠释”进路需要扎根于中国传统德育思想。

第二节 中国传统文化中“德”的内涵与特征

德育的前提之一就是对“德”的理解。古今中外，“德”的观念一直在绵延流变。我国先秦时期的“德”的观念就经历了天德与祖宗之德、制度之德、精神品行之德三个阶段。[①] 古代的道德观可被称为“宗教性道德”，建基于个体的内心信仰、修养和情感，现代的道德观可被称为“社会性道德”，建基于契约、制度、权利、自由等社会观念和制度要素之上。当代社会需要重视这两种道德观的互相支持，即传统的宗教性道德为现代的社会性道德提供灵魂性的滋养和引导，而社会性道德为宗教性道德提供框架性的支撑与展开，两者并非水火不容，对于现代生活来说，两者甚至缺一不可。[②]

中国传统文化中的“德”的内涵与特征，可以分别从其形而上的本根意涵与其存在并作用于人的功能意涵两个方面来描述和把握。

一、“德”的形而上的本根意涵

《周易·系辞》中有：“形而上者谓之道，形而下者谓之器。”“形而上”是中国古代哲学的重要范畴，指无形的本源或本根，与表示有形的事物或现象的“形而下”相对。“德”的形而上的本根意涵可以从古籍中“德”与“道”的关联和“德”与“善”的区别中加以理解。

1.“德”与“道”的关联

中国文化语境中“德”与“道”的紧密关联直接体现在“道德”这个

① 晁福林．先秦时期“德”观念的起源及其发展［J］．中国社会科学，2005（4）：192－204.

② 李泽厚．人类学历史本体论［M］．北京：人民文学出版社，2019.

词汇中，而就思想内涵和起源来说，《老子》一书是最具有代表性的。《老子》是春秋时期一部承前启后的伟大思想著作，《老子》思想中的“德”，既有涵盖人德的伦理价值属性，同时也是具有超越万物而存在的形而上特点的概念。帛书《老子》的开篇就勾勒了一种道家眼中的道德系统论，其中“德”是位居“道”之下的一级概念和境界。“上德不德，是以有德；下德不失德，是以无德……故失道而后德，失德而后仁……”如果从道德概念的系统结构的视角来分析，则可以将该句解读为：上德不（显现或追求）德，所以有（实质完整的）德；下德不失去德，所以没有（圆满的）德……所以离开了道（的境界）就到了德（的境界），离开了德（的境界）就到了仁（主导的境界）……

拓展阅读

《老子》又叫《道德经》或《德道经》，其对“德”和“道”的高度关注体现在书名中，对后世“德”和“道”的观念具有深刻的影响。在世传本中，《老子》以“道经”为上篇，以“德经”为下篇。但1973年长沙马王堆出土的汉墓帛书《老子》甲乙两种版本都是《德经》在前，《道经》在后。2009年北京大学接受捐赠的西汉竹简《老子》中，首次出现了《老子上经》和《老子下经》的篇题，分别对应的是《德经》和《道经》。

“德”是“道”化生万物过程中的最初产物，是纯朴未散、有质无形的“炁”[①]，也是畜养万物、决定万物发展方向的支配性力量。“道生之而德畜之，物形之而器成之。是以万物尊道而贵德。”（对应《老子》第51章的帛书本）宇宙万物都是虚无的道所化生、德所畜养的。有形器物的生成，也都是因为道与德在有质无形的“炁”的层面的注入与主宰。所以万物光明正确的生存发展之路，是运用尊道贵德的原则自律、修养和实践道德。《周易·系辞》提出“形而上者谓之道，形而下者谓之器”，“道”与“器”是中国哲学中非常有影响力的一对概念组合。而在《老子》中，老子将“德”与“道”相提并论，将“德”摆在一个仅次于“道”的尊贵地位，无形无相的“道”和有质无形的“德”都属于形而上者。道并不是直接化生了“器”或万物，而是经由“德”，德朴散之后，才化生万物。

“德”是“道”的显化和最高代表。“同于德者，道亦德之。同于失者，道亦失之。”（对应《老子》第24章的帛书本）具备“德”的品格者，“道”

① 这里所说的“炁”（qì）是一种最初和级别最高的有质无形的能量物质，属性与中医理论“精气神”三元中的“气”有相似之处，但是概念级别不同。

就会助之以“德”的能量；与“德”的品格属性相违背者，“道”也就会弃之而去。这一段文字也是将“道”与“德”相提并论，突出了“道”以“德”显的作用途径。

修德是进道的阶梯，“德”的纯净与圆满程度，标志着复归于“道”的进程。“知其雄，守其雌，为天下溪。为天下溪，恒德不离。恒德不离，复归婴儿。知其白，守其辱，为天下浴。为天下浴，恒德乃足。恒德乃足，复归于朴。知其白，守其黑，为天下式。为天下式，恒德不贰；恒德不贰，复归于无极。”（对应《老子》第28章的帛书本）通过“恒德不离、恒德乃足、恒德不贰”三个层次的复归与跃迁，从朴散斑驳的下德状态提升至德性具足和德性纯一的状态，最终达到“无极”所代表的“道”的境界，其中最关键的就是德性的补全和纯正化所引发的生命质量的全方位提升。

综观《老子》全文，“德”与“道”具有最为紧密的关系。这大概也是后世将“道”“德”合为“道德”一词的重要原因。《老子》思想中的这种“德”的概念与后世的制度之德、精神品行之德有着显著的不同。

拓展阅读

中国文明实际所走的是第三条道路，这就是既不彻底消解神圣性，又不过分向世俗性发展，或者反过来说，既保留神圣性，又发展世俗性。保留神圣性是为了使价值仍能有超越的权威，发展世俗性则表明它早已经在相当程度上理性化了。

——陈来．古代宗教与伦理：儒家思想的根源［M］．北京：北京大学出版社，2017.

2.“德”与“善”的区别

“德”与“善”都是伦理学和德育理论中的核心概念，人们在使用中也往往不加区别地交叉使用。此外，由于中西互译，在中文世界的西方哲学和伦理学中，“善”往往被视为一个很高级别甚至最高级别的概念。而对于中国文化的早期根源来说，却并非如此，“德”与“善”有着内涵上的重要区别。

1993年从湖北郭店出土的竹简《五行》和1973年从湖南长沙出土的马王堆汉墓帛书《五行》，被学界公认为“思想内涵丰富，构成复杂，思维精深”[①]，对于衔接先秦时期断续的思想具有关键作用。事实上，《五行》中的“仁义礼智圣”思想不仅丰富和深化了我们对先秦时期相关思想脉络和

① 池田知久．郭店楚简《五行》研究［M］//《中国哲学》编委会．郭店简与儒学研究．沈阳：辽宁教育出版社，2000：92.

内容的了解，对我们理解早期中华文化中“德”与“善”的区别也会大有帮助。

拓展阅读

竹简《五行》是1993年从湖北郭店出土的文献中的一篇，以篇首“五行”二字命名，所涉“五行”是指“仁义礼智圣”，其写作年代可能是战国中期的公元前400年到公元前300年。而早在1973年从湖南长沙出土的马王堆汉墓帛书中，也有内容相近而包含了“经”“说”两部分的《五行》篇，其抄写年代可能是汉代初期的公元前200年左右。很多学者指出，《五行》与《中庸》、《孟子》、《荀子》等儒家思想存在着密切的联系，因此一般都把《五行》视为儒家作品，尤其是思孟一系的作品，例如，庞朴、魏启鹏、郭沂、陈来、梁涛等。也有学者注意到《五行》与道家思想之间的联系。例如，李学勤认为帛书《五行》“高深广远，论天道，说五行，有一定神秘性，正投黄老学者所好”，所以其在马王堆汉墓帛书中与《老子》《九主》之类道家文献合抄，并非偶然。熊春锦注意到了竹简《五行》与道家德道修身思想的紧密关联，认为其思想诞生的时代可能处于更早的时期。

竹简《五行》开篇两段被视为《五行》的总纲，这两段对理解先秦时期的“德”观念具有至关重要的作用。

> （1）五行：仁形于内谓之德之行，不形于内谓之行。义形于内谓之德之行，不形于内谓之行。礼形于内谓之德之行，不形于内谓之［行。智形］于内谓之德之行，不形于内谓之行。圣形于内谓之德之行，不形于内谓之德之行。（2）德之行五，和谓之德，四行和谓之善。善，人道也。德，天道也。

在这段关键性的文本中，第一段主要讲了“仁义礼智”、“形于内”（被饱满而完整地赋予于生命之内）与“不形于内”（并没有被饱满而完整地赋予于生命之内）的区别①，以及“圣”的特殊性（与德结合得更为紧密）。第二段则突出了“德”与“善”的区别。

竹简《五行》强调“五行”分为两个层次：“仁义礼智”四行的和谐被称为“善”，是人道的层次；“仁义礼智圣”五行的和谐才称得上是“德”，是天道的层次，“圣”是最高的德行。② “四行”为仁、义、礼、智，亦属“德之形”，德与善，各自所言之本原不同，有天、人之分。五和之德乃天德之自动，无

① 池田知久．马王堆汉墓帛书五行研究［M］．王启发，译．北京：中国社会科学出版社，2005：143.

② 刘钊．郭店楚简校释［M］．福州：福建人民出版社，2005：74.

一丝一毫的人为间隔，所以此德亦天也。善之所以为人道，是以着重规定人伦、维系伦常为目的的东西，不是超越的，而是切入实际与人生密切联系的。①

在“德”与“善”的形成中，“和”是一个关键概念。“和”是调和、统一的意思②，德性的超越，关键在“和”字上，即各种道德层面在修身的过程中彼此激发、牵制的机制和融会贯通的结果，其思维方式是阴阳五行式的“综合、中和、提升”，由“和”而能混而为“一”，而能“集大成”，最后“金声而玉振之”，达到与天道合而为一的境界。③

二、“德”存在和作用于人的功能意涵

中国传统文化本质上是“天人合一”的文化，这体现为其一方面有着丰富的关于“天道”的感悟与阐释，另一方面又以“推天道以明人事”的方式对人性、人道、人事等问题进行了广泛的、带有实践倾向的讨论。中国传统文化中“德”存在和作用于人的功能的思想非常丰富，这里不可能面面俱到，下面仅选取其中比较有代表性的、对当代德育理论依然具有重要启示的三种理论观点进行简要介绍：第一个是一种基于“德”的“天赋”和“流动”而形成的人性发展论；第二个是一种包含“德”的气质性和品格性的二维模型；第三个是一种由表及里的修养结构阐释，即德行、德心、德性。

1.“德”的“天赋”和人性发展论

“道德”的形成机制，无非是“内生”或“外铄”两条路径，当代理解也都是围绕“知情意行”等心理行为要素来展开的，这种认知根深蒂固。《五行》中“德形于内”的思想启示了中国早期文化中将“德”作为“流动”的“天赋之性”的认识，这种认识有可能通过挖掘阐释而为我们带来具有中国文化特色的德育理论。

首先，《五行》中“形于内”之“德”，是一种“天赋之性”，而不是一种道德意识，是形而上的。其实，在孟子的思想中，他就承接了《五行》的部分观念，但是又将“仁义礼智”作为四种“善端”，具体而言，是四种“德心”，或者说是四种道德意识的本能。而在后世的宋明理学中，张载就曾提出人有天地之性与气质之性的观点，其《正蒙·诚明》中有：“形而后有气质之性，善反之，则天地之性存焉。”

---

① 丁四新．郭店楚墓竹简思想研究［M］．北京：东方出版社，2000：134－135．

② 池田知久．马王堆汉墓帛书五行研究［M］．王启发，译．北京：中国社会科学出版社，2005：145．

③ 欧阳祯人．郭店儒简的宗教诠释［J］．中国哲学史，2001（3）：78－83．

拓展阅读

《孟子·尽心上》:“君子所性,仁义礼智根于心。”《孟子·告子上》:“恻隐之心,仁也;羞恶之心,义也;恭敬之心,礼也;是非之心,智也。仁义礼智,非由外铄我也,我固有之也,弗思耳矣。”

其次,《五行》中“形于内”之“德”是流动性的。以往,当我们说到“天赋”的时候,往往感觉“天赋”是一种与生俱来并且超出个体所能希求和把握的前设资源或能力,因而“天赋”可遇而不可求,可得而不可改,人能做的不过就是通过后天的努力以及境遇的作用来最大程度地顺应天赋的方向和态势。可是《五行》中“仁义礼智圣”“形于内”表达了天赋之“德”并不是一次性注入而后存储式的,而是以一种动态和流动的方式“铸型”在生命之中的。而且,《五行》的作者不惜笔墨,逐条强调了“仁、义、礼、智、圣”这五种要素,将“德”细分成这五个部分。《五行》中还说:“五行皆形于内而时行之,谓之君子。士有志于君子道,谓之志士。”可见,在《五行》的作者看来,天赋之“德”并不是一成不变的,有志于君子道(也就是天道)的志士,应该通过修行让仁义礼智圣完整而稳固地铸型于生命之中而且时时实践奉献于社会。

拓展阅读

《五行》中的“形于内”的思想在传世文献中也有流传线索,后世人应该关注其内在关联。帛书《老子》中有“道生之而德畜之,物刑之而器成之。是以万物尊道而贵德”的表述。这句是说,万物都由“道”所化生,由“德”所畜养填充,然后才会有物之成型、器之可用,所以万物正确的发展方向是秉持本性而尊道贵德。这段话虽然没有直接出现“德形于内”,但是所蕴含的“德”是万物内在的成长动力和依据的思想,与《五行》中的“德形于内”其实有着非常密切的联系。

《管子·心术下》曰:“形不正者,德不来;中不精者,心不冶。正形饰德,万物毕得。翼然自来,神莫知其极,昭知天下,通于四极。是故曰:无以物乱官,毋以官乱心,此之谓内德……非鬼神之力也,其精气之极也。”《管子·内业》曰:“凡物之精,此则为生……藏于胸中,谓之圣人……是故此气也,不可止以力,而可安以德;不可呼以声,而可迎以音。敬守勿失,是谓成德,德成而智出,万物果得。凡心之刑,自充自盈,自生自成……夫道者,所以充形也,而人不能固。”以上段落出现了“内德”的概念,而且此“内德”与“精气”联系在了一起,不仅是“翼然自来”“通于四极”的,而且是“自充自盈,自生自成”的,即天然生成,具有很好的流动性,也是有可能流散失去的。

《淮南子·要略》曰:“怀天气,抱天心,执中含和,德形于内……故德形于内,治之大本。”这一段文本体现了鲜明的黄老道家色彩，而且体现了“天人合一”“内圣外王”等思想，将“德形于内”作为“治之大本”描述出来，这个“德”与“天气”“天心”相关，与《老子》《管子》中的“德”类似，是“天德”，即由天道而生成并赋予人和万物的某种核心而关键的东西。《文子·精诚》和《说苑·复恩》中也有文本反映了“德形于内”，其效应则会以“感动”的方式作用于外。

无论是竹简《五行》中所阐述的“德”的“天赋”和“流动”的观念，还是民间自古流传的“三岁看大，七岁看老”的俗语，都反映了中国文化中的一种人性发展论观点。这种人性发展论也是以人的多种主体性及其之间的相互作用机制为基础建立起来的。

有学者据此提出一种动态的“三性论”，将抽象的人性视为“天性”“禀性”“习性”的协同发展的组合体，这对当代德育理论的思考和建构具有重要的启发价值。该理论认为，人性的先天部分与生俱来，有“天性”和“禀性”两部分，后天形成的人性被称为“习性”。“天性”类似于“性善论”所说的先天善根；“禀性”是先天道德根性不足所导致的内在缺陷，即“性恶论”所强调的那部分，以及民间所说“江山易改，本性难移”的那部分。人类的“禀性”，在生命的不同阶段都是可以通过道德修养而修改变化的，只是在不同的阶段，有难易与时间长短的不同。“天性”是改变“禀性”的原生力，“天性”与“德”和“道”具有天然的亲和力。3 岁之前，婴儿处在“天性”纯真、“禀性”内藏的状态，而 4～7 岁的幼儿生命时期是一个以先天内环境为主导的时期，同时后天意识在这个先天内环境中迅速发展，“禀性”中的先天五德不足逐步充分释放与暴露，并且逐步形成性格固化。所谓“七岁看老”，其中就包含“禀性”释放和“习性”逐步熏染养成，二者共同构成生命性格。14～16 岁之后，人的“天性”“禀性”“习性”三者之间的格局就基本达到了稳固状态，三者之间不断互动，形成了人的性格与德性的表现。①

2. “德”的气质性和品格性的二维视角

先秦道家认为，正因为“德”之“炁”是构成万物的基本元素，所以人的基本属性中也必然包含着“德”和“道”。既然形而上的“炁”对形而下的“器”具有支配作用，那么“天德”（天所赋予的“德”）以人的方式通过言行和思想等元素显现，就成为伦理意义上的德性或品德。因此，对于万物之一的“人”来说，“德”具有气质性和品格性两个维度。品格性所表现的是经验

① 熊春锦．国学道德经典导读［M］．北京：中央编译出版社，2008：182－192.

世界伦理道德的价值性。依据这种外显的品格性的特征，我们才能够讨论、研究、实践“天德”，并从品格性去反证内在的品质与天德。[①] 品格性的高下，会因与“天德”的相应程度不同而呈现出不同的表现，正所谓“同于德者，道亦德之，同于失者，道亦失之”。

注意到“天德”的“恧”属性与日常生活中的品格性共存的这种双重结构复合性，有助于加强对中国传统德育思想中有关“德”的描述的理解。例如，《老子》中提到了两类含“德”丰厚者，而这两类“厚德”的表现都是一般伦理价值体系所难以衡量的。

第一类含“德”丰厚者是“婴儿”。《老子》认为：“当人如赤子般德性厚足时，即使整天在逆境中，也还是愉悦快乐，和乐融融。”[②] 而对于离道失德的成人，如果对其进行老子理论中的复归式的道德修养教学，那么第一个大阶段的成果也应该是“虽知其强，而甘守其柔弱之位，如同利益天下的溪流，以德治心身，回归到如同婴儿的柔弱无私状态”[③]。众所周知，婴儿的智能和社会性认知都是弱于成人的，因此，如果单纯从伦理道德的品格性视角来评判，婴儿处在道德发展的初期，水平比较低。科尔伯格的道德认知发展学派就是采用的这样的观点，把婴儿归入“前习俗水平”，为道德认知发展三个阶段的最低水平。[④] 显然，对于《老子》思想中“婴儿”的淳德状态，只有把握了其思想中“德”的“天德”属性，从“德”的先天“恧”这个方面出发，才能较好地解释。

第二类含“德”丰厚者是圣人。圣人的修为是可以自然地效仿“天德”，做到超乎寻常的包容与大爱，“既能善待善良的人，也能包容不善良的人；既能以忠信对待诚信的人，也能同样地对待那些不诚信的人。为百姓复归德道而默默无闻地奉献，成为民族的灵魂。将百姓视为自己的耳朵和眼睛一样爱护，报以孩童般稚雅的笑容”[⑤]。因此，圣人可以“超越表面的形式，深入关怀百姓的精神与灵魂”[⑥]。《老子》还描述古代善于行道的人：“像大象冬天行走于冰川之上，慎之又慎；又像猿猴一样，以机敏谨慎来抉择周围环境；像客人一样，恭敬庄重地对待万物；像冰在水中自然消融一样，来润泽万物；

① 熊春锦．中华国学道德根［M］．北京：中央编译出版社，2007：135.

② 对应《老子》第55章的帛书本：“含德之厚者，比于赤子。……终日号而不忧，和之至也。”

③ 对应《老子》第28章的帛书本：“知其雄，守其雌，为天下溪。为天下溪，恒德不离。恒德不离，复归婴儿。”

④ 郭本禹．道德认知发展与道德教育：科尔伯格的理论与实践［M］．福州：福建教育出版社，1999：107-126.

⑤ 对应《老子》第49章的帛书本：“圣人恒无心，以百姓之心为心。善者善之，不善者亦善之，德善也。信者信之，不信者亦信之，德信也。圣人之在天下，翕翕焉，为天下浑心。百姓皆属耳目焉，圣人皆孩之。”

⑥ 对应《老子》第5章的帛书本：“天地不仁，以万物为刍狗；圣人不仁，以百姓为刍狗。”

像未经过加工的木材一样质朴简单；和光同尘，外人看来还似乎是很普通的。”①

因此，人在婴儿状态时都曾比较丰厚地拥有“天德”，而随着人的成长，不断复杂化和离道失德，后天性的伦理道德知识和行为会逐渐增加，先天性的“天德”也在不断消耗和难以相应。因此，有志于复归大道的人需要把握住“天德”之炁的主宰作用，通过“为学日益”和“损之又损”来复归到纯朴的天德状态②，这是修德的关键。

3. 德行、德心、德性的修养结构

现代道德教育理论比较强调“知情意行”这几个关键的元素，中国传统文化中关于“德”及其对应的修养结构的内容可以用“德行”“德心”“德性”这三个由表及里的维度来描述。③

其中“德行”是与现代伦理和德育思想最为接近的，因为除了近半个世纪兴起的“美德伦理学”，近现代规范伦理学的两个主流义务论伦理学和功利主义伦理学的思辨重点都与人的行为和思想有关，都在努力揭示、发展和证明能指导人们行为的基本道德原则。“德行”是“德”通过“意”的指挥和协调而体现为行动的方面。

“德心”是“德”在“心”的体现。在中国文化中，“心”对人的生命状态和行为取向有着关键性的作用。具体情境下的行为选择来自个体此刻相应的思想，而即时的思想受制于常态而稳定的“心”的状态、属性和能力。所以中国古代经典中常常强调“正”“和”“诚”“清”“静”“安”“明”“乐”“通”等超越境遇的一般内在状态。《大学》里面说，“物格而后知至，知至而后意诚，意诚而后心正，心正而后身修”，“物格而后知至”说的是我们的感知系统、知识系统；“知至而后意诚”说的是意识；“意诚而后心正”说到心了，心代表着人的精神；“心正而后身修”说的是生命的整体最后向着良好的方向运转。所以《大学》的这套理论是很有脉络次第的，先从人的认识、感知系统开始，感知到正确的东西、正能量之后，人的意念、意识、动机就会自觉地规范，人就会自觉地向善。意是动机，是与心理活动密切相关的，意诚之后我们可以做到心的端正、肃穆、正气凛然，心是一“国”之主，心正之后我们整个生命系统都会向好的方向发展。

---

① 对应《老子》第15章的帛书本：“豫呵其若冬涉水。犹呵其若畏四邻。俨呵其若客。涣呵其若凌泽。浑呵其若朴。混呵其若浊。旷呵其若浴。”

② 对应《老子》第48章的帛书本：“为学者日益，闻道者日损。损之又损，以至于无为，无为而无不为。”

③ 刘峻杉. 传统文化融入德育课程与教材的基本理论探讨［J］. 北京教育学院学报（社会科学版），2022，36（1）：21-29.

“德性”反映的是中国文化中对“德”在于人的最深层结构的一种观念，有点类似“灵魂”之“德”。相比于“德心”，“德性”是更为潜隐而深刻的本质属性。尤其是先秦道家思想，特别强调对本质“德性”的养护，避免其被世俗的规范和利益取舍伤害而丧失了与生俱来的、更为灵动自然的“本性”。《老子》中有：“含德之厚者，比于赤子……终日号而不嚘，和之至也。”（对应《老子》第55章的帛书本）这里把新生的婴儿说成是“德”最丰厚的人，表现出了两个重要的观念：一是《老子》中的“德”是有着形而上的“悳”特性的物质性概念，因此才会用“厚”来形容；二是《老子》认为婴儿很容易拥有这种“德”的阶段状态。因此，这里的“德”用“德行”来理解显然不通，用“德心”来理解似乎稍微通顺一些，但是最贴切的恐怕还是“德性”的概念。

用现代语言和概念来表述的话，“德性”也可以理解为自然性道德，“德行”更偏重于社会性道德，“德心”则介于这两者之间。

对于这三种“德”在不同人生阶段的主导作用及相应的教育和修养原则，先秦儒道思想可以作如下归纳：在儿童早期，以自然性道德的“德性”涵养为主；启蒙之后，在“德性”基础上，以“德心”为主，逐渐引导辨析“德行”；成年之后，面对世事的各种抉择，由“德行”而返观“德心”，甚至“损之又损”而复归“德性”之初。

第三节　中国传统德育思想的启示与转化

挖掘和应用中国传统德育思想并不容易，这需要我们有深刻的眼光、扎实的功底、科学的研究方法、大胆的尝试探索，唯有如此才能真正从古老而深远的文化基因宝库中找到中国德育的文化根基，并对其进行“创造性转化和创新性发展”。

中国传统德育思想离不开中华文明“文-化”的观念背景。与当今德育的不断细化分析相比，中国传统德育思想特别重视系统地把握德性修养，这尤其体现在中华民族的“仁义礼智信”五德体系中，这一体系非常值得重视和转化应用。在德育课程吸收中国传统德育思想的时候，也应该注意一些相关问题，做好充分的准备。

一、将德育放置于“文-化”的观念之中

中国传统德育不可避免地与“文-化”的思想观念大背景密切相关。“文

以载道”和“以文化人”的教化思想作为中华人文精神中的重要内核，得到了人们的普遍认同，发挥着重要的观念凝聚与方向指引的作用。只有不断探索诠释“文-化”独特的精神和深刻的内涵，蕴藏在其中的巨大精神力量和思想源泉才能被充分激活和完整释放。

拓展阅读

“文化”早在西汉刘向的《说苑》中就已出现。《说苑·指武》中有：“圣人之治天下也，先文德而后武力。凡武之兴，为不服也。文化不改，然后加诛。夫下愚不移，纯德之所不能化，而后武力加焉。”其中的“文化”是“以文化之”或“文而化之”等带有动作意涵的双音节词。当代汉语中的“文化”意涵深受西方“culture”一词的影响，起源于明治时代的日本学者率先用汉语中的“文化”对译英语中的“culture”，这开启了英语“culture”观念对现代汉语“文化”意涵的进程。20世纪初，留日的中国学者将带有西方观念的名词化的“文化”用法引入中国。自此之后，“文化”成为当代中国话语中最为常用的重要词汇之一。而早期中国的“以文化之”或“文而化之”的动词性“文化”意涵和用法，则只能作壁上观，几乎被人们遗忘了。这种状况，直到21世纪初期依然没有显著改变。

1. “以文化之”和“文而化之”

先秦“文”的观念演变，既有商周早期原始宗教的背景，也有春秋战国时期理性化过程的突破；既有顺应天地之生存大环境以蓄养发展的宏观思想，如“因大之生也以养生，谓之文”，也有通过捕捉贯通隐现的信息指示性结构纹理而创造发明、制度立法的微观思想，如“观乎天文，以察时变；观乎人文，以化成天下”；既有对道德、精神修养和礼乐传统的赞颂，如“郁郁乎文哉，吾从周”，也有对客观规律的敬畏，如“经之以天，纬之以地，经纬不爽，文之象也”。整体来看，“文-武”之“文”的“顺天涵养而生发”，“文-明”之“文”的“洞察隐显以创造”，“文-德”之“文”的“修身明德并承传”，构成了中华“文-化”之“文”的早期基本内涵。汉代以后，随着儒家思想与皇权专制的结合，儒家经学对“文”的诠释传统也被加以放大，甚至遮蔽了“文”所固有的丰富内涵。例如儒家经学常用“文德”来诠释《诗经》《周易》《周礼》等中的“文”，使得原生态的“文-武”“文-明”之义都被淹没在“文王武王”或“文德”的主流话语中而难以彰显。

在古文字“文”的字形演变中，最让人印象深刻的就是金文中“人之心”的结构，不管是直接以“心”字表义的等，还是以点画修饰的等，都让人感受到字形本身在传达着某种深刻的内涵，引人探索和思悟。从传统德育

资源开发与利用的角度来看，这些字形本身就是一种重要的文化符号，其教育价值需要被进一步发掘。

最迟在战国时期，对“心”的关键性功能的认识就已经被明确阐释了，“心”与“形”“身”“神”“命”的观念之间就已经存在紧密的联系了。① 中国文化中的“心”往往并非指解剖意义上的器官之心，而是某种带有形而上色彩的抽象之“心”，是通达情、感、悟、志、德、性以及智慧的枢纽，而这些方面正是德育的关键所在。如果说“以文化之”中的“文”可以理解为“文德”或“人文精神”，那么这种“德”或“精神”也应该与“心”密切相关，即发生于主体与主体之间，由心而生，以心印心，同情理解，默契自在，既是鲜活的，又是共鸣谐振的。所以，重视文化之“心”的意涵，重视早期“文”字形中的“心”的元素，将其视为一种有中国文化特色的思想理论载体，在此基础上来诠释“以文化之”的精髓，具有非常重要的意义。

早期“文-武”之“文”的关键思想是经纬天地，顺应天地之化生万物而“养”这种自然成长。这种思想体现在战国时期很多修身养性的思想中，因而“文-武”之“文”的核心与“养”就紧密结合在了一起。这也是先秦“文”观念中带有动词性质的一个义项。“养”的主题主要涉及“养什么”以及“用什么养”，而这些，正是体现中华文化特色的地方。例如，《孟子》中的“养”包含了自我修养的一面，如“养浩然之气”“以善养人”“存其心，养其性，所以事天也”“养心莫善于寡欲”等。《庄子》中也有大量关于“养”的思想，除了广为人知的“庖丁解牛”的“养生之道”，还有“养神之道”“养气与天合德”“知与恬交相养”“养志者忘形，养形者忘利，致道者忘心”等等。此外，《周易·蒙卦·彖》中的“蒙以养正，圣功也”，往往也被作为儿童教育的核心法则。由此可见，“养”，不仅是物质上的基本保障，更是以天地为参考系的合乎自然以养心、养性、养神、养德之“养”。这构成了中国传统教育思想中很有特色的一个主题，其与现代的自然主义教育思想有很多相同之处。可以说，这个主题的根源，与早期“文-武”之“文”的观念是有联系的。对于今天的教育来说，这个义项适用于“文而化之”的语境之中，强调的是教育首先需要遵循人的发展规律以及人与时空大环境的交互感应，高度重视顺应自然之道以“养”人之心、气、神、德，涵养其自然生长和充分发展。“文养”能够产生“化”的效果，这就是“文”的精髓，而绝

---

① 例如，《黄帝四经·十大经·立命》中有“方四面，傅一心，四达自中”，《管子·心术上》中说：“心之在体，君之位也。九窍之有职，官之分也。心处其道，九窍循理。”《荀子·解蔽》中有：“心者，形之君也，而神明之主也。”《黄帝内经·素问》中有：“心者，君主之官也，神明出焉。”“心者，生之本，神之变也。”“心者，五藏六府之大主也，精神之所舍也。”

不是简单地使用“武”，即消耗征战式的规训灌输、超额练习、高风险考试、军事化管理等。如果没有高质量的“文养”，那么学生的核心素养是难以真正建立起来的。①

2. “化”的创造性和深刻性

追溯早期《易传》中有关“文-化”起源的内容会发现，在“观乎人文，以化成天下”中“文-化”本身带有创造的动感，而且这种创造是在深刻地探究和洞察人类生存显隐大环境的前提下进行的，目的在于解决人与天地万物和谐发展的问题，而这类问题并没有随着人类社会的进步而消失，甚至在某些方面还显得更为紧迫。当然，这种创造的原初语境是带有神圣性的，这种创造的主体是能够顺天应人、观乎天文人文的圣人。这与我们当今时代强调人人都有创造的潜力、应该鼓励每个个体展现和发挥创造力，存在着观念背景上的差异。但“创造”的精神意蕴和原初印迹可以跨越时代话语的隔阂而发挥出“基因”般的深层动力作用。这是因为中华民族在本根意义上是不缺乏“创造”与创新精神的，这种精神就书写并转录在我们现在的日常用语“文化”之中，只是需要我们能够将其重新解译和释放出来。在“观乎人文，以化成天下”的语境中，“化”的本质就是“创造”本身，而不是创造的产物，因此其意义也就必然不单单指向过去，而更指向当下和未来。这是“化”的创造性意涵所“唤醒”或拓展出来的“文化”意义空间，对我们今天理解和使用“文化”一词时能够联系其早期的“意义场”具有重要意义。

无论是先秦儒家中仁义礼乐之“教化”，还是道家经典中道德无为之“自化”，都是内隐地、不显痕迹地使人发生深刻的良性转变，这种转变往往体现在精神层面和观念层面，而且这种人对人所产生的教育的影响程度之深，是我们现代人所难以置信的。这种“人对人的深刻影响和良性转化”的意涵在当代“文化”的语义中不甚明显，因为当代“文化”或“culture”已经名词化了，丧失了其早期的动词性意涵和功能。尤其是在大众文化逐渐盛行的近半个多世纪以来，“文化”已经变成了一个中性名词，与以阿诺德和利维斯为代表的英国“文化-文明”传统中著名的、带有精英主义传统色彩的“完美与追求完美，有教养的沉静”的意涵相比差异巨大。我们今天几乎可以在任意一个名词后面冠以“文化”的字眼，如“娱乐文化”“消费文化”等等，这使得“文化”的内涵越来越宽泛，同时也不可避免地失去了一些“向上”和“质朴”的精神内涵，可谓有得有失。

---

① 刘峻杉，王旎娜，代雅新．从先秦“文”的观念史中挖掘“文-化”的教育意涵［J］．教育学报，2022，18（4）：167－181．

当然，先秦之“化”这种深刻的良性影响，是建立在效法圣人和天道自然的前提之下的，并不是出于一己之私对人进行操纵和控制，即教行之“化”一定是在天道“化生”万物的前提和背景下的顺应和辅助之举。这种观念背景与当代的教育思想之间还是存在着不小的隔阂的。但是，这种教学的“深刻性”本身就内蕴着中国教育传统中关于“深度教学”的一种旨趣，那么即便我们无法相信或实现先秦中那些神奇的“教化”故事，至少其可以拓展我们对“深度教学”的想象空间。而且，这种拓展还不是机械或勉强的，它也许会与我们思想观念中潜藏已久的对教学境界的想象或领悟产生某种程度上的共鸣。而这种共鸣，虽然很难直接转化为操作的技术或流程，但是它会在观念深层或个体的教育哲学层面，帮助我们去突破各种技术主宰所带来的教学浅表化和学习者的异化，进而向着无限的可能性更进一步。

就中国的古典思想而言，无论是“学”“教”，还是“化”，都不是一个技术层面的单向传递，都需要师和生的生命敞开，尤其是教师本人首先能够进入并创建一种富有精神启发性的、饱含韵律乐感的、意义饱满的“境”或“场”，进而引导和带领学生也能“入境”[①]，徜徉其中，并获得滋养和生长，从而达到“虚而往，实而归”的真正教学效果。所以，即便我们今天已不愿再奢谈或空谈圣贤的“化行若神”[②]，可是作为当代教师或教育研究者，我们依然可以尝试不断提升自己，以整全的生命意义和德性智慧投入到教学之中，在这个层面与学生共鸣并引领他们实现真正的成长。这种自我修炼式的“教学相长”还是值得肯定并加以探讨研究的。我们在迎接或拥抱各种精细化的目标设计或价值取向的同时，似乎也需要对其保持一定的距离感，以免由于各种“过密化”的卷入而偏离教育的根本之道。[③] 这个时候，也许《庄子》中的那句“不与化为人，安能化人”，在穿越了两千多年后来到我们的眼前或耳畔时，依然有可能让我们暂停一下脚步，以久被淡忘但又并不陌生的“天人合一”的视角来反思一下教育的根本方向。

二、系统地把握德性修养——以“仁义礼智信”为例

“深入挖掘和阐发中华优秀传统文化讲仁爱、重民本、守诚信、崇正义、

---

① 于述胜．切近中国历史文化语境的教育史研究：以孔子之“学”的阐释为例［J］．教育学报，2012，8（5）：98－106．

② 《孔子家语・五仪解》中有：“所谓圣者，德合于天地，变通无方，穷万事之终始，协庶品之自然，敷其大道而遂成情性。明并日月，化行若神。下民不知其德，睹者不识其邻，此谓圣人也。”

③ 孙杰远．知识过密化与基础教育改革：困境与突破［J］．当代教育与文化，2020，12（4）：1－6．

尚和合、求大同的时代价值"[①]。这样一个诠释传统文化精髓的"新六德"框架，可以看作对传统的仁义礼智信乃至道德思想的高度概括和时代创新，也对在当代德育中挖掘和转化传统德育思想具有重要指导意义。

1. 作为德性内涵"美德族"的仁义礼智信五德体系

道德可以表现为规范属性，如"不能干损人利己的事"，也可以表现为美德属性，如"关怀、正直、诚信"等美德词汇所表达的意蕴。按照中国先秦时期的传统道德文化思想，道德也可以表现为人格气质属性。所有这些属性虽然表现形式不一，但是都贯穿着一定的道德内涵。特定的道德内涵可以表达为一些相近或有关联的美德，这些美德会因为其背后的德性内涵的一致性而呈现出紧密联系的特点，因此可以称之为"美德族"。也就是说，如果某种德性内涵在人格气质中得到了正向性的挖掘和显现，那么这种德性对应的"美德族"都会相对容易地显露出来，与这种德性内涵相关的规范法则，也比较容易被认可和遵守。因此，德性内涵是各种道德规范、美德、道德人格气质背后的支配性因素。这种视角启示我们，道德教育如果可以把握住德性内涵的类型及意义，那么就有可能通过点透各种美德或规范的德性内涵所指，将相近"美德族"或"规范族"加以聚合而发挥事半功倍的作用，同时这种聚类归并视角也可以帮助我们提纲挈领地认识复杂的道德目标，而不至于陷入繁杂的美德条目或规范条文之中。

新时代中国德育的理论与实践需要构建德育目标与内容的整体框架，而中华传统道德要素的融入是不可缺少的。除了现有德育设计中的"生活逻辑"，还应该重视以德性内涵为核心的暗线逻辑，以此对德育目标内容加以分类整合。中华民族传统的仁义礼智信五德具备深刻的道德内涵，五德不仅各自对应着教育目标与内容，而且五者之间还存在着相互促进与制约的可能性，这种整体关系需要通过中国传统哲学中的关联思维来进行发掘。

在中国传统道德文化中，仁义礼智信是非常有影响力的一个德性系统。《老子》可能是最早以"仁、义、礼、智、信"的顺序来系统化论述道德内涵的。帛本《老子》第38章提出："上德不德，是以有德；下德不失德，是以无德。上德无为而无以为也，上仁为之而无以为也，上义为之而有以为也，上礼为之而莫之应也，则攘臂而乃之。故失道而后德，失德而后仁，失仁而后义，失义而后礼。夫礼者，忠信之薄也，而乱之首也。前识者，道之华也，而愚之首也。"这一段文字实际上言简意赅地构建了老子思想中的道德体系。

---

① 习近平．习近平谈治国理政［M］．北京：外文出版社，2014：164.

道、德、仁、义、礼是老子明确提出的，“信”以“忠信之薄也”的形式提出；智则以“前识者”和“愚之首也”的形式隐含性地提出，“愚”是“智”的反义词，似乎老子认为当道、德、仁、义、礼都无法维持的时候，所剩下的“智”已经无法发挥出智慧的功能，只能表现出“愚”的状态。所以，这一段实际上包含了“道、德、仁、义、礼、智、信”七字系统。其中道是德的最高端，仁、义、礼、智、信是“德”无法保持圆满状态之后朴散而出的下德状态，是德的五个子系统。在保持不了“德”的完整性的时候，“德”会分解为仁义礼智信五种元素，仁、义、礼、智四种元素会逐步占据主导地位，而“信”则包含在这四种元素之中，起承载作用。①

自老子之后，仁义礼智信五德的组合就多见起来了，例如《庄子·庚桑楚》中说：“至礼有不人，至义不物，至知不谋，至仁无亲，至信辟金。”这就已经很清楚地包含了五德元素。而以“仁义礼智”的顺序来论述道德思想也逐渐成了一种较为稳定的范式。例如《中庸》所说：“仁者，人也，亲亲为大；义者，宜也，尊贤为大；亲亲之杀，尊贤之等，礼所生也。”孟子提出的四端之说：“恻隐之心，仁也；羞恶之心，义也；恭敬之心，礼也；是非之心，智也。仁义礼智，非由外铄我也，我固有之也，弗思耳矣。”《文子·上仁》也说：“古之为君者，深行之谓之道德，浅行之谓之仁义，薄行之谓之礼智，此六者，国家之纲维也。”

可以认为，老子继承了之前的学说思想，并首先在“道”与“德”的概念之下设置了“仁义礼智信”的五德框架，孔子、孟子、荀子等儒家学者结合各自的时代背景和思想主张，从不同的角度丰富和细化了五德的思想内涵，仁义礼智信其实反映了道家、儒家甚至中华民族先秦道德文化的共同取向和共识。②

仁义礼智信五德体系，实际上构成了中华道德文化和道德信仰的主体框架。仁义礼智信构成了道德的基础层面的五个相对独立的维度，构成了人类道德的基本方面，而且每个维度都具有与五行学说相匹配的自身鲜明的特征，并且其他德目都可以归并到这五个维度之下，如慈、爱、孝、悌、诚、忍、平、和、忠、节、勇、恕、勤、检、廉、耻、忠信、厚实、诚笃等是这五个维度的具体表现。

仁义礼智信与木金火水土的对应体现了中国古人独特的形象思维，而这一思维成果又经五行生克与关联思维的产物产生了密切的联系，于是启发人们可以思考五德之间的相互促进与制约的现实可能性及其对道德教育与实践

---

① 熊春锦．老子·德道经［M］．北京：中央编译出版社，2006：4．

② 刘峻杉．仁义礼智信五德的早期源流和当代诠释取向［J］．大学教育科学，2017（3）：94－100．

的价值。这一点只要把握好尺度，不走汉初董仲舒儒学那套故意神秘化的歧路，而是始终以探索五德德性内涵价值为真正目的，就会对中华道德文化之根的接续起到积极的推动作用。

2. 五德所对应的教育目标与内容

仁义礼智信五德体系侧重道德气质与人格心理，倾向美德伦理的视角，因此与侧重人伦关系、规范伦理的取向有所差别。例如，自由、平等这些现代社会的普遍价值，主要被置于人际关系的语境中论述，是相应的人格气质与美德修养在具体事务与关系中的体现，因此尽管仁义礼智信五德体系没有直接包含这些价值，但是仍然可以由五德的人格气质及德性内涵推论出众多基于人伦关系视角的美德或规范。

仁德的特征是慈爱、善良、包容、柔和等。当今教育中的感恩教育、孝道教育、关怀教育等都可以归入以仁德涵养和培养为主要目标的教育类型。仁德教育的主要目标在于提示和唤醒人们心中爱的本能以及对爱的渴望，在人际间营造人性关怀的氛围，弘扬和感悟善，以及感受人情温暖等等。

义德的特征是忠诚、勇敢、正直、有毅力、抗挫折、有责任感等。当今教育中的人权教育、公正教育、爱国教育等等可以归入以义德涵养与激发为主要目标的教育类型。这一类教育的主要目标在于勇于维护自己与他人的合法权利，勇于承担各种社会角色所赋予的责任，勇于面对生活中的各种挑战和命运中的挫折，能够自立自强，勇往直前。

礼德的特征是诚敬尊重、光明畅达、心平气和、明理自律等。当今教育中的纪律教育、礼仪教育、心理教育等可以归入以礼德培养、心态调节为主要目标的教育类型。这类教育的相通之处在于力图导向正大光明的内心，确立良好的人际关系和集体秩序，能够根据道德原则来自我克制，待人尊重而有礼貌等等。

智德的特征是谦虚谨慎、知足不贪、灵活变通、勤奋乐观、明辨是非等。当今教育中的各种学科教育、法治教育，以及道德教育方法中的价值澄清理论等，都可以归入以智德培养为核心的教育类型。这类教育的目标为培养明辨是非的头脑，能够灵活应对和辩证地对待生活中的难题，能够对自己性格中的优点、不足以及各种外在资源的优劣有逐渐深入的认识，能够正确对待自己的追求和梦想等等。

信德的特征是对人生有信仰，对未来有希望，对自己有信心，对他人讲诚信等等。当今教育中的信仰教育、希望教育、诚信教育等的主旨核心以信德培养为关键指向，所以可以归入同一类。这类教育的目标在于建设内心深处的希望与信仰，获得自信的根源以及感悟终极关怀，能够忠实于自己的内心以及诚信对待他人等等。

将仁义礼智信五德体系与世界范围内其他一些比较典型的道德或价值观体系相比较，如积极心理学的美德-性格优点体系①、美国品格教育中的十大美德②、联合国教科文组织的道德价值观课程核心理念③，会发现这四种道德系统之间尽管有差异，但是仍然有相通之处，可以统一在仁义礼智信五德体系之内（见表 2-2）。同时，仁义礼智信五德体系又是中国人所耳熟能详的概念系统，尽管由于近代传统文化的断裂，人们对其中的内涵已经了解得不太深入，但是五德体系仍不失为一个具有重大潜力的道德概念体系。只要能够重新澄清和阐明五德的内涵意蕴，并将其与现代道德文明的主流价值进行联结，五德体系自身仍有可能焕发出巨大的生命力。

表 2-2　四种道德体系的比较

中华五德体系	仁德	礼德	信德	义德	智德
积极心理学的美德-性格优点体系	人性	节制	超越	勇气 正义	智慧和知识
美国品格教育中的十大美德	爱 感激	公正 自我控制 积极的态度	正直	坚忍	智慧 努力学习 谦逊
联合国教科文组织的道德价值观课程核心理念	爱与同情	尊重 全球精神	人与自然和谐相处	和平与公正	可持续发展 国家统一 全球团结

资料来源：刘峻杉．中国德育根性的探询：先秦道德系统思想及其当代德育转化［M］．杭州：浙江教育出版社，2022：334.

3. 五德教育之间的相互作用

中华传统的仁义礼智信五德体系在历史上曾与阴阳五行理论发生有机的结合，这启示我们可以以一种关联的思维来考虑和利用五种德性教育之间的相互关系。这一点非常重要，因为既然五德体系反映了人格气质的差异，这就注定了个体差异性的存在，所以基于美德伦理的德育措施就不能仅以一个标准来要求所有人，而必须针对个体的特征和差异来进行有针对性的教育。

---

① PETERSON C，SELIGMAN M E P. Character strengths and virtues：a handbook and classification［M］. Oxford：Oxford University Press，2004：29-30.

② 利科纳．培养品格：让孩子呈现最好的一面［M］．施李华，译．北京：中国社会科学出版社，2005：195-197.

③ 教育部基础教育课程教材专家工作委员会．义务教育思想品德课程标准（2011 版）：解读［M］．北京：北京师范大学出版社，2012：41.

如果考虑了五德之间存在着相互促进、相互制约的关系，那么这意味着个体的性格与气质的优点可以通过关联作用而对自身弱点产生促进作用，这就使得“因材施教”“扬长避短”在理论上更具现实性。

仁德的善良、慈爱、包容、柔和如果发挥出来，不仅有助于个体的人际关系的和谐，也有助于个体内心感受到喜悦和踏实，以及感悟善、传递爱带来的内心光明，因此仁德教育的深入、仁德气质的发挥与显化有助于礼德的光明与和谐。同时，所有的正向性的信仰都应该具备爱、关怀、善良的属性特征，否则就是迷信或其他消极性的信仰或信念，仁德气质的调动与显现无疑将有助于个体分辨信仰信念的正与邪、善与恶，从而对潜在的迷信起到制约作用。

义德的正义、勇敢、责任感如果发挥出来，会让人的正直、正气的气质充满身心，会激发人以长远的眼光来确立自己的人生规划，看待社会的发展及阶段性的局限，而不迷失在各种不正之风中，进而知足常乐。同时，义德教育培养的合法权利的观念、公正公平的观念，有助于制约伪善、私爱，破除各种以“爱”的名义强加的限制、制约甚至是暴力。

礼德的内心光明坦荡、敬畏自然、尊重他人、自制自律的气质如果发挥出来，也将有助于促进自我同一性人格的形成、对自然规律的尊重以及待人处事的诚信。同时，礼德中对人际交往尺度的把握，也有助于制约义德不足所表现出的莽撞蛮横、过分张扬自我、无所敬畏、忽视人际交往中的圆融与妥协等。

智德的明辨是非、虚怀若谷、处下不争等气质如果得到涵养和激发，将有助于仁德之善的修养。明辨是非才能不陷入“善”的执着而被欺骗和伤害，继而因这些负面经历而丧失对人心善的信任和追求。虚怀若谷才能促进对不同意见的包容。处下不争有助于柔和气质的涵养。同时，智德的灵活、变通与圆融，也有助于避免礼德缺失和礼德教育失当导致的制度僵化及钳制人性的弊端，有助于人们弥补成见和规范与制度僵化带来的不足。

信德对道德正义的忠信不移、对自己做人信念的持守，有助于促进义德气质的养成，帮助人们更加勇敢地面对困难与挑战。同时，信德教育和修养有助于制约智德匮乏造成的自我认知至上、缺乏敬畏之心和长远眼光的气质及表现。在科技迅猛发展的今天，人们对道德的信仰往往被对科技的盲目信仰取代，认为一些问题可以通过技术手段来解决。培养对自然、道德的信仰，与更广阔的世界建立联系，从而形成对更高的目标、生活意义和宇宙意义的坚定信念，有助于个体超越一般意义上的知识与技术，达到智慧的境界。

表 2－3 描述了五德教育之间的促进与制约关系。

表 2-3　五德教育之间的促进与制约关系

德性分类	仁德	义德	礼德	智德	信德
教育内容	感恩教育 孝道教育 关怀教育	人权教育 公正教育 爱国教育	纪律教育 礼仪教育 心理教育	知识教育 价值澄清 法制教育	信仰教育 希望教育 诚信教育
主要目标	以爱为指向，营造人性关怀，感受人情温暖	保护自我和他人的合法权利，勇于承担责任，自立自强，抗挫折	培养正大光明的内心，确立良好的人际关系和集体秩序，自制自律	明辨是非，灵活应对，正确处理自己的需求	建设内心深处的希望与信仰，获得终极关怀，诚信待己待人
促进作用	促进礼德的光明与和谐	促进智德的深谋远虑，知足不贪	促进信德的忠信诚实	促进仁德的至善柔和	促进义德的正气坚强
制约作用	制约信念无以依托和实践	揭穿爱的谎言，破除爱的暴力	制约个人至上和过度膨胀	突破成见和制度僵化带来的弊病	制约对科技和自我的迷信
被滥用或误解所带来的威胁	以爱的名义，压抑人性	张扬自我欲望，忽视圆融与妥协	固化和钳制人性，丧失灵活性	自我认知至上，缺乏敬畏之心	无法区分正信与迷信，无动力支撑

资料来源：刘峻杉．中国德育根性的探询：先秦道德系统思想及其当代德育转化［M］．杭州：浙江教育出版社，2022：327.

4. 五德体系当代转化需要注意的问题

五德体系是一种气质-美德体系，对中国道德建设和道德教育基本理论框架的搭建具有重要意义。但在具体实践中，还存在一些需要我们进一步思考的重要问题。

五德体系的基础性作用使得五德体系具有了抽象性与开放性两方面的特点。抽象性决定了基于五德思想出发的道德选择是需要组合、转换和灵活选取的，而不是针对具体情境设定的、可以按部就班的规范。而这一点也保证了五德体系的开放性，即道德高度依赖情境，在具体的情境中，任何思想、言行、规范都具有五德的性质。这一特点对于消解现代人对理性与规范的高度依赖甚至固化和僵化具有重要意义。

现代人生活的制度化、组织化的强化，使个人内在德性生活的空间被限制在日趋狭小的领域，以至于人们的道德直觉能力慢慢退化，造成了现代人类道德能力的外在依赖性后果。人们力图用普遍道德理性或道德推理的方式，构造各种形式的普遍伦理规范，以保障现代人类的生活自由和价值追求。而内在道德精神的缺乏和道德知觉能力的弱化，又会导致社会伦理规范效力本身的降低。更严重的是，这种客观规约与个人自由之间的紧张，逐渐聚积成了现代人的一种道德心理障碍，因而难以在实际上获得个体道德主体的普遍认同，缺乏深厚的道德信念基础。消除这种道德心理障碍最重要的途径是重塑现代人的道德信念和美德品格，这是现代社会伦理得以真正有效实践的主体德性基础，否则无论现代社会伦理规范系统多么周全和完备，都不可能成为健全有效的伦理规范。[①] “在美德与法则之间还有另一种关键性联系，只有拥有正义美德的人，才可能去了解如何运用法则。”[②]

五德体系是传统文化中孕育的道德资源，其重新启用和复兴势必会带来一些疑问。例如：这是不是在走旧式道德教育的回头路？如何能够有效防止“灌输”？这种要素体系是否忽略了对道德教育问题的社会的、经济的、政治的、文化的、意识形态的分析？这些疑问和挑战都曾在美国品格教育运动中出现过[③]，因此在中国道德教育核心价值体系的重建过程中也可能出现。五德体系基于气质-美德的特点，有超越单纯品格体系的优势，在面对这些问题的时候，需要准确定位五德体系的性质，也需要做出深刻的阐释，经受实践的检验。

三、中国传统德育思想融入当代德育课程需要注意的问题

继承和发展中国传统德育思想，是夯实中国德育文化根基、增强德育自信的重要前提。将中国传统德育思想有机融于当代德育课程，是继承和发展传统德育思想的重要途径。在这个过程中，需要高度关注以下三个问题：

1. 对不同融入方式的效果和前提有准确把握

传统德育思想融入当代德育课程，就是将中华优秀传统文化（简称“A”）融入现行德育课程（简称“B”），因此，需要处理好与现代观念和说理体系的关系。就宏观策略而言，根据融合程度高低、融合的效果和完成所需要的前提条件，融入方式大概可以分为三种[④]：

第一种方式是“充填式”，即把从 A 中选择的关键理念和元素充填进

---

① 万俊人. 寻求普世伦理 [M]. 北京：北京大学出版社，2009：132－134.

② MACINTYRE A. After virtue [M]. Notre Dame：University of Notre Dame Press，2017.

③ NODDINGS N. Educating moral people：a caring alternative to character education [M]. New York：Teachers College Press，2002：1－10.

④ 刘峻杉. 传统文化融入德育课程与教材的基本理论探讨 [J]. 北京教育学院学报，2022，36 (1)：21-29.

B里，形成B中有A的镶嵌格局。这种方式的好处是便捷易操作；不足是可能观念和话语体系的镶嵌驳杂让教学难度增大，而且不容易把A讲透。

第二种方式是“同位参照式”，即保持B的完整结构，比较A与B，在有同位概念或思想的时候，让A起到另一种说法或思想的作用。这种方式的好处是保持了B的内在逻辑系统，同时又让A部分地展现了自身的特点和功能；不足是A的整体特征依然被破坏并且被按照B的逻辑和标准来进行筛选。

第三种方式是“水乳交融式”，即同时以A和B的各自优势来构建整个思路，让各自发挥自身的优势。这种方式的好处是可以真正深刻地达成目标；挑战是需要大量扎实的前期研究作为积淀，设计难度高。

传统德育思想并不能像教知识那样去传递，而只能像教文化那样去启迪与唤醒。实际上，“文化”的教学，比单纯的知识教学更为困难。首先，这绝不意味着把相关内容注入教材中，提炼出一些主题、完成一些训练和测试就可以。课程与教材中相关主题的设置固然非常重要，但这对相关文本的编排和整体设计思想要求很高，需要其能承载启迪心灵之“思”的激发力和涵养性。其次，传统德育思想需要教师心灵的启动，唯有“以心传心”“以灵启灵”才可能达成有效教学。这意味着教师本身要保持平静、光明、敞亮的状态，被“滋养”得很好，继而去滋养儿童的心灵，而这种教学在教师疲于奔命的状态下很难实现。所以，从这个方面来说，传统德育思想的有效教学，还需要教育系统内部提供强大支持性的人文环境，以有效的文化支持系统来为教师提供足够的能量补充。这种能够滋养心灵的能量只能来自真情实感和人文关怀。

2. 处理好古今意义的有效关联

在当今德育研究及实践中接续和应用中国传统德育思想时，最常见的一个问题就是古今意义如何进行有效关联，包括话语、语境、意义的畅通和关联。有时，人们会觉得一些传统思想或观念放在今天来看很突兀，令人难以接受；有时，人们也会觉得疑惑：既然古代的一些思想那么有价值，为什么后来就被淡忘或遗失了呢？总之，人们很容易觉得来自古代的那些思想文化与今天的价值观念和社会境况存在距离。

要改善这个问题，首先要重视的是古今不同思维方式下的有效诠释和意义挖掘。这意味着不能静态地以当今时代的思维方式和价值视角来工具性地取用传统德育思想，这样做的结果只能是找到一些人们已经知道和熟悉的内容。我们需要了解自古至今中国人思维方式的转换历程，然后超越思维结果的表层，去挖掘更深层次相通的东西，这样才能找到看起来与今天不太一样，但是又与今天的根本需求和核心价值密切相关的文化珍宝。我们需要注意古代思想的近代转换历程，把由古至今的“转换节点”尽量介绍清楚，这对于建立起更为连贯的古今关联来说非常重要。

接续和应用中国传统德育思想也需要重视其作为一种说理方式的意义，也就是，使用本国熟悉的话语和思维方式来表达“理论解释”。思想是与话语方式联系在一起的，即便是表达同一个思想，不同的话语方式依然会传达出不同的附加意涵。激活传统德育思想的价值，就是重新恢复其“知识权力”，这就意味着，“我们可以这样说话”，用本国的文化传统和习惯来思考和表达。区别于“观念”的直觉性，“思想”和“道理”是需要推演和论证的，尤其对于具体的问题和复杂的情境，在作为基底的“观念”之上，也需要缜密而让人心悦诚服的说理论证。

此外，传统德育思想融入德育教材编写中时，受到篇幅和课时的限制，大部分文本和思想都需要节选。如何在节选和剪裁中保持其本真意义的活力，从而达到传统与现代价值理念的和谐与共生，这是另一个难点问题。从教材编写技术上来说，这需要大量的辅助结构、补充说明等等，让有限篇幅中的内容，通过关键性的补充解释，达到最大限度的完整释放。

3. 高度重视广博资源库中的选择质量

在德育课程开发过程中，传统德育思想的融入还有一个难点问题，那就是在浩如烟海的传统文化资源库中，如何挑选最合适的内容编入有限的课程和教材之中。

对于这个问题，有以下两个重要的方面需要考虑到：第一，资源的历史时代。每个时代的资源都具有那个时代人文气息、政治气象和社会风俗的特点。古代早期的文本和思想资源的优点在于古朴而根本，缺点在于离当代思想和思维方式比较远，如果想将其激活使用，需要必要的背景铺陈和到位的思想转化性诠释；古代稍晚近的文本和思想资源的优点在于与当代思想和思维方式相对接近，容易获得现代人的认同，缺点在于这些思想本身往往已经是变异和融合的产物，在原创力和深刻度方面不如早期资源。第二，资源的针对性。知道当今德育需要什么、缺什么，再去历史资源库中寻找，就比较高效和实用。当今德育课程自身也在不断优化和改革，很多内容都能起到传统文化内对应部分的功能，而不必再把传统文化中类似的东西拿出来重复使用。而当今德育中不太容易实现的功能，如对道德本身的信仰和向往、对精神世界的自我觉察、对内在状态的微妙感知和调节等，则是需要重点从传统文化中挖掘和启用的。

本章小结

中国传统的道德观与马克思主义应该得到更有机的融合，从而更有效地释放出各自的潜力，共同构建中华民族在当代社会的道德信仰的根基。因此，需要重视通过“文化寻根”来继承传统。德育理论研究的“文化诠释”视角追求感悟和承接“文化灵光”，用之照亮自己的“意义世界”，不断激活和深化内在道德觉醒，并将这种感悟和意境进行理论化的表达和适应当代生活情境的诠释，以期促进个体道德的内在觉悟。当代德育需要通过“文化诠释”来与时俱进。

从中国传统文化来看，“德”具有形而上的本根意涵，与“道”有着密切的关联。“德”是“道”化生万物过程中的最初产物，也是决定万物发展方向的支配性力量。“德”是“道”的显化和最高代表。修德是进道的阶梯，“德”的纯净与圆满程度，标志着复归于“道”的进程。中华文化中的“德”与“善”也有着内涵上的重要区别。“善”，是人道的层次；“德”，是天道的层次。德与善，各自所言之本原不同。善之所以为人道，是因为着重规定人伦、维系伦常，不是超越的，而是切入实际与人生密切相连的。

中国早期文化中将“德”作为“流动”的“天赋之性”的认识，这种认识有可能通过挖掘阐释而为我们带来具有中国文化特色的德育理论。将抽象的人性视为“天性”“禀性”“习性”的协同发展的组合体的动态“三性论”，这对当代德育理论的思考和建构具有重要启发价值。

先秦道家认为，正因为“德”之“炁”是构成万物的基本元素，所以人的基本属性中也必然包含着“德”和“道”，“天德”（天所赋予的“德”）以人的方式通过言行和思想等元素显现，就成为伦理意义上的德性或品德。因此，对于“人”来说，“德”具有气质性和品格性两个维度。品格性所表现的是经验世界伦理道德的价值性。依据这种外显的品格性的特征，我们才能够讨论、研究、实践“天德”，并从品格性去反证内在的品质与天德。注意到“天德”的“炁”属性与日常生活中的品格性共存的这种双重结构复合性，有助于加强对中国传统德育思想中有关“德”的描述的理解。

中国传统文化中对“德”体现于人及其对应的修养结构可以用“德行”“德心”“德性”这三个由表及里的维度来描述。“德行”是“德”通过“意”的指挥和协调而体现为行动的方面。“德心”是“德”在“心”的体现，“心”对人的生命状态和行为取向有着关键性的作用。具体情境下的行为选择来自个体此刻相应的思想，而即时的思想受制于常态而稳定的“心”的状态、属性和能力。“德性”反映的是中国文化中“德”体现于人的最深层结构的一种观念，有点类似“灵魂”之“德”，是更为潜隐而深刻的本质属性。

中国传统德育不可避免地与“文-化”的思想观念大背景密切相关。“以文化之”中的“文”可以理解为“文德”或“人文精神”，与“心”密切相关，即发生于主体与主体之间，由心而生，以心印心，同情理解，默契自在，既是鲜活的，又是共鸣谐振的。在“文而化之”的语境之中，“文”表达的是顺应天地之化生万物而“养”这种自然成长，强调的是教育首先需要遵循人的发展规律以及人与时空大环境的交互感应，高度重视顺应自然之道以“养”人之心、气、神、德，涵养其自然生长和充分发展。“文养”才能够产生“化”的创造性和深刻性的育人效果。

中国传统德育思想的另一个重要启示是需要系统地把握德性修养。对于这方面，仁义礼智信五德体系既提供了一个很好的理论模型，又需要在当代加以创新和发展。原生态的仁义礼智信五德具备了气质-美德伦理的双重属性。五德与五行理论曾经发生过结合，是五德理论不容忽视的一种内涵解释思路。新时代中国德育理论和实践需要构建德育目标与内容的整体框架，而中华传统道德要素的融入是不可缺少的。除了现有德育设计中的“生活逻辑”，还应该重视以德性内涵为核心的暗线逻辑，以此对德育目标内容加以分类整合。仁义礼智信五德体系不仅各自对应着教育目标与内容，而且五者之间还存在着相互促进与制约的可能性，这种整体关系需要通过中国传统哲学中的关联思维来进行发掘。

德育课程融入中国传统德育思想时需要注意，对不同融入方式的效果和前提要有准确把握，要处理好古今意义的有效关联以及高度重视广博资源库中的选择质量。

思考题

1. 中国传统文化中“德”的内涵与现代生活中“德”的内涵有哪些相同和不同的地方？你是否可以从日常生活中的语言使用或行为习俗等方面，找到中国传统文化中的“德”在当今依然发挥影响的例子？

2. 你认为中国传统文化中“德”的内涵对德育理论可能带来哪些启发？

3. 对于通过仁义礼智信五德体系来系统把握德性修养，你觉得这样做的必要性和意义是什么？这样做的前提条件或难点是什么？

4. 在应用中国传统德育思想的时候，你觉得可能会遇到哪些困难？你准备如何去应对？

参考书目

1. 李泽厚．人类学历史本体论［M］．北京：人民文学出版社，2019.

2. 谭维智．教育学的玄学之思［M］．北京：北京师范大学出版社，2017.

3. 熊春锦．中华国学道德根［M]．北京：中央编译出版社，2007.

4. 刘峻杉．中国德育根性的探询：先秦道德系统思想及其当代德育转化［M]．杭州：浙江教育出版社，2022.

5. 本纳，彭正梅，欧廷根，等．教育和道德：从古希腊到当代［M]．彭韬，译．上海：上海教育出版社，2020.

第三章

马克思主义德育思想

学习目标

通过本章的学习，深刻认识马克思主义德育思想的重要地位，系统掌握马克思主义德育思想的形成发展历程及其主要内容和方法原则，并能够运用马克思主义德育思想的立场、观点和方法观察分析德育现象，组织开展德育活动。

马克思主义德育思想是以马克思主义经典作家为主要代表的马克思主义者根据马克思主义基本原理，观察分析德育现象，在长期革命和社会实践中逐步形成和丰富发展起来的关于德育的基本观点及学说的体系。深入学习马克思主义德育思想，是我们在新形势下做好德育工作的基本遵循和行动指南。

第一节　马克思主义德育思想的形成发展

马克思主义德育思想发端于马克思、恩格斯探索建立马克思主义哲学、马克思主义政治经济学和科学社会主义的过程中，并随着社会主义从理论到实践、从一国到多国的历史进程不断丰富发展，相继产生了马克思和恩格斯的德育思想、列宁德育思想、中国化马克思主义德育思想。回顾总结马克思主义德育思想形成发展的历史过程，重在透过马克思主义经典作家立足不同历史条件下的革命需要认识解决德育问题的理论和实践，全面把握马克思主义德育思想的丰富内涵、核心要义与理论品格。

一、马克思、恩格斯、列宁的德育思想

马克思、恩格斯高度重视无产阶级革命进程中的德育问题。他们运用唯

物史观和剩余价值论两大科学发现，深刻批判资产阶级道德和资本主义德育理论，将无产阶级道德建设同无产阶级自身解放和人的全面发展紧密联系起来，形成了一系列内涵丰富、逻辑严整的科学理论。马克思、恩格斯之后，列宁根据俄国革命和建设的现实状况进一步继承和发展了马克思主义德育思想，形成了富有系统性和可操作性的德育理论，指导苏联社会主义道德建设取得了显著成效。

（一）马克思、恩格斯的德育思想

19 世纪中叶，欧洲社会正面临新旧制度之间的激烈变革。封建主义行将就木仍负隅顽抗，资本主义方兴未艾却危机四起，社会主义崭露头角但仍处于空想阶段，这是一个封建势力、资产阶级和无产阶级三种社会力量公开较量的时期。在此背景下，思想文化领域取得了令人瞩目的重大进展，资产阶级古典理论与空想社会主义思想一度成为当时社会上最先进的文化思想。马克思主义德育思想正是这一时代变革与思想演进的直接产物。

1. 马克思、恩格斯德育思想的孕育

青年时代的马克思、恩格斯就已经十分重视德育及其现实功能。早在中学毕业论文中，马克思就写道，青年在选择职业时“应该遵循的主要指针是人类的幸福和我们自身的完美”①，这其中隐含着以德育指导青年学生选择未来职业的考虑。《莱茵报》时期，马克思从革命民主主义的立场出发，批判了普鲁士以基督教为基础的德育理论，强调基督教没有使国家成为相互教育的自由的联合体。他指出：“国家本身教育自己成员的办法是：使他们成为国家的成员；把个人的目的变成普遍的目的，把粗野的本能变成合乎道德的意向，把天然的独立性变成精神的自由；使个人以整体的生活为乐事，整体则以个人的信念为乐事。”② 这一观点既体现出马克思对宣扬基督教神秘主义及其道德的普鲁士教育的强烈批判，也表明这一时期的马克思深受黑格尔理性主义国家观的影响，将资本主义国家看作道德理性的最高实现，看作调节社会发展的决定力量。在《1844 年经济学哲学手稿》中，马克思通过对国民经济学、空想社会主义以及黑格尔哲学的批判，第一次比较集中地论述了伦理道德问题和人的全面发展问题，指出私有制使学校教育变成了某种目的和手段的外在表现。此后，马克思、恩格斯在合著的《神圣家族》一书中，进一步论述了法国唯物主义德育观与无产阶级德育理论之间的关系，深刻揭示了

---

① 中共中央马克思恩格斯列宁斯大林著作编译局．马克思恩格斯全集：第 1 卷［M］．2 版．北京：人民出版社，1995：459.

② 同①217.

“关于人性本善和人们智力平等，关于经验、习惯、教育的万能”等唯物主义学说，“同共产主义和社会主义有着必然的联系”[①]。总之，伴随着马克思、恩格斯由唯心主义向唯物主义、由革命民主主义向共产主义的深刻转变，马克思主义德育思想逐步形成。

2. 马克思、恩格斯德育思想的创立

在完成了对黑格尔法哲学传统的批判之后，马克思一度十分推崇费尔巴哈，认为正是他“创立了真正的唯物主义和实在的科学”[②]。但马克思从不以费尔巴哈的信徒自居，他清醒地认识到费尔巴哈“过多地注重自然”，而较少涉足社会历史，从而萌生了一条以人本唯物主义为原则，向社会历史领域继续推进费尔巴哈哲学批判的独特思路。创作于1845年春的《关于费尔巴哈的提纲》作为包含着“新世界观的天才萌芽的第一个文献”[③]，深刻揭露了包括费尔巴哈人本唯物主义在内的所有以前唯物主义的根本缺陷，以社会实践为基础揭示了新世界观的基本特征。马克思针对费尔巴哈抽象地、非实践地考察人的人本主义观点，阐述了唯物史观对人性、人的本质的科学见解，指出“社会生活在本质上是实践的”，“人的本质不是单个人所固有的抽象物，在其现实性上，它是一切社会关系的总和”[④]。这就摆脱了以往德育理论抽象性和片面性的倾向，使马克思主义德育理论奠基在科学的基石之上。马克思、恩格斯于1845年11月至1846年夏创作的《德意志意识形态》，进一步阐述和论证了上述观点，指出要获得人的全面发展和自由发展，必须推翻私有制，实现共产主义，只有在新的生产关系基础上，教育与生产劳动相结合，才能使人的全面发展不再是一种理想。1848年发表的《共产党宣言》是马克思、恩格斯继续以唯物史观阐释无产阶级德育观的又一个重要文献。它旗帜鲜明地提出：“代替那存在着阶级和阶级对立的资产阶级旧社会的，将是这样一个联合体，在那里，每个人的自由发展是一切人的自由发展的条件。”[⑤] 这是因为，“资产者唯恐失去的那种教育，对绝大多数人来说是把人训练成机器”[⑥]的教育；无产阶级必须首先上升为统治阶级，并尽可能地增加生产力的总量，

---

① 中共中央马克思恩格斯列宁斯大林著作编译局．马克思恩格斯文集：第1卷［M］．北京：人民出版社，2009：334.

② 中共中央马克思恩格斯列宁斯大林著作编译局．马克思恩格斯全集：第3卷［M］．2版．北京：人民出版社，2002：314.

③ 中共中央马克思恩格斯列宁斯大林著作编译局．马克思恩格斯选集：第4卷［M］．3版．北京：人民出版社，2012：219.

④ 中共中央马克思恩格斯列宁斯大林著作编译局．马克思恩格斯选集：第1卷［M］．3版．北京：人民出版社，2012：139.

⑤ 同④422.

⑥ 同④417.

从而才能争取“对所有儿童实行公共的和免费的教育。取消现在这种形式的儿童的工厂劳动。把教育同物质生产结合起来，等等”①。

3. 马克思、恩格斯德育思想的成熟

1848年革命是一个重要的里程碑，马克思、恩格斯的德育思想在同革命实践的直接联系和相互作用中得到了有效的验证和巨大的深化。革命失败以后，马克思、恩格斯积极总结经验教训，深化政治经济学研究，丰富完善科学社会主义，进一步深化了对德育的目的、对象、内容、方法、过程的理解。1867年，《资本论》第一卷德文版问世。在这部宏著中，马克思运用唯物史观和剩余价值论，深入剖析资本主义社会的经济形态，科学揭示资本主义产生、发展及灭亡的客观规律，进一步阐发了人的全面发展的思想。马克思认为，教育与生产劳动相结合，在共产主义社会“不仅是提高社会生产的一种方法，而且是造就全面发展的人的唯一方法”②，要达到“使自身的自然中蕴藏着的潜力发挥出来，并且使这种力的活动受他自己控制”③，只有通过教育与生产劳动相结合才能实现。从19世纪70年代末到90年代，恩格斯先后写下了《反杜林论》《家庭、私有制和国家的起源》《路德维希·费尔巴哈和德国古典哲学的终结》《卡·马克思〈1848年至1850年的法兰西阶级斗争〉一书导言》等光辉文本，澄清了社会上新出现的错误思潮对工人群众产生的影响，进一步系统阐述和发展了马克思主义德育思想。

（二）列宁的德育思想

马克思、恩格斯逝世后，由他们所提出的一系列德育观点和原理在无产阶级革命斗争中得到了创造性的运用和发展。这一发展首先体现在列宁领导俄国人民的社会革命斗争中。从19世纪末开始，列宁同沙俄的反动教育政策和各种反马克思主义的德育观点进行了坚决斗争。十月革命胜利后，列宁进一步把马克思主义德育思想运用于苏联教育实践，使马克思主义德育思想得到了丰富和发展。

1. 列宁对马克思主义德育思想的探索开始于十月革命前夕

这一时期俄国社会处于剧烈的变革之中，民粹主义、合法马克思主义、经济民族主义等各种社会思潮此起彼伏，同经典马克思主义在国家的发展问题上展开了激烈的论战。列宁的德育思想就是坚持和捍卫马克思主义、批判

---

① 中共中央马克思恩格斯列宁斯大林著作编译局．马克思恩格斯选集：第1卷［M］．3版．北京：人民出版社，2012：422.

② 中共中央马克思恩格斯列宁斯大林著作编译局．马克思恩格斯选集：第2卷［M］．3版．北京：人民出版社，2012：230.

③ 同②169.

各种社会思潮、探寻适合俄国的发展道路和革命方向的产物。早在1894至1895年的《民粹主义的经济内容及其在司徒卢威先生的书中受到的批评》中，列宁就通过揭示以司徒卢威为代表的资产阶级分子一方面声称赞成马克思主义的观点，另一方面又在具体问题上“背离”马克思主义的矛盾做法，一针见血地指出了道德具有阶级性的看法，提出不是“国家应从道德方面考虑”，而是应从“适合高等资产阶级心意的道德方面考虑”[①]。在《俄国社会民主党人抗议书》(1899年)、《我们的纲领》(1899年)、《怎么办?》(1901—1902年)等文章中，列宁批判经济主义崇尚工人运动的自发性，否认自觉性，企图用经济斗争取代政治斗争，指出这种做法是对马克思主义的背离。在工人阶级中开展德育，就是破除背离马克思主义的错误倾向、促进工人阶级的觉醒，从而争取革命胜利的重要举措。1917年，列宁在《国家与革命》中指出，无产阶级的先锋队应该在德育中成为所有被剥削劳动者的“导师、领导者和领袖”[②]；德育的任务就是“彻底发展民主”[③]并找出各种形式，在实践中进行检验，最终培养“有能力把这国家废物全部抛掉”的新的一代。[④]

2. 十月革命胜利后，列宁结合新的革命形势和社会主义建设的需要，进一步深化马克思主义德育思想的理论与实践

在1919年发布的《俄共（布）纲领草案》中，列宁首次提出学校要成为摧毁资产阶级旧道德的工具，要通过学校的共产主义宣传“培养能够最终实现共产主义的一代人”[⑤]。1920年10月，列宁在俄国共产主义青年团第三次代表大会上首次提出共产主义道德，并对共产主义道德的内涵、与以往剥削阶级道德的区别等做出了详细的阐述。列宁驳斥了资产阶级污蔑无产阶级否定任何道德的言论，指出共产主义道德“是从无产阶级阶级斗争的利益中引申出来的”[⑥]，“是为摧毁剥削者的旧社会、把全体劳动者团结到创立共产主义者新社会的无产阶级周围服务的”[⑦]，提出用共产主义道德培养建设共产主义新的一代。关于德育的内容，列宁指出最重要的是要培养工农群众的共产主义劳动态度，并且在《从破坏历来的旧制度到创造新制度》中具体描述了共产主义劳动的特点和

① 中共中央马克思恩格斯列宁斯大林著作编译局．列宁全集：第1卷［M］．2版增订版．北京：人民出版社，2013：350.

② 中共中央马克思恩格斯列宁斯大林著作编译局．列宁全集：第31卷［M］．2版增订版．北京：人民出版社，2017：24.

③ 同②75.

④ 同②79.

⑤ 中共中央马克思恩格斯列宁斯大林著作编译局．列宁全集：第36卷［M］．2版增订版．北京：人民出版社，2017：87.

⑥ 中共中央马克思恩格斯列宁斯大林著作编译局．列宁选集：第4卷［M］．3版修订版．北京：人民出版社，2012：289.

⑦ 同⑥290.

要求。1921 年 3 月，俄共（布）召开第十次代表大会，决定终止战时共产主义政策，实行粮食税，这标志着苏维埃俄国由此进入新经济政策时期。伴随着这一重大转变，列宁对德育问题也有了更为深入的理解和思考，强调德育必须与经济、政治、文化的发展相结合。开展德育是为了促进经济、政治和文化的发展，而经济、政治、文化的发展又能够为德育的开展提供物质基础、政治保障和文化支撑。在教育对象上，列宁更加重视小农阶层、党员和苏维埃政府工作人员的道德建设；在教育内容上，列宁强调要将人的利益需求与德育相结合，从而有效提升德育的现实针对性；在教育路径上，列宁更加重视学校和工会在教育中所发挥的重要作用，推进和完善了德育的体制机制建设。

二、马克思主义德育思想中国化时代化

马克思、恩格斯、列宁的德育思想为中国共产党德育工作提供了科学的理论基础和行动指南。一百多年来，中国共产党人坚持把马克思主义基本原理同中国具体实际相结合、同中华优秀传统文化相结合，在领导人民进行革命、建设、改革、开创新时代的辉煌历程中，不断赋予马克思主义德育思想新的时代内涵和鲜明的民族品格，不断推进马克思主义德育思想的中国化时代化进程。

（一）新民主主义革命时期的德育思想

1840 年鸦片战争以后，中国逐步沦为半殖民地半封建社会，国家蒙辱、人民蒙难、文明蒙尘，中华民族遭受了前所未有的劫难。在中国人民和中华民族的伟大觉醒中，在马克思列宁主义同中国工人运动的紧密结合中，中国共产党应运而生，中国革命的面貌由此焕然一新。中国共产党人以实现中华民族伟大复兴为己任，积极结合新民主主义革命的具体实际和战略要求创新发展马克思主义德育思想，最广泛地团结、动员、教育一切可以团结、动员和教育的斗争力量，带领人们推翻了帝国主义、封建主义、官僚资本主义三座大山，取得了新民主主义革命的伟大胜利。

1. 建立以“翻身做主人”为目标的革命道德

在新民主主义革命时期，“德育”并不止于以品性熏陶为主的道德教育，更表征为以锻造政治素养、提高政治觉悟为主的政治教育。党的一大通过的党的最高纲领就提及，革命军队要联合无产阶级，推翻资产阶级的政权，必须援助工人阶级，直到社会阶级区分的消除。这事实上将领导工农无产阶级在政治上“翻身做主人”确立为党领导工农革命的最终目的。此后，“以共产主义的精神来教育广大的劳苦民众”，从而“使文化教育为革命战争与阶级斗

争服务”[①]，为广大工农群众“翻身做主人”服务，成为苏维埃文化教育总方针的首要内容。1939年，中共中央发布的《中央军委关于抗大工作的指示》进一步提出，“学校一切工作，都是为了转变学生的思想，因此教育应当是中心”，其中“政治教育是中心之一环”[②]，这就将坚定正确的政治方向鲜明地摆在了首位。那么，对于正处于新民主主义革命阶段的中国而言，何为正确的政治方向呢？毛泽东指出：“就是强调团结和进步，以反对一切危害抗战的乌烟瘴气，以期抗日事业有进一步的胜利。”[③]

2. 构建以马克思主义理论教育、爱国主义教育、理想信念教育为主体的德育内容

为了克服错误的思想倾向，培养党员干部、广大群众的无产阶级世界观，以毛泽东同志为主要代表的中国共产党人结合革命形势，主张从以下三个方面开展德育：一是马克思主义理论教育。毛泽东曾指出：“普遍地深入地研究马克思列宁主义的理论的任务，对于我们，是一个亟待解决并须着重地致力才能解决的大问题。”[④] 为此，早在土地革命战争时期，我们党就结合革命形势的实际需要，创建了马克思共产主义学校、红军干部教育培训机构、中国工农红军大学等教育单位；后又相继成立了以中国人民抗日军政大学、陕北公学为代表的培训学校，用以提高青年的马克思主义理论水平和政治素养。二是爱国主义教育。抗日战争时期，毛泽东就多次告诫青年要保持高度的责任感和使命感，为中华民族的解放而奋斗，“一定要把日本帝国主义打倒，一定要把旧中国改造为新中国”[⑤]。三是理想信念教育。毛泽东尤为看重理想信念对鼓舞革命斗志、激励革命进步的支撑性作用，并善于依据革命形势的发展对共产主义理想信念进行现实的解读和科学的分析。在井冈山时期，面对党内产生的“红旗到底打得多久”的疑问，他以马克思主义的科学立场、观点和方法深入分析中国革命的特点与形势，提出中国革命高潮即将到来的科学论断，有力鼓舞和凝聚了红军的斗志和信念。

3. 构建以思想作风建设为途径的德育方略

中国共产党历来十分注重自身建设和发展，尤其重视党员的思想作风建设。1927年的三湾改编就是针对党内种种旧思想、旧习气开展的一次思想道

① 中共中央文献研究室，中央档案馆．建党以来重要文献选编（1921—1949）：第11册［M］．北京：中央文献出版社，2011：127.

② 中共中央文献研究室，中央档案馆．建党以来重要文献选编（1921—1949）：第16册［M］．北京：中央文献出版社，2011：539.

③ 毛泽东．毛泽东选集：第2卷［M］．2版．北京：人民出版社，1991：730.

④ 同③533.

⑤ 同③569.

德建设。1942年的整风运动则是中国共产党整党整风运动最突出的体现。时值抗日战争进入战略相持阶段，政局相对稳定，借助毛泽东先后发表的《改造我们的学习》《整顿党的作风》《反对党八股》等重要文本，延安整风运动得以在普遍范围内开展。以整风运动为主要形式的大规模党内学习的开展，实现了全党在“思想上入党”，党内存在的错误思想和不良作风被清除，党的三大优良作风初具雏形，无产阶级道德价值观在全党和广大群众中基本树立起来。

（二）社会主义革命和建设时期的德育思想

从1949年中华人民共和国成立到1978年党的十一届三中全会召开，是社会主义革命和建设时期。这一时期，中国社会的政治结构与总体社会转型正式起步。我们党坚持以马克思主义为指导推进思想文化建设，坚持教育为无产阶级政治服务，推动社会主义德育全面展开，深化了马克思主义德育思想的中国化时代化进程。

1. 大力培养“又红又专”“有社会主义觉悟的有文化的劳动者”

所谓“有社会主义觉悟”指的是坚定正确的政治方向、全心全意为人民服务的人民情怀，这是德育的根本方向。毛泽东曾指出：“一个人无论学什么或作什么，只要有热情，有恒心，不要那种无着落的与人民利益不相符合的个人主义的虚荣心，总是会有进步的。”① 所谓“有文化”指的是既要认真学习理论知识，也要积极将所学知识付诸实践，在理论与实践的辩证统一中增长才干，这是德育的基础和重点。“劳动者”则鼓励广大青年热爱劳动、尊重劳动，将学习与生产劳动相结合，深入工农群众中掌握为人民服务的技能，用劳动创造一个富强的国家。在这三者中，毛泽东尤为看重政治方向引领，并由此形成了“又红又专”的德育思想。1957年，在党的八届三中全会上，他就指出，“政治和业务是对立统一的，政治是主要的，是第一位的，一定要反对不问政治的倾向；但是，专搞政治，不懂技术，不懂业务，也不行”②。几个月后颁布的《工作方法六十条（草案）》进一步提出：“政治和经济的统一，政治和技术的统一，这是毫无疑义的，年年如此，永远如此。这就是又红又专。”③

2. 探索建立齐抓共管、全方位管理的德育体制

社会主义革命和建设实践的全面推进，带动了德育在社会化、制度化方

① 中共中央文献研究室．毛泽东书信选集［M］．北京：中央文献出版社，2003：265.

② 中共中央文献研究室．毛泽东文集：第7卷［M］．北京：人民出版社，1999：309.

③ 同②351.

面的稳步探索，逐步形成了以党的领导为核心，各方力量齐抓共管、全方位管理的德育体制。其中，坚持党的领导是德育的根本原则，主要体现在三个方面：一是学校德育工作要贯彻党的指示，服从党的领导；二是学校德育必须由党的成员来推行，即“配备党员去领导级和班的工作，配备党员去做政治思想工作、学校的行政工作和生产管理工作，党委书记和委员力求担任政治课的教学、研究工作”①；三是学校德育的工作方案要经过党委的讨论决定。坚持齐抓共管、全方位管理，还需要建立学校、家庭、社会三位一体的德育机制。毛泽东指出，“一个学校办得好不好，要看学校的校长和党委究竟是怎么样，他们的政治水平如何来决定”②，强调社会和家庭要积极配合做好青年德育工作，社会要营造青年德育的良好社会氛围，家庭要学会关心和教育子女。

3. 树立道德标杆，宣传英雄模范

20 世纪 60 年代，学校德育尤为重视发挥英雄模范人物的示范引领作用，涌现出了党的好干部、好公仆焦裕禄，铁人王进喜，南京路上好八连等一批先进榜样，其中尤以“学习雷锋”活动最为典型。1963 年，《共青团中央关于在全国青少年中广泛开展“学习雷锋”的教育活动的通知》要求，全国青少年学习雷锋同志的五种精神品德；随后，《人民日报》发表了毛泽东亲笔题写的“向雷锋同志学习”的题词，号召全体人民学习雷锋的共产主义精神。全国各级各类学校都掀起了学习雷锋的热潮。

拓展阅读

《雷锋日记选》（节选）

（1961 年 10 月 20 日）人的生命是有限的，可是，为人民服务是无限的，我要把有限的生命，投入到无限的为人民服务之中去。

（1962 年 4 月 17 日）一个人的作用，对于革命事业来说，就如一架机器上的一颗螺丝钉。机器由于有许许多多的螺丝钉的联接和固定，才成了一个坚实的整体，才能够运转自如，发挥它巨大的工作能力。螺丝钉虽小，其作用是不可估量的。我愿永远做一个螺丝钉。螺丝钉要经常保养和清洗，才不会生锈。人的思想也是这样，要经常检查，才不会出毛病。

我要不断地加强学习，提高自己的思想觉悟，坚决听党和毛主席的话，经常开

① 中央档案馆，中共中央文献研究室．中共中央文件选集（1949 年 10 月—1966 年 5 月）：第 29 册［M］．北京：人民出版社，2013：37.

② 中共中央文献研究室．毛泽东年谱（1949—1976）：第 5 卷［M］．北京：中央文献出版社，2013：519.

展批评与自我批评，随时清除思想上的毛病，在伟大的革命事业中做一个永不生锈的螺丝钉。

——雷锋．雷锋日记选［M］．北京：人民出版社，1973：57，74－75.

（三）改革开放和社会主义现代化建设新时期的德育思想

从党的十一届三中全会开始，我国历史步入了改革开放的崭新阶段。这一时期，国际政治局势风云变幻，意识形态斗争波谲云诡，多元价值观激烈碰撞，改革开放和社会主义现代化事业飞速发展，如何在扩大对外开放的同时抵制西方世界的文化渗透、维系民族成员的心理纽带，如何在发展市场经济的同时破解国民道德的滑坡、价值的迷茫，构筑民族的精神家园，成为这一时期最为迫切的精神文明建设使命，也深层规制了这一阶段马克思主义德育思想中国化时代化的发展方向。

1. 将德育作为社会主义精神文明建设的基本保证

1986年，党的十二届六中全会将精神文明建设提升到“关系社会主义兴衰成败”[①] 的战略高度，强调物质文明和精神文明要一起抓。这次会议还通过了《中共中央关于社会主义精神文明建设指导方针的决议》，全面擘画了社会主义道德建设的基本要求和社会主义初级阶段的“共同理想”。这是我国关于精神文明建设问题的第一个决议。此后，为社会主义精神文明建设服务成为这一时期德育的价值定位。1990年颁布的《中共中央关于制定国民经济和社会发展十年规划和“八五”计划的建议》进一步指出：“教育必须为社会主义现代化服务，必须同生产劳动相结合，培养德、智、体全面发展的建设者和接班人的方针。”[②] 从“为无产阶级政治服务”到“为社会主义现代化建设服务”，党的教育方针的变化不仅标志着教育定位的历史转换，也从更为根本的意义上指明了德育的发展方向。进入新世纪，胡锦涛在全国教育工作会议上提出，“教育为社会主义现代化建设服务，为人民服务，与生产劳动和社会实践相结合，培养德智体美全面发展的社会主义建设者和接班人”[③]，补充说明了“教育为人民服务”的内容，这在某种程度上可以看作关于教育与德育定位合乎历史逻辑的发展。

2. 大力培养“四有”新人

“文化大革命”结束后，邓小平开始深入思考“什么是社会主义、怎样建

---

① 中共中央文献研究室．十二大以来重要文献选编：下［M］. 北京：人民出版社，1988：1174.

② 中共中央关于制定国民经济和社会发展十年规划和“八五”计划的建议［M］. 北京：人民出版社，1991：30.

③ 胡锦涛．胡锦涛文选：第3卷［M］. 北京：人民出版社，2016：418.

设社会主义”这一关乎社会主义前途命运的重大问题。对这一问题的解答，深刻涉及另一个重要问题，即“社会主义究竟需要什么样的人来建设，如何培养造就这样的人”。在此后召开的科学和教育工作座谈会（1977）、全国教育工作会议（1978）等会议上，邓小平先后对培养社会主义建设人才的标准问题做出阐释。1982 年 7 月，邓小平综合以往论述，提出了“搞社会主义精神文明，主要是使我们的各族人民都成为有理想、讲道德、有文化、守纪律的人民”① 的重要思想，明确提出了“四有”新人理论。以江泽民同志为核心的党的第三代中央领导集体将“着力提高全民族的思想道德素质和科学文化素质，为经济发展和社会全面进步提供强大的精神动力和智力支持，培育适应社会主义现代化要求的一代又一代有理想、有道德、有文化、有纪律的公民”概括为“我国文化建设长期而艰巨的任务”②，并就社会主义文化建设提出若干重要论断。党的十六大以后，胡锦涛继承和发展了这一思想，创造性提出了人才强国战略，既为“四有”新人理论的贯彻落实提出了现实的实施路径，更从多方面丰富了“四有”新人理论，赋予这一理论新的时代内涵。

（四）中国特色社会主义新时代的德育思想

从党的十八大开始，中国特色社会主义进入新时代。立足新时代新征程，着眼新变化新要求，以习近平同志为核心的党中央“采取一系列战略性举措，推进一系列变革性实践，实现一系列突破性进展，取得一系列标志性成果，经受住了来自政治、经济、意识形态、自然界等方面的风险挑战考验，党和国家事业取得历史性成就、发生历史性变革，推动我国迈上全面建设社会主义现代化国家新征程”③。在马克思主义德育思想中国化时代化方面，习近平提出了一系列推进德育改革发展的新理念、新思想、新论断。这些新理念、新思想、新论断内涵丰富、思想深邃、逻辑严密，既体现出对马克思主义德育思想的坚持、对我国优秀德育传统的继承，又展现出中国共产党人把握新时代教育改革方向、擘画新时代德育发展蓝图的战略视野。

1. 将立德树人作为教育的根本任务

2014 年，习近平在北京市海淀区民族小学主持召开座谈会并发表重要讲话，提出“学校要把德育放在更加重要的位置”，“努力做到每一堂课不仅传播知识、而且传授美德，每一次活动不仅健康身心、而且陶冶性情，让同学

① 邓小平．邓小平文选：第 2 卷［M］．2 版．北京：人民出版社，1994：408.

② 中共中央文献研究室．江泽民论有中国特色社会主义（专题摘编）［M］．北京：中央文献出版社，2002：389.

③ 习近平．高举中国特色社会主义伟大旗帜 为全面建设社会主义现代化国家而团结奋斗：在中国共产党第二十次全国代表大会上的报告［M］．北京：人民出版社，2022：6.

们都得到倾心关爱和真诚帮助”①。这是以习近平同志为核心的党中央立足素质教育改革大势，为回答新时代学校教育改革发展侧重点而提出的重要论断。2016年，习近平在全国高校思想政治工作会议上提出，“要坚持把立德树人作为中心环节，把思想政治工作贯穿教育教学全过程，实现全程育人、全方位育人”②。随后他又进一步指出：“要把立德树人的成效作为检验学校一切工作的根本标准，真正做到以文化人、以德育人，不断提高学生思想水平、政治觉悟、道德品质、文化素养，做到明大德、守公德、严私德。”③ 综合这三个重要论述可以发现，把立德树人作为教育的根本任务、中心环节和检验标准，既涵盖了“学校要把德育放在更加重要的位置”对明德惟馨、崇德修身的强调，同时也不止步于仅仅将德性养成视为与智育、体育、美育、劳动教育相区别的学校教育的其中一环，还进一步探讨了“所谓‘更加重要的位置’究竟是什么位置”，以及“如何将德育放在更加重要的位置”等重要命题，彰显了以习近平同志为核心的党中央落实立德树人根本任务的战略高度、理论深度、辐射广度和实践力度。

2. 把思政课作为德育的关键课程

2016年，习近平在全国高校思想政治工作会议上指出：“要用好课堂教学这个主渠道，思想政治理论课要坚持在改进中加强，提升思想政治教育亲和力和针对性，满足学生成长发展需求和期待，其他各门课都要守好一段渠、种好责任田，使各类课程与思想政治理论课同向同行，形成协同效应。”④ 后来他又进一步强调指出：“思政课要做思想政治教育的显性课程。”⑤ 这是习近平立足于社会主义学校的组织运行、教育教学及其本质规律，着眼于建设社会主义办学方向提出的重要论断。2019年，习近平在学校思想政治理论课教师座谈会上指出，“思政课是落实立德树人根本任务的关键课程，思政课作用不可替代，思政课教师队伍责任重大”⑥，进一步从教育的根本问题出发，将思政课的地位、性质和作用提升到中国特色社会主义后继有人的战略高度。

拓展阅读

习近平在学校思想政治理论课教师座谈会上的讲话（节选）

思想政治理论课是落实立德树人根本任务的关键课程。青少年阶段是人生的

① 习近平．习近平谈治国理政［M］．北京：外文出版社，2014：184.
② 习近平．习近平谈治国理政：第2卷［M］．北京：外文出版社，2017：376.
③ 习近平．在北京大学师生座谈会上的讲话［M］．北京：人民出版社，2018：7.
④ 同②378.
⑤ 习近平．思政课是落实立德树人根本任务的关键课程［M］．北京：人民出版社，2020：23.
⑥ 同⑤2.

“拔节孕穗期”，最需要精心引导和栽培。我们办中国特色社会主义教育，就是要理直气壮开好思政课，用新时代中国特色社会主义思想铸魂育人，引导学生增强中国特色社会主义道路自信、理论自信、制度自信、文化自信，厚植爱国主义情怀，把爱国情、强国志、报国行自觉融入坚持和发展中国特色社会主义事业、建设社会主义现代化强国、实现中华民族伟大复兴的奋斗之中。思政课作用不可替代，思政课教师队伍责任重大。

——习近平．习近平谈治国理政：第 3 卷［M］．北京：外文出版社，2020：329.

3. 将三全育人作为德育的重要原则

在如何开展德育这一问题上，习近平始终秉持“大教育观”，提出了全员全过程全方位育人的战略要求。习近平指出，“办好教育事业，家庭、学校、政府、社会都有责任”①，要加强协同联动，构建以家庭为基础、学校为主体、社会为支撑的“三位一体”的教育网络，真正形成协同育人的合力。与此同时，德育要坚持从人才成长规律出发，针对不同年龄段学生的特点和需求，采取与之相适应的教学方式，突出教学重点，在小学、中学、大学循序渐进地开设思政课，培养一代又一代拥护中国共产党领导和社会主义制度、立志为中国特色社会主义事业奋斗终身的有用人才。提升德育实效、实现学生全面发展，还需要各门课程、各个环节协同发力，把思政小课堂与社会大课堂、理论教学与实践教学结合起来，引导学生走出校门、接触社会、了解国情，在调查研究和实践锻炼中积累智慧、锻造品格、增长才干。

第二节　马克思主义德育思想的主要内容

马克思主义德育思想是一个内涵丰富、逻辑严整的科学理论体系。这一科学的理论体系以促进人的自由全面发展为指向，以人的本质和社会历史发展规律为遵循，以教育与生产劳动和社会实践相结合为原则，以共产主义理想信念和道德修养为内容，着力培养德智体美劳全面发展的社会主义建设者和接班人。

一、以促进人的自由全面发展为指向

促进人的自由全面发展是马克思主义德育思想的根本目标。习近平在纪

① 中共中央党史和文献研究院．习近平关于注重家庭家教家风建设论述摘编［M］．北京：中央文献出版社，2021：69.

念马克思诞辰200周年大会上指出："马克思主义博大精深，归根到底就是一句话，为人类求解放。"① 这一科学论断深刻揭示了马克思主义德育思想最大的价值内核与根本取向。以马克思主义德育思想为指导，关键在于充分发挥德育对人的自由全面发展的促进作用，提升人的能力，解放人的个性，为人们认识改造世界提供科学的方法论指导。

1. 促进人的能力的全面发展

能力，是指完成某一活动所必需的主观条件，是人的综合素质在实践中的集中表现。将人的能力发展作为人自由全面发展的重要内容，是马克思主义德育思想的基本观点。马克思、恩格斯早在《德意志意识形态》中就明确提出了"人的全面发展"的概念，强调人的全面发展实际上就是"全面发展其才能"②，"任何人的职责、使命、任务就是全面地发展自己的一切能力"③，这是人之为人的根本所在。这一观点深刻揭示了人的全面发展的能力维度，科学阐明了能力发展在人的全面发展中的应有地位。

人的全面发展实质上就是人的能力体系的完善和丰富。人的能力是多方面的，其中增强劳动能力是人的能力发展的主要内容，也是人的全面发展和能力体系完善的基础与核心。马克思、恩格斯认为，工人阶级的全面发展关键在于劳动能力，这是因为劳动是人与自然、主体与环境交互作用的中介，"整个所谓世界历史不外是人通过人的劳动而诞生的过程"④，正是"生产劳动给每一个人提供全面发展和表现自己的全部能力即体能和智能的机会"⑤。由此，以德育促进人的全面发展，提高和完善人的劳动能力，集中体现为对人的智力和体力两个方面的积极作用。

在促进人的智力发展上，德育具有提高人的知识文化素养的特殊功用。知识文化素养既是人的全面发展的题中之义，也是人的全面发展的前提基础。丰富多样的德育实践活动，可以引导人们将社会发展所要求的思想观念、价值观点、道德规范纳入自己的思想体系，把一定社会的思想品德原则、规范转化为自己的思想观念与价值认知，提高自己的思想道德认识，从而有效鉴别客观事物的真、善、美与假、恶、丑，更好地认识客观事物的本质和特征，提高自己的认识能力与智力水平。同时，深入系统的教育引导还可以唤醒个体的

---

① 习近平．在纪念马克思诞辰200周年大会上的讲话［M］．北京：人民出版社，2018：8.

② 中共中央马克思恩格斯列宁斯大林著作编译局．马克思恩格斯文集：第1卷［M］．北京：人民出版社，2009：571.

③ 中共中央马克思恩格斯列宁斯大林著作编译局．马克思恩格斯全集：第3卷［M］．北京：人民出版社，1960：330.

④ 同②196.

⑤ 中共中央马克思恩格斯列宁斯大林著作编译局．马克思恩格斯选集：第3卷［M］．3版．北京：人民出版社，2012：681.

自主意识，让其形成追求进步、积极进取的生活态度，渴望坚持不懈地追求新知，不断更新自己的知识结构，努力提高自己的智力水平和知识素养。

在促进人的体力发展上，德育可以通过培养人们的劳动兴趣，引导人们形成对劳动的正确看法，养成良好的劳动习惯与劳动观念，增强意志，打造强健体魄。人生来就具有一定体力和认知能力基础，这是人的先天自然本性。而这些本性只是个体后天劳动能力得以形成的基础，要想使人的天然潜在能力得以充分发挥，就只有靠教育。德育作为培育人的综合能力的重要手段，能够丰富人改造自然界、社会和人自身的活动，打破人的活动获得自由发展的制约性的物质力量，提高人的劳动能力和劳动水平，促进对人的体力潜能的开发，构成人的全面发展必不可少的重要环节。习近平曾寄语广大青年，要“积极参与体育健身运动，强健体魄、砥砺意志，凝聚和焕发青春力量，为中华民族伟大复兴作出应有贡献”①。

2. 促进人的个性的自由解放

人的自由全面发展在很大程度上体现为人的自由个性的发展。人的个性是人的本质力量的集中表征，是人的自主性、能动性、独特性、创造性的充分展示。马克思主义把促进人的个性发展视为衡量社会历史演进的重要尺度，并将其置于教育发展的优先方向。在马克思主义看来，促进人的自由全面发展需要两个必不可少的前提条件②：一是“个人全面发展”，二是“他们共同的、社会生产能力成为从属于他们的社会财富”。所谓自由全面发展便是以上述二者为基础的“自由个性”的发展。通过将人的自由个性同人的全面发展、社会生产能力以及由政治能力所创造的社会财富有机联系起来，马克思主义科学揭示了人的个性解放的个体基础、社会基础和生产力条件。概括来说，以德育促进人的个性的自由解放主要体现在如下两个方面：

一是增强人的主体性。在马克思主义看来，个性首先表现为人的主体性，包括自主性、能动性和创造性等等，是社会性和自然性的统一。用马克思的话说，“人的根本就是人本身”③，“人始终是主体”④。人是一切社会活动的承担者，在各种社会活动中处于主体地位。人的主体地位是人类长期与外在客观世界相互作用的结果。人的主体性决定着个性的主体性，发展人的个性，

① 习近平就传承和发扬青奥会宝贵财富作出重要指示强调 引导广大青少年弘扬奥林匹克精神 为中华民族伟大复兴作出应有贡献［N］. 人民日报，2015-04-08.

② 中共中央马克思恩格斯列宁斯大林著作编译局．马克思恩格斯全集：第30卷［M］. 2版．北京：人民出版社，1995：107-108.

③ 中共中央马克思恩格斯列宁斯大林著作编译局．马克思恩格斯选集：第1卷［M］. 3版．北京：人民出版社，2012：10.

④ 中共中央马克思恩格斯列宁斯大林著作编译局．马克思恩格斯文集：第1卷［M］. 北京：人民出版社，2009：195-196.

需要充分发挥人的主体性。促进人的主体性的发展是德育的重要任务，通过对个体的道德、智力、能力的培养而提高对自我的认识，提高自己的主体性，使个体能动地适应并变革客观世界。

二是丰富人的独特性。个性是人成为主体并与其他个体彼此相异的属性，无差别、无特点也就没有人的个性。“全部人类历史的第一个前提无疑是有生命的个人的存在。”[①] 人之所以不同于他人，就是因为拥有自己独特的个性，没有独特的个性也就没有人与人之间的区别。人正因为具有独特的个性，才会以不同的态度和不同程度的积极性去组织自己的行动，卓有成效地改造客观世界。人的全面发展就是要使这种丰富的个性能够得到实现。在马克思主义德育思想看来，德育的重点就在于通过丰富人的独特性促进人的自由全面发展，为此就需要大力培养人的自觉能动性、创造性和自主性，消除个性的模式化、同步化、标准化，打破个性的单调化、定型化，培养个体追求并保持独特的人格理想、社会形象和能力体系，进而全面彰显自己存在发展的独特价值。

二、以人的本质和社会历史发展规律为遵循

全面把握人的本质内涵和社会历史发展的基本规律是德育开展的重要前提。马克思曾指出：“人们的社会历史始终只是他们的个体发展的历史。”[②] 马克思主义德育思想坚持以人的本质规定和社会发展的基本规律为遵循，以促进人的思想道德发展为指向，彰显出鲜明的社会历史性特质和深厚的人文价值。

1. 人的本质在其现实性上是一切社会关系的总和

马克思深刻指出：“人的本质不是单个人所固有的抽象物，在其现实性上，它是一切社会关系的总和。”[③] 这一思想为德育实践提供了重要的理论指导和依据。德育本身是属人性的，要在社会关系中开展。德育工作应以马克思主义关于人的本质的科学理论为指导，引导人们认识人及其现实的社会关系，处理好个人与他人、个人与社会的关系，帮助人们掌握和内化正确的社会规范和价值观念，并在丰富、调节人们社会关系的过程中不断发展和完善

---

① 中共中央马克思恩格斯列宁斯大林著作编译局．马克思恩格斯选集：第1卷［M］．3版．北京：人民出版社，2012：146.

② 中共中央马克思恩格斯列宁斯大林著作编译局．马克思恩格斯选集：第4卷［M］．3版．北京：人民出版社，2012：409.

③ 中共中央马克思恩格斯列宁斯大林著作编译局．马克思恩格斯文集：第1卷［M］．北京：人民出版社，2009：505.

人的本质。

社会关系是人们获得思想意识与道德观念的重要途径。现实的社会关系不仅决定人的本质，而且决定人们的思想意识与道德观念。人的发展取决于和他进行交往的其他一切人的发展，而人实现全面发展的标志之一，就在于人的社会关系的高度发展。恩格斯在《反杜林论》中指出："人们自觉地或不自觉地，归根到底总是从他们阶级地位所依据的实际关系中——从他们进行生产和交换的经济关系中，获得自己的伦理观念。"① 可见，人们的思想观念归根结底来源于社会关系。作为一项特殊的教育实践活动，德育以生产实践为基础，从现实的社会关系出发，教育和引导人们深刻认识自己所处的现实社会关系，形成正确反映一定社会关系的思想道德观念，从而不断促进人们思想道德观念的变革与进步。

引导人们正确处理社会关系是德育的基本任务。道德是社会关系的调节器。道德作为公共生活中的行为规范和思想准则，涵盖了人们在社会交往和公共生活中应该遵守的基本守则，是维护公共利益、公共秩序、社会和谐稳定的基本保障。人在社会中不是独立存在的，人是生活在政治关系、经济关系、血缘关系、业缘关系等林林总总的关系之中的。每个人的生存和发展都始终离不开一定的现实社会和现实的社会关系。正如马克思所说："人的本质是人的真正的社会联系，所以人在积极实现自己本质的过程中创造、生产人的社会联系、社会本质，而社会本质不是一种同单个人相对立的抽象的一般的力量，而是每一个单个人的本质，是他自己的活动，他自己的生活，他自己的享受，他自己的财富。"② 因此，正确认识和处理自身现实的社会关系是人生存发展和自我完善的必然要求。德育的任务就在于帮助人们营造平等、和谐、友爱的社会氛围，搭建人与人、人与社会之间沟通的桥梁，解决人们在交往中出现的矛盾和问题，促进人们社会关系的发展，使人们更好地生活于社会之中。

2. 社会基本矛盾是历史发展的根本动力

"社会是在矛盾运动中前进的"③。生产力和生产关系、经济基础和上层建筑的矛盾是社会发展的根本动力。在马克思主义看来，德育作为生产关系总和（社会的经济结构）之上的上层建筑，总是受到物质生活方式的制约，

① 中共中央马克思恩格斯列宁斯大林著作编译局．马克思恩格斯文集：第 9 卷［M］．北京：人民出版社，2009：99.

② 中共中央马克思恩格斯列宁斯大林著作编译局．马克思恩格斯全集：第 42 卷［M］．北京：人民出版社，1979：24.

③ 习近平．决胜全面建成小康社会 夺取新时代中国特色社会主义伟大胜利：在中国共产党第十九次全国代表大会上的报告［M］．北京：人民出版社，2017：15.

并反作用于一定的现实基础。德育实践必须以社会矛盾运动的客观规律为遵循，自觉保持同一定社会的经济基础和上层建筑的内在一致性，向社会成员传授集中反映一定社会发展所需要的主流意识形态。用马克思、恩格斯的话来说就是"一个阶级是社会上占统治地位的物质力量，同时也是社会上占统治地位的精神力量。支配着物质生产资料的阶级，同时也支配着精神生产资料"①。

经济基础对德育的性质和样态具有决定性作用。人们总是在既定的现存的条件下创造历史。"经济的前提和条件归根到底是决定性的"②，物质生产状况是全部社会生活的基础和社会历史发展的决定性因素。"物质生活的生产方式制约着整个社会生活、政治生活和精神生活的过程。不是人们的意识决定人们的存在，相反，是人们的社会存在决定人们的意识。"③ 恩格斯曾指出："一切以往的道德论归根到底都是当时的社会经济状况的产物。"④ 换言之，物质资料的生产活动是德育存在和发展的基础，它一方面为德育的开展提供物质条件，另一方面决定了人们在生产活动中形成的生产关系以及在生产关系中的不同地位，影响着人们的价值取向和道德境界。从这个意义上说，德育深层受制于一定社会的物质生活条件，由经济基础决定，并反映其发展变革的需要。

德育作为上层建筑的重要组成部分，是占统治地位的物质关系在观念上的表现，具有鲜明的党性和阶级性。马克思曾指出："占统治地位的思想不过是占统治地位的物质关系在观念上的表现，不过是以思想的形式表现出来的占统治地位的物质关系。"⑤ 毛泽东也强调："人们的社会存在，决定人们的思想。而代表先进阶级的正确思想，一旦被群众掌握，就会变成改造社会、改造世界的物质力量。"⑥ 一方面，德育与一定社会的主流意识形态密不可分，这种意识形态不仅决定了德育的性质和方向，而且深刻规制着德育的原则和路径。另一方面，德育作为社会矛盾的调节器，对上层建筑的其他部分具有能动的反作用。它能够通过协调人际关系，进行利益调节，凝聚社会共识，解决人们出现的各种思想问题，为社会发展营造良好的道德环境。

---

① 中共中央马克思恩格斯列宁斯大林著作编译局．马克思恩格斯选集：第1卷［M］．3版．北京：人民出版社，2012：178.

② 中共中央马克思恩格斯列宁斯大林著作编译局．马克思恩格斯选集：第4卷［M］．3版．北京：人民出版社，2012：604－605.

③ 中共中央马克思恩格斯列宁斯大林著作编译局．马克思恩格斯文集：第2卷［M］．北京：人民出版社，2009：591.

④ 中共中央马克思恩格斯列宁斯大林著作编译局．马克思恩格斯选集：第3卷［M］．3版．北京：人民出版社，2012：471.

⑤ 同①.

⑥ 中共中央文献研究室．毛泽东文集：第8卷［M］．北京：人民出版社，1999：320.

三、以教育与生产劳动和社会实践相结合为原则

坚持教育与生产劳动和社会实践相结合，是马克思主义德育的基本观点。马克思曾指出："生产劳动和教育的早期结合是改造现代社会的最强有力的手段之一。"[①] 这一观点根植于马克思对社会生活本质的理解，阐明了生产劳动和社会实践在育人中的基础性作用。列宁则进一步指出："没有年轻一代的教育和生产劳动的结合，未来社会的理想是不能想象的：无论是脱离生产劳动的教学和教育，或是没有同时进行教学和教育的生产劳动，都不能达到现代技术水平和科学知识现状所要求的高度。"[②] 这些重要论述深刻揭示了德育与生产劳动和社会实践的内在关系，科学阐明了德育的实践本性，并且把教育与生产劳动和社会实践相结合视为造就全面发展的人的根本途径。

1. 全部社会生活在本质上是实践的

实践的观点是马克思主义哲学的基本观点。马克思在《关于费尔巴哈的提纲》中明确指出："全部社会生活在本质上是实践的。凡是把理论引向神秘主义的神秘东西，都能在人的实践中以及对这种实践的理解中得到合理的解决。"[③] 在马克思主义看来，实践是人类社会中有目的和有意识地改造客观世界的一切活动的总和。通过主观见之于客观的实践过程，人们不仅能够改造客观世界，而且能够改造主体的主观世界。德育作为一种增进人们知识、技能、身心健康，促进思想品德的形成和发展的社会实践活动，本身就是来源于实践，最终也要服务于生产生活。

实践为人的道德发展和德育活动开展提供物质基础。马克思曾指出："教育一般说来取决于生活条件。"[④] 恩格斯把教育与生产劳动相结合看作教育的实践基础。列宁强调通过到生产实践中参观和学习，从而掌握有关电力、机械、化学概念及其实际运用，这也是要求把教育同生产实际联系起来。"历史过程中的决定性因素归根到底是现实生活的生产和再生产。"[⑤] 德育作为一项

---

① 中共中央马克思恩格斯列宁斯大林著作编译局．马克思恩格斯文集：第 3 卷［M］．北京：人民出版社，2009：449.

② 中共中央马克思恩格斯列宁斯大林著作编译局．列宁全集：第 2 卷［M］．2 版增订版．北京：人民出版社，2013：463-464.

③ 中共中央马克思恩格斯列宁斯大林著作编译局．马克思恩格斯选集：第 1 卷［M］．3 版．北京：人民出版社，2012：135-136.

④ 中共中央马克思恩格斯列宁斯大林著作编译局．马克思恩格斯全集：第 6 卷［M］．北京：人民出版社，1961：648.

⑤ 中共中央马克思恩格斯列宁斯大林著作编译局．马克思恩格斯文集：第 10 卷［M］．北京：人民出版社，2009：591.

重要的教育活动，受到当前社会劳动形式与物质生产条件的制约和影响，密切反映着社会发展的要求，并随着科学技术和物质生产条件的发展不断地发生变革。

德育根植于人们的社会实践并构成实践的重要内容。德育是推动社会劳动生产的巨大因素，是推动社会生产力发展的精神动力，能够培养人的劳动能力，用理论武装人的头脑，提高人的劳动素养，从而提高劳动生产的效率和水平。德育本身就是一项培养人的思想道德发展的教育实践活动，含有丰富的实践因素。人们通过参与日常政治、经济、道德生活和各种社会活动，在处理学习与生活、人与人等各种关系的过程中形成基本的道德认知，并进一步在实践中将已经内化了的思想观念、政治观点、道德准则转化为自己的道德行为。从某种意义上讲，人的思想道德素质的形成和发展过程，是与社会实践过程相伴相生的。

2. 教育与生产劳动相结合是造就全面发展的人的唯一方法

“劳动是推动人类社会进步的根本力量。”① 生产劳动作为促进人的全面发展的重要途径，内在需要人的智力与体力的有机结合和自由发挥。马克思、恩格斯曾指出，未来教育“就是生产劳动同智育和体育相结合，它不仅是提高社会生产的一种方法，而且是造就全面发展的人的唯一方法”②。从德育来看，生产劳动对人的思想道德进步和全面发展具有基础性、决定性作用，是联结主客观世界的桥梁与纽带。人的道德品质与道德规范是在劳动过程中形成与发展的，同时又是在劳动实践中逐步提升与完善的。由此，教育与生产劳动相结合既是现代德育实践的内在要求，也是促进人的自由全面发展的重要途径。

教育与生产劳动相结合是满足人的需要的必然选择。马克思、恩格斯指出，“我们首先应当确定一切人类生存的第一个前提，也就是一切历史的第一个前提，这个前提是：人们为了能够‘创造历史’，必须能够生活。但是为了生活，首先就需要吃喝住穿以及其他一些东西”，“因此第一个历史活动就是生产满足这些需要的资料，即生产物质生活本身”③。换言之，“没有需要，就没有生产”④，也就没有因社会生产形成的道德规范和德育实践。

---

① 习近平．习近平谈治国理政：第1卷［M］．2版．北京：外文出版社，2018：44.

② 中共中央马克思恩格斯列宁斯大林著作编译局．马克思恩格斯文集：第9卷［M］．北京：人民出版社，2009：339－340.

③ 中共中央马克思恩格斯列宁斯大林著作编译局．马克思恩格斯选集：第1卷［M］．3版．北京：人民出版社，2012：158.

④ 中共中央马克思恩格斯列宁斯大林著作编译局．马克思恩格斯选集：第2卷［M］．2版．北京：人民出版社，1995：9.

将教育抑或德育与生产劳动相结合，可以充分发挥道德在调节社会生产、引导人的需要等方面的独特作用，通过改善人的生活条件，提高人的生活质量，丰富人的精神世界，最大程度地满足人们日益增长的物质文化需要。

教育与生产劳动相结合重在提升人的科学文化素养和劳动技能，增强人的思想道德素质和劳动积极性。人的科学文化素养和劳动技能是生产力发展的必要条件，人的思想道德素质和劳动积极性是实现社会发展的精神支撑。马克思主义高度肯定教育之于社会生产力发展的重大作用，认为“教育会生产劳动能力”①，强调“为改变一般人的本性，使它获得一定劳动部门的技能和技巧，成为发达的和专门的劳动力，就要有一定的教育或训练”②。教育与生产劳动相结合，可以提升人对科学技术的规律性认识，增强人的劳动能力，可以提高人的思想觉悟、劳动态度、事业心和责任感，调动人的工作和生产积极性，进而促进人的全面发展。在未来社会，“生产劳动给每一个人提供全面发展和表现自己的全部能力即体能和智能的机会，这样，生产劳动就不再是奴役人的手段，而成了解放人的手段，因此，生产劳动就从一种负担变成一种快乐”③。

拓展阅读

中共中央　国务院
关于全面加强新时代大中小学劳动教育的意见（节选）

劳动教育是中国特色社会主义教育制度的重要内容，直接决定社会主义建设者和接班人的劳动精神面貌、劳动价值取向和劳动技能水平。长期以来，各地区和学校坚持教育与生产劳动相结合，在实践育人方面取得了一定成效。同时也要看到，近年来一些青少年中出现了不珍惜劳动成果、不想劳动、不会劳动的现象，劳动的独特育人价值在一定程度上被忽视，劳动教育正被淡化、弱化。对此，全党全社会必须高度重视，采取有效措施切实加强劳动教育。

四、以共产主义理想信念和道德修养为内容

倡导培育共产主义理想信念和道德修养是马克思主义德育思想的重要内

① 中共中央马克思恩格斯列宁斯大林著作编译局．马克思恩格斯全集：第 33 卷［M］．2 版．北京：人民出版社，2004：249.

② 中共中央马克思恩格斯列宁斯大林著作编译局．马克思恩格斯文集：第 5 卷［M］．北京：人民出版社，2009：200.

③ 中共中央马克思恩格斯列宁斯大林著作编译局．马克思恩格斯文集：第 9 卷［M］．北京：人民出版社，2009：311.

容。以马克思主义德育思想为指导做好德育工作，必须着力引导人们坚定理想信念，坚持集体主义道德原则，培育和践行社会主义核心价值观，不断增进人们对共产主义理想信念与道德修养的认知、认同和践履。

1. 坚定理想信念

理想是指人们在实践中形成的、具有实现可能性的对未来的向往和追求。信念是人们在一定认识基础上确立的对某种思想或事物坚定不移并身体力行的精神状态。坚定的理想信念是一个人、一个政党、一个民族、一个国家的精神支柱和力量源泉，是人们的世界观、人生观、价值观在奋斗目标上的集中体现。在我国，坚定理想信念就是要坚定对马克思主义的信仰、对中国特色社会主义的信念、对实现中华民族伟大复兴中国梦的信心。习近平指出："中国共产党成立一百年来，始终是有崇高理想和坚定信念的党。这个理想信念，就是马克思主义信仰、共产主义远大理想、中国特色社会主义共同理想。理想信念是中国共产党人的精神支柱和政治灵魂，也是保持党的团结统一的思想基础。"①

教育引导人们树立远大理想、坚定必胜信念是马克思主义德育的重要任务。一方面，引导广大人民群众树立中国特色社会主义共同理想。实现全面建成社会主义现代化国家，实现中华民族伟大复兴的中国梦，是现阶段我国各族人民的共同理想，集中体现了人民群众的共同利益和愿望，是全体人民团结一致克服困难和争取胜利的强大精神武器。马克思主义德育要帮助人们确立在中国共产党领导下走中国特色社会主义道路、实现中华民族伟大复兴的共同理想和坚定信念，树立为实现民族复兴而奋斗的远大志向，为全面建设社会主义现代化国家而努力奋斗。另一方面，引导人们树立共产主义的远大理想和坚定信念。引导人们在建设中国特色社会主义的进程中为实现共产主义而奋斗是德育的重要目标。共同理想是实现远大理想的基础和必经阶段，实现共同理想，必须以远大理想为根本方向。马克思、恩格斯从分析阐述资本主义的基本矛盾出发，把握了社会历史发展的规律，指出了共产主义必然胜利和资本主义必然灭亡的发展趋势。这个远大理想鼓舞着全世界无产阶级及其先进政党为之前赴后继、努力奋斗，更是马克思主义德育的最终指向。共产主义远大理想与中国特色社会主义共同理想辩证统一于人民为实现共产主义而奋斗的全部历史过程之中。我们必须始终坚持远大理想与现实奋斗相统一，既要树立共产主义远大理想，以高尚的思想道德要求和鞭策自己，更要从社会主义初级阶段的实际出发，脚踏实地地为实现中国特色社会主义的

---

① 习近平．习近平谈治国理政：第4卷［M］．北京：外文出版社，2022：522.

共同理想不懈努力。

2. 坚持集体主义的道德原则

集体主义是社会主义社会处理个人利益和整体利益关系的根本原则。坚持集体主义道德原则，就是确保一切言论和行动要合乎广大人民群众的集体利益。马克思指出："某一阶级的各个人所结成的、受他们的与另一阶级相对立的那种共同利益所制约的共同关系，总是这样一种共同体，这些个人只是作为一般化的个人隶属于这种共同体，只是由于他们还处在本阶级的生存条件下才隶属于这种共同体；他们不是作为个人而是作为阶级的成员处于这种共同关系中的。"① 集体主义代表和反映了无产阶级和劳动人民的整体利益，是个人利益和整体利益的辩证统一。《新时代公民道德建设实施纲要》明确指出，要"以为人民服务为核心，以集体主义为原则，以爱祖国、爱人民、爱劳动、爱科学、爱社会主义为基本要求"②。集体主义原则是贯穿马克思主义德育思想的重要原则。德育要有目的、有计划、有组织地引导受教育者树立明确的集体主义观念、增强热爱集体的强烈情感、形成良好的集体主义行为习惯。

集体主义作为思想理论和行动要求，是个人与集体辩证统一关系在道德上的反映，是人类在社会发展中形成的科学处理个体利益与集体利益关系的价值观念和行为准则，是马克思主义德育的重要遵循。一方面，集体主义是社会主义思想道德领域中最基本的价值导向。集体主义的实质是集体利益高于一切，全心全意为人民服务。马克思、恩格斯指出："既然正确理解的利益是全部道德的原则，那就必须使人们的私人利益符合于人类的利益。"③ 马克思主义以解放全人类为奋斗目标，以建立自由人联合体为社会理想，这些奋斗目标和社会理想都是集体主义的目标，充分彰显着集体主义精神。另一方面，集体主义是马克思主义德育思想实现的主要途径。马克思曾指出："一个人的发展取决于和他直接或间接进行交往的其他一切人的发展。"④ 而人的全面发展，特别是思想品德的全面发展，只有在社会主义、共产主义的"真实的集体的条件下，各个个人在自己的联合中并通过这种联合获得自由"⑤ 才能真正实现。无论是国家、社会还是个人层面的目标都要在集体中追求和实

① 中共中央马克思恩格斯列宁斯大林著作编译局．马克思恩格斯文集：第1卷［M］．北京：人民出版社，2009：573.

② 新时代公民道德建设实施纲要［M］．北京：人民出版社，2019：4.

③ 同①335.

④ 马克思，恩格斯．德意志意识形态：节选本［M］．北京：人民出版社，2018：121.

⑤ 中共中央马克思恩格斯列宁斯大林著作编译局．马克思恩格斯全集：第3卷［M］．北京：人民出版社，1960：84.

现，马克思主义德育工作在集体中开展，更要符合集体主义的道德原则，围绕中心，服务大局，把握和维护人民根本诉求，把“人人为我，我为人人”的原则变成群众的生活准则。

3. 弘扬和培育社会主义核心价值观

任何社会秩序，都要植根于一种共同的价值体系。核心价值观不仅是建立各种社会制度的价值源泉，而且是社会建立一系列道德规范的价值尺度。习近平指出：“核心价值观，其实就是一种德，既是个人的德，也是一种大德，就是国家的德、社会的德。”① 社会主义核心价值观之所以是个人的德、国家的德、社会的德，主要在于它紧紧围绕实现好、维护好、发展好最广大人民根本利益这个基本价值立场，既高度统合了最广大人民的利益诉求和价值愿望，又继承并弘扬了中华民族在长期历史实践中形成的传统美德，还坚持发展了马克思主义道德观，为人民群众提供了覆盖经济、政治、文化、社会和生态文明等各个领域的价值观念、道德理念和行为规范。习近平指出：“我们要在全社会大力弘扬和践行社会主义核心价值观，使之像空气一样无处不在、无时不有，成为全体人民的共同价值追求，成为我们生而为中国人的独特精神支柱，成为百姓日用而不觉的行为准则。”② 德育正是通过社会主义核心价值观的培育和践行来引领发展方向，促进社会发展和人的全面发展的。

弘扬和培育社会主义核心价值观，在于从思想道德层面建构起新时代人民精神生活的价值标准和伦理形态。开展马克思主义德育工作，要切切实实地贯彻落实好社会主义核心价值观。一方面，社会主义核心价值观构成了德育开展的思想基础。“社会主义核心价值观是当代中国精神的集中体现，是凝聚中国力量的思想道德基础。”③ 共同的思想基础对国家的发展和进步至关重要。社会主义核心价值观就是中华民族的精神支柱和精神纽带，它建立起广泛的价值共识和共同的价值追求，指导和引领全国各族人民“心往一处想，劲往一处使”，克服前进道路上的艰难险阻，引领社会思潮，凝聚社会共识，不断为夺取新时代中国特色社会主义伟大胜利努力奋斗。这一精神支柱和精神纽带，既包括马克思主义指导思想、中国特色社会主义共同理想、民族精神和时代精神、社会主义荣辱观，也包括社会主义核心价值观所倡导的国家、社会和个人层面的道德要求，它们共同构成了团结全国各族人民共同奋斗的

---

① 习近平．青年要自觉践行社会主义核心价值观：在北京大学师生座谈会上的讲话［M］．北京：人民出版社，2014：4.

② 习近平．在文艺工作座谈会上的讲话［M］．北京：人民出版社，2015：23.

③ 习近平．习近平谈治国理政：第2卷［M］．北京：外文出版社，2017：351.

思想基础，更是德育开展的前提保障。另一方面，社会主义核心价值观为德育工作的开展提供实践指导。马克思主义德育的所有内容，都体现着社会主义核心价值观的根本取向与教育要求。社会主义核心价值观与马克思主义德育的有机结合和无缝对接，使其将构成要素和价值要求体现在教育内容中并融入教育过程之中，这为有效开展德育工作提供了良好的实践基础。社会主义核心价值观能强化人们的社会责任意识、规则意识、奉献意识，增进人们的道德实践行为，进而推动德育工作的有效开展。

拓展阅读

社会主义核心价值观是凝聚人心、汇聚民力的强大力量。弘扬以伟大建党精神为源头的中国共产党人精神谱系，用好红色资源，深入开展社会主义核心价值观宣传教育，深化爱国主义、集体主义、社会主义教育，着力培养担当民族复兴大任的时代新人。推动理想信念教育常态化制度化，持续抓好党史、新中国史、改革开放史、社会主义发展史宣传教育，引导人民知史爱党、知史爱国，不断坚定中国特色社会主义共同理想。用社会主义核心价值观铸魂育人，完善思想政治工作体系，推进大中小学思想政治教育一体化建设。坚持依法治国和以德治国相结合，把社会主义核心价值观融入法治建设、融入社会发展、融入日常生活。

——习近平．高举中国特色社会主义伟大旗帜 为全面建设社会主义现代化国家而团结奋斗：在中国共产党第二十次全国代表大会上的报告［M］．北京：人民出版社，2022：44.

第三节 马克思主义德育思想的方法原则

方法是人们为了认识世界和改造世界，达到一定目的所采取的活动方式、程序和手段的总和。原则是人们在观察问题、处理问题时所依据的准则。马克思主义德育思想的方法原则主要是指马克思主义经典作家为实现每个人的自由全面发展，在培育共产主义道德观念的过程中所采取的方式、手段的总和及所依据的相关准则。

一、理论和实践相结合

理论和实践相结合既是马克思主义认识论的基本原则，也是马克思主义德育思想的重要准则。马克思主义德育思想坚持扎根于人的现实生活，围绕无产阶级实践活动不断进行理论创新，同时以科学的理论重塑无产阶级道德观念，指导无产阶级革命实践，从而实现人的自由全面发展。

（一）运用科学的理论开展德育

道不可坐论，德不能空谈。马克思主义德育思想注重对无产阶级开展科学理论的教育，反对空洞的道德说教，重视先进理论对无产阶级革命实践的指导意义，通过理论宣传及灌输这一精神力量来武装无产阶级头脑，不断促使其成长为真正先进的、革命的阶级。

1. 反对空洞的道德说教

马克思主义德育思想强烈反对那种将实然与应然截然分开，脱离事实基础的空洞的道德说教，认为妄图通过道德说教和道德要求来改变人的道德意识是虚幻的，是一种“宗教式的道德”。在《德意志意识形态》中，马克思、恩格斯明确指出：“共产主义者根本不进行任何道德说教，施蒂纳却大量地进行道德的说教。共产主义者不向人们提出道德上的要求，例如你们应该彼此互爱呀，不要做利己主义者呀等等；相反，他们清楚地知道，无论利己主义还是自我牺牲，都是一定条件下个人自我实现的一种必要形式。”① 这是因为道德作为一种意识形态，根本不可能脱离物质条件而独立存在，道德目标的实现只能存在于现实实践之中，没有相应的物质基础，脱离历史必然性的道德理想或目标都是实现不了的空话。

2. 重视理论宣传的地位和作用

科学的理论不会自发被群众掌握。马克思主义德育思想向来十分重视理论宣传及灌输的地位和作用，且把宣传和组织并列为“最有力的行动手段”。列宁在《怎么办？》中指出：“工人本来也不可能有社会民主主义的意识。这种意识只能从外面灌输进去，各国的历史都证明：工人阶级单靠自己本身的力量，只能形成工联主义的意识。”② 马克思主义德育思想遵循用事实推动宣传的准则，注重采用报刊、绘画、诗歌、戏剧等贴近群众的方式进行科学理论的宣传，促使无产阶级自发摒弃错误思想，提高开展政治斗争的自觉性。

3. 注重理论的前瞻性

理论对实践的指导作用决定了其在遵循客观规律的基础上，必须具备一定的前瞻性，否则实践就会陷入一种“无理可依”的尴尬境地。马克思、恩

① 中共中央马克思恩格斯列宁斯大林著作编译局．马克思恩格斯全集：第3卷［M］．北京：人民出版社，1960：275.

② 中共中央马克思恩格斯列宁斯大林著作编译局．列宁选集：第1卷［M］．3版修订版．北京：人民出版社，2012：317.

格斯立足德育的未来理想和目标，明确提出无产阶级要为争取实行公共免费教育、实施同生产劳动相结合的教育、直至实现消灭阶级的教育而斗争。列宁在领导苏联社会主义革命建设过程中也反复强调，苏维埃的教育改革既要考虑“当前的、迫切的、糟糕的现实情况”[①]，同时也要考虑未来的共产主义建设需要。邓小平在谋划推进我国改革开放事业时，更是明确提出教育要面向现代化、面向世界、面向未来，强调“我们采取的各方面的政策，都是为了发展社会主义，为了将来实现共产主义”[②]，“我们要向前看，我们这个事业是千秋万代的事业啊……现在我们不想远一点，看远一点，不从我们党和国家的根本利益来考虑这个问题，我们就得不出正确结论，好多问题就下不了决心，处理不下去”[③]。所以，“考虑任何问题都要着眼于长远，着眼于大局”[④]。

（二）扎根现实生活开展德育

现实的人及其活动是社会历史存在和发展的前提。马克思、恩格斯在《德意志意识形态》中指出：“我们开始要谈的前提不是任意提出的，不是教条，而是一些只有在臆想中才能撇开的现实前提。这是一些现实的个人，是他们的活动和他们的物质生活条件，包括他们已有的和由他们自己的活动创造出来的物质生活条件。”[⑤] 马克思主义德育思想坚持把现实的人作为逻辑起点，从人的需要及人的实践活动出发，坚持共产主义道德观念与人的主体地位的一致性，促使无产阶级自觉以共产主义新道德改造自身，最终改造世界。

1. 注重物质利益原则

道德的产生、发展及其作用发挥与物质利益密切相关，是人们利益关系对象化和具体化的结果。马克思指出，“每一个社会的经济关系首先是作为利益表现出来”[⑥]，“‘思想’一旦离开‘利益’，就一定会使自己出丑”[⑦]。共产主义道德观念如果不反映人民的实际利益的话，也只能沦为漂亮的空话，因

---

① 中共中央马克思恩格斯列宁斯大林著作编译局．列宁全集：第 40 卷［M］．北京：人民出版社，1986：225.

② 邓小平．邓小平文选：第 3 卷［M］．北京：人民出版社，1993：112.

③ 邓小平．邓小平文选：第 2 卷［M］．2 版．北京：人民出版社，1994：227.

④ 同②298.

⑤ 中共中央马克思恩格斯列宁斯大林著作编译局．马克思恩格斯选集：第 1 卷［M］．3 版．北京：人民出版社，2012：146.

⑥ 中共中央马克思恩格斯列宁斯大林著作编译局．马克思恩格斯选集：第 2 卷［M］．北京：人民出版社，1972：537.

⑦ 中共中央马克思恩格斯列宁斯大林著作编译局．马克思恩格斯全集：第 2 卷［M］．北京：人民出版社，1957：103.

为“人们奋斗所争取的一切，都同他们的利益有关”①。马克思主义经典作家从人民群众的根本利益出发开展德育，凸显共产主义同人们切身利益的一致性，目的在于使无产阶级自觉认可共产主义道德观念并在实践中致力于人类解放事业。

2. 注重围绕无产阶级的实践活动开展德育

道德是社会经济关系的产物，人们总是从他们进行生产和交换的经济关系中获得自己的道德观念。恩格斯在《英国工人阶级状况》中提道：“幸而这个阶级的生活条件本身就给他们一种实际的教育，这种教育不但代替了学校里的那一套废物，而且还清除了和那一套废物纠缠在一起的乱七八糟的宗教观念的毒素，甚至还把工人置于英国全民族的运动的前列。”② 马克思主义德育思想注重发挥实践的德育功能，使无产阶级在自身的生活和生产实践中不断确证共产主义道德观念的科学性与合理性，实现了其思想道德素质的提升。同时，无产阶级道德状况的根本改变与无产阶级解放自身的共产主义革命运动是分不开的。马克思指出：“推翻统治阶级的那个阶级，只有在革命中才能抛掉自己身上的一切陈旧的肮脏东西，才能胜任重建社会的工作。”③ 马克思主义德育思想注重围绕共产主义革命实践，使无产阶级摆脱资本主义社会自私、冷漠等堕落的旧道德观念影响，更为真实与彻底地认识共产主义联合、团结、友爱、纪律等新的道德观念，以真正实现自我改造。

二、教育和自我教育相结合

道德观念的形成是个体对社会道德规范内化的结果。要使社会道德规范转化为个人的内心信念，除了外界施加教育影响外，更需要教育对象通过自我规约实现道德的养成。马克思主义德育思想不仅对共产主义道德品质有着外在规定，而且注重发扬民主，使无产阶级从内心认可这种道德规范，并以此为标准展开自我教育，通过自我反思、自我评价、自我约束最终实现精神世界的完满。

1. 注重发扬民主

马克思主义德育思想充分尊重人的主体地位，自觉遵循人的思想发展规

---

① 中共中央马克思恩格斯列宁斯大林著作编译局．马克思恩格斯全集：第 1 卷［M］．北京：人民出版社，1956：82．

② 中共中央马克思恩格斯列宁斯大林著作编译局．马克思恩格斯全集：第 2 卷［M］．北京：人民出版社，1957：398．

③ 中共中央马克思恩格斯列宁斯大林著作编译局．马克思恩格斯选集：第 1 卷［M］．3 版．北京：人民出版社，2012：171．

律，注重通过以理服人、以文化人、以情感人，使无产阶级乐于以共产主义道德观念为基本准则进行自我规约，不断提升自身的思想道德素质与精神境界。

以理服人，就是要透过现象看本质，通过摆出事实、有理有据、讲清道理，使群众牢牢掌握科学理论。由于德育对象是有思想的活生生的人，因此马克思主义德育思想主张："凡属于思想性质的问题，凡属于人民内部的争论问题，只能用民主的方法去解决，只能用讨论的方法、批评的方法、说服教育的方法去解决，而不能用强制的、压服的方法去解决。"① 因为"要人家服，只能说服，不能压服。压服的结果总是压而不服。以力服人是不行的"②。邓小平曾指出："历史经验证明，用大搞群众运动的办法，而不是用透彻说理、从容讨论的办法，去解决群众性的思想教育问题，而不是用扎扎实实、稳步前进的办法，去解决现行制度的改革和新制度的建立问题，从来都是不成功的。"③ "重要思想问题，要经过充分调查研究，由适当的人进行周到细致、有充分说服力的教育，简单片面武断的说法是不行的。"④ 要通过摆事实、讲道理和科学的分析，使人心悦诚服地接受正确的理论和善意的批评。只有做到耐心细致，晓之以理，融教育思想性与教育对象主体性为一体，才能使德育真正入耳、入脑、入心，收到成效。

以文化人，就是要尊重人的内在精神需求，将道德规范同人们自身的生活生产实际相结合，通过文化资源的撷取来潜移默化、润物无声地对人民群众进行人文精神培育，促使其追求更高的人生意义与价值。马克思指出："正是在改造对象世界的过程中，人才真正地证明自己是类存在物。这种生产是人的能动的类生活。通过这种生产，自然界才表现为他的作品和他的现实。因此，劳动的对象是人的类生活的对象化：人不仅像在意识中那样在精神上使自己二重化，而且能动地、现实地使自己二重化，从而在他所创造的世界中直观自身。"⑤ 可见，文化是人在广泛的劳动实践中创造的生存方式，是人的本质力量的对象化体现。当人们面对浓缩着自己身影的对象化产物时，更容易作为参与主体全面深刻地认识自己，从而自觉内化道德观念，实现自身精神境界与道德水平的提升。

以情感人，就是要利用情感的感染力，实现与人民群众的情感交融与共

---

① 毛泽东．关于正确处理人民内部矛盾的问题［M］．北京：人民出版社，1964：6.

② 中共中央文献研究室．毛泽东文集：第7卷［M］．北京：人民出版社，1999：279.

③ 邓小平．邓小平文选：第2卷［M］．2版．北京：人民出版社，1994：336.

④ 邓小平．邓小平文选：第3卷［M］．北京：人民出版社，1993：144.

⑤ 中共中央马克思恩格斯列宁斯大林著作编译局．马克思恩格斯选集：第1卷［M］．3版．北京：人民出版社，2012：57.

鸣，将共产主义道德观念从“制度上的规劝”转变为“情感上的认同”。马克思主义德育思想高度重视情感的意义和价值，强调人是富有激情的存在物，情感是推动社会实践的重要驱动力。要重视加强与人民群众的情感联系，以“感同身受”来唤醒人们的道德之魂。习近平深刻指出：“我们党的百年历史，就是一部践行党的初心使命的历史，就是一部党与人民心连心、同呼吸、共命运的历史。”① 中国共产党自成立以来，始终紧紧依靠人民，一心为了人民，用热情影响群众，用真情赢得群众，使人民群众能够自觉践行社会主义核心价值观，在党的领导下为实现中华民族伟大复兴而不懈奋斗。

2. 注重自我教育

人的活动是自由的有意识的生命活动。马克思在《1844 年经济学哲学手稿》中指出：“动物不把自己同自己的生命活动区别开来。它就是自己的生命活动。人则使自己的生命活动本身变成自己意志的和自己意识的对象。”② 马克思主义德育思想注重通过人的自我教育，以自律与他律的结合、批评与自我批评的结合促进无产阶级道德观念的内在转化，实现其思想道德素质的提升。

自律与他律相结合，就是要把共产主义道德观念牢牢奠基于对社会历史发展规律的正确认识上，引导人们自觉吸收这种道德观念，以此为准则不断进行自我规约并付诸实践。马克思主义认为，个人的道德立法是以社会立法为前提的。社会的立法是依据社会秩序发展的规律和人类自身人性的完善要求，在总结人们道德生活实践的基础上，提炼、概括、制定的行为原则。这种道德规范既不是主观臆造，也不是纯粹理性的规定，而是基于社会历史发展规律和现实利益的必然要求。但是人作为自由自觉的类存在物，并不会对这种外在的带有一定强制性的道德规范主动全盘接收。因此，只有做到他律与自律的统一，才能促使人们将共产主义道德观念内化为自身的行为准则，达到自由和解放的最高境界。

批评与自我批评相结合，是在对人们基本的道德方向做出外在评判与掌控的基础上，通过自我批评使其开展积极的思想斗争，以提升道德涵养，实现世界观的自觉改造。恩格斯曾指出：“团结并不排斥相互间的批评。没有这种批评就不可能达到团结。没有批评就不能互相了解，因而也就谈不到团结。”③ 毛泽东继承和发展了马克思主义经典作家有关批评与自我批评的理

① 习近平．习近平谈治国理政：第 4 卷［M］. 北京：外文出版社，2022：511.

② 中共中央马克思恩格斯列宁斯大林著作编译局．马克思恩格斯选集：第 1 卷［M］. 3 版．北京：人民出版社，2012：56.

③ 中共中央马克思恩格斯列宁斯大林著作编译局．马克思恩格斯全集：第 4 卷［M］. 北京：人民出版社，1958：423.

论，指出："房子是应该经常打扫的，不打扫就会积满了灰尘；脸是应该经常洗的，不洗也就会灰尘满面。我们同志的思想，我们党的工作，也会沾染灰尘的，也应该打扫和洗涤。"① 这种打扫和洗涤就是开展批评和自我批评。由于人们的思想改造和思想转变是内外因相互作用的结果，因此马克思主义德育思想在对人们的道德观念做出外部"管控"的同时，更注重从人的主体地位出发，通过自我评价、自我反省、自我检查与自我约束不断提升人的道德水平与精神境界。

三、批判和建构相结合

批判性和革命性是马克思主义的鲜明特征。列宁指出："马克思认为他的理论的全部价值在于这个理论'按其本质来说，它是批判的和革命的'。"② 马克思主义德育思想通过对错误思潮及旧道德的批判，以科学的理论帮助无产阶级克服错误道德观念的影响，树立共产主义新道德。

（一）批判错误思潮，树立正确道德观念

马克思主义德育思想是在同反动统治阶级的不断较量中形成和发展起来的，同时也是在与各种错误思潮的斗争中形成和发展起来的。正如列宁所说："马克思主义在其生命的途程中每走一步都得经过战斗。"③ 马克思、恩格斯针对各种歪曲和攻击马克思主义的错误观念，先后对魏特林主义、蒲鲁东主义、巴枯宁主义、拉萨尔主义、杜林主义等各种社会思潮进行了批判，实现了对无产阶级道德观念的深刻改造，坚定了其共产主义理想信念。列宁继承和发展了马克思、恩格斯德育思想的批判方法和原则。在十月革命胜利后的前几年，苏俄曾出现过严重的道德虚无主义思潮，提出了"无产阶级要自由，要抛弃一切道德和虚伪的伦理学"的口号。而列宁则对该观点持坚决的批判态度，旗帜鲜明地指出："究竟有没有共产主义道德呢？有没有共产主义品德呢？当然是有的。"④ "我们的道德是从无产阶级阶级斗争的利益中引申出来的。"⑤ 列宁通过批判道德虚无主义提出的共产主义道德观念，对改变苏联社

① 毛泽东．毛泽东选集：第3卷［M］．2版．北京：人民出版社，1991：1096.

② 中共中央马克思恩格斯列宁斯大林著作编译局．列宁选集：第1卷［M］．3版修订版．北京：人民出版社，2012：82.

③ 中共中央马克思恩格斯列宁斯大林著作编译局．列宁选集：第2卷［M］．3版修订版．北京：人民出版社，2012：2.

④ 中共中央马克思恩格斯列宁斯大林著作编译局．列宁选集：第4卷［M］．3版修订版．北京：人民出版社，2012：288.

⑤ 同④289.

会道德风貌起到了巨大的历史作用。

中国化马克思主义德育思想也是在批判中不断成长的，其反映了社会思潮的实质，“注意区分政治原则问题、思想认识问题、学术观点问题，旗帜鲜明反对和抵制各种错误观点”[①]。近年来，一些人假借“考证历史”之名，盲目否定人类社会的历史发展过程，甚至否定历史文化，否定民族文化、民族传统、民族精神。对此，习近平一针见血地指出：“历史虚无主义的要害，是从根本上否定马克思主义指导地位和中国走向社会主义的历史必然性，否定中国共产党的领导。”[②] 那些敌对势力之所以歪曲历史，“根本目的就是要搞乱人心”[③]。中国化马克思主义德育思想通过对错误思潮的批判，使人民群众从根本上认识到中国特色社会主义制度的内在优势，从而自觉养成并践行社会主义核心价值观。

（二）批判旧道德，倡导新道德

马克思主义德育思想将“每一个个人的全面而自由的发展”作为价值目标，通过对以往“轻视人、蔑视人”的旧道德的批判，“同传统的观念实行最彻底的决裂”[④]，在实践中倡导确立共产主义新的道德观念。

1. 通过批判封建道德的等级性，倡导共产主义新道德的平等性

马克思指出，在封建制度下，人与人之间存在着一种典型的人身依附关系。“农奴和领主，陪臣和诸侯，俗人和牧师。物质生产的社会关系以及建立在这种生产的基础上的生活领域，都是以人身依附为特征的。”[⑤] 在这种人身依附的关系下，人与人之间的关系就表现为一种天然的尊卑关系，也就是在思想意识和道德领域公开承认人的不平等，并由此形成一种重等级、重身份的思想意识。与封建等级道德观念完全相反，共产主义是致力于全人类解放的事业，“在那里，每个人的自由发展是一切人的自由发展的条件”[⑥]。马克思主义德育思想通过对封建等级观念的批判，唤起了人们对自由、平等的渴望，从而促使其自觉建立共产主义新的道德观念，致力于全人类的解放事业。

---

① 习近平．决胜全面建成小康社会 夺取新时代中国特色社会主义伟大胜利：在中国共产党第十九次全国代表大会上的报告［M］．北京：人民出版社，2017：42.

② 中共中央党史研究室．历史是最好的教科书：学习习近平同志关于党的历史的重要论述［J］．中共党史研究，2013（9）：5－9.

③ 中共中央文献研究室．十八大以来重要文献选编：上［M］．北京：中央文献出版社，2014：113.

④ 中共中央马克思恩格斯列宁斯大林著作编译局．马克思恩格斯选集：第1卷［M］．3版．北京：人民出版社，2012：421.

⑤ 中共中央马克思恩格斯列宁斯大林著作编译局．马克思恩格斯全集：第23卷［M］．北京：人民出版社，1972：94.

⑥ 中共中央马克思恩格斯列宁斯大林著作编译局．马克思恩格斯文集：第10卷［M］．北京：人民出版社，2009：666.

2. 通过批判宗教道德的抽象性，倡导共产主义新道德的现实性

马克思主义认为，宗教就其本质而言是抽象且空洞的，“一切宗教都不过是支配着人们日常生活的外部力量在人们头脑中的幻想的反映”①。在阶级社会，作为社会意识形态的宗教和宗教道德灌输则变成了统治阶级欺骗广大民众的工具。马克思一针见血地指出：“基督教的社会原则认为压迫者对待被压迫者的各种卑鄙龌龊的行为，不是对生就的罪恶和其他罪恶的公正惩罚，就是无限英明的上帝对人们赎罪的考验。”② 它“颂扬怯懦、自卑、自甘屈辱、顺从驯服，总之，颂扬愚民的各种特点”③，因此，必须“废除作为人民的虚幻幸福的宗教”以“要求人民的现实幸福”④。而共产主义正是指向人民现实的幸福、谋求人的全面发展的制度：“共产主义对我们来说不是应当确立的状况，不是现实应当与之相适应的理想。我们所称为共产主义的是那种消灭现存状况的现实的运动。”⑤ 马克思主义德育思想通过对宗教道德灌输本质的揭露及批判，实现了对共产主义道德观念合理性的进一步强化与确证。

3. 通过批判资本主义道德的虚伪性，倡导共产主义新道德的人本性

一方面，批判资本主义制度导致人们道德堕落。马克思在《共产党宣言》中指出资本主义制度“使人和人之间除了赤裸裸的利害关系，除了冷酷无情的‘现金交易’，就再也没有任何别的联系了……它把人的尊严变成了交换价值，用一种没有良心的贸易自由代替了无数特许的和自力挣得的自由。总而言之，它用公开的、无耻的、直接的、露骨的剥削代替了由宗教幻想和政治幻想掩盖着的剥削”⑥。这种由剥削所导致的阶级对立就会使整个社会呈现出“一方面是不近人情的冷淡和铁石心肠的利己主义，另一方面是无法形容的贫穷”⑦ 的极度不平衡的状况，导致“工人的整个状况、他们周围的整个环境都促使他们道德堕落”⑧。另一方面，批判资产阶级道德观念的虚假性。恩格斯曾揭露资本主义社会充满“伪善、前后不一贯和不道德”⑨，批判资本主义社会“政治自由是假自由，最坏的奴隶制；是自由的假象，因而是实在的奴

---

① 中共中央马克思恩格斯列宁斯大林著作编译局．马克思恩格斯选集：第3卷［M］．3版．北京：人民出版社，2012：703.

②③ 中共中央马克思恩格斯列宁斯大林著作编译局．马克思恩格斯全集：第4卷［M］．北京：人民出版社，1958：218.

④ 中共中央马克思恩格斯列宁斯大林著作编译局．马克思恩格斯选集：第1卷［M］．3版．北京：人民出版社，2012：2.

⑤ 同④166.

⑥ 同④403.

⑦ 中共中央马克思恩格斯列宁斯大林著作编译局．马克思恩格斯全集：第2卷［M］．北京：人民出版社，1957：304－305.

⑧ 同⑦400.

⑨ 中共中央马克思恩格斯列宁斯大林著作编译局．马克思恩格斯全集：第3卷［M］．2版．北京：人民出版社，2002：444.

役制。政治平等也是这样”[①]，进而指出“真正的自由和真正的平等，即共产主义”[②]。马克思主义德育思想通过对资本主义旧道德的批判，彰显了共产主义道德观念同人的主体地位的一致性，促进了无产阶级思想的觉醒。

拓展阅读

英国工人阶级状况

城市人口本来就过于稠密，而穷人还被迫挤在一个狭小的空间。他们不仅呼吸街上的污浊空气，还被成打地塞在一间屋子里，他们在夜间呼吸的那种空气完全可以使人窒息。给他们住的是潮湿的房屋，不是下面冒水的地下室，就是上面漏雨的阁楼。为他们建造的房子不能使恶浊的空气流通出去。给他们穿的衣服是坏的、破烂的或不结实的。给他们吃的食物是劣质的、掺假的和难消化的。这个社会使他们产生最激烈的情绪波动，使他们忽而感到很恐慌，忽而又觉得有希望，人们像追逐野兽一样追逐他们，不让他们得到安宁，不让他们过平静的生活。

…………

现在让我们从工人的身体状况转到他们的精神状况……英国资产阶级由于自私自利竟这样冷酷，这样鼠目寸光，甚至不肯花一点力气把现代道德，即资产阶级为了自身的利益、为了自身的保障而炮制出来的道德灌输给工人！……资产阶级为工人考虑的唯一的东西就是法律，当工人向资产阶级步步进逼的时候，资产阶级就用法律来钳制他们；就像对待无理性的动物一样，资产阶级对工人只有一种教育手段，那就是皮鞭，就是残忍的、不能服人而只能威吓人的暴力。所以毫不奇怪，这些被当做牲口对待的工人，不是真的变得像牲口一样，就是只有靠着对当权的资产阶级的强烈仇恨，靠着对资产阶级永不熄灭的内心愤慨才能保持合乎人性的意识和感情。

——中共中央马克思恩格斯列宁斯大林著作编译局．马克思恩格斯文集：第1卷［M］．北京：人民出版社，2009：410－428.

四、原则性和灵活性相结合

放弃根本原则的灵活只能导向实用主义；死抱原则，没有灵活的策略，则只能是教条主义，结果原则也可能落空。马克思主义德育思想在坚持共产主义方向和原则的基础上，注重采取灵活的德育方式使无产阶级更好更快地朝着共产主义目标前进，有效推进了共产主义事业的发展。

① 中共中央马克思恩格斯列宁斯大林著作编译局．马克思恩格斯全集：第3卷［M］．2版．北京：人民出版社，2002：475.

② 同①476.

（一）注重德育原则的坚定性

马克思主义科学揭示了人类社会发展的基本规律，为人类进步、社会发展和全人类的解放事业指明了方向。习近平指出："马克思主义基本原理是普遍真理，具有永恒的思想价值。"[①] 马克思主义德育思想内在蕴含着这一真理，以人的自由全面发展为指向，把党性、人民性原则作为德育的"根"和"魂"，强调任何时候、任何情况下都不能有丝毫动摇。

1. 坚持德育的党性原则

列宁曾一再强调，苏维埃的文化教育事业都必须承认共产党的领导，绝不允许脱离党的领导的现象发生，明确提出"无产阶级，通过它的先锋队共产党和所有无产阶级组织，应当作为最积极最主要的力量参与整个国民教育事业"[②]。习近平也深刻指出，"党政军民学，东西南北中，党是领导一切的"[③]，"坚持党性，核心就是坚持正确政治方向，站稳政治立场，坚定宣传党的理论和路线方针政策，坚定宣传中央重大工作部署，坚定宣传中央关于形势的重大分析判断，坚决同党中央保持高度一致，坚决维护中央权威"[④]。这是因为，共产党是无产阶级的先锋队，没有共产党的领导，共产主义事业就不可能取得胜利。德育作为共产主义事业的重要组成部分，也必须在共产党的领导下才能顺利完成；而德育的目标就是要把人们的思想统一到共产主义事业上来，究其根本是要为无产阶级解放事业培养革命力量。由此，德育必须坚持党的领导，必须坚持共产主义的性质和方向。

2. 坚持德育的人民性原则

马克思主义是人民的理论，人民性是马克思主义最鲜明的品格。马克思和恩格斯曾公开申明："过去的一切运动都是少数人的，或者为少数人谋利益的运动。无产阶级的运动是绝大多数人的，为绝大多数人谋利益的独立的运动。"[⑤] 无论时代如何变化、社会如何发展，马克思主义德育思想都必须始终坚持人民性原则，从维护人民的根本利益出发，立足全人类解放，致力于实现每个人的自由而全面的发展。

---

① 习近平．论党的宣传思想工作［M］．北京：中央文献出版社，2020：43.

② 中共中央马克思恩格斯列宁斯大林著作编译局．列宁选集：第4卷［M］．3版修订版．北京：人民出版社，2012：299.

③ 习近平．决胜全面建成小康社会 夺取新时代中国特色社会主义伟大胜利：在中国共产党第十九次全国代表大会上的报告［M］．北京：人民出版社，2017：20.

④ 习近平．习近平谈治国理政［M］．北京：外文出版社，2014：154.

⑤ 中共中央马克思恩格斯列宁斯大林著作编译局．马克思恩格斯选集：第1卷［M］．3版．北京：人民出版社，2012：411.

拓展阅读

马克思在17岁时的中学毕业作文《青年在选择职业时的考虑》中提道：

在选择职业时，我们应该遵循的主要指针是人类的幸福和我们自身的完美。不应认为，这两种利益是敌对的，互相冲突的，一种利益必须消灭另一种的；人类的天性本来就是这样的：人们只有为同时代人的完美、为他们的幸福而工作，才能使自己也达到完美。

如果一个人只为自己劳动，他也许能够成为著名学者、大哲人、卓越诗人，然而他永远不能成为完美无疵的伟大人物。

历史承认那些为共同目标劳动因而自己变得高尚的人是伟大人物；经验赞美那些为大多数人带来幸福的人是最幸福的人；宗教本身也教诲我们，人人敬仰的理想人物，就曾为人类牺牲了自己——有谁敢否定这类教诲呢？

如果我们选择了最能为人类福利而劳动的职业，那么，重担就不能把我们压倒，因为这是为大家而献身；那时我们所感到的就不是可怜的、有限的、自私的乐趣，我们的幸福将属于千百万人，我们的事业将默默地、但是永恒发挥作用地存在下去，而面对我们的骨灰，高尚的人们将洒下热泪。

——中共中央马克思恩格斯列宁斯大林著作编译局．马克思恩格斯全集：第40卷［M］．北京：人民出版社，1982：7.

（二）注重德育方式的灵活性

马克思主义德育思想在坚持党性、人民性原则的基础上，注重采取灵活的德育手段，通过因材施教、与时俱进、具体问题具体分析，不断推进德育的健康发展。

注重因材施教，就是根据不同对象的情况、特点，分层次地提出不同的道德目标和要求，采取不同的德育方法和手段，以提升德育实效。毛泽东指出：“做宣传工作的人，对于自己的宣传对象没有调查，没有研究，没有分析，乱讲一顿，是万万不行的。”[①] 以青年为例，他提出做青年的工作必须要了解青年的特点，不能搞形式主义“一锅煮”，“青年人和成年人不同，女青年和男青年也不同，不照顾这些特点，就会脱离群众”[②]。邓小平继承和发展了毛泽东的这一观点，也曾明确强调：“我们在鼓励帮助每个人勤奋努力的同时，仍然不能不承认各个人在成长过程中所表现出来的才能和品德的差异，并且按照这种差异给以区别对待，尽可能使每个人按不同的条件向社会主义

① 毛泽东．毛泽东选集：第3卷［M］．2版．北京：人民出版社，1991：837.

② 中共中央文献研究室．毛泽东文集：第6卷［M］．北京：人民出版社，1999：279.

和共产主义的总目标前进。”① 这是因为，人创造了环境，环境也创造了人。周围环境、经济地位、文化程度及主观努力程度等外部因素和内在因素的双重影响，使得人与人之间或多或少都存在着一定差异，从其道德水平及对道德规范的理解程度来看，则有着先进、落后和中间状态的差别。马克思主义德育思想深刻遵循因材施教的方法原则，目的在于推动人民群众更好、更快地朝着共产主义总目标前进。

注重与时俱进，就是根据时代的变化，在坚定原则性的基础上，不断充实德育内容、改进德育方式，使德育符合新的社会发展需要。马克思、恩格斯在指导工人运动的过程中多次表明，他们的理论并不是一成不变的教条，他们一再批评“有些自命为正统的马克思主义者的人，把我们运动的思想变成必须背熟的僵死教条”②，指出“‘社会主义社会’不是一种一成不变的东西，而应当和任何其他社会制度一样，把它看成是经常变化和改革的社会”③。世异则事异，随着社会主义社会生产力不断提高，生产关系以及整个社会关系也必然随之发生变革，因而德育方式不继续变革就不能适应社会主义物质和精神文明的新要求。立足新时代，当今世界正在经历新一轮大发展大变革大调整，第三次科技革命和产业变革迅猛发展，以互联网、大数据、云计算、量子卫星、人工智能为代表的现代科学技术正深刻改变着人类的思维、生产、生活和学习方式。新时代德育紧紧抓住网络阵地，以马克思主义为指导，充分借助网络技术的支持，采用声、文、图并茂的综合表现方式来表达德育内容，增加信息容量，有效提升了德育的感染力和吸引力。

注重具体问题具体分析，就是根据具体情况，创造性地运用马克思主义基本原理解决实际的德育问题。毛泽东在《矛盾论》中把矛盾的普遍性和特殊性作为对立统一规律的重要内容做了系统的展开性论述。他特别强调矛盾特殊性的重要意义，认为具体问题应具体分析，要求大家学会用不同的方法去解决不同的矛盾，学会按照实际情况决定工作方针。马克思主义德育思想中国化是具体问题具体分析最为深刻的体现。我国在坚持马克思主义根本立场的基础上，从社会主义初级阶段的基本国情出发，立足于人民日益增长的美好生活需要和不平衡不充分的发展之间的社会主要矛盾，着眼于中华民族伟大复兴中国梦，创造性地发展了马克思、恩格斯、列宁等马克思主义经典作家的德育思想，形成了独具特色的中国化马克思主义德育思想。

---

① 邓小平．邓小平文选：第2卷［M］．2版．北京：人民出版社，1994：106.

② 中共中央马克思恩格斯列宁斯大林著作编译局．马克思恩格斯全集：第38卷［M］．北京：人民出版社，1972：106.

③ 中共中央马克思恩格斯列宁斯大林著作编译局．马克思恩格斯选集：第4卷［M］．3版．北京：人民出版社，2012：601.

拓展阅读

我们的教条主义者是懒汉，他们拒绝对于具体事物做任何艰苦的研究工作，他们把一般真理看成是凭空出现的东西，把它变成为人们所不能够捉摸的纯粹抽象的公式，完全否认了并且颠倒了这个人类认识真理的正常秩序。他们也不懂得人类认识的两个过程的互相联结——由特殊到一般，又由一般到特殊，他们完全不懂得马克思主义的认识论。

……我们从事中国革命的人，不但要在各个矛盾的总体上，即矛盾的相互联结上，了解其特殊性，而且只有从矛盾的各个方面着手研究，才有可能了解其总体。所谓了解矛盾的各个方面，就是了解它们每一方面各占何等特定的地位，各用何种具体形式和对方发生互相依存又互相矛盾的关系，在互相依存又互相矛盾中，以及依存破裂后，又各用何种具体的方法和对方作斗争。研究这些问题，是十分重要的事情。列宁说：马克思主义的最本质的东西，马克思主义的活的灵魂，就在于具体地分析具体的情况。就是说的这个意思。我们的教条主义者违背列宁的指示，从来不用脑筋具体地分析任何事物，做起文章或演说来，总是空洞无物的八股调，在我们党内造成了一种极坏的作风。

——毛泽东．矛盾论［M］．北京：人民出版社，1952：14－16.

本章小结

马克思主义德育思想是马克思主义经典作家在长期革命、社会实践中逐步形成和丰富发展起来的、关于德育的基本观点和学说的体系。马克思、恩格斯、列宁的系列论述奠定了社会主义德育的基本方向、主导观念和核心原则。中国共产党在带领人民进行革命、建设、改革、开创新时代的辉煌历程中，不断赋予马克思主义德育思想新的时代内涵和鲜明的民族品格。

马克思主义德育思想具有丰富的理论内涵，具体包括：以促进人的自由全面发展为指向，以人的本质和社会历史发展规律为遵循，以教育与生产劳动和社会实践相结合为原则，以共产主义理想信念和道德修养为内容。深刻理解和正确认识马克思主义德育思想的主要内容，是德育活动开展的重要前提。

开展马克思主义德育活动要注重科学的方法和原则。具体包括：要注重理论和实践相结合、教育和自我教育相结合、批判和建构相结合以及原则性和灵活性相结合，用马克思主义德育思想的科学方法指导德育活动的有效开展。

思考题

1. 马克思主义德育思想是怎样形成和发展的？

2. 马克思主义德育思想包括哪些具体内容？如何将其融入现实的德育工作之中？

3. 马克思主义德育思想有哪些方法原则？对当前的德育活动有何启示？

参考书目

1.《习近平总书记教育重要论述讲义》编写组．习近平总书记教育重要论述讲义［M］．北京：高等教育出版社，2020.

2. 石佩臣．马克思主义教育思想引论［M］．重庆：重庆大学出版社，2023.

3. 王磊．马克思恩格斯论道德［M］．北京：人民出版社，2011.

第四章
学校德育目的

学习目标

通过本章的学习，理解和把握德育目的的基本内涵，知道德育目的与教育目的之间的关系、德育目的的特性与功能；了解德育目的的构成要素，知道德育目的的四个层次以及各层次之间的关系；对德育目的确立的核心依据有准确的认知，学习并领会我国德育目的实质。

德育目的是德育活动的出发点与归宿，它不仅影响着受教育者的身心和谐发展，也影响着学校和社会的可持续发展。德育目的是社会对道德教育所要塑造的社会个体在品德发展方面的质量规格的总的设想和要求，因此，德育目的的确定要以一定社会的政治、经济、文化以及受教育者的身心发展规律为基础。

第一节　德育目的概述

人与动物的重要区别就在于人是目的性、价值性的存在。人类总在一定目的的指导下进行生产、生活。正如马克思所言："蜜蜂建筑蜂房的本领使人间的许多建筑师感到惭愧。但是，最蹩脚的建筑师从一开始就比最灵巧的蜜蜂高明的地方，是他在用蜂蜡建筑蜂房以前，已经在自己的头脑中把它建成了。"① 马克思的这段话表明，人的活动是有意识的、有目的的。事实上，一切德育活动，包括德育内容的确定、德育方法的选择、德育效果的评价等，

① 中共中央马克思恩格斯列宁斯大林著作编译局．马克思恩格斯文集：第5卷［M］．北京：人民出版社，2009：208.

也都与德育目的有关，在很大程度上德育活动都是在德育目的的指导下围绕德育目的而展开的。德育作为一种社会实践活动，有鲜明的目的性。鉴于德育的目的性特征，以及德育目的在德育活动中的重要地位，深刻理解和把握德育目的的基本内涵就变得非常重要。

一、德育目的的基本内涵

人是具有目的性的动物，目的性是人的一切实践活动的根本属性。而作为人类自身再生产活动的教育活动和德育活动，自然也具有各自的目的，这就是我们所说的教育目的和德育目的。德育作为培养人的道德品质的特殊实践活动，必须确定自身活动的目的，并在目的的指导下建构德育内容、调控德育过程、确定德育方法等。因而，准确把握德育目的的概念内涵，理解德育目的的基本特性，把握德育目的与教育目的的关系等，对德育活动来说极为重要。德育目的不仅是德育理论中的一个重要范畴，而且是德育实践中的一个根本性问题。德育目的为德育活动指明了发展方向和前进目标，提供了蓝图和依据。而对德育目的的诸多不同理解，大多源于人们对“德育”概念的不同认识。因此，把握德育目的的概念内涵，首先需要对德育的含义有必要的认识。

德育有广义和狭义之分。一般来说，广义的德育包括政治教育、思想教育、道德教育、法治教育等更加广泛的内容。狭义的德育特指道德教育，亦即西方德育理论所讲的“moral education”。与此相对应，德育目的亦有广义和狭义之分。广义的德育目的不仅包括道德教育目的，还包括政治教育目的、思想教育目的、法治教育目的等方面。在宽泛意义上，德育目的是指对受教育者的政治、思想、道德等方面所要达成的预期目标的规定性，也是教育活动对受教育者的政治品质、思想品质和道德品质等方面的总体要求。而狭义的德育目的，特指道德教育目的，它是对受教育者在道德品质发展方面的预期目标，也是我们整体德育工作所意欲达到的总要求。当然，无论是广义还是狭义的德育目的，其本质上都是“育德”。广义的德育目的强调个体与集体、社会、国家之间的关系，但定义稍显宽泛；狭义的德育目的强调道德教育的核心要求，对人的政治素养、思想素养等方面的要求则稍显疏忽。因此，我们在理解德育目的的内涵时，需要进行辩证统一的思考和分析，给出一个更加综合的德育目的的定义。简而言之，所谓的德育目的，就是对德育活动预期结果的总的规定性，也是对德育活动所要培养的受教育者的政治品质、思想品质、道德品质以及法治素养等方面的总要求。通过德育目的的指导，德育工作可以把准方向，更好地促进受教育者的全面发展。

二、德育目的的特性

目的性是人的活动和动物活动的主要区别，也是人的意识能动性的表现。德育目的是对德育活动所欲达到的结果的一种价值追求，带有人的目的性、自觉性以及理想性等色彩，是人通过思维、想象、价值判断形成的一种目标预期。① 因此，德育目的具有与其他社会实践活动不同的基本特性。概括而言，德育目的具有价值性、引导性、预期性与超越性等特性。

1. 价值性

德育目的的价值性主要体现在其核心旨归是传递社会的主流价值观念，促进学生价值观的健康发展。一方面，德育目的传递着社会的主流价值观念，我国的德育目的在价值传递上则主要是传递社会主义核心价值观。党的十八大提出，倡导富强、民主、文明、和谐，倡导自由、平等、公正、法治，倡导爱国、敬业、诚信、友善，积极培育和践行社会主义核心价值观。社会主义核心价值观的提出，关涉大德、公德和私德，体现了我国从国家层面到社会层面再到个体层面的具体价值要求，它也成了德育目的的重要价值指引。另一方面，德育的目的是促进学生价值观的改变，全面促进学生的品德成长。德育作为促进学生品德成长的实践活动，在核心维度上主要体现为促进学生的价值观成长。虽然德育实践活动与一般的教育实践活动有许多相同的目标，但是德育尤其重视学生的价值观的发展，因为行为的改变只有以价值态度的改变为基础，才能算是一个人真正的“德行”。② 而德育是要促进人的真正的德行的成长，是要把这些正确的价值观教给学生。

2. 引导性

目的的设定总是为了引导个体或群体的行动，德育目的也不例外。德育目的具有显著的引导性。德育目的的引导性可以从宏观与微观两个层面来理解。在宏观层面上，德育目的是整个德育活动的指南，规定我们的德育体系要朝什么方向去培养、塑造和改造人的品德面貌。③ 它通过对人们的道德观念及道德行为加以规范，集中反映了一定社会或者阶级对人的道德成长的总要求，因此，它具有比较鲜明的指向性。在微观层面上，德育目的的引导性主要是指德育目的对德育对象的价值态度和行动的引导作用，以及在具体德育活动中引导着德育的内容安排、方法选择等，从而促进德育对象的品德

---

① 袁元，郑航．德育原理［M］．广州：广东高等教育出版社，1998：46－47.

② 檀传宝．德育原理［M］．北京：北京师范大学出版社，2006：113－114.

③ 同①46.

发展。总之，德育目的不仅仅是一种预期的结果，还是一种行动的向导，它既是一种宏观层面的总体指导和规划，同时也可以为学校德育工作提供具体的指引，从而体现出显著的引导性。

3. 预期性

德育目的作为德育活动预先设定的结果，是对整个德育活动所欲经过的流程及达成的目标的规划、预见、设想，是对每一教育活动、教学环节、教学要素的道德结果的预先计划和设想，也是对所培养的人的品德形象的期待。[①] 德育目的的预期性体现在以下三方面：一是对教育活动的道德结果的预期。培养什么人、怎样培养人、为谁培养人是教育的根本问题。作为教育目的的重要组成部分之一的德育目的，更是对德育活动所要培养的人在道德品质方面的总体要求，这是对教育活动在道德方面的预期结果的设定。这也体现了德育目的的预期性。二是对德育活动结果的理想预期。人们在从事一种德育实践活动之前，总是会预设这种活动所要达成的目标，并在观念中预期某种结果。对德育活动的预期结果进行构想，体现了人们对德育活动的理想预期。正如涂尔干所言："道德是由预先决定行为表现的行动规范体系所组成的，这些规范规定着一个人在既定的情境中应该怎样行动。"[②] 德育活动的预期性与此也相类似，它对德育活动的结果以及人的道德行为的改变进行了理想的预期。三是对把受教育者培养成具有什么样的道德品格的人的设想。德育目的的预期性，事实上集中体现为人们在从事德育活动之前已经在观念上形成了一种所要培养的人的品德发展的大体形象或要求。没有这种预期性，德育活动就无法达成理想的目标，从而也可能使德育活动失去其本应有的价值。

4. 超越性

德育目的具有超越性，集中表现为两个方面：首先，德育目的的超越性，是指对德育对象现有的道德发展水平的超越。德育目的引导学生不断发展更高的道德水平，从而实现了其对现有水平的超越。因而，德育目的的设定，既要以德育对象的道德发展现状为基础，又要高于他们目前的发展水平，这种水平是德育对象需要经过努力才能达到的水平。因此，德育目的在这个过程中也就实现了个体对自身道德发展水平的超越。其次，德育目的的超越性，也是对现实世界及现实道德状况的超越。作为人类的一种精神活动及实践活动，德育是对可能世界的把握，它不仅涉及"实然"，更指向"应然"。这种

---

① 戚万学，唐汉卫．学校德育原理［M］．北京：北京师范大学出版社，2012：124－127.

② 涂尔干．道德教育［M］．陈光金，沈杰，朱谐汉，译．上海：上海人民出版社，2001：23.

从“实然”到“应然”、从现实到理想的不断超越的活动，不断推动人类向至善的方向前进，也使个体不断自我完善、自我升华。① 德育在本质上体现出了这种超越性，它对人们的现实世界进行了反思和超越，推动人们不断去追求理想的世界，追求可能的生活，从而引导人们不断超越自身，获得更加完善的道德品格。从这个意义上而言，超越性是道德之为道德、道德教育之为道德教育的根本属性之一。德育目的不能仅仅局限于适应现实的发展，还需要超越现实，追求理想生活和可能生活，从而展现出自身的超越性特征。

拓展阅读

道德，作为人类的一种精神活动，是对可能世界的一种把握。道德所反映的不是实是而是应是。它不是人们现实行为的写照，而是把这种现实行为放到可能的、应是的、理想的世界中去加以审视，用应是、理想的标准来对它做出善、恶的评价，并以此来引导人的行为。这种应是与实是、理想与现实的矛盾运动，构成了人类的道德活动，不断推动人类向至善方向前进，也使每个个体不断自我完善，自我升华。

道德这一特性也必然规定了道德教育超越的本质。道德教育的要旨不在于使受教育者了解现实生活中人们的行为是怎样的，而在于使他们掌握：人们的行为可能是怎样的？应该是怎样的？道德的理想是什么？人何以接近这种理想？道德教育如果离开了这一要旨，它就不能被称为道德教育了。它只可能成为某种社会学、经济学等等学科的教学与传授。

——鲁洁．超越性的存在：兼析病态适应的教育［J］．华东师范大学学报（教育科学版），2007（4）：6－11.

三、德育目的的功能

德育目的是德育活动的出发点和归宿，任何德育活动都是围绕德育目的展开的，为实现某种德育目的服务，最终也以实现德育目的的程度来衡量其成效。因此，德育目的为德育活动指明了发展方向和前进目标，在整个德育工作中发挥着导向、调控、激励、评价等重要功能。

1. 导向功能

德育目的不仅在整体上指导着德育活动的方向，也对具体的德育活动与德育对象具有导向作用。第一，德育目的在整体上对德育性质具有导向作用，

① 鲁洁．超越性的存在：兼析病态适应的教育［J］．华东师范大学学报（教育科学版），2007（4）：6－11.

它影响和制约着一个国家、社会的人才培养及道德人格培养的总方向和总目标。德育目的为德育活动提供了总体的发展方向，规定了一个国家或社会人才培养的总规格与性质，在德育维度上回答了培养什么人、怎样培养人、为谁培养人这一根本问题。德育目的通过对人的品德发展提出总要求和规定，促使人的道德发展与社会的发展相一致，从而符合一定统治阶级的需要。① 第二，德育目的对具体德育活动具有导向作用。德育目的是具体德育活动的出发点，也是其归宿。它指导着具体德育活动的整个展开过程。德育目的为教育者指明了工作方向和奋斗目标，教育者具体德育目标的设定、教学内容的选择、教学手段及方法的运用等，都离不开德育目的的指导。同时，德育目的也为受教育者的品德发展指明了方向，它对学生的道德学习与成长起着引导、指向作用。总而言之，德育目的不仅在整体上对德育性质具有导向作用，而且也对具体德育活动具有导向作用，它在个体的道德发展以及国家、社会发展中都具有重要的导向作用。

2. 调控功能

德育目的一旦确立，就对整个德育活动具有调控功能。这种调控功能主要包括宏观与微观两个方面。在宏观方面，德育目的能够协调整个国家、社会的德育活动。德育活动是一个复杂的系统，包含诸多因素，涉及众多主体，涵盖不同层次等，把这些因素有机整合在一起，需要德育目的发挥出统领作用。德育目的对整个德育活动的目标、课程、过程、方法等的统领、协调与控制作用，就是德育目的的调控功能。② 德育目的通过建立合理的德育制度，形成良好的德育工作机制，制订良好的德育计划，协调具体的德育内容、德育手段、德育方法等因素，可以对整体德育活动进行合理的调控，促进德育效果的提升。在微观方面，德育目的对具体德育内容的安排、活动的设计、方法的选择等具有调控作用。在具体的德育活动中，德育目的可以协调德育内容的安排以及德育方法、手段的选择等，促使不同的内容、方法与手段发挥出一致的作用。与此同时，德育目的还可以使学校、家庭、社会围绕德育目的发挥积极作用，形成良好的德育工作的合作网络，提升德育合力。

3. 激励功能

目的体现着人的需要和动机，是人们在一起共同活动的基础。共同的目的一旦被人们认识和接受，不仅能指导整个实践活动过程，而且能够激励人们为实现共同的目标而努力。德育目的在实质上是人们的一种价值选择和追求，人们在德育实践活动中接受了一种德育目的，也就是认同了这种价值选

---

①② 刘济良．德育原理［M］．北京：高等教育出版社，2010：87－88.

择，它也就必然会激励人们去为了实现自己所追求的价值选择而付出各种努力，自觉抵制各种不符合德育目的要求的活动，从而不断提升受教育者自觉参与德育活动的主体性和积极性。此外，德育目的还可以通过具体的德育目标的设定和落实，将德育活动所应培养的人的总体规定性转化为受教育者能够明确掌握和实现的具体要求，从而不断激发受教育者的学习动机和学习意愿，鼓舞他们自觉为实现这些目标而努力。对受教育者来说，明确德育目标并将其转化为自觉要求，是进行自我教育、实现自我完善的内在动因。① 在这一过程中，德育目的的激励功能也就得到了实现。

4. 评价功能

德育目的是德育活动的出发点与归宿，衡量、评价德育活动的效果与效率的重要标准就是是否落实德育目的的总体要求。评价德育活动的质量、评估教师教学活动的质量、评定学生道德发展的水平等都需要以德育目的为重要标准，也可以说，要以德育目的为重要标尺。在宏观层面上，德育目的能够评价整体德育活动的效果。德育目的是检验德育活动结果的最终依据和标准，是德育整体活动的重要归宿，也是衡量、评价德育活动质量的根本依据和标准。德育目的通过具体的培养目标和丰富的教育活动而得以展现，但德育活动的最终结果能否达到德育目的的要求，还需做出进一步评价，而评价的依据只能是预先制定的德育目的。例如，在德育活动中，对德育制度、政策规划等的评价依赖预先设定的德育目的，而德育目的的实现情况也通过具体的德育活动得以体现。在微观层面上，德育目的为教师德育工作评价以及学生品德评价提供了重要的标尺。虽然对教师德育工作业绩的高低、学生品德发展水平的好坏等有更细致的评价标准，但这些细化的评价标准事实上都来源于德育目的的要求。德育目的是整合所有具体德育评价标准的精神内核，也是德育评价的最高准则。② 如果评价的标准与德育目的的精神不一致，那么，具体的评价标准就需要做出修正和完善；否则，德育评价很可能会沦为形式主义，失去其应有的意义。

总之，德育目的诸功能之间不是割裂的关系，而是相互联系、相互影响的关系。德育目的是对德育活动的理想预期与追求，对德育活动具有导向功能；德育目的还能激励受教育者自觉、积极地投入德育活动，并对德育活动的效果起到调控和评价作用。德育目的的导向功能、调控功能、激励功能、评价功能等相互联系，共同影响着整个德育活动，对德育的效果和质量的提升发挥着重要的影响作用。

---

① 袁元，郑航．德育原理［M］．广州：广东高等教育出版社，1998：47－48.

② 潘炳超．小学德育原理与实践［M］．南京：南京大学出版社，2021：44－45.

第二节 德育目的的结构

德育目的的结构主要包括德育目的的构成要素和德育目的的层次结构两部分内容。首先是德育目的的构成要素，它主要包括道德认知、道德情感、道德信念、道德意志和道德行为五个方面。其次是德育目的的层次结构，根据德育目的具体化程度的不同，可以将德育目的的层次结构划分为德育总目标、德育培养目标、德育课程目标和德育教学目标等。

一、德育目的的构成要素

想要理解德育目的的构成要素，首先要了解品德的核心构成要素是什么。在中国教育史上，张载曾经提出了志、知、诚、行四要素结构说，王阳明、王夫之等提出知行合一的两要素说。近现代以来，越来越多的人在心理结构三分法的基础上提出了认知、情感和意志的品德结构说。班华教授提出了“三维结构说”，将品德的结构分为心理形式维、心理内容维和心理能力维三个维度。心理形式维包括通常所说的知、情、意、行四个方面；心理内容维是指有关思想、世界观方面的内容，有关政治观点、政治态度方面的内容，以及有关伦理道德方面的内容；心理能力维则是指有关思想品德方面的智能结构。[①] 林崇德教授则认为品德结构是个多侧面、多形态、多水平、多联系、多序列的开放性的整体和系统，它具体包括以下三个子系统：一是品德的深层结构和表层结构的关系系统，即道德动机系统和道德行为方式系统；二是品德的心理过程和行为活动的关系系统，即道德认识、道德情感、道德意志和道德行为的品德心理特征系统；三是品德的心理活动和外部活动的关系及其组织形式系统，即品德的定向、操作和反馈系统。[②]

无论是“三维结构说”，还是“三子系统说”，都包含道德认知、道德情感、道德信念、道德意志、道德行为等基本要素。檀传宝教授也从最古老的解释出发，提出品德或是德育目的的组成应当包括知、情、信、意、行五个方面。[③] 为了便于分析，不妨采用五要素的分类方法来剖析品德的结构和德育目的的构成要素。德育指向的对象是人的品德结构，品德结构的完善与发

① 班华．思想品德结构与新时期德育任务［J］．华东师范大学学报（教育科学版），1986（2）：25－29．

② 林崇德．论品德的结构［J］．北京师范大学学报，1988（1）：57－65．

③ 檀传宝．德育原理［M］．北京：北京师范大学出版社，2006：120．

展、良好品德结构的形成是德育的根本目的。因此，德育目的的构成要素可以从道德认知、道德情感、道德信念、道德意志、道德行为等五个方面来加以分析和探讨。

1. 道德认知

所谓“知”，一般包含知识、知道、认知。德育范畴中的知，主要是指人们对一定社会的思想道德原则和行为准则及其意义的认识，内含人们对待客观事物的态度和行为规范及其根据，是思想道德方面的情感、信念、意志、行为的认识基础。① 道德认知往往被视作道德教育的开端，只有在知识层面向个体系统地传授社会的道德价值概念、理论知识等，才能帮助个体理解和掌握道德原则、习得道德规范、把握道德现象，从而对道德有更加全面的认识。认识是行动的先导，没有正确的认识，就很难形成良好的思想道德情感、道德行为习惯。一个人在道德认知上的水平也往往决定了其道德修养水平，只有成熟的道德认知、道德判断，才能产生成熟的道德行为。

道德认知对个体道德的发展具有重要作用，但仅仅凭借个体的道德认知的发展，仍然不足以培养一个真正意义上的道德人。人的道德成长，不仅需要道德认知，同时还需要情感、态度、实践等各个环节，从而使人成为道德上的健全的人。因此，当前我们的德育活动，不仅要重视道德认知，同时也要重视道德情感、道德意志、道德行为等的培养，使人的观念认知真正能够获得内化，并且最终转化为人的道德行为。

2. 道德情感

道德情感主要是指人们对思想道德现象和行为规范的爱憎、好恶的内心评价与态度。思想道德情感是人们根据一定的需要，在感知、理解、评价客观事物时所产生的情绪体验。道德情感在提高个体包括道德意识、道德能力在内的道德品质中发挥着重要作用。正如中国传统文化所讲求人际间的“情意感通”，包括人与人之间的“推己及人”“亲爱泛众”“以友辅仁”“以德报怨”等，讲的都是以爱护、关怀、感恩、回报、体谅等为基础的情感互动，它们在人的伦理道德发展中发挥着十分重要的作用。② 道德情感在道德发展的过程中不可或缺，积极的道德情感不仅有助于道德认知向道德行为的转化，而且使得实践行为真正拥有了道德意义和价值。道德情感的缺失不仅会导致个体难以进行道德推理、难以形成道德决策，而且也会造成决策利用与实践等

---

① 张澍军．德育哲学引论［M］．北京：中国社会科学出版社，2008.

② 朱小蔓，王平．德育漫谈：理论与实践的新拓展与新生长（上）［J］．中国德育，2015（10）：21-29.

方面的困难。[①]

道德情感固然重要，但情感常常充满感性，对个体成长而言，仅有感性不足以让生命丰富和饱满，个人短暂的感性不足以形塑完整的道德品格，个体道德发展所需要的道德情感应当是感性和理性融为一体的“情感”，它既能让人有理性思考的能力，也能让人用心感受复杂丰富的感情世界。感性往往带有直接感受性，而理性的培养需要一个过程，在道德教育的过程中，应当充分利用多种多样的方式，以促使学生进行情感与理性的交融。

3. 道德信念

道德信念是人们在内心深处对某种人生哲学、社会理想、道德原则、道德规范等由衷而真诚的信仰，它是道德认识、道德情感和道德意志的有机结合，是道德认识中的最高层次。那些被人们所遵循的，并且在意识中根深蒂固的道德观念通常被称为道德信念。道德信念是人们思想品德中的核心部分，是重要的精神支柱。具备道德信念的人，往往对信服的观念极度尊重，并将其作为自身行动的准则。道德情感与道德行为的交互作用是以道德信念为中介的。道德信念的形成，不仅有助于个体道德情感的深化，而且能够提升个体的道德认知水平，促使个体在坚定的道德信仰、确定的道德理想的指引之下，自觉将道德认知转化为道德实践，并且在日常生活中一以贯之。

道德信念是品德形成的关键因素之一，高水平的道德认知、身体力行的道德实践活动等都是培养道德信念所必需的。培养受教育者坚定的道德信念，就必须不断提高他们的道德认知水平，增加他们参与道德实践的机会，加深他们对道德的理解和体悟，让他们从道德实践活动中获得更多的实践经验和体验，最终形成坚定的道德信念。

4. 道德意志

道德意志是人们在为了达到思想道德目的的行为实践中，自觉奋进或克服阻碍的意识能力和心理趋向、取向。道德意志是一种强大的精神力量，一个人如果有了坚强的道德意志，就能按照思想道德的要求严格约束自己，排除各种干扰和阻碍，克服任何困难，把道德行为进行到底。[②] 德育目的的构成中所包含的道德意志，就是要养成个体道德行为的坚强意志，使个体在履行道德义务的过程中能自觉克服一切困难和障碍。[③] 基于道德认知而产生的道德意志，是实践活动达到要求的重要保证，它帮助人们调节自己的言行，让个人无论

---

① 谢惠媛，岳红．深化道德教育引导的道德情感进路探析［J］．北京航空航天大学学报（社会科学版），2021，34（3）：1-6.

② 张澍军．德育哲学引论［M］．北京：中国社会科学出版社，2008.

③ 刘济良．德育原理［M］．北京：高等教育出版社，2010：94.

是在顺境还是逆境中都能坚持自己认定的行为方式，进而发展成为道德习惯。

道德意志的坚定与否，与个体的道德认知以及理解道德行为的水平有关。行为主体对道德行为的理解和认识越深刻，就越能够感受其目的、意义和价值，道德意志往往也就会越坚定，最终成为个体排除障碍的精神支撑。要达成增强道德意志的目的，就需要引导受教育者深刻认知道德原则、内化道德观念，并在道德实践中持续磨炼，从而使其以坚定的道德意志来不断提升自身的道德人格。

5. 道德行为

道德行为是人们在一定的道德认知、道德情感、道德信念、道德意志基础上的实践行为或实际行动。道德行为是德育追求的最终结果。① 德育过程中提高道德认知、培养道德情感、坚定道德信念、磨炼道德意志的最终目的是实践道德行为，即个体能够根据一定的道德要求自觉地履行道德义务，开展道德行动。正如荀子所言："君子之学也，入乎耳，箸乎心，布乎四体，形乎动静。端而言，蝡而动，一可以为法则。小人之学也，入乎耳，出乎口。口耳之间则四寸耳，曷足以美七尺之躯哉!"② 道德行为是个体道德的外部表现，想要评价个人的道德水平，最关键的是考察个人的道德修养是否能够体现于道德的行动中。道德行为是人类道德生活的落脚点、直接现实和重要内容。只有落实到道德行为上，道德才能真正成为现实的、鲜活的善。③

道德行为的发生离不开道德认知的引导，也离不开道德情感、道德信念、道德意志的支撑。当个体由道德认知产生道德需要，人的积极性得以调动，此时的道德行为更容易发生。积极的道德情感、坚定的道德信念及意志会帮助个体在面对阻碍时，仍然规范自身行为，坚定地实践道德行为。

总之，德育目的的构成要素主要包括道德认知、道德情感、道德信念、道德意志和道德行为五个方面。五者之间相互联系、相互影响、相互制约，想要培养有道德的人，五者缺一不可。为了更好地培育受教育者的道德品质，德育活动需要重视这五个维度的构成要素，促进受教育者在这五个构成要素方面的整体发展，从而最终促进道德人格的健全发展。

二、德育目的的层次结构

德育目的在整个德育过程中占据终极性地位，想要实现总体的德育目的，

---

① 张澍军．德育哲学引论［M］．北京：中国社会科学出版社，2008.

② 荀子．荀子［M］．北京：中华书局，2015：8.

③ 向玉乔．人类道德行为的现象性和规律性［J］．北京大学学报（哲学社会科学版），2020，57（5）：36-44.

就需要将其转化为更具体层次的德育目标，层层具体化，使得德育目的不至流于空泛。从逻辑上而言，德育目的可以划分为德育总目标、德育培养目标、德育课程目标和德育教学目标四个主要层次。上述各层次之间互相关联，不断从抽象走向具体，形成一种层次性的逻辑结构。

1. 德育培养目标与德育总目标

德育总目标是学校德育活动所遵循的总的方向，而德育的培养目标则是各级各类学校具体德育活动所要实现的特殊要求。德育总目标是一种抽象性概括，是对所要培养的人的道德品质的抽象的、总体的规定，而德育的培养目标则是对所培养的人的道德品格的更加具体的描述。① 德育的培养目标是对不同级别、不同类型、不同层次的教育提出的具体的德育目标，是针对特定对象提出的。

2017年，教育部印发了《中小学德育工作指南》，将我国的德育目标分为总体目标和学段目标，学段包括小学低年级、小学中高年级、初中学段、高中学段，不同学段之间的培养目标层次性明显，学段目标突出对象性，对不同年龄的学生提出不同要求。对于小学低年级的学生，应教育和引导他们热爱中国共产党、热爱祖国、热爱人民，爱亲敬长、爱集体、爱家乡，初步了解生活中的自然、社会常识和有关祖国的知识，保护环境，爱惜资源，养成基本的文明行为习惯，形成自信向上、诚实勇敢、有责任心等良好品质。对于小学中高年级的学生，应教育和引导他们热爱中国共产党、热爱祖国、热爱人民，了解家乡发展变化和国家历史常识，了解中华优秀传统文化和党的光荣革命传统，理解日常生活的道德规范和文明礼貌，初步形成规则意识和民主法治观念，养成良好生活和行为习惯，具备保护生态环境的意识，形成诚实守信、友爱宽容、自尊自律、乐观向上等良好品质。对于已经步入初中的学生，应教育和引导他们热爱中国共产党、热爱祖国、热爱人民，认同中华文化，继承革命传统，弘扬民族精神，理解基本的社会规范和道德规范，树立规则意识、法治观念，培养公民意识，掌握促进身心健康发展的途径和方法，养成热爱劳动、自主自立、意志坚强的生活态度，形成尊重他人、乐于助人、善于合作、勇于创新等良好品质。到了高中学段，应教育和引导该学段学生热爱中国共产党、热爱祖国、热爱人民，拥护中国特色社会主义道路，弘扬民族精神，增强民族自尊心、自信心和自豪感，增强公民意识、社会责任感和民主法治观念，学习运用马克思主义基本观点和方法观察问题、分析问题和解决问题，学会正确选择人生发展道路的相关知识，具备自主、

① 戚万学，唐汉卫．学校德育原理［M］．北京：北京师范大学出版社，2012：124.

自立、自强的态度和能力，初步形成正确的世界观、人生观和价值观。

可见，德育的培养目标是对德育总目标的具体化，需要紧紧围绕德育总目标对特定对象的培养提出更具体、明确的规定。作为教育过程所要培养的人的质量、规格或素质的预期结果的总规定，德育总目标本身具有相对稳定性。与之相比，德育的培养目标则需要适应不同的德育类型、德育对象，具有更强的灵活性。此外，不同于德育总目标的抽象性和理论性的特征，德育的培养目标更加明确，对德育活动的影响更为直接。德育总目标往往不需要考虑德育活动的具体开展，但德育的培养目标则要关注总目标达成的具体程序、内容和方法等。

2. 德育课程目标与德育培养目标

德育课程主要指的是德育内容及学习经验的组织形式，它是德育工作的重要载体，对学生品德发展起到基础性的作用。德育课程不仅包括专门化的品德课程（比如“道德与法治”课程），同时也包括其他类型的学习经验的组织形式，比如学校或者社区的有组织的德育活动等。根据不同维度，可以将德育课程划分为不同类型。学界多从德育课程的作用形式对德育课程进行归类。檀传宝教授认为德育课程包括直接的德育课程、间接的德育课程和隐性德育课程。班华教授结合德育自身的特点，将德育课程划分为认识性德育课程、活动性德育课程和隐性德育课程。不论对德育课程类型做怎样的划分，一个不变的宗旨是德育课程应有助于学生价值观念的确立、态度的改变以及正确的道德信念和道德行为的形成。相比于其他课程目标，德育课程应更加注重个体在情感、态度、信念等方面的培养和提升。

2022 年，中华人民共和国教育部在《义务教育道德与法治课程标准（2022 年版）》中对道德与法治的课程性质做出了具体规定，即道德与法治课程是义务教育阶段的思政课，旨在提升学生思想政治素质、道德修养、法治素养和人格修养等，增强学生做中国人的志气、骨气、底气，为培养以实现中华民族伟大复兴为己任的有理想、有本领、有担当的时代新人打下牢固的思想根基。确定德育课程目标应当围绕德育课程要培养的核心素养，包括政治认同、道德修养、法治观念、健全人格和责任意识等，体现课程性质，反映课程理念，以立德树人作为根本任务，发挥课程的思想引领和价值导向作用。同时，要对学生的特点、社会的需要、学科的发展等各方面进行深入研究，以确定行之有效的课程目标。

德育课程是实现德育培养目标的载体，德育培养目标的实现主要是通过学校所设置的课程而达到的，需要借助课程来落实。同时，想要确立可行的德育课程目标，又需要明确德育课程目标与德育总目标、德育培养目标之间的衔接关系，以确保这些要求在德育课程中得到体现。德育总目标和德育培养目标是德育课程设计的依据，德育课程目标是对德育总目标、德育培养目标的具体化，缺少德育课程目标，德育总目标和德育培养目标最终会成为空中楼阁，遥不可及。

拓展阅读

《义务教育道德与法治课程标准（2022 年版）》中所规定的总目标：

（1）学生能够初步了解中国的基本国情、中华优秀传统文化的主要代表性成果，了解中国共产党的历史和革命传统、改革开放和中国特色社会主义的伟大成就，汲取党史、新中国史、改革开放史、社会主义发展史所蕴含的精神力量，热爱伟大祖国、中华民族、中华文化、中国共产党和中国特色社会主义，为自己是中国人而自豪；具有维护民族团结的意识，能够把个人发展和国家命运联系起来，维护国家利益和安全；能够理解社会主义核心价值观的内涵及其重要意义，并在社会生活中自觉践行；能够以实现中华民族伟大复兴为己任，增强做中国人的志气、骨气、底气，不负时代，不负韶华，不负党和人民的殷切期望；关心时事，热爱和平，初步具有国际视野和人类命运共同体意识。

（2）学生能够了解个人生活和公共生活中基本的道德要求和行为规范，能够在日常生活中践行诚实守信、团结友爱、尊老爱幼等基本的道德要求；形成初步的道德认知和判断，能够明辨是非善恶；通过体验、认知和践行，养成良好的道德品质。

（3）学生能够具有基本的规则意识和安全意识，理解宪法的意义，知道与学生生活密切相关的法律，能够初步认识到法律对个人生活、社会秩序和国家发展的规范和保障作用；形成宪法法律至上、法律面前人人平等观念和权利义务相统一观念；遵守规则和法律规范，提高自我防范意识，掌握基本的自我保护方法，预防意外伤害，养成自觉守法、遇事找法、解决问题靠法的思维习惯和行为方式，初步具备依法参与社会生活的能力。

（4）学生能够正确认识生命的意义和价值，珍爱生命，热爱生活；初步具有自尊自强、坚韧乐观的心理素质和道德品质；具有理性平和的心态，能够建立良好的同伴关系、师生关系和家庭关系，树立正确的合作与竞争观念，具有团队意识和互助精神；具备积极向上、锐意进取的人生态度，能够适应变化，不怕挫折。

（5）学生能够关心集体、社会和国家，具有主人翁意识、责任感和集体主义精神，主动承担对自己、家庭、学校和社会的责任，自觉维护祖国统一和国家安全；能够主动参与志愿者活动、社区服务活动，具有为人民服务的奉献精神，勇于担当；能够遵守社会规则和社会公德，依法依规有序参与公共事务，具有公共意识和公共精神；敬畏自然，保护环境，形成人与自然生命共同体的意识。

3. 德育教学目标与德育课程目标

德育教学不仅包括课堂教学，也包括日常生活实践中的教与学的活动。德育的教学目标是所有类型的德育教学活动预期要达到的结果。从德育目的体系来看，德育的教学目标处于最为具体的层次，是德育所要完成的具体目标，具有更强的可操作性和可测量性。从具体的德育活动来看，教学目标规定着德育教学活动的基本方向、进程和预期的结果，是评价教学效果的基本依据，是学习者自我激励、自我评估、自我调控的重要手段。①

想要理解德育的教学目标，需要先理解课程与教学之间的关系。关于二者的关系，学界中有大课程小教学和大教学小课程的争议，也有人认为两者之间实属相互关联的关系，与其尝试分开两者并区分主次，不如将二者视为一件事情的两个方面。两者的区别主要在于侧重点不同。课程更强调教的范围，教学更强调教的方式、方法。本书选择基于大课程小教学的划分方式来理解德育的教学目标。德育的课程目标涵盖的范围要宽于德育的教学目标，德育的教学目标是德育课程目标的一个重要组成部分。在制定德育的教学目标时，需要对课程进行分析，根据德育的课程目标，结合学生的学业水平制定合理可行的教学目标。由于德育教学目标在整个德育目标体系中是最为具体的，其制定和实施又常常依靠教师根据实际教学状况来把握，因此，制定合理的德育教学目标也是教师开展教学的一项重要任务。教师在确定教学目标时，应当注意政治立场鲜明、价值导向清晰、知行要求明确。② 设计教学目标时，要准确理解课程依据的基础理论、基本知识和价值规范，注意以透彻的学理分析回应学生，以彻底的思想理论说服学生，以真理的强大力量引导学生，以情感激发学生，以文化熏陶学生。

总之，德育的教学目标与德育的课程目标有共通之处，两者都注重个体道德品质的提升以及形成良好的价值观念。德育的课程目标是对一门课程而言的，德育的教学目标是对某一个时段的教学而言的；德育课程要通过很多时段的教学来完成，众多的德育教学目标聚合完成德育课程目标，德育教学目标是德育课程目标在每一个教学时段的分解和具体化，两者共同促进德育培养目标和德育总目标的实现。

4. 四个层次之间的关系

从德育总目标、德育培养目标、德育课程目标再到德育教学目标，是一个不断对德育目的进行序列化、具体化的过程。德育总目标是所有学校在德

---

① 全国十二所重点师范大学．教育学基础［M］．3版．北京：教育科学出版社，2014：218－219.

② 参见《教育部关于印发义务教育课程方案和课程标准（2022年版）的通知》。

育方面所要达到的总要求，德育培养目标是某种类型的学校在学生培养中所要达到的要求，德育课程目标和德育教学目标则是某一类的课程及教学活动所需要达成的结果的更为具体的要求。它们之间所形成的是一个由抽象到具体、由总体要求到具体要求的不断细化的关系，是整体的德育总目标的层层落实。正是一门门的课程、一次次的教与学的活动，逐步达成了德育的培养目标，进而最终实现了德育总目标。

第三节　德育目的的确立

德育目的是各级各类教育培养人的品德的总的要求和规定性，是德育活动的出发点和最终归宿，是德育内容和德育方法选择的重要依据，也是德育课程与德育效果的重要评估标准。可以说，全部的德育活动都是以德育目的为核心、导向而展开的。因此，德育目的的确立问题是德育活动的首要问题和根本问题。我国的德育目的始终反映国家、社会的变迁与要求，反映时代精神和文化传统，反映个体身心发展的需要与规律，对整个德育活动的开展具有重要的意义。

一、德育目的确立的核心依据

德育目的是一定的国家和社会对人的道德发展所提出的总要求，其确立并不只受到主观因素的影响，也受到国家、社会的发展需要以及学生的身心发展需要的影响。因此，德育目的的确立需要结合客观实际进行综合判断，需要考虑多方面的因素。

1. 国家发展需要及传统文化影响

德育目的的确立需要考虑国家的发展需要以及传统文化的影响。各个国家的政治经济制度、意识形态及历史文化传统，都需要通过制定相应的德育目的来保障和维护。一方面，“国家必然要求教育培养为统治阶级利益服务的人”[①]；另一方面，国家的发展需要也深受传统文化的影响，因为文化是深入骨髓的元素，它是流淌在人们的血液里的。在历史上，各个时期的德育都深受国家政治、经济制度的影响，并为当时的国家利益服务。“政

① 《教育学原理》编写组．教育学原理［M］．北京：高等教育出版社，2019：127．

治经济制度对德育目的的决定性，使得德育活动的价值具有一定的意识形态性、阶级性，也使得德育在促进社会道德建设和维护主流价值观念方面的作用更加明显。”① 德育目的的确立，需要充分考虑国家发展的需要、国家政治制度及经济制度的需要，只有这样，才能制定出符合国家利益的德育目的。

另外，国家在制定德育目的时必然要结合本国的历史文化传统。不同国家在不同的文化传统的影响下，对于德育本质、目的、作用等的认识存在着差异，这种差异与文化的地域性、民族性、历史性等有显著的关系。任何国家在确立德育目的时，必然要考虑本国的文化传统及其背后所蕴含的精神理念，唯有如此才能引起本国人民思想与情感的共鸣，也才能体现本国的文化特质及文化发展的需要，最终才能实现德育目的在发展方向上的引导作用，使得德育培养出来的人能够更好地传承文化传统，并对文化传统进行创造性转化。

2. 社会历史变迁与发展需求

德育目的的确立需要结合当下社会历史的发展进程与发展需求。一方面，德育目的的确立应当体现社会的历史变迁和需求变化。不同的社会历史时期有不同的道德问题和伦理要求，对于道德培养的层次、规格的需求也是不同的。人的道德发展不能脱离社会历史的发展与需要，德育目的的确立也不能完全脱离社会历史发展和时代需求。德育目的的确立应予以动态的、发展的把握，及时更新对于人才的培养需求，将人的道德发展与时代需求在平衡的状态下、以适宜的方式统一于道德教育的实施过程中。

另一方面，德育目的的确立应当重点结合当下社会历史的发展进程。社会历史发展现状是个体道德发展的先决条件，人的道德发展受制于不同社会和时代的社会生产力和科学技术水平。社会发展和人的道德发展在总的历史进程上是统一的。人的自身发展，本就内含“社会化”这一要求。人的道德社会化一般指在发展中习得道德文化规范、道德价值观念和文明行为习惯等，并借以适应社会、参与社会。② 因此，这应当成为确立德育目的的重要依据，我们应结合当下的社会生活、时代发展需求确立德育目的，如此才能实现人的道德发展与社会发展的和谐共荣。

3. 学生身心发展的规律与需要

德育目的始终指向的是实现人的道德发展，德育目的的确立应当尊重学

---

① 戚万学，唐汉卫．学校德育原理［M］．北京：北京师范大学出版社，2012：140.

② 全国十二所重点师范大学．教育学基础［M］．3版．北京：教育科学出版社，2014：85.

生的身心发展规律与需要。一方面，德育目的的确立应当尊重学生身心和道德发展的规律，脱离人的身心发展规律的德育目的，必然不能发挥出其应有的价值。德育活动是一种对象性的活动，是一定的国家和社会对于培养对象的品德质量和规格的规定，因此必须遵循学生身心发展的客观规律。学生的身心特点及发展规律虽不对德育目的的社会性质和方向起决定作用，但它对德育目的的内容和程度有十分重要的制约作用。① 德育目的的确立只有从学生身心发展的现状和发展规律出发，才能使其具有正确的目标指向性、价值规范性，才使得已经制定出来的德育目的能够在德育实践活动中得以有针对性地、切实可行地落实。②

另一方面，德育目的的确立需要满足学生的发展需要，尤其是学生自我实现的需要。对超越性的追求是人类天然的愿望，人作为一种未完成的动物，天生就有一种自我发挥和自我实现的欲望。德育的最终任务指向是实现人的全面发展，帮助学生建构其自身的意义世界，促进人的自我实现。马斯洛曾经提出人有五种层次的需要，分别是生理需要、安全需要、归属与爱的需要、尊重的需要、自我实现的需要，其中位于最高层次的“自我实现的需要”指的是“人对于自我发挥和自我完成的欲望，也就是一种使人的潜力得以实现的倾向”③。赫舍尔认为：“人的存在从来就不是纯粹的存在，它总是牵涉到意义，意义的向度是做人所固有的。”④ 鲁洁也曾提及，人的最根本的需要是“成为一个配称之为人的人，也即要去获得人的本质，实现人的价值，完成人的使命”⑤。因此，无论从哪个方面来说，人的自我实现是人之为人的本质，是人所固有的存在方式。因此，德育目的的确立，不仅需要关注国家和社会发展的需要，而且更要遵循个体身心发展的规律，关注个体发展的需要，尤其是个体自我实现的需要。学生身心发展的规律、学生自我实现的需要，应当成为德育目的确立的重要依据之一。

拓展阅读

马克思说，“人本身是人的最高本质”，又认为人总是“使自己成为衡量一切生活关系的尺度”，人是衡量一切价值之价值，人是至高的价值。理所当然，人也总是要以自己的尺度来衡量、估价、安顿人自身。“成为人”是人的终极价值追求，人的其他一切价值追求都是为了把自己创造成为真正的人。人的最根本的需要不是别的，

---

① 檀传宝．德育原理［M］．北京：北京师范大学出版社，2006：126.

② 戚万学，唐汉卫．学校德育原理［M］．北京：北京师范大学出版社，2012：142.

③ 马斯洛．动机与人格［M］．3版．许金声，等译．北京：中国人民大学出版社，2012：29.

④ 赫舍尔．人是谁［M］．隗仁连，安希孟，译．贵阳：贵州人民出版社，1994：46.

⑤ 鲁洁．做成一个人：道德教育的根本指向［J］．教育研究，2007（11）：11－15.

而是要去做成一个人，成为一个配称之为人的人，也即要去获得人的本质，实现人的价值，完成人的使命。马斯洛从心理学的角度把人的自我实现需要视为人的最高需要。在哲学的视域中，“自我实现”也即人的本质特征之实现。人的生活实践之全部指向就在于满足实现人的本质特征之需要，也即成人之需要。正是这种需要促使人在生活中、实践中不断完善、提升自己，使得自己活得更像一个人。

——鲁洁．做成一个人：道德教育的根本指向［J］．教育研究，2007（11）：11－15.

二、我国的德育目的

1. 我国德育目的的演变

改革开放以来，随着工作重心的转移，学校德育的本质和功能有了新的变化，德育目的也随之发生变化。1980 年，邓小平指出教育要面向现代化、面向世界、面向未来。1985 年 5 月《中共中央关于教育体制改革的决定》颁布，明确教育必须培养有理想、有道德、有文化、有纪律的“四有”新人。1988 年颁布的《中共中央关于改革和加强中小学德育工作的通知》重申了要培养“四有”新人的德育目的。1999 年颁布的《中共中央、国务院关于深化教育改革全面推进素质教育的决定》指出，素质教育的根本目的是要“造就‘有理想、有道德、有文化、有纪律’的、德智体美等全面发展的社会主义建设者和接班人”。① 1999 年的第三次全国教育工作会议提出，思想政治教育是素质教育的灵魂，必须把德育、智育、体育、美育等有机地统一在教育活动的各个环节中。2000 年，《中共中央办公厅 国务院办公厅关于适应新形势进一步加强和改进中小学德育工作的意见》明确了小学阶段和中学阶段的德育目标。② 这一时期，我国的德育目标的研究和构建进入规范化时期，同时开始将大中小学德育作为整体考虑，科学地提出德育工作的总体目标、具体内容、实践路径和方法。

2001 年，基础教育课程改革开始推进，教育部颁布了《基础教育课程改革纲要（试行）》，明确课程改革的目标为：“要使学生具有爱国主义、集体主义精神，热爱社会主义，继承和发扬中华民族的优秀传统和革命传统；具有社会主义民主法制意识，遵守国家法律和社会公德；逐步形成正确的世界观、人生观、价值观；具有社会责任感，努力为人民服务；具有初步的创新精神、实践能力、科学和人文素养以及环境意识；具有适应终身学习的基础知识、

① 教育部基础教育司．中小学德育工作文献规章要览［M］．北京：人民教育出版社，1998：63.

② 张忠华．共和国教育学 70 年：德育原理卷［M］．北京：北京师范大学出版社，2020：194.

基本技能和方法；具有健壮的体魄和良好的心理素质，养成健康的审美情趣和生活方式，成为有理想、有道德、有文化、有纪律的一代新人。”新课程改革将德育目标具体到每门课程，特别是“品德与生活”“品德与社会”等德育课程之中，进一步推进德育目的的具体化、学科化。这次基础教育课程改革彰显了以人为本、实施素质教育、主体性教育、创新教育和回归生活世界的教育理念，这一时期的德育目标更加凸显科学化、人本化和生活化。①

2012年，党的十八大报告指出：“把立德树人作为教育的根本任务，培养德智体美全面发展的社会主义建设者和接班人。”同时，党的十八大报告还提出要全面实施素质教育，深化教育领域综合改革，办好人民满意的教育。党的十八大报告对德育目的的总体描述，在此后党的十九大、二十大报告中一直延续了下来。2017年，党的十九大报告提出“要全面贯彻党的教育方针，落实立德树人根本任务，发展素质教育，推进教育公平，培养德智体美全面发展的社会主义建设者和接班人”。2022年，党的二十大报告指出，当前的教育应当“全面贯彻党的教育方针，落实立德树人根本任务，培养德智体美劳全面发展的社会主义建设者和接班人”；同时应当“大力发展社会主义先进文化，加强理想信念教育，传承中华文明，促进物的全面丰富和人的全面发展”②。这为我国德育目的的进一步落实指明了前进的方向。新时代的德育目的应当全面落实立德树人根本任务，培养德智体美劳全面发展的社会主义建设者和接班人，助推物质文明和精神文明相协调的中国式现代化建设。

2. 我国现行的德育目的

我国现行的德育目的体现了新时代社会主义现代化建设的新需要。它紧扣时代主题和弘扬时代精神，加强大中小学德育一体化建设，落实立德树人根本任务，培养德智体美劳全面发展的社会主义建设者和接班人，使广大青少年学生能够担当中华民族伟大复兴的重任，为社会主义现代化建设贡献力量。因此，当前我国的德育目的要求具体体现在以下四个主要方面：

一是培养社会主义建设者和接班人。德育作为一种培养人的社会活动，受到社会性质与发展阶段的影响；德育目的的确立离不开社会性质和时代需求。我国的德育目的始终服务于社会主义事业的发展，为社会主义事业培养建设者和接班人。这从根本上保证了我国德育事业发展的社会主义方向。新时代，我国的德育目的也将始终坚持以习近平新时代中国特色社会主义思想为指导，全面贯彻党的教育方针，落实立德树人根本任务，加强理想

① 张忠华．改革开放30年来德育目标的研究与反思［J］．教育学术月刊，2011（1）：20－24．

② 习近平．高举中国特色社会主义伟大旗帜 为全面建设社会主义现代化国家而团结奋斗：在中国共产党第二十次全国代表大会上的报告［M］．北京：人民出版社，2022：34，23．

信念教育，努力提升做中国人的志气、骨气、底气，使学生有理想、有本领、有担当，培养社会主义建设者和接班人。① 这一德育目的明确了培养什么人、怎样培养人、为谁培养人的根本问题，也体现了我国德育目的的本质属性。

二是促进人的德智体美劳全面发展。我国德育目的的出发点和落脚点始终是坚持实现人的德智体美劳的全面发展。人的全面发展有利于个人在物质生活领域和精神生活领域发挥出更好的才能，全面发展的人才能更好地实现自己的理想和价值，同时也才能更好地服务于国家和社会的建设。正如马克思所言，社会主义社会是以每一个个人的全面而自由的发展为基本原则的社会形式。社会主义社会使人的全面发展获得了社会的基础，使全面发展从理想变为了现实。在当前我们的德育目的中，人的全面发展成了最重要的目的；通过德育的核心引领作用，我们促进学生德智体美劳的全面发展，这符合学生身心和谐发展的需要，也符合新时代教育高质量发展的要求。

三是加强时代精神与民族精神的弘扬和培育。随着改革开放和中国特色社会主义事业的不断发展，改革创新成为当代中国的最强音。以爱国主义为核心的民族精神和以改革创新为核心的时代精神交相辉映，为伟大的"中国精神"注入了崭新的时代元素。中华民族处于世界发展的潮流之中，它的发展既是适应全球化与时代发展的过程，同时也是能动创造、开拓进取的民族化过程。世界性涉及对世界文化、规则的认同或接受，进而使自身具有与世界各国进行交往与合作的基础。同时，它也意味着我们要始终坚持反映时代特征、加强改革创新，凸显德育的时代精神，建构具有中国特色、世界水平的德育体系，努力把学生培养成为"有理想、有本领、有担当"的时代新人。另外，我国德育目的也要坚持体现民族精神。德育需要吸收中华优秀传统文化中的道德精髓，重视传统文化的传承与创造性的转化，厚植家国情怀，加强爱国主义、集体主义和社会主义教育，引导学生树立正确的历史观、民族观、国家观、文化观等，为时代新人的培养筑牢根基。

四是加强社会主义民主法治精神的培养。德育要树立学生的社会主义民主法治意识，关键是加强以民主、法治为主要内容的社会主义核心价值观教育，不断增强青少年学生的民主意识、法治意识、契约精神等等。民主法治精神的培育，能够使学生认识民主的基本规则、法治的基本准则，认识到民主、法治的基本原则对个人生活、社会秩序和国家发展的规范与保障作用，任何人都必须依照民主和法治的规则来行使权利，履行义务或职责，从而养成良好的权利意识与责任意识，积极弘扬社会主义民主法治精神。同时，

① 中华人民共和国教育部．义务教育课程方案（2022年版）[M]．北京：北京师范大学出版社，2022：1.

培育学生的民主法治精神，可以推动他们更好地维护社会主义事业的民主法治与公平正义，使他们成为社会主义民主法治建设的忠实崇尚者、自觉遵守者、坚定捍卫者，培养学生成为能够担当中华民族伟大复兴重任的时代新人。

总而言之，当前我国的德育目的要始终坚持正确的政治方向，坚持以习近平新时代中国特色社会主义思想为指导，坚持落实立德树人根本任务，不断加强学生的政治认同、思想认同、理论认同、情感认同等的熏陶和培育；引导广大学生坚定理想信念、高扬理想风帆，把个人发展和国家民族的前途命运紧密联系在一起；弘扬时代精神、民族精神，弘扬社会主义民主法治精神，引导学生从优秀传统文化、革命文化、社会主义先进文化中汲取中华民族的精神力量，增强对中华民族走向伟大复兴的民族自信心和自豪感，为巩固和发展中国特色社会主义事业贡献智慧和力量。

本章小结

德育目的有广义和狭义之分。广义的德育目的不仅包括道德教育目的，还包括政治教育目的、思想教育目的、法治教育目的等方面。在宽泛意义上，德育目的是指对受教育者的政治、思想、道德等方面所要达成的预期目标的规定性，它也是教育活动对受教育者的政治品质、思想品质和道德品质以及法治素养等的发展上的总体要求。而狭义的德育目的特指道德教育目的，它是对受教育者在道德品质发展方面的预期目标，也是我们的整体德育工作所意欲达到的总要求。德育目的具有与其他社会实践活动不同的基本特性，它具有价值性、引导性、预期性与超越性等特性。德育目的的功能主要包括导向功能、调控功能、激励功能与评价功能等方面。

德育目的的结构主要包括德育目的的构成要素和德育目的的层次结构两部分内容。首先是德育目的的构成要素，它主要包括道德认知、道德情感、道德信念、道德意志和道德行为五个方面。其次是德育目的的层次结构，根据德育目的具体化程度的不同，可以将德育目的的层次结构划分为德育总目标、德育培养目标、德育课程目标和德育教学目标等。

德育目的是各级各类教育培养人的品德的总的要求和规定性，是德育活动的出发点和最终归宿，是德育内容和德育方法选择的重要依据，也是德育课程与德育效果的重要评估标准。可以说，全部的德育活动都是以德育目的为核心、导向而展开的。因此，德育目的的确立问题是德育活动的首要问题和根本问题。我国的德育目的始终反映着国家、社会的变迁与要求，反映时代精神和文化传统，反映个体身心发展的需要与规律，对整个德育活动的开展具有重要意义。

思考题

1. 如何理解德育目的的基本内涵？
2. 德育目的具有哪些方面的基本特性？
3. 德育目的具有哪些方面的功能？
4. 德育目的的构成要素包含哪些方面？
5. 德育目的的层次结构之间是什么关系？
6. 确立德育目的的核心依据是什么？
7. 如何理解我国现行的德育目的？

参考书目

1. 檀传宝. 德育原理 [M]. 北京：北京师范大学出版社，2006.
2. 戚万学，唐汉卫. 学校德育原理 [M]. 北京：北京师范大学出版社，2012.
3. 《教育学原理》编写组. 教育学原理 [M]. 北京：高等教育出版社，2019.
4. 全国十二所重点师范大学. 教育学基础 [M]. 3版. 北京：教育科学出版社，2014.
5. 刘济良. 德育原理 [M]. 北京：高等教育出版社，2010.
6. 张澍军. 德育哲学引论 [M]. 北京：中国社会科学出版社，2008.
7. 袁元，郑航. 德育原理 [M]. 广州：广东高等教育出版社，1998.
8. 张忠华. 共和国教育学70年：德育原理卷 [M]. 北京：北京师范大学出版社，2020.

第五章

学校德育主体与对象

学习目标

本章的学习目标主要有三个：第一，了解学校德育主体的概念、德育对象的概念、德育主体素养的培养策略、师生关系的类型。第二，掌握德育对象品德发展的规律、良好师生关系的特征及建构策略。第三，具备分析德育对象及促进德育对象品德发展的能力，形成理性看待德育对象的价值观念。

在学校德育活动中，德育主体与德育对象作为“人”的存在，占据着非常重要的位置，影响着德育活动的众多方面。了解德育主体、对象及其关系，对于人们认识、理解、开展德育具有丰富的价值和意义。

第一节　学校德育主体及其素养

谁是学校德育的主体？学校德育主体应当具备哪些素养？这是人们在认识学校德育主体时需了解的两个重要问题。

一、学校德育主体的厘定与类型

与谁是教育的主体这一问题相似，关于谁是学校德育的主体，目前人们的观点并不统一。

1. 学校德育主体的厘定

谁是学校德育的主体？这一问题的答案因人们对学校德育中“学生”认识的不同而呈现出一定的差异性，大致可以分为三种：教师主体论、学生主体论和双主体论。

教师主体论者的基本观点为：在学校德育活动中，教师处于德育的中心，学生处于从属或较为被动的位置。具体言之，教师主体论者认为学校德育中的绝大部分活动，如德育内容、德育形式、德育方法、德育过程的组织等方面，均是由教师决定的，学生只能接受教师的安排。在这个过程中，教师具有非常鲜明的主体性，而学生的主体性则非常微弱。

学生主体论者的基本观点与教师主体论者的基本观点在一定程度上是截然相反的。学生主体论者的基本观点可总结为：在学校德育活动中，学生处于德育的中心，教师则处于从属或者服务的位置。具体来说，学生的需求、兴趣、意愿等方面是影响德育内容选取、德育活动组织的重要因素，教师的主要任务是"辅助"学生而非对学生进行"安排"。在这个过程中，学生具有非常鲜明的主体性，而教师的主体性则较为微弱。

双主体论是在综合、反思上述两种观点的基础上提出的，基本观点为：教师和学生均为教育中的主体，并不存在绝对意义上的主体或者从属之分。依据教育的现实情况，教师和学生可以分别在特定的任务或者活动中发挥主体作用，成为教育的主体。在这个过程中，无论是教师还是学生，均具有鲜明的主体性。

以上三种主张，各有其优缺点。教师主体论注意到了教师对于学生发展的引导作用，但在很大程度上忽视了学生的主观能动性。学生主体论重视学生的需要、兴趣、经验、意愿等内容，却在一定程度上忽视了教师的价值引领作用。双主体论"表面上似乎更加全面，但实质上是回避而非解决了谁是教育过程（作为一个整体）的主体这样一个命题，逻辑上是有缺陷的"①。

随着教育理论的不断发展以及教育实践的不断前行，简单的教师主体论和学生主体论都难以获得人们的认可。双主体论又存在逻辑上的缺陷，不利于人们理性认识学校德育的主体，也无益于德育活动的具体开展。因此，关于谁是德育的主体这一问题，需要更具辩证性、明确性的答案。基于已有研究和论述，本书认为，教育主体认识上的"新保守主义"对于人们分析、理解德育主体具有借鉴意义。"新保守主义的内涵是：虽然应当注意吸收学生主体、双主体及主体转换理论对学生主体的强调，即应当将学生主体性的发挥作为教师主体主体性发挥的核心或本质去看待，但是我们也应当坚持教师是整个教育或德育过程主体。"② 也就是，我们承认学生在学校中的主体性及其作用，但同时也应该明确德育主体是道德教育工作者——教师。

①② 檀传宝．德育原理［M］．3版．北京：北京师范大学出版社，2017：109.

相关知识专栏

所谓“将学生主体性的发挥作为教师主体主体性发挥的核心或本质去看待”，至少有三种意味。第一，整个教育过程的特点之一是存在一个包含于其中的主体性的实践活动——学生的学习活动，因而必须承认教育对象本身也是（学习活动的）主体这样一个事实。第二，教师作为教育或德育主体的主体性需要以教育对象主体性的发挥为前提、为检验的尺度，即教育主体性发挥的有或无、多或少，均需在劳动对象的主体性发挥中才能得以证明。第三，教育、德育活动在劳动形态上的确是师生“主体间”的活动，因而教师的教育主体性发挥也应具有“主体间性”的特征。

——檀传宝．德育原理［M］．3版．北京：北京师范大学出版社，2017：109－110．

2. 学校德育主体的类型

无论是从历史还是从现实看，教师都是德育主体。在原始及古代教育中，教育活动并未被清晰、明确地划分为不同的领域。在很大程度上可以说，教育就是德育。在这种情况下，从事教育活动的教师亦从事德育活动，自然是德育的主体。现代教育中的学科分化、教育分工带来了教师工作的相对分工。一部分教师进行学科教学工作，一般被称为教学人员；一部分教师则负责培养学生的道德素养，一般被称为德育工作人员；还有一部分教师主要进行教育管理工作，一般被称为教育管理人员。教育理论研究者、教育政策制定者、教育实践者均从不同角度认可教师都是德育工作者，是德育主体。也就是，作为德育主体的教师，是全部的教师，而非部分教师。现代教育理论的重要奠基人赫尔巴特曾明确指出，没有“无教育的教学”[①]，即，教学可以也必然蕴含德育，学科教师亦是甚至天然的是德育工作者。教育部于2017年印发的《中小学德育工作指南》明确指出，“努力形成全员育人、全程育人、全方位育人的德育工作格局”，并从课程育人、文化育人、活动育人、实践育人、管理育人、协同育人等方面对“三全育人”进行了细致的分解与强调。具体到学校内部而言，“全员育人”明确凸显出每一位教师均负有德育的责任，均是德育的主体。在实践中，“人人都是德育工作者”也在很大程度上成为教师的基本共识。

依此来看，对德育主体进行分类似乎既不合理，也无必要。但站在观照教育实践同时更好认识教育实践的角度而言，我们又需要对德育主体进行较为“硬性”的分类。如上所述，现代社会以及现代教育的发展，使得教育中

---

① 赫尔巴特．普通教育学［M］．李其龙，译．北京：人民教育出版社，2015：6．

出现了分工。这种分工既切实地影响着教师的工作，也深刻影响着教师关于德育的认知及其所开展的德育工作。借用教育实践者在教育工作中的常用话语，本书认为德育主体可以分为两类：以德育为重要工作内容的德育主体和以德育为工作内容之一的德育主体。

以德育为重要工作内容的德育主体有如下基本特征：从工作量上看，他们承担大量德育工作，且德育工作是他们的主要工作内容。从德育的具体开展看，他们一般具有专门的德育时间（如具体的时间段）和德育空间（如具体的场所）。这一德育主体的代表性教师群体是班主任。与之相比，以德育为工作内容之一的德育主体的基本特征可以总结为：他们承担的德育工作量较小，且从数量上看，德育并非他们的主要工作内容。此外，他们一般没有专门的德育时间和空间。这一德育主体的代表性教师群体是未担任班主任的学科教师。

关于上述两类德育主体，这里需要说明两点：第一，两类德育主体承担的德育工作量以及开展德育的具体方式方法虽有差异，但是德育的作用及取得的效果并没有明显的轻重之分。也就是说，一些德育主体虽然承担的德育工作相对较少，但这并不意味着他们在德育中的作用以及他们取得的德育效果是小的。第二，两类德育主体的关系是动态变化的。一方面，教师会因为学校工作的调整，由一种德育主体变为另一种德育主体。另一方面，两类德育主体在相互配合开展德育的过程中，需要根据具体的情境确定“主”“辅”等关系。由上可见，两类德育主体的关系并非一成不变，会随着学校工作安排、具体德育情境的变化而不断处于动态调整之中。

二、学校德育主体的素养及其生成

在这样一个强调“专业化”且专业化能够取得诸多良好效果的时代，“专业化”也是德育主体应该努力的方向。早在21世纪初，研究者就提出了“德育教师的专业化与教师的德育专业化”[①] 这类命题。时至今日，在德育主体的日常工作中，专业化已经成为一个常见的词汇。因此，这里主要从专业化的角度分析学校德育主体的素养。

1. 学校德育主体素养的结构及其基本内容

学校德育主体素养的结构是什么？这里将借鉴教师专业素养的结构进行

---

① 易连云. 学校德育的知识基础与德育教师专业化 [J]. 教育研究，2007（4）：31－32；迟希新. 德育教师专业化：发展心理学的视角 [J]. 教育研究，2007（4）：28－29；王小飞. 德育教师的专业道德：比较的观点 [J]. 教育研究，2007（4）：29－31.

分析。在教师专业素养的结构方面，人们的看法见仁见智。从整体上看，“知识（如认知）、能力（如行为）、情意（如精神）是研究者多次涉及的词，且具有较强的概括性”[1]。基于此，本书认为德育主体的素养主要由专业知识、专业能力和专业情意三个部分构成。

专业知识指的是德育主体开展德育活动时应当掌握的相关知识。根据教师专业知识的分类，德育主体应当掌握的专业知识主要有四类：

第一，关于道德的知识。德育主体的任务之一是传递道德及相关知识。因此，德育主体需要掌握关于道德的知识，如道德是什么、具体内容有哪些、道德生活的本质及特征等内容。

第二，关于学生品德发展规律和培养学生道德的知识。学生的品德发展有其规律性，并非完全不可把握。而且，这些规律有别于学生智力及生理等方面的规律，具有特殊性。了解、掌握这些规律，是教师开展合理德育活动、取得良好德育效果的重要基础和保障。在培养学生道德的知识方面，学生品德形成的机制与掌握学科知识的机制具有某些相似性的同时也表现出极大的差异性。在这种情况下，德育主体自然需要掌握促进学生品德形成的知识，即如何培养学生道德的知识。

第三，关于处于德育情境的知识。德育活动的开展既有常规性的一面，也有非常规性的一面，具有明显的情境性。因此，教师需要掌握合理的实践性知识，为回应德育情境奠定良好的基础。

第四，其他辅助性知识。简单来说，辅助性知识是指那些与道德、学生品德发展、道德培养并没有直接关系，但有助于学生道德培养的知识。例如，一些有助于加深教师对道德、学生品德发展理解的知识，一些可以赢得学生信赖、认同的知识，等等。

专业能力指的是德育主体在开展德育活动时所需具备的各种能力，这是保证德育活动能够顺利、高效开展并取得良好效果的重要保障。具体而言，德育主体需要具备如下三种能力：

第一，设计及组织德育活动的能力。对于德育主体而言，德育内容、德育方法、德育原则等内容都是较为明确的。但是，每个德育主体的具体任务、面对的学生以及德育情境则有或多或少的差异。德育主体不能照搬书籍、其他德育主体的所作所为，而是需要根据学生、德育情境等方面的具体情况设计、组织德育活动。因此，德育主体需要具备设计及组织德育活动的能力，包括德育内容的分解与融合能力、德育方法的选择与运用能力、德育管理的组织实施能力等多项能力。

---

① 全国高等教育自学考试指导委员会．教育学原理［M］．沈阳：辽宁大学出版社，2020：205.

第二，表达及交往能力。为培养学生的道德品质，德育主体需要良好地将“道德”表达出来。此外，德育主体在培养学生的道德品质时，与学生等的交往是必不可少的，有时甚至是非常重要的。因此，德育主体需要具备表达及交往能力，具体包括语言表达能力、板书板画能力、理解他人的能力以及协调人际关系的能力等。

第三，一定的研究能力。德育主体面对的学生、情境以及相关的问题具有较强的特殊性。在这种情况下，德育需要进行一定的研究，这样才能更好地开展德育活动。因此，德育主体需要一定的研究能力，基本包括发现问题的能力、分析问题的能力以及解决问题的能力。这在德育主体——班主任身上有着非常明显的体现。一般认为，班主任需要具备班级管理能力、人际交往与沟通能力、关于学生的研究能力等。①

专业情意指的是德育主体在德育方面的信念、精神以及德育主体的专业伦理。对于专业知识、专业能力而言，它具有非常重要的激发、调节等作用。德育主体需要具备的专业情意主要有三种：

第一，关于德育的基本信念。德育的信念指的是德育主体在德育活动、目的、原则等方面所应具有的最为根本的观念。例如，道德是否可教？德育主体的德育信念从根本上影响着德育主体对德育的理解，进而左右着德育主体在德育活动中的基本立场。

第二，在德育中的基本精神取向。德育主体的基本精神取向是在长期从事德育活动中，基于自身对德育的认识、理解、判断所形成的基本价值取向、风范以及态度，是关于德育的一套精神体系。

第三，德育主体的专业伦理。教师的专业伦理是指教师工作中应该遵循的道德规范和行为准则。② 一般情况下，教师专业伦理具有一定的普遍性，各级各类教育的教师需要遵循一些共同的教师伦理。与此同时，教师专业伦理也具有一定的学段差异性。例如，一些研究者指出，小学教师专业伦理的内容可以分为两类：优良道德和关键道德。其中，“爱”与“公正”是小学教师的关键道德。③ 对于学生而言，德育主体开展德育活动实质上是一个言传身教的过程。因此，正在进行道德学习的学生，会非常关注德育主体的日常行为。因此，德育主体需要严格遵守专业伦理。

2. 学校德育主体素养的生成与发展

目前，教师专业发展的取向主要可以分为三种：理智取向、实践-反思取

① 班华．专业化：班主任持续发展的过程［J］．人民教育，2004（Z3）：15－16；耿申，魏强，江涛，等．班主任的专业素养：基于实证研究的体系建构［J］．中国教育学刊，2020（12）：94－98.

② 檀传宝，张宁娟，吕卫华，等．教师专业伦理基础与实践［M］．上海：华东师范大学出版社，2016：5.

③ 李敏．优良道德与关键道德：小学教师专业伦理的内容思考［J］．教育科学，2020，36（4）：44－50.

向、生态取向。[①] 依据这些取向，学校德育主体生成其素养并促使其素养不断发展主要有三种途径：

第一，学习专业知识。这是依据教师专业发展的理智取向形成的途径。按照理智取向的基本观点，学习专业知识可以形成专业素养。因此，德育主体需要不断学习专业知识。在现实生活中，德育主体学习专业知识有三个基本的渠道。

一是教师教育。这主要存在于高等学校尤其是师范类学校，对象是在校学生尤其是师范生。一般情况下，教师教育中所传递的专业知识计划性、系统性、理论性较强。

二是职后培训。这存在于教师职业生涯的全过程。组织者一般为教育行政部门、学校等。他们通常会根据德育主体的实际情况、德育发展的实际需要，围绕特定主题组织各种职后培训活动。一般而言，职后培训的内容、形式与德育主体的具体需求具有较高的契合性，发挥“加油站”的功能，不断提升德育主体的素养甚至生成更适宜于时代发展与教育发展的素养。

三是自主学习。教师自主进行知识的学习，反映在现实生活中主要体现为教师的阅读和思考。这是一种更适宜于自身素养提升的知识学习方式，德育主体可以结合自己的实际情况，选择适当的知识进行学习和思考。

第二，在德育活动中实践和反思。这是依据教师专业发展的实践-反思取向形成的途径。按照实践-反思取向的基本观点，教师专业素养的生成及不断发展，主要不是通过“接受”知识，而是通过“反思”实现的。对于德育主体而言，这主要有两个渠道：一是德育实践。德育主体开展德育活动，如开班会、组织实践活动、进行课程育人等。二是德育反思。德育主体对已经开展的德育活动进行分析、总结、思考。德育反思可以总结经验、吸取教训，分析自己的优势与劣势，挖掘发展的潜力。当前德育主体的反思方法主要有写日记、传记、构想、教育叙事等。

第三，德育主体之间互助及合作。这是依据教师专业发展的生态取向形成的途径。这一取向强调教师专业素养的发展与环境密切相关。对于德育主体而言，这主要有两个渠道：一是正式的交往。德育主体借助于特定的机构或活动进行交往，一般形式有会议、学术沙龙等。二是非正式的交往。德育主体间在日常生活中的随机交流，如共同分享经验心得、彼此鼓励等。一般情况下，这种交流具有自主性、随机性、碎片性的特征。

需要说明的是，以上三种促进德育主体素养生成及发展的途径，并非完全孤立、冲突的，而是相互支持、相互配合的。无论是德育主体还是相关的

① 连榕．教师专业发展［M］．北京：高等教育出版社，2007：188－192．

组织机构，都可以综合运用上述途径生成、发展德育主体的素养。

第二节 德育对象的品德发展

与学校德育主体相对应，学校德育对象指的是处于道德学习和发展阶段的学生。学生的品德发展有其自身的规律和特征。了解、掌握学生品德发展的理论、知识，是有效开展学校德育的重要基础。关于品德发展，多个学科进行了探究，这为我们认识学生的品德发展提供了多维视域。这里主要梳理心理学与社会学这两个学科在学生品德发展方面的认识与成果。

一、心理学视域下德育对象的品德发展

关于学生的“品德发展规律”，心理学进行了长期的探索，并形成了一系列理论。整体而言，心理学关于品德发展的研究可以分为认知发展方面的道德认知发展理论、情感发展方面的精神分析理论和行为发展方面的社会学习理论。[①]

（一）道德认知发展理论

这一理论的代表性人物是皮亚杰（Piaget）、科尔伯格。

皮亚杰认为，依据儿童对规则的理解，儿童的道德发展可以分为四个阶段：第一阶段是自我中心主义阶段（6 岁之前）。此时的儿童以自我为中心，无法理解规则的意义，也不会按照规则行动。第二阶段是权威阶段（6～8 岁），又被称为他律阶段。此时的儿童开始关注规则并尊重规则。在儿童看来，这些规则由权威人物制定，因此只能服从。在道德行为的判断方面，儿童只看结果，不看动机。第三阶段是可逆性阶段（8～10 岁），又被称为自律阶段。这一阶段的儿童逐渐认识到规则并非完全固定的、一成不变的，而是同伴之间的约定，因此可以调整、修改。第四阶段为公正阶段（10～12 岁）。对于这一阶段的儿童而言，公正感成为其道德情感领域的核心。他们认为公正、平等应当符合个人的实际情况。整体言之，皮亚杰认为儿童的道德发展是由他律转向自律的过程。实现这一转变的关键是社会交往。儿童通过社会交往和社会合作形成真正意义上的道德观念。

科尔伯格的道德认知发展理论主要体现在其著名的“三个水平六个阶段”

---

① 檀传宝．德育原理［M］．3 版．北京：北京师范大学出版社，2017：93.

理论上。关于“三个水平六个阶段”的具体内容，科尔伯格的基本说明如下①：

道德推理的发展共有三个水平、六个阶段，每两个阶段构成一个水平：前习俗水平——阶段1和阶段2，习俗水平——阶段3和阶段4，后习俗水平——阶段5和阶段6。在阶段1，对的或道德的就是绝对服从规则和权威，避免惩罚，这是典型的幼儿的推理。在阶段2，对的就是按具体、即时的规则做公平的交易。学龄儿童把公正界定为每个人获得等量的公平或被同等对待。向习俗水平的发展意味着一种转变，即能够采纳别人的、团体的和社会的观点。在阶段3，青少年和成人以一种人际的观点来界定对错。他们意识到所共享的情感、协议和期望，能够设身处地地考虑问题，做出道德的决策。在阶段4，成人采纳了一种规范的观点。对的或道德的是通过个人与社会及其制度（如法律、婚姻等关系）来界定的，强调责任、角色和规则。在阶段5，个人采纳了一种超越社会的观点，即他意识到诸如生命和自由的权利之存在，而不管它们是否为社会所承认。人们以更为普遍性的观点（如宽容、公道、公平等）来做出道德的决策。阶段5的推理清楚地区分了法律和道德的观点，但发现难以整合它们。在阶段6，个人采纳了一种道德的观点，这种观点认为，在理想状态全人类都应该作为平等自主的人相互对待。这意味着做出道德决策时要考虑所有有关人员的观点，甚至考虑后代人的观点，并采用约定的角色承担程序。阶段6的独特之处在于深思熟虑地运用公正、公道、人权的平等和对作为个体的人类尊严的尊重等这些普遍原则。关于“三个水平六个阶段”的具体内容及儿童道德判断的基础，详见表5-1。

表5-1　科尔伯格“三个水平六个阶段”理论

水平	道德判断的基础	发展阶段
前习俗水平	道德价值存在于外在准物理事件、坏行为或准物理需要之中，而不存在于人和规范之中	阶段1：服从与惩罚定向。自我中心主义地遵从上级权力、特权或避免麻烦的趋向 阶段2：朴素的自我主义定向，正确的行为是工具性地满足自我需要和偶尔满足他人需要的行为。意识到价值对每一行为者的需要和观点而言是相对的。朴素的平等主义与交换和互惠定向
习俗水平	道德价值存在于扮演好或坏的角色，以及维持习俗的秩序和他人的期望之中	阶段3：好孩子定向。赞许、取悦和帮助他人。服从大多数的刻板印象或自然的角色行为，根据意向判断 阶段4：维持权威和社会秩序定向。倾向于“履行义务”而尊重权威和为了自身目的而维护既定的社会秩序，尊重他人所获得的期望之物

① 科尔伯格．道德发展心理学：道德阶段的本质与确证［M］．郭本禹，等译．上海：华东师范大学出版社，2004：49.

续表

水平	道德判断的基础	发展阶段
后习俗水平	道德价值存在于自我对共同的规范、权利或责任的服从之中	阶段 5：契约的立法定向。为了协议而承认规则或者期望中的个人喜好成分或起点。根据契约界定责任，一般避免违背他人的意愿或权利，以及大多数人的意愿和福利 阶段 6：良心和原则定向。不仅倾向于实际上已颁布的社会规则，而且倾向于涉及诉诸逻辑普遍性和一致性的选择原则。倾向于以良心作为一种指导性力量，并互相尊重和信任

近年来，道德认知发展理论也在不断发展。例如，特里尔及其学生拉里·努奇在科尔伯格的基础上提出了认知发展的领域理论，认为个体的生活可以分为三个领域：道德领域、习俗领域和个人领域①，这一理论提醒德育工作者在开展德育工作时需要考虑学生的行为归属领域。

道德认知发展理论是一个重视理性思维的道德理论，强调道德认知、判断、推理等内容在个体品德发展中的重要作用与意义。对于学校德育而言，道德认知发展理论对个体道德认知发展阶段、个体生活领域的研究与探讨而言，具有巨大的启示意义。德育主体需要以学生道德发展的规律为基本依据，提供相应的德育内容与德育方法。当然，道德认知发展理论相对忽视个体道德发展中的情感因素。这也是其面临的主要怀疑与批评。

（二）精神分析理论

西格蒙德·弗洛伊德（Sigmund Freud）是精神分析理论的代表性人物。他将人格分为本我（id）、自我（ego）和超我（super-ego）三个部分。本我是原始的、本能的，是人格中最难接近的，同时又是强有力的。它包括人类本能的性的内驱力和被压抑的习惯倾向。随着年龄的增加，儿童逐步学会了不能凭冲动随心所欲。他们逐步考虑后果，考虑现实的作用，这就是自我。超我包括两个部分：一个是良心，一个是自我理想。前者是超我的惩罚性的、消极性的和批判性的部分，它告诉个体不能违背良心。例如，它指导人们该怎样活动，当其做了违背良心的事时，就会产生犯罪感。后者是由积极的雄心、理想构成的，是抽象的东西，它希望个体为之奋斗。例如，一个儿童希望将来成为一个什么样的人，就是由自我理想所引起的。弗洛伊德指出，超我代表着道德标准和人类生活的高级方向。超我和自我都是人格的控制系统。

① 努奇．“好”远远不够：促进儿童的道德发展［M］．冯婉桢，等译．北京：机械工业出版社，2015：18.

自我控制的是本我的盲目的激情，以保持机体免受损害；超我则有是非标准，它不仅力图使本我延迟得到满足，而且也会使本我完全不能获得满足。超我在人身上发展着，逐步按照文化教育、宗教要求和道德标准采取行动。[①]

新精神分析理论的代表人物埃里克森（E. H. Erikson）将人格发展分为八个阶段。这八个阶段的具体内容及各阶段对学生道德的影响如下[②]：

第一阶段为婴儿期，是从出生到 2 岁。婴儿在本阶段的主要任务是满足生理上的需要，发展信任感，克服不信任感，体验着希望的实现。

如果这一阶段的危机成功地得到解决，就会形成希望的美德。如果危机没有成功地得到解决，就会形成惧怕。

第二阶段为儿童早期，从 2 岁到 4 岁。这个阶段儿童的主要任务是获得自主感而克服羞怯和疑虑，体验着意志的实现。埃里克森认为这个时期的幼儿除了养成适宜的大小便习惯，已不满足于停留在狭窄的空间里，而是渴望探索新的世界。这一阶段发展任务的解决，将对个人今后对社会组织和社会理想的态度产生重要的影响，为未来的秩序和法制生活做准备。

如果这一阶段的危机成功地得到解决，就会形成自我控制和意志力的美德。如果危机不能成功地解决，就会形成自我疑虑。

第三阶段为学前期或游戏期，从 4 岁到 7 岁。本阶段儿童的主要发展任务是获得主动感和克服内疚感，体验着目的的实现。本阶段也被称为游戏期，执行着自我的功能，在解决各种矛盾中体现出自我治疗和自我教育的作用。

如果这一阶段的危机成功地得到解决，就会形成方向和目的的美德。如果危机不能成功地解决，就会形成自卑感。

第四阶段为学龄期，从 7 岁到 12 岁。本阶段的发展任务是获得勤奋感而克服自卑感，体验着能力的实现。学龄期儿童的社会活动范围扩大了，儿童的依赖重心已由家庭转移到学校、教室、少年组织等社会机构方面。

如果这一阶段的危机成功地得到解决，就会形成能力的美德。如果危机不能成功地解决，就会形成无能。

第五阶段为青年期，从 12 岁到 18 岁。这一阶段的发展任务是建立同一感和防止同一感混乱，体验着忠实的实现。

如果这一阶段的危机成功地得到解决，就会形成忠诚的美德。如果危机不能成功地解决，就会形成不确定性。

第六阶段是成年早期，从 18 岁到 25 岁，发展任务是获得亲密感以避免

---

① 林崇德．发展心理学［M］．2 版．北京：人民教育出版社，2009：34－36.

② 檀传宝．德育原理［M］．3 版．北京：北京师范大学出版社，2017：93.

孤独感，体验着爱情的实现。埃里克森认为这时青年男女已具备能力去分担相互信任、工作调节、生儿育女和文化娱乐等，以期充分而满意地进入社会。这时，人们需要在自我同一性的巩固基础上获得共享的同一性，这样才能获得美满的婚姻而得到亲密感，但由于寻找配偶包含各种偶然因素，所以这一时期的人们心中也有害怕独身生活的孤独之感。埃里克森认为，发展亲密感会对是否能满意地进入社会发挥重要作用。

如果这一阶段的危机成功地得到解决，就会形成爱的美德。如果危机不能成功地解决，就会形成混乱的两性关系。

第七阶段是成年中期，从 25 岁到 50 岁，发展任务是获得繁殖感而避免停滞感，体验着关怀的实现。这时男女建立家庭，他们的兴趣扩展到下一代。

如果这一阶段的危机成功地得到解决，就会形成关心的美德。如果危机不能成功地解决，就会形成自私自利。

第八阶段为老年期（成年晚期），从 50 岁直到死亡，发展任务是获得完善感和避免失望、厌倦感，体验着智慧的实现。这时人生进入了最后阶段，如果对自己的一生比较满意，则产生完善感。这种完善感包括长期形成的智慧感和人生哲学。如果一个人没有这种感觉，就不免恐惧死亡，觉得人生短促，对人生感到厌倦和失望。

如果这一阶段的危机成功地得到解决，就会形成智慧的美德。如果危机得不到解决，就会形成失望和无意义感。

精神分析理论将“道德心理研究延伸至无意识领域，强调人格在道德发展中的作用，由此对道德心理学做出了特殊的贡献”①。这一理论强调了情感、早期经验在儿童道德发展过程中的作用与价值，丰富了人们关于个体道德发展的认识，并提醒德育主体需要思考如何利用情感、儿童早期经验促进个体的道德发展。当然，精神分析理论并未为德育主体提供具体明确的教育教学建议。

（三）社会学习理论

社会学习理论的代表性人物是班杜拉（Albert Bandura）。在社会学习理论看来，人既不完全受内部力量的驱使，也不完全受环境刺激的支配。社会学习理论利用人的因素与环境因素连续不断的交互作用来解释心理机能。②具体而言，社会学习理论认为儿童可以通过观察学习习得诸多新行为。在这个过程中，个体的自我调节能力也是非常重要的，人们可以采取某种措施控

① 戚万学，唐汉卫．学校德育原理［M］．北京：北京师范大学出版社，2012：115.

② 班杜拉．社会学习理论［M］．陈欣银，李伯黍，译．北京：中国人民大学出版社，2015：10.

制自己的行为。儿童观察学习的基本过程如下[①]：

1. 注意过程

除非人们注意到了并且正确理解了示范行为的显著特征，否则他们就无法通过观察学到多少东西。注意过程决定了一个人在显示给他的大量范例中选择什么来观察，以及在这些示范原型中把哪些东西抽取出来。在这些众多的因素中，有的涉及观察者的特征，有的涉及示范活动本身的性质，还有的与人们互动结构的安排有关，它们都调节着观察经验的数量和类型。

2. 保持过程

如果人们记不住示范行为，那么，对示范行为的观察并不会对他们产生很大的影响。观察学习的第二个主要过程涉及对某个时刻所模仿的活动的保持。观察学习主要是把示范经验转换成表象或言语符号保持在记忆中，这些记忆代码在未来能指导操作。除了符号编码，演习也是一个重要的记忆支柱。由于社会禁令，有些通过观察而习得的行为不能用外观手段轻易形成，因此，人们就把这种行为看在眼里，这种心理演习在示范行为中就更有意义了。

3. 运动再现过程

把观察学习到的东西付诸行动，在行为水平上还会存在障碍。观念在第一次转化为行为时很少是正确无误的，所以仅仅通过观察，技能是不会完善的。在日常学习中，人们一般是通过示范一个非常近似的新行为，然后从部分演习和操作中进行信息反馈，经过自我矫正，把这一近似的行为加以精炼。

4. 动机过程

班杜拉把反应的获得和操作区分开来。人们通过观察可以获得新知识，但并不能保证人们能自动操作与原型行为相同的行为。操作是由动机变量控制的。如果一个原型反复显示所期望的反应，教导人们去再现这一行为，当他们失败时从客观上给以指点，当他们成功时就给予奖励，那么这个原型就能最终在大多数人身上引起匹配反应。

社会学习理论强调示范、榜样在个体道德发展过程中的意义与价值，同时也重视个体的自我调节能力，从较为独特的视角呈现出社会学习在儿童道德发展中的作用。这提醒德育工作者需要在德育过程中为学生提供多样的、适当的榜样，同时注意发展儿童的自我教育能力。当然，社会学习理论的一些结论源于实验室实验，推广必然会受到一定限制。

---

① 班杜拉．社会学习理论［M］．陈欣银，李伯黍，译．北京：中国人民大学出版社，2015：18－23．

二、社会学视域下德育对象的品德发展

作为社会成员，学校德育对象的品德发展具有一定的社会性。在这个方面，社会学贡献了较为独特的学科视角与方法。整体而言，社会学的贡献主要体现在两个方面：一是关于儿童及儿童道德发展的社会学探讨，二是关于学生品德发展影响因素的探究与分析。

1. 社会学视域下的儿童及儿童道德发展

根据社会学理论关于儿童理解的差异，社会学视域下的儿童与儿童道德发展，可以大致分为两个流派：一是传统社会学视域下的儿童与儿童道德发展，二是新童年社会学视域下的儿童与儿童道德发展。①

在传统社会学的研究者中，涂尔干对儿童及儿童道德教育的研究较具代表性。涂尔干从社会学视角出发，将“道德”以及“道德教育”作为一种“社会事实”进行分析与讨论。在《道德教育》一书中，涂尔干认为道德的基本要素有三种。道德的首要要素是“纪律精神”。涂尔干指出，一般而言，道德是由规范构成的，但它并不是普遍的规范，而是出于特定情境中的具体规范。其目的是规定人们的行为，消除随意性。因此，常规性是道德的一个要素。“为了确保常规性的存在，我们必须让习俗获得强大的基础。”② 在长期的历史发展过程中，规范已经超越我们，成为一种具有强制性的行为方式。换言之，规范具有权威性。在人们的生活中，纪律精神恰恰能包含常规与权威这两个部分，这是因为纪律精神能够保证人们行为方式的规定性，并且具有强制性。道德的次要要素是“对社会群体的依恋”。涂尔干是从回答何谓“道德行为”来论证这一要素的。他认为，道德行为一定是指向社会的，而非指向个体。在指向社会的行为中，仅仅关注一些小群体的行为也并非道德行为，因为这涉及的还是一些特殊利益。由此可见，道德行为所指向的是一种与个人不同的东西，“它们是超个人的”，即社会。因此，“我们只有作为社会存在的意义上，我们才是道德的存在”③。为了保证个体行为的道德性，我们必须投入社会的怀抱中，了解社会的本性。道德的第三个要素是“自主或自决”。如果仅仅依靠外部强制力量，道德秩序发挥的力量会大打折扣。因此，我们需要了解道德秩序的本性以及我们为什么遵守道德秩序。正如涂尔干所言：“只有我们获得了有根有据的合意，这些限制才不再会是羞辱

---

① 班建武，林可．小学生品德发展与道德教育［M］．上海：华东师范大学出版社，2022：44－46.

② 涂尔干．道德教育［M］．陈光金，沈杰，朱谐汉，译．上海：上海人民出版社，2006：24.

③ 同②50.

和束缚。”①

在分析了道德的基本要素后，涂尔干认为：道德教育的重要任务就是将这些道德要素在儿童身上予以培养，让儿童内化这些道德要素。为此，他提出了“了解儿童的心理特征”“惩罚”“巧妙利用儿童身上的利他主义”“重视学科教学的作用”等教育教学建议。由此可以看出，在涂尔干的观念中，儿童是一种深受也应该受到成人影响的存在，是一个需要不断内化社会秩序的群体。儿童的道德发展实质上是一个社会化的过程，是一个内化社会秩序、社会习俗的过程。这种儿童观及儿童道德发展的观念被后来的社会学家进一步延续和发展。例如，结构功能主义的代表人物帕森斯（Parsons）认为，儿童是能力不足或只有不完全、未成型的初级能力，是社会学的威胁因素，必须接受规约、形塑以适应社会的要求。② 在特定的历史情境下，这种儿童观及儿童道德发展观具有一定的合理性，揭示出儿童道德发展的部分特质。但是，这种观念在一定程度上忽略了儿童在社会中的主体性，受到了诸多批评。

新童年社会学认为，儿童并不单纯是受到社会影响的人。他们还具有积极参与社会建构的能力，是一种建构社会现实的力量。这体现在很多方面，例如，在日常生活中，儿童可以使用语言、文字等文化工具参与具体的生活，并在此过程中积极顺应、改变现实。可以说，在这种文化的集体性共享和创造中，儿童并非只能单纯地接受社会的影响，还可以逐渐实现对成年社会的改变与改造。与之相应的是，儿童的道德发展也并非简单的内化外在社会秩序的过程。依据新童年社会学的基本精神，这一过程实质上是儿童不断参与社会建构、革新社会新秩序并以适合的方式“‘拼贴’进整个社会”③ 的过程。

新童年社会学为人们认识儿童、儿童道德发展提供了新角度、新视野，具有明显的进步性。但需要注意的是，新童年社会学的某些设想仍停留在理论探讨方面，对于如何让儿童的建构性、主体性真正发挥作用且保持在合理的限度内等实践问题，这一理论并未给出明确的答案。

2. 影响学生品德发展的社会要素

从社会学的视角看，影响学生品德发展的社会要素众多，如社会舆论、社会风气、社区环境、家庭结构、亲子关系、学校风气、班级氛围、师生关系、同辈群体、大众传媒等等。这里依据影响源的覆盖范围，将学生所处的

① 涂尔干．道德教育［M］．陈光金，沈杰，朱谐汉，译．上海：上海人民出版社，2006：87－88.

② 班建武，林可．小学生品德发展与道德教育［M］．上海：华东师范大学出版社，2022：45.

③ 孔祥渊．网络社会中青少年社会规范认同研究［M］．杭州：浙江教育出版社，2021：202.

环境分为宏观环境、中观环境和微观环境，并基于此梳理影响学生品德发展的社会要素。

宏观环境是指影响范围最为广泛的社会环境，如社会丰裕程度、社会结构、政治经济制度、社会风气、社会潮流与社会心理等内容。这里仅聚焦于社会的物质丰裕程度与社会风气这两点进行简要分析。“仓廪实而知礼节，衣食足而知荣辱。”这一话语充分体现出社会物质丰裕程度对个体品德发展的影响。据此可言，社会的物质越丰裕，越有可能有助于学生品德的良好发展。社会风气主要从两个方面发挥影响：一是社会风气的性质。也就是，社会风气的好坏会对学生的品德发展产生积极或消极的影响。具体言之，如果社会风气是好的、善的，那么它对学生品德发展的影响多是积极的。如果社会风气是坏的、恶的，那么它对学生品德发展的影响则多是消极的。二是社会风气的多元化程度。在社会风气较为单一的情况下，学生受到的影响较少，容易发展出适宜的品德。而在社会风气较为多元的情况下，学生可能因为受到多种甚至相互冲突的风气的影响，其品德发展的速度、方向都可能出现一些“混乱”的情况。当然，社会丰裕程度、社会风气与学生品德发展之间的关系并非如此简单、绝对的对应关系。例如，社会物质丰裕也可能对学生的品德发展产生一些消极的影响。正如有的研究者所指出的那样：“在物质丰裕的时代，精神的贫乏可能会空前地凸显出来。”① 由上可见，在学生生活的宏观环境中，影响学生品德发展的要素众多，且具体的影响也是多种多样的。

中观环境是影响范围稍小于宏观环境的一种环境类型。对于学生的品德成长而言，中观环境中的影响要素主要有社区、大众传媒两类。社区是进行一定的社会活动、具有某种互动关系和共同文化维系力的人类群体及其活动区域。作为宏观环境与微观环境的重要联结点及个体成长的场所，社区深刻影响着学生的品德发展。它主要以较为真实、具体、鲜活且具有一定互动性的方式对学生品德的发展产生影响。具体而言，学生在社区生活中不仅可以感受到社区的风气，参与社区的诸多互动，还可以看到社区成员的行为以及其他社区成员对各种行为的评论。在这个过程中，学生自然会对道德观念、道德行为有所思考，并形成、改变或调整自己的道德认知、情感、行为。随着信息技术的不断发展，大众传媒在学生日常生活中发挥的作用也越来越大，并在一定程度上成为学生生活的“场所”。大众传媒从诸多不同层面影响着学生的品德发展。例如，在技术层面，大众传媒可以改变学生的认知方式，进

① 这是檀传宝教授在第三届“长三角地区中小学德育创新论坛”（2020 年 12 月 10 日—12 日）上所做的主题演讲，整理、修改后成为“新时代立德树人理论探索书系”的总序。孔祥渊．网络社会中青少年社会规范认同研究［M］．杭州：浙江教育出版社，2021：2.

而影响学生的道德认知；在技术所营造的生活层面，大众传媒可以给学生生成一种“拟态社区”“虚拟社区”，改变学生对自我与他人、自我与社会之关系的认知，进而影响学生的道德情感与道德行为。

微观环境是指与学生品德发展密切相关的环境。微观环境中影响学生品德发展的主要有家庭、学校、班级、同辈群体四类环境。家庭是维系人类延续最基本的社会单位。人类活动中生物的、心理的、社会的关系也在家庭中体现得最为充分、集中。在学生的品德发展过程中，家庭的影响是深刻、持久的。一般情况下，家庭成员的道德观念、行为会影响学生对道德的认知、理解与践行。家庭关系的和谐程度会影响学生对特定道德观念的接受与认可程度。学校是学生日常生活的重要场所。学校的制度、风气或能给学生的品德观念、行为以引导、规范，或能给学生的道德情感以陶冶、激励，以多种具体而微的方式直接影响着学生的品德发展。班级是学生学校生活的主要场所，为学生之间、师生之间的面对面交往、频繁互动提供了便利场所。班级的风气、人际关系等都会对学生道德发展的性质、取向、状态以及速度等多个方面产生影响。同辈群体作为影响学生品德发展的一个要素，因具有平等性、开放性等特征而对学生的影响尤为显著。一般认为，同辈群体是指处于某一特定年龄阶段的人所组成的人群集合体。它往往是基于一定的兴趣、爱好和价值观念而形成的，具有共有的价值体系和特定的表达体系。同辈群体可以通过显性或隐性、示范或强制的方式影响学生的道德发展。例如，同辈群体内部可以形成一种行为模式，以此影响同辈群体成员的日常行为及道德行为。

第三节　学校德育中的师生关系及其建构

一般而言，师生关系是教师和学生在教育活动过程中，通过相互作用而形成的一种特殊人际关系。在学校德育过程中，师生关系不仅作为一种要素影响着德育对象的品德发展，有时还可以成为一种德育资源影响着学校德育的整体开展。长期以来，人们都非常关注师生关系这一话题，并在师生关系的基本模式、良好师生关系的特征及其建构等方面进行过很多讨论。

一、师生关系的基本模式

师生关系的基本模式受到多方面因素的影响，如社会结构、代际关系、师生的具体互动等。在不同的时代、情境下，师生的教育位置、互动方式等具有不同的构成要素、基本特征等。整体而言，师生关系的代表性模式可以分为如下三种：

1. 权威型师生关系

权威型师生关系的主要特征是教师或学生单方面掌握了师生关系的绝对主导权，成为整个关系运作及走向的唯一主导者。在现实的学校德育中，这种类型的师生关系主要表现为教师权威型的师生关系，即在师生关系中，教师处于绝对的主导地位，对学生具有极强的权威性，管理学生的一切事务，主导整个师生关系的状态，学生则完全处于被动接受的地位。

总体而言，权威型师生关系具有一定的优点。例如，这类师生关系可以更好地贯彻主导方的观念，使主导方的意愿得以充分展示，并促使学生的各方面得到有效发展。有时，被主导方在部分层面也能得到较好的发展。但总体而言，权威型的师生关系具有诸多明显的缺点。例如，这类师生关系使得师生的某一方受到压制，不利于双方的长远发展。以长期受到人们批判的教师权威型师生关系为例，这一形式的师生关系一般会使学生的积极性、主动性受到压抑，容易让学生遭受年龄歧视，且容易让学生成为懦弱、两面三刀的人，无法健康发展。实际上，这种师生关系也不利于教师的健康、长远发展。这是因为教师在这种师生关系中可能逐渐成为过于重视权威、过于独断的人。

2. 放任型师生关系

放任型师生关系的主要特征为师生互动较少，或者师生关系仅在德育中体现为制度规定、工作安排上的关系。在这种师生关系中，教师一般仅仅按照学校最基本的要求与学生进行交往、产生互动。对于某些教师或者某些情境下的教师而言，他们只是形式性地开展德育工作、与学生进行交流，而非实质性地与学生互动。在学生心目中，这类教师只是学校里的“一名”教师而已。或者说，学生与教师的交往，更多是遵从学校制度、工作安排的被动、形式交往，而非主动、实质交往。这种师生关系可能有一些优点，如教师工作量较少，个别学生可以获得自由自在的发展，等等。但这种师生关系弊大于利，如学生因缺乏引导而无法正确、快速、适宜地发展，学校教育氛围、人文氛围缺失，师生的关系较为淡漠，教师的职业倦怠感严重，等等。

3. 民主型师生关系

一般认为，民主型师生关系表现为教师既尊重学生，同时又严格要求学生，在发挥学生主体性的同时又给予其合理的引导；教师与学生的关系是平等的、相互促进的。这既是对民主型师生关系形式上的描述，又是对其实质上的要求。考虑到现实的教育生活，为促使民主型师生关系的建立，相关主体需要防范两个误区：一是“时时刻刻的民主”。民主型师生关系指的是师生关系的主要内涵及基本取向是民主的，而非时时刻刻处于民主状态之中。例如，在商讨、决定一件事情的时候，师生可以民主讨论、协商、做出结论，但是在执行某件事情的时候，师生之间必须具有主导方才能落实民主的决议，推动事情的进展。二是“伪民主”。依据“伪民主”成因的差异，它可以分为两种形式：因学生左右而形成的“伪民主”，即民主的暴力；因教师影响而形成的“伪民主”，即教师控制下的民主。这两种形式仅仅借鉴了民主的表现形式，并非真正的民主。关于真正的民主型师生关系，当前人们对其抱有积极的看法，认为它是一种理想的师生关系，能够促进师生的健康、长远发展。

拓展阅读

全民公决：搜身找笔

这是2002年11月29日《成都商报》上的一则报道，内容如下：

“爸爸，什么叫‘心理变态’?”27日市中心某小学六年级（1）班的小龙放学回家后，给爸爸出了道“名词解释”。“这是一句骂人的话。”小龙的问题令爸爸吃惊不小，但他接下来的讲述更令爸爸吃惊……

小龙说，当天上午第二节课结束后，班上一名女生向班主任张老师报告，她新买的一支红色签字笔不见了。张老师当即让班上所有同学回到教室，要求拿了笔的同学将笔交出来。没有人站出来认错，张老师便骂班上有些同学“心理变态”。同学们顿时议论纷纷，一个女生说：“张老师，我没有拿这支笔。”其他同学也忙向老师表明自己的清白。张老师打断大家，并说：“你们说没有拿，有什么证据?”大家哑口无言，谁也找不到“证据”。这时有同学说：“我们今天就搜一下，看谁藏了这支笔。”这个提议得到其他同学的赞同。张老师沉默了一会儿说，搜身是不对的，但为了把这事弄清楚，请大家说说该怎么办。有同学举手：“就搜!”张老师没有吱声，其他同学最终都把手举了起来。于是，班上的同学都将书包放到课桌上，双手举起来。张老师让上次掉笔的同学和刚掉签字笔的同学一个翻看同学的书包，另一个掏同学的口袋，逐一开始搜笔。由于张老师怀疑签字笔可能是哪个女生拿走的，班上的女生就成了重点对象。据六年级（1）班的小丁说，第三节课下课了，签字笔还是没有被搜出来，有些同学想上厕所。为了防止有人乘机将笔扔进厕所里，张老师还让其他同学跟到厕所，“监视”上厕所的同学……

这篇报道的标题是“全班公决：搜身找笔”。对着这标题我沉思良久。也许在这位教师看来，“公决”无疑是最“民主”的，因为这种方式体现了全班学生的“公意”——我相信，肯定有相当多的学生是真诚同意“搜身找笔”的，但是，建立在无知基础上的任何公决都不是真正的民主。民主的前提是公民信息的充分知晓，并且拥有比较权、选择权。比如，这个班的学生早就应该被告知任何理由的搜身都是违法行为，被搜身者都有权拒绝！

——李镇西．民主与教育：一个中学教师对民主教育的思考［M］．桂林：漓江出版社，2007：150－152.

二、良好师生关系的特征

对于何谓良好的师生关系，良好的师生关系有哪些特征，教育研究者见仁见智，教育实践者的认识也较为多样。这里主要从“师”“生”双向互动的角度，阐述良好师生关系的特征。

1. 相互独立

相互独立指的是师生关系是由两个独立的个体建立的关系，师生并不存在人身依附情况。在教育生活中，这主要表现为学生的独立与教师的独立。学生的独立是指学生可以寻求教师的指导、帮助，但不能依赖教师，时时、事事让教师为自己做决定，而是应该努力尝试自立、自主、自强。教师的独立则表现在两个方面：一是正确面对学生，不要求学生是“听话的孩子”。这就要求教师把学生当作一个独立的个体看待。二是教师需要正确地进行自我定位，不依赖学生。这要求教师将自己作为独立的个体看待，不能将自己的事业、荣誉甚至生命置于学生之上，把学生当成实现自己利益的工具。

拓展阅读

迁就的爱

我的一个学生叫吕冰川，是一个单亲家庭的孩子，父母离异后，他随母亲一起生活。他母亲的单位经济效益不好，尽管加班加点地工作，每月工资仍不足400元。没有房子，他母亲单位的领导给了一间厂房，母子二人春夏秋冬就住在这里。夏热冬寒，日子过得很苦。这些情况是我在翻阅孩子们填写的成长册时了解到的。

小冰川在班上学习成绩属于上游。我从内心萌发了一个念头，一定要帮帮这个孩子，帮他摆脱困境。于是，我就给小冰川准备了学习用品和衣服。有时还叫小冰川和我一起吃饭，一起聊天，给他创造一个宽松的环境，并经常用温暖的话语感动他、激励他。小冰川也知道我在他身上投入的爱。我十分希望我的关爱和呵护，能使小冰川懂事，在班上活泼地、努力地学习和生活。有时，发现他的一些缺点，我也只是轻描淡写地说说而已，生怕哪句话伤了他的自尊。我对待小冰川唯恐爱之不深、护之有疏，唯恐伤着他的自尊心。可是，小冰川在这样的“关爱”和“呵护”下，在班上的表现却越来越不尽如人意，在他身上经常发生一些不该发生的事。例如：他与同学相处时显得有些“野蛮”，还顶撞老师，在校外结交了一些不三不四的朋友，学习成绩也下降了。面对小冰川的不良表现，我本该以严肃的态度对他晓之以理，但每次把他叫到面前，一想到他从小到大真不容易，便不忍心再说什么指责的话了。殊不知，这样一来，小冰川根本没有认识到自己的问题，也没有向好的方向转化。看来，这样的“爱”对他没有好处可言。

——严育洪．“事”说师生关系［M］．3版．北京：首都师范大学出版社，2012.

2. 相互尊重

相互尊重是指教师和学生要尊重对方的人格及其扮演的角色。一方面，教师与学生均为平等的个体，具有独立的人格尊严，师生双方要相互尊重对方的人格。另一方面，教师与学生是德育活动中的基本角色，对于这两个角色所蕴含的各种社会价值诉求，师生均应予以尊重。例如，学生角色在教育生活中享有一定的权利，教师应该予以尊重；同样地，对于教师角色所享有的权利，学生也应该予以尊重。与此同时，教师与学生在教育生活中还可能扮演着特定的角色，如班主任、学科教师、班长、值日生等，这些角色有着特定的社会意涵，对于教师或学生而言，也具有重要的意义。因此，对于诸如此类的角色，师生双方也应当给予彼此相应的尊重。

3. 相互理解

相互理解指的是师生双方要尽可能站在对方的立场去看待、思考彼此的所作所为，并对这些所作所为给予共情性的理解。与教学工作相比，德育活动中师生的特殊性之一是：教师和学生均是带着道德观念甚至一套较为完整的道德模式进入德育活动的。而且在很多时候，师生身上的道德模式并没有高低之分。这自然需要师生之间的相互理解。从较为直接的层面看，师生需要对彼此的价值观念、行为方式进行理解。在师生进行交往的时候，教师最早接触的是学生的行为方式、价值观念等，对于这些内容上体现出来的差异，教师首先需要尝试着厘清这些行为方式、价值观念是什么，而不是斥之为“古板”“不合时宜”或“不懂事”“不正经”等。从较为间接的层面讲，师生需要对彼此的人生经历及所处位置进行理解。也就是师生需要对彼此的人生经历有基本的了解，并结合时代背景、个人际遇等分析对方人生经历的合理性。同时，师生需要对彼此所处的位置进行思考，了解其相应位置的各种期待、要求、压力、喜悦等，尽力感受彼此所处位置的意义。间接理解有助于师生之间的直接理解，因而也构成师生理解的重要组成部分。

4. 相互包容

相互包容是指师生需要对对方那些未触犯原则和底线的价值观念、行为体系等予以包容。在这方面，教师对学生的容忍主要体现为容忍学生的发展性与未完成性，这需要教师对学生未能及时、快速掌握知识以及在道德成长等方面未能立竿见影表示宽容；容忍学生的不成熟性，这需要教师对学生偶尔犯错误及在错误改正中的反复现象表示宽容；容忍学生的冲动性，这需要教师对于学生某些过于激进的观念、行为等表示宽容；等等。学生对于教师的宽容主要体现为容忍教师偶尔的失误，这需要学生对教师在工作过程中的一些不熟练甚至纰漏表示宽容；容忍教师的某些职业病，这就需要学生对教师的“啰唆”“好为人师”等表示宽容；等等。需要注意的是，相互容忍与相互理解相比，前者更注重行动性，即理解仅停留在理念层面，而宽容则需要师生付诸具体的行动。

5. 相互促进

相互促进指的是师生需要相互教育、相互督促，使双方都能得到发展与进步。在“读书”方面，师生的相互促进体现为教师需要系统、准确地给学生传递道德、道德践行的有关知识，并促进学生理解、掌握相关的知识体系；学生则在接受知识传授的同时，对教师进行各个方面的反馈，如德育方法、知识更新等，促进教师不断提升教育教学能力或对自己的知识体系予以更新。在“做人”方面，师生的相互促进体现为教师需要传递做人做事的相关知识与能力，促使学生成为一个思想品德、政治素养及其他社会意识发展均较为完善的人，成为具有独立个性并被社会需要的人；而学生也要督促、反哺教师，为教师提供时代变迁、学生变化等方面的具体信息，也让教师成为一个保持独立个性同时更适应社会发展的人。

需要注意的是，由于师生双方在年龄、心智成熟度等方面的差异，良好的师生关系虽是“相互”的，但在诸多场合下，教师需要付出更多。因此，不能简单地要求学生与教师承担同样、同等的责任。在中小学阶段，教师作为成年人，实际上处于师生关系建构、发展、变化的主导位置。这里需要提醒的是，由于地域发展现状、社会上各种力量参与学校德育程度、各种参与力量水平的差异，各个地域的师生关系也呈现出不同的样态。例如，学生自身的素质与能力、家长对于学校德育的参与及家长的学历、能力等，在很大程度上影响着师生关系的具体状况。

三、师生关系的影响因素及良好师生关系的建构

在学校德育过程中，应该采取哪些举措建构良好的师生关系？在具体回答这一问题前，我们首先需要对影响师生关系质量的因素有所了解。

（一）师生关系质量的影响因素

从整体上看，影响师生关系质量的因素是多种多样的，如学生、教师、家长、社会大众、学校文化、家庭环境、社会环境、大众媒体等等。这里重点从教师、学校文化、社会环境三个部分进行分析。之所以未将“学生”因素进行分析，主要是考虑到本书的读者主要为教师、准教师或者相关人员。

1. 教师

教师是师生关系的重要主体，会影响师生关系的状况。具体而言，教师对师生关系的影响主要有四个层面：一是教师的教育教学能力及水平。教育教学是教师的本职工作之一，也是学生认识教师的重要途径。教师的教学态度、能力及质量等影响着学生对教师的感知及评价，进而影响着师生关系。与年级段较低的学生相比，年级段较高的学生更为重视教师的教学水平。二是教师对待学生的方式及态度。教师如何对待学生深刻影响着学生对教师的认知、评价等。一般情况下，如果教师以较为公正、民主、尊重的方式对待学生，那么学生也会给予同样的反馈，并建立良好的师生关系；反之，师生关系往往较差。三是教师个人的道德水平。教师个人道德水平的高低影响师生关系的好坏。通常情况下，学生更愿意与道德水平较高的教师交往，道德水平较高的教师也更容易建立良好的师生关系。四是教师的人格因素。教师的性格、气质、兴趣、知识结构等是影响师生关系的重要因素。一般情况下，那种性格开朗、气质优雅、兴趣广泛的教师较受学生欢迎，学识渊博的教师较容易受到学生的喜爱。

2. 学校文化

班级及学校的人文环境、物质环境等会对师生关系的质量产生影响。从人文环境来看，学校/班级风气的良好程度、人际关系的和谐程度、学校/班级的管理方式等，会对师生关系产生影响。例如，如果学校/班级人际关系较为融洽，那么这往往会为良好师生关系的形成打下良好基础；如果学校/班级采用一言堂的管理风格，那么师生关系也往往较为对立，难以建立起良好的师生关系。从物质环境来看，学校/班级的物品摆设及其形式也会在一定程度上影响着师生关系的质量。例如，我国中小学课桌摆放多呈“秧田式”，教师讲台置于块状空间的正前方，这种格局在很大程度上阻隔了师生之间以及生生之间的交往，不利于良好师生关系的建立。

3. 社会环境

社会环境对师生关系的影响主要体现在两个方面：一是社会自身的结构。如果整个社会是一个民主、自由、和谐的社会，那么在这种社会环境中，作为个体的教师与学生往往会受到此类观念及氛围的影响，倾向于建立一种较为理想、和谐的师生关系。但如果社会关系是较为紧张的，那么师生关系将不可避免地带上类似的特征。二是社会大众对教育、教师的认识、评论等。社会大众对教育活动的认识及评论会影响学生家长和学生对教育、教师的看法与观念，进而影响师生关系。大众传媒是社会环境的重要反映者与营造者。如果大众传媒传递的师生关系信息为积极的、正面的，那么人们对学校、教师、师生关系等往往抱有较为美好的看法，这将有助于良好师生关系的建构；反之，则不利于良好师生关系的建构。例如，当前部分大众传媒对教师的“妖魔化”影响着家长、学生对教师形象的认知及判断，进而不利于良好师生关系的形成。

（二）良好师生关系的建构

师生关系受到多方面因素的影响，因此，良好师生关系的建构也需要多个主体的协同努力。这里仅聚焦于教育活动中的主要主体——教师、学校、教育行政部门，阐述良好师生关系建构的基本措施。

1. 教师方面

第一，教师需要了解学生，并树立正确的学生观。了解学生是建立良好师生关系的重要前提。教师要与学生有共同语言，以确保其教育影响深入学生的内心世界，这就要求教师必须了解和研究学生。具体而言，教师需要了解学生生活的时代背景、家庭环境、个人成长经历、性格特征、兴趣爱好、知识水平、学习态度和方法等。此外，教师还应该树立正确的学生观。教师的学生观影响着教师对学生的假设、认识，进而影响着教师对待学生的方式。例如，如果教师将学生视为自己的附属物，往往会形成权威型师生关系；而如果教师将学生视为平等的个体，则较容易建立民主型师生关系。

拓展阅读

班主任应理性地对待数据

近年来，人们逐步认识到一线教师掌握数据在改善教育教学方面的积极作用，并鼓励甚至要求教师收集、运用数据。诸多班主任顺应这一潮流，尝试着使用数据进行班级建设与管理，并取得了一些积极效果。但在这个过程中，班主任对待数据的态度可能不够科学、合理。这主要表现为两个问题：一是数据收集的“盲目性”。一些班主任在收集数据时，一般是跟着“别人走”（可能是专家，也可能是同行），自己的思考相对较少，体现出较强的“盲目性”。二是数据使用的“摆设性”。一些班主任在进行班级发展规划的过程中收集“数据”，但并未过多思考自己所调查数据与所要设计的班级发展规划之间的应有关系。总体言之，班主任运用数据的现状体现出他们对待数据的基本态度是“非理性”的。

因此，班主任需要理性地对待数据，具体可以在如下四个方面予以注意：

第一，班主任需要不断提醒自己为什么要收集数据。收集数据是手段而非目的，切勿将手段转换为目的。这是班主任在收集数据时要进行的自我提醒。一般情况下，收集数据的目的是更好地了解班级、建设班级、促进学生的健康发展。

第二，班主任需要不断明确自己要收集哪些数据。一般情况下，收集哪些数据受到两个方面的制约：一是自己的具体目的。收集数据可能是为了解决班级现存的问题，明确未来的发展方向，思考进一步促进学生发展的方式，等等。目的指向不同，收集的数据也就会有所差异。因此，班主任需要基于明确、具体的目的，不断明确自己要收集哪些数据。二是自己所面对班级的实际情况。自己班级所处的学校、学段、年级等，同样在很大程度上影响着所要收集的数据的具体内容。具体言之，即使为了同一个目的，不同学段、年级的班主任面对自己的班级，所要收集的数据也会有一定的差异。

第三，班主任需要认真思考数据收集的具体方式与具体使用。与一些研究者收集数据有所不同，在数据提供者眼里，班主任不仅是数据的收集者、使用者，还是数据的回应者。在这种情况下，部分数据提供者可能出于各种考虑，提供一些“不实”的数据，影响着数据的真实性与可利用性等。因此，班主任需要认真思考收集数据的具体方式。此外，班主任还需要认真思考如何具体使用已经获得的数据。例如，在收集数据之后，班主任需要对数据进行细致分析、仔细思考，并充分将其作为班级建设的依据，直接运用到班级建设中。

第四，班主任需要仔细了解并严格遵守数据收集与使用的伦理。为了避免数据的收集与使用给相关主体带来伤害，班主任需要进行两个方面的工作：一是借助书籍、讲座等方式，仔细了解数据收集、教师数据收集方面的相关伦理规范。二是在收集数据的具体过程中，班主任应当提醒自己严格遵守伦理规范。

——孔祥渊．班主任应理性地对待“数据”[J]．班主任，2022（7）：12-14．（有删改）

第二，教师要提高交往、沟通技能，公正、合理地对待学生。对于良好师生关系的建立，沟通和交流是极为重要的。有时，良好师生关系难以建立，恰恰是师生沟通不足、不顺畅造成的。例如，教师不能有效、适宜地传递自己的想法，导致学生误解，进而破坏师生关系。因此，教师需要在这个方面进行努力，不断提升自己的交往、沟通技巧。同时，教师在对待学生的时候还需要公正、合理。所谓公正是指教师在面对全体学生的时候，应该秉持公正的观念，对学生一视同仁。所谓合理是指教师对待学生需要根据具体情境，采取较为适宜的方式。例如，对待犯错误的学生不能一味宽容，而应在尊重的基础上给予合理的引导甚至惩罚。

第三，教师要全面发展自我，提高自我修养。如前所述，教师良好的人格特质、知识储备、教育教学能力等均会影响良好师生关系的建立。因此，教师需要全面提升自我，让自己的人格特质更有魅力，知识储备更为丰富，教育教学能力不断提升，以有趣、知识渊博等特质吸引学生。此外，教师还需要不断提高自我修养，增强可亲近感。

2. 学校方面

第一，学校需要关注教师的生活，为其营造良好的工作环境与人际氛围。作为师生关系中的重要一方，教师的生活状态、幸福程度在很大程度上影响着师生关系的质量。正如一些教育实践者所指出的那样：一个学校，如果教师不幸福，那么学生也难以幸福。可以说，教师的生活幸福度、满意度不高，他们就很难在教育教学活动、师生交往活动中保持良好的心情，并建构良好的师生关系。而当教师对生活较为满意、对学校的工作环境及人际氛围较为满足时，他们往往会用积极的心态去进行教育教学活动，建立良好的师生关系。从这个意义上讲，学校应该对教师予以较多的关注，关心他们的日常生活及工作生活，并为他们营造良好的工作环境与人际氛围。

第二，学校应当公正处理教师与学生之间的冲突和矛盾。在师生关系中，学生希望得到公正的对待，教师也同样如此。这主要体现为师生发生矛盾、冲突时，教师期待学校能够公正地对待自己。学校公正地对待教师与学生之间的矛盾，一方面是尊重当事教师，让教师得到较为合理的对待，这会鼓励当事教师更为理性、正确地建立师生关系；另一方面则是为其他教师和学生提供示范，让教师、学生对自己的权益、行为等有着较为正确的认知。当前，学校在处理师生关系中的问题及矛盾时，存在着牺牲教师利益、迁就学生的现象，短期来看，可能仅仅是部分教师受到“委屈”，且让学生得以满足；但是长期来看，这种处理会导致学生的“无法无天”以及教师的“消极避让”，不利于良好师生关系的建立。

第三，学校需要建立各方交流的平台，调动多方面社会力量促进良好师生关系的建立。由于师生关系的建立受到其他社会关系的影响，所以学校可以建立相关的平台，促进社会各方与教师、学生进行交流，充分了解教师、学生及师生关系的现状，并在此基础上调动他们的积极性，促进良好师生关系的建构。

3. 教育行政部门方面

社会环境对师生关系的优劣具有很大影响；对于教育系统而言，教育行政部门在此方面需要做出一定的努力。

第一，教育行政部门严格执行相关的法律法规，并根据师生关系的现实状况，出台相关的管理规定。当前，诸多法律制度中规定了师生关系的相关内容及处理办法，对此，教育行政部门可以在权限范围内，依据相关法律制度的要求，处理现实生活中的师生关系问题。同时，教育行政部门还需要依据当前师生关系的具体状况出台相应的管理办法。

第二，教育行政部门需要为学校提供支持。目前，学校在处理师生关系时往往受到社会各方力量的影响。在这种情况下，单独的一个学校难以协调多方力量。因此，教育行政部门应该为学校提供平台、制度、资源、人力等方面的支持，为学校处理师生关系提供良好的保障。

本章小结

德育主体与对象是学校德育活动中的“人”之元素，深刻影响着学校德育活动的开展。本章主要阐述了三个方面的内容：第一，本章厘定了德育主体的内涵，分析了德育主体的类型，并重点梳理了德育主体素养的结构、基本内容，以此为基础，进一步介绍了德育主体素养的培养策略。第二，本章立足于心理学和社会学，梳理了这两个学科中关于德育对象品德发展的理论、思想及相关研究。从社会学方面，本章主要介绍了传统社会学视角和新童年社会学视角下的学生道德发展，并梳理了学生品德发展的主要影响因素。在心理学方面，本章主要介绍了道德认知发展理论、精神分析理论以及社会学习理论视角下学生品德发展的特征。第三，本章梳理了学校德育过程中师生关系的类型、良好师生关系的基本特征，并在此基础上提出建构良好师生关系的基本策略。

思考题

1. 德育主体包括哪些？如何提高德育主体的专业能力？
2. 请根据本章的知识，总结德育对象品德发展的基本特征。
3. 请结合本章的知识，谈谈如何根据实际情况建构良好的师生关系。

参考书目

1. 檀传宝．先生之德风［M］．北京：北京师范大学出版社，2022.

2. 孔祥渊．网络社会中青少年社会规范认同研究［M］．杭州：浙江教育出版社，2021.

第六章

学校德育形态

学习目标

通过本章的学习，了解学校德育的主要形态，知道学校德育的学科形态、活动形态和隐性教育形态的基本特点、功能与实现途径。能够在准确理解每种德育形态的基础上，有针对性地开展相应的德育活动，营造良好的德育生态，促进学生品德的健康成长。

了解学校德育形态是做好学校德育的基本前提。当前，德育实效不高的一个重要原因就在于，人们对学校德育形态的了解存在着诸多片面之处，往往只重视某种德育形态而忽视了其他德育形态的存在。比如，很多人眼里的学校德育主要就是德育部门开展的活动、班主任工作、校园文化等。这些毫无疑问是学校德育非常重要的组成部分，但如果将学校德育仅仅局限在这些看得见、摸得着的德育形态的话，那么，这将不可避免地会导致学校德育的窄化。因此，学习和了解学校德育的主要形态具有十分重要的实践意义。

根据不同的划分标准，学校德育可以划分为不同的形态。如果以德育的意图是否明确表达出来为依据，学校德育可以划分为直接德育和间接德育；如果以德育的组织形式为依据，学校德育则可以划分为学科德育与活动德育；如果以德育的存在方式为依据，学校德育则可以划分为显性德育与隐性德育。本章主要根据学校德育的载体的不同，将德育主要分为学科形态的德育、活动形态的德育以及隐性教育形态的德育三种。

第一节　学校德育的学科形态

学校德育的学科形态主要指的是，学校以学科为载体来实施的德育活动。

根据学科所承载的核心教育目标的不同，学校德育的学科形态又可以划分为两种主要类型：一是专门的德育学科课程，二是非专门化的学科德育。前者主要指那些以培养学生思想道德为直接目标的学校课程，如义务教育阶段的“道德与法治”课程；后者则是指那些不以学生思想道德培养为直接课程目标，但是客观上有助于其品德发展的学科课程，如“数学”“语文”等课程。

一、德育学科课程

一般而言，人们关于课程的理解主要有广义和狭义两种视角。从狭义的角度看，课程主要指的是学校正式开设的教学科目的总和及其开设的顺序、学时分配等。而从广义的角度看，课程则被视为一切对学生身心发展产生教育影响的因素的综合。这里讲的德育学科课程中的课程，主要是狭义的课程，即学校正式开设的、以培养学生思想道德发展为课程目标的德育科目及其进程。德育学科课程是学校德育实施的主要途径，在整个学校德育工作中具有非常重要的作用。

1. 德育学科课程的特点

德育学科课程旨在培养学生掌握一定的道德价值与规范及其体系，激发学生的道德情感，培养学生良好的道德信念和道德行为。德育学科课程在教学目标上不同于一般学科课程的关键点在于：它不仅要传授一定的道德知识，更重要的是要培养学生形成对这些道德知识的正确态度，激发其道德行为的动机。一般来讲，专门的德育学科课程都有明确的德育意图。在专门的德育学科课程中，教育者和学生都对德育的意图有明确的认识，即都充分意识到自我所参加的德育活动的德育目标。因此，德育学科课程都是在教育者有意识的组织中具体开展的，活动的形式带有鲜明的设计意图，而不是自发开展的。

总体而言，德育学科具有以下特点：

第一，德育学科课程的目标主要是价值观念的确立、态度的转变以及正确道德信念和道德行为的形成，这是评价德育学科课程效果的重要标准。如果德育学科课程变成一种纯粹的知识教学，那么，这种德育学科课程从根本上来说就是无效的。从已有的实践层面来看，德育学科课程存在的最大问题就是过于知识化。

第二，德育学科课程目标的特殊性决定了其必须高度尊重教育对象——学生的主体性。由于德育课程主要诉诸学生的道德情感、道德信念等价值观层面上的改变，因此，它就不可能不以发挥学生道德学习的主体性为基础。

一般知识或是技能的学习在外在强制力量的规训下或许能够取得一定的效果，但是，没有学生主体的高度参与与认可，德育课程的目标是难以实现的。因此，学生在德育课程中的主体性发挥程度将是评价该课程有效性的又一重要指标。这一指标可以具体表征为学生在德育课程中的情感的唤起、课堂的参与程度以及学生对特定问题的批判性和反思性机会等。

第三，基于学生主体性在专门德育课程目标达成中的重要作用，在教育内容和方法的选择方面，就必须围绕如何发挥学生主体性这一要求来进行。总体而言，教育内容要贴近学生的生活实际，能够引发学生的情感共鸣；教育方式要避免单纯的“满堂灌”和强制灌输，应通过讨论、辩论、角色扮演等多种渠道创设各种道德情境，激发学生参与课堂的积极性。另外，活动对德育课程目标的实现具有十分重要的作用。德育课程的最终目标要落实到学生具体的道德行为的养成之中，没有必要的实践锻炼，学生的道德行为很难形成。

2. 德育学科课程的作用

德育学科课程的最大优势就在于，它可以直面学生道德成长中的现实问题，进而开展直接的、有针对性的、系统的教育，减少学生在自我摸索过程中容易出现的道德偏差。特别是对于复杂的道德问题，专门的德育课程可以系统地向学生解释特定的道德价值，引导学生认同特定的道德规范，从而促进学生品德的健康发展。同时，由于直接德育有专门的人员负责，因而，其德育的专业性程度相对较高，可以确保德育的有效开展。正因如此，专门德育学科课程在当代社会受到越来越多的重视。

自 20 世纪 80 年代开始，美国掀起了一场品德教育（character education）运动。这场运动最大的特征就在于，反对将直接德育认定为一种强制的道德灌输，主张对学生开展直接的、正面的品德教育。这实际上是对专门德育的高度肯定。

拓展阅读

1990 年秋天，里莫克（Limerck）和其他 24 所洛杉矶联合学区（LAUSD）学校发起了一场包括以下要素的品德教育运动，强调学校德育要做到：

（1）直接教导（direct instruction）。学校不能认为语言、观念、行为和良好品德的技能能够书写在基因密码中，能够在家里，通过电视、邻里习得，或者通过看不见的一系列普通课程汲取。就像算术一样，诸如尊敬和责任之类的品德教学必须是有目的和直接的。学生应该看见和听见这些词语，理解它们的意思，能够确认合适的行为并在实践中使用这些美德。

（2）基于语言的课程（language-based curriculum）。今天的孩子进入学校时经常缺乏对于诸如诚实和勇气之类的基本价值观念理解的词汇。甚至当他们能定义这些价值时，他们仍不能将这些价值和他们的行动联系起来。成功的品德教育项目应该将学生的注意力集中在那些能够表达核心概念的基础语言上，并将这些词语与他们的特定行为联系在一起。

(3) 正面的语言 (positive language)。假如学生准备做某事时，他们必须知道人们对他们的期待。因此，像不要迟到、不要忘记带铅笔之类的反面语言要用准时、做好准备之类的明确的正面语言表达出来。

(4) 内容和过程 (content and process)。除了教授大家一致认可的公民美德，一个有效的品德教育课程应该在学生进行决定的时候提供他们使用这些美德的程序。

(5) 可视性强化 (visusal reinforcement)。品德教育与我们社会中存在的各种敌意的愿望、资讯和压力做斗争。实际上，将那些能够发挥作用的品德价值进行一种可视化的展示，主要是为了维持和重新唤起学生对其在课堂中所学到的语言、观念和行为的重视。

——班建武．美国的品格教育运动及其对我国德育的启示 [J]. 外国教育研究，2005 (6)：32－36.

实际上，包括我国在内的整个东亚儒家文化圈向来就有高度重视专门德育课程的教育传统。我国在专门德育课程建设方面形成了国家—地方—学校三级德育课程体系。其中，国家德育课程[①]在整个学校德育课程体系中居于核心和主导地位，地方和学校层面的德育课程是对国家德育课程的有益补充。

当前，国家德育课程相比于语、数、外等所谓的“主科”而言，基本上处在比较边缘的地位。其突出表现就是，德育课经常被其他学科以各种理由“侵占”，德育课基本上是一门任何人都可以“胜任”的课程。这一点在小学表现得尤为明显。在很多小学，德育课教师中有相当一部分是其他学科的教师。德育课的这种边缘化地位固然与学校“重智轻德”的教育思想有着十分密切的关系，但是，学校在宏观上对国家德育课程定位过低则是影响德育课程地位的直接原因。

国家设立德育课程的根本目的是把它当作学校德育的重要组成部分，与德育活动、德育管理等等一起，共同致力于学生良好品德的发展。但是，在实际的学校教育中，国家德育课程在很多时候仅仅被当作与其他课程无异的普通课程来看待。这就导致国家德育课程在学校德育的整体架构中基本上处于一种缺位的状态，难以发挥其应有的育人功能。

① 我国基础教育阶段的专门德育课程主要包括：义务教育阶段的“道德与法治”课程和高中教育阶段的“思想政治”课程。

要切实提高这门课程的实际地位，关键是要能够从德育的高度对其进行定位，即国家德育课程不仅仅是一门具体的课程，更是一种重要的德育形态和德育组织形式。

在观念层面，要突破把国家德育课程仅仅当作普通课程来看待的局限，把这门课程上升到学校德育发展的重要促进力量的高度来认识。具体而言，学校应该在学校的宏观德育布局中，自觉将德育课纳入其中。实际上，将国家德育课程作为国家课程，一方面体现了国家对学生品德发展的整体要求，另一方面反映了学生品德发展的基本特点和需要。国家德育课程的内容，是建立在大量专家、一线教师的精心研究和深入思考的基础上的，具有很强的科学性。这就要求不仅德育课教师需要研究他们所教的科目，学校德育系统的管理人员也要自觉地研究和分析国家德育课程，从中寻找灵感，从而将学校的整体德育工作与国家德育课程的实施密切结合。在某种程度上，国家德育课程可以成为学校整体德育工作的核心和抓手，可以统整学校其他方面的德育工作。

在体制层面，需要做的一个重要变革就是，“道德与法治”“思想政治”等国家德育课程不仅仅要归于教学部门管理，德育管理部门也要参与其中。这一方面有利于学校德育在宏观层面上将教学、活动有机结合起来，另一方面也有利于增强“道德与法治”“思想政治”课教师的德育意识。实际上，这门课程的实施，单靠课堂是难以完成的，需要借助大量课外活动的支持。在这种情况下，如果学校德育管理部门了解这门课程的性质、任务和内容，那么，在学校德育的整体架构中，就可以自觉地安排一些与这门课教学任务相一致的活动。因此，需要学校在制度设计方面，增强德育部门与教学部门的有机联动，尤其是要增强德育课的德育属性，这是学校当前在德育管理体制上创新的重要任务。

3. 关于德育学科课程的争论

尽管专门的德育学科课程是我国学校德育的主要形态，但是，不可否认的是，人们对德育是否可以作为一门单独的学科去教授，有着不同的认识。反对开设专门德育课程的学者，他们的理由主要有：

第一，开设专门的德育课程，必然会导致教育上的强制灌输，使学生在德育过程中处于一种被动的地位，不利于其道德学习主体性、能动性的充分发挥。

第二，德育归根结底是实践的，专门的德育课程更多的只是“纸上谈兵”。德育不是知识性的学科。专门的德育课程有可能会演变为纯粹的伦理学讨论，不能够真正培养学生的道德品行。

第三，专门德育课程的开设不利于“三全育人”的真正落地。一旦学校开设专门的德育课程，就等于承认德育只是教授这门课程的教师的主要责任，其他学科教师在一定程度上就被排除在学校德育队伍建设的范围之外了。

第四，专门德育课程的育人效果难以评价。如何评价学生的品德发展，是开设专门德育课程难以解决的重要理论和实践问题。当前，关于专门德育课程的评价，大多采用的是一般知识性学科课程的评价方式，这显然是不能客观反映学生的品德状况的。

赞同开设专门德育课程的学者则认为，以上理由不能成为取消专门德育课程的依据。他们认为，开设专门德育课程具有如下意义：

第一，从科学性的角度看，专门的德育课程是建立在研究的基础上的，因而具有较高的科学性。尤其是国家德育课程，更是集全国专家之力，在充分调研和把握学生品德发展的身心规律的基础上研制出来的。因此，这样一门课程有助于学校提升自我德育实践的专业性。

第二，从现实性的角度看，专门的德育课程是确保学校德育必要时空条件的必然要求。虽然国家一直强调立德树人根本任务的落实，强调德育为首、德育为先；但是，在现实中由于教育功利主义的存在，学校、家长往往更重视分数与升学率。在这种情况下，如果不以国家课程的形式来推进学校德育工作，那么，学校德育就更容易被边缘化和弱化。

第三，从历史的角度看，我国一直都有强调直接德育的传统，并且直接德育在历史上也发挥了突出的育人作用。我国的德育应该建立在历史的基础上，不能轻易否定专门德育的积极作用。

第四，从教育方针的角度看，德育是全面发展教育中的关键环节，必须在学校课程中旗帜鲜明地进行德育。作为社会主义国家，我国要把对年轻一代思想道德的要求转变为专门的课程，这样才能更好地贯彻落实立德树人根本任务的要求。

以上两种对立的观点对于我们更好地促进专门德育课程的不断完善都有着非常积极的意义。反对开设专门德育课程的观点提示我们，专门德育课程的开设有不同于其他知识性学科课程的逻辑，不能完全按照其他学科的建设逻辑来建设专门德育课程。为此，需要深入研究专门德育课程的特点和育人规律，确保其内容、形式等各方面有利于学生道德学习主体性和能动性的激发，避免强制灌输。同时，要高度重视专门德育课教师的培养，切实提升他们的专业能力。而赞同的观点则提示我们，开展专门的德育课程不仅仅是学校课程体系建构的内在要求，更是国家教育方针落实的重要举措，要从立德树人根本任务的角度充分把握专门德育课程的意义。

拓展阅读

上好思想政治理论课的“八个坚持”（有改编）

推动思想政治理论课改革创新，要不断增强思政课的思想性、理论性和亲和力、针对性。

要坚持政治性和学理性相统一，以透彻的学理分析回应学生，以彻底的思想理论说服学生，用真理的强大力量引导学生。

要坚持价值性和知识性相统一，寓价值观引导于知识传授之中。

要坚持建设性和批判性相统一，传导主流意识形态，直面各种错误观点和思潮。

要坚持理论性和实践性相统一，用科学理论培养人，重视思政课的实践性，把思政小课堂同社会大课堂结合起来，教育引导学生立鸿鹄志，做奋斗者。

要坚持统一性和多样性相统一，落实教学目标、课程设置、教材使用、教学管理等方面的统一要求，又因地制宜、因时制宜、因材施教。

要坚持主导性和主体性相统一，思政课教学离不开教师的主导，同时要加大对学生的认知规律和接受特点的研究，发挥学生主体性作用。

要坚持灌输性和启发性相统一，注重启发性教育，引导学生发现问题、分析问题、思考问题，在不断启发中让学生水到渠成得出结论。

要坚持显性教育和隐性教育相统一，挖掘其他课程和教学方式中蕴含的思想政治教育资源，实现全员全程全方位育人。

——习近平 2019 年在学校思想政治理论课教师座谈会上的讲话节选。

二、学科德育

学科德育更多的是一个实践中使用的概念，它主要指的是除专门德育学科课程之外的学校其他学科课程所具有的德育功能。简言之，通过语文、数学等学科课程来开展德育即学科德育。学科德育这一概念的提出，主要基于这样一个基本事实，那就是所有的学科课程都承担着育人任务。教师在学科教学中，不仅要教知识，还要育人。正如赫尔巴特所说的那样，“教学如果没有进行道德的教育，只是一种没有目的的手段”。他认为，人的观念、情感、善的意志是不可分割的，作为知识传递过程的教学和作为善的意志形成的道德教育是统一的，没有无教育的教学。

1. 学科德育的存在依据

各科教学都蕴含着巨大的德育价值，是学校德育的有机构成。这体现在以下四个方面：

第一，相比于对学生进行直接德育的专门德育课程，其他学科课程的课时数更多，它们在学生的学校生活中占据了最多的时间，学生在这些学科课程中也投入了大量的精力和专注程度。在这种情况下，德育若不与学科课程“联姻”，就只能在学校生活中处于边缘的地位。对此，杜威就有过精彩的论述。他认为：“如果我们将品德发展作为一种终极的教育目标，同时又将知识的获得和理解力的发展——这些在学校教育生活中占用大部分时间的工作——视为与德育无关的话，学校德育实际上就会是毫无希望的事情。”①

第二，其他学科课程中与道德、价值、人类命运、幸福等主题息息相关的内容是非常好的德育素材。比如，在语文课或历史课中，一篇文章的作者、一篇小说中的主人公以及一个历史事件或一个历史人物，往往都会涉及道德善恶判断或其他类型的价值判断。数理化等自然科学学科，同样可以进行德育，因为科学世界观的建立本身就为道德教育提供了知识基础，况且，在自然科学课堂中，教师可以通过让学生了解一位物理学家或数学家身上的美德来感染学生。至于体育、美术、音乐等学科的德育价值就更加显而易见了，它们甚至可以直接塑造学生的情感和性情，锻炼学生的品格，磨砺学生的意志。因此，德育不可能彻底地独立于其他学科，其他学科教学的德育因素不仅客观存在，而且与专门的德育课程在某些内容上总会有些交叉和渗透。

第三，其他学科课程的组织形式本身也是重要的德育资源。任课教师对一堂课的组织安排、教师以何种方式呈现课堂的知识内容，有时比内容本身更有德育影响。比如，教师在语文课上希望教导同学们珍视公平和平等的价值，但如果这位教师在给了学生发言机会这件事上总是表现得很不公正，或者总是采用一言堂的风格，干脆不给学生发言的机会，那么教师的公开教导是很难取得很好的教育效果的。学科教学中所蕴含的德育，不仅仅涉及学科教学的内容层面的问题。在很大程度上，学科德育还有着更为广阔的空间。教师选择什么样的教学方法和课堂组织方式，并不纯粹是一种与价值无关的科学选择。不同的教学方法和课堂组织方式本身就代表了特点的价值目标。比如，所谓的合作学习，就不仅仅是一种提高教学效率的方法，它本身也包含了对学生合作精神的培育。将教学中的过程和方法提升到课程目标的高度，其根本目的就是彰显方法本身的价值属性。因此，学科德育建设不能仅重视内容的选择，也必须高度重视方法的应用。只有将这两方面有机地结合在一起，才能最大程度地发挥学科教学的育人功能。

第四，学科教学本身能否激发学生内在的学习兴趣，也不仅仅是一个知识教学的问题，更是一个与德育密切相关的现实问题。“表面上看，学生学习

① 杜威．民主主义与教育［M］．武汉：长江文艺出版社，2018.

知识的兴趣与思想品德的发展似乎没有多大关系，实际上，它是知识对思想品德发生作用的一个重要条件。……事实上，学生对知识的兴趣，不仅影响他们的思想范围，而且影响他们的态度和情感。学生对学习知识缺乏兴趣，态度消极，漠然置之，就难以产生积极的情感体验，就难以形成坚定的信念，就难以发挥知识的学习和掌握在思想品德形成和发展过程中的积极作用。”[①] 当前，学校中学生很多问题产生的根源都与学生缺乏必要的学习兴趣有很大的关系。从这个角度看，其他学科课程是否能引起学生的学习兴趣不仅仅是一个单纯的知识学习问题，更是一个与学生密切相关的道德养成问题。

拓展阅读

《中小学德育工作指南》（节选）

发挥其它课程德育功能。要根据不同年级和不同课程特点，充分挖掘各门课程蕴含的德育资源，将德育内容有机融入到各门课程教学中。

语文、历史、地理等课要利用课程中语言文字、传统文化、历史地理常识等丰富的思想道德教育因素，潜移默化地对学生进行世界观、人生观和价值观的引导。

数学、科学、物理、化学、生物等课要加强对学生科学精神、科学方法、科学态度、科学探究能力和逻辑思维能力的培养，促进学生树立勇于创新、求真求实的思想品质。

音乐、体育、美术、艺术等课要加强对学生审美情趣、健康体魄、意志品质、人文素养和生活方式的培养。

外语课要加强对学生国际视野、国际理解和综合人文素养的培养。

综合实践活动课要加强对学生生活技能、劳动习惯、动手实践和合作交流能力的培养。

总而言之，学科教师应当在完成学科教学任务的同时，充分利用和挖掘学科课程潜在蕴含着的德育素材对学生进行德育。但是，这并不意味着我们要把所有的学科课程都变成专门的德育课程，从而忘记各科教学的“本职”任务。专门的德育课程与其他学科课程虽然从教育的终极目的而言是一致的，但二者在教学目标、教学内容以及教学方法等方面是有着不同的表现形态的。从教学内容来看，专门德育课程的教学内容主要是评价性或价值性的知识，而其他学科的教学内容则主要是客观性或事实性的知识；从教学目标来看，前者重在学生评价性或价值性知识的获得及其判断、选择、评价能力的提高，后者主要表现为学生对客观性或事实性知识的获得及认知能力、实践能力的

① 王道俊，扈中平．教育学原理［M］．福州：福建教育出版社，2013：252.

发展；从教学方法看，前者主要以“道德活动的形式”（以评价、命令、调节为内容的活动，其特征在于借助于一定的价值观念和行为来评价、改造与完善世界）来进行，后者则主要采取“科学认识活动的形式”（以认识、反映为内容的活动，其特征在于以概念、范畴、命题等形式反映客观现实）。因此，我们虽然高度重视学科德育的重要性，但是，不能因此而走向极端。需要注意的是，知识的思想性对学生品德的发展固然有很大的作用，但是，其他学科课程如果在挖掘知识思想性的同时削弱甚至歪曲了知识本身的科学性和逻辑性，那么，这不仅不利于真理的传授，也不利于学生品德的成长。因为知识的科学性是知识思想性的基础，如果把错误的、落后的知识传授给学生，就谈不上思想性的问题了。

2. 学科德育的实现逻辑

关于学科德育的实现问题，最为通常的认识就是，要在学科中渗透德育。但是，从渗透的视角来建设学科德育，有可能走入教育误区。渗透的原意是指某种事物或势力逐渐进入其他方面。这实际上表明，渗透进某一事物中的东西是该事物原来不存在的。当我们用渗透来描述学科德育的时候，就等于承认学科教学中不存在德育，因此，需要用“渗透”的方式，将外在于学科的德育由外而内地渗进去。这势必会给学科教师造成一种认识上的误区，认为自己的学科教学本来是没有德育的，德育对于其教学而言，就是一种额外的任务。在现实生活中，我们经常会发现，很多学校在搞所谓的学科德育的时候，基本上都要求教师列出自己所教科目的德育点。在这种情况下，教师们，尤其是理科的教师们在进行德育渗透时，最常用的做法就是在课堂教学中嫁接一些科学家的故事，以此来完成德育渗透的任务。有时候有些老师为了所谓的德育渗透，生搬硬套了很多让人觉得特别生硬、勉强的德育点。

比如，有些老师在数学课中就进行了这样的德育渗透。在一年级让学生编应用题时，有一个学生是这样编的：我第一次帮妈妈搬了 7 盆花，第二次又帮妈妈搬了 5 盆花，我一共搬了几盆花？数学老师的评价是：“你不仅应用题编的好，还喜欢帮助别人，特棒！”还有一个学生是这样编的：一只青蛙第一天捉了 8 只害虫，第二天捉了 9 只害虫，它一共捉了多少只害虫？老师的评价又是：“你懂得了青蛙是我们的好朋友，要保护它！”“保护动物是我们每个人的责任。”“你听得真认真，这可是尊重他人的表现呀！”“你完成得好极了，如果能帮助你的同桌，那就更好啦！”从老师对学生所编的数学应用题的评价中可以看出，老师为了对学生进行数学课的德育渗透，可谓用心良苦。但是，这样的德育渗透就有些牵强了。

实际上，学科德育中的德育更多是学科教学中自然流淌出来的育人效果，并不是对学科教学目标的僭越。也就是说，学科中的德育是学科自身所具有的内在属性，不是简单地通过生硬植入所谓的“育人点”来实现的。正如前文所述，当前学科德育在实践中存在的一个突出弊端就在于，把德育看作学科之外的存在，因而，需要在学科中通过各种所谓“育人点”的嫁接才能得以落实。这实际上是对学科德育的片面理解。不可否认，立德树人是教育的根本任务，所有的学科都需要围绕着这一根本任务的有效落实来开展。但是，这并不是否认各门学科就没有其独立的教育任务。实际上，每一门具体的学科都有其特殊的教育任务，如果片面强调学科中所谓的德育，而忽视甚至弱化了相应学科知识和技能的教育，那么，这同样不利于立德树人教育根本任务的落实。

在很大程度上，学科自身就蕴含了丰富的德育资源。比如，一个物理老师给学生讲一个知识点：正电荷和负电荷相互碰撞会形成电流，因此，空中的电闪雷鸣是空中的电子相互碰撞形成的一种物理现象。那么，这个老师的讲授有没有包含德育呢？相信很多人的第一直觉就是，这只是单纯的学科知识教授，并没有德育。但是，如果我们改造一下这个老师的讲课内容，那么很多人就会认同老师的授课中有德育了。如果老师和学生说空中的电闪雷鸣是空中的电子相互碰撞所形成的一种物理现象这个知识点之后，补充了这样一句话：所以，民间所讲的电闪雷鸣是雷公雷婆在吵架是一种迷信的说法。在这种情况下，相信很多人都赞同老师的教学中已经渗透了德育。但问题是，老师渗透了什么德育呢？毫无疑问，其中的德育点就在于，这位老师对学生进行了崇尚科学、反对迷信的唯物主义世界观的教育。但问题的关键在于，这样的德育效果是怎么取得的呢？如果这位老师不和学生讲授前面的科学知识，一上来就让学生相信其所说的“电闪雷鸣是雷公雷婆在吵架是一种迷信的说法”，其德育效果又会如何呢？实际上，这位老师的教学之所以会取得这样的德育效果，关键是其所讲授的知识的客观真理性。一旦学生掌握了这些客观知识，那么，当他在生活中遇到有人说“电闪雷鸣是雷公雷婆在吵架”的时候，他必然也知道这是一种迷信的说法。由此可见，不管老师是否在讲完知识点之后补充上“电闪雷鸣是雷公雷婆在吵架是一种迷信的说法”这句话，只要学生真正了解和认识了其中的客观知识，他同样也就具有了科学的唯物主义世界观。因此，从德育结果的角度看，老师是否补充上后面那个明显的德育点并不影响实际德育效果的取得。从中就可以看出，学科教学的科学性本身，是形成一个人正确思想观念的根本保证。

用渗透的视角来建设学科德育的第二个突出弊端就在于，容易将学科教学变成德育课，而学科本身所独有的知识和教学任务在很大程度上却被忽视了。这种情况特别容易出现在语文这样的文科类课程教学中。比如，有教师在讲授小学语文的《军神》这篇课文时，几乎没有涉及任何语文知识，既不讲字词，也不讲写作，整堂课的教学基本上都围绕着对这篇课文的主人公——刘伯承将军的精神和感人事迹展开。老师讲课的重点就在于引导学生感受刘伯承将军的伟大人格和意志力，这就在很大程度上将语文课上成了德育课。诚然，文以载道是语文教学的一个重要指导思想，但是，这并不等于说语文只有思想性的一面，语文还包含非常重要的工具性的一面。如果教师因为要强调语文的思想性而放弃了其工具性的一面，则走上了另外一个极端。这同样是需要警惕的。

综上所述，学科德育主要不是渗透的问题，而是挖掘的问题。当我们用"挖掘"的视角来建设学科德育的时候，就等于在逻辑上承认了学科本身是充满德育的，只不过是我们平时忽视了而已。而学科德育要做的工作就是，把教师们日常所忽视的德育资源充分展示出来。这样，学科德育原本就蕴含在教学中，而不是教师需额外承担的工作；同时，也要防止学科德育变成只有德育而没有学科的极端学科德育的出现。

实际上，学科德育也包含一定的直接德育。比如，教师在课堂教学过程中对学生学习方式的指导、对违规学生的批评教育等等，就是明显的直接德育。

第二节　学校德育的活动形态

活动是学校德育存在的重要形态。在很大程度上，很多学校的德育都是以活动的形式来推进的。根据活动所承载的教育目标侧重点的不同，学校德育的活动形态可以分为德育活动和学校活动中的德育两种主要类型。

一、德育活动

德育活动是学生通过德育实践的方式领悟特定价值要求、体验道德情感、培养道德信念、形成良好行为习惯的德育形式。德育活动由于其直观性、实践性等特征，在实现德育目标的过程中扮演着十分重要的角色。在很大程度上，一个人的德性就其现实性而言表现为一系列的德行。正如亚里士多德所说的："我们做公正的事情才能成为公正的人；进行节制，才能成为节制的人；有勇敢的表现，才能成为勇敢的人。"这实际上表明，只有在真正的道德实践中，一个人的良好德性才会不断得到锻炼和养成。大部分时间待在学校环境中的学生更需要通过一定的活动来弥补其社会实践方面的不足。因此，德育活动在学生品德形成和发展中具有重要作用。

1. 德育活动的特点

总体而言，德育活动具有如下特点：

（1）德育活动具有实践性。

实践性是德育活动最突出的特性，可以说，没有实践也就没有德育活动。在很大程度上，“德行的实行靠行为，不靠文字。……德行是由经常作正当的事情学来的。……我们是从学习知道我们应当学习什么，从行动知道我们应当怎样去行动的”[①]。这里需要注意的是，实践是一个主观见之于客观的活动，因此，人在实践中，不仅仅是身体上的运动，还包括头脑上的思维和心灵上的投入。简言之，人在实践中必然是一种身心协调运动的状态。如果把德育活动仅仅理解为学生身体的运动，那么，就容易出现在德育活动中学生人在而心不在的状况。因此，准确把握德育活动的实践性，就不能仅仅在学生身体的活动层面下功夫，更需要在如何激活学生的道德动机、道德情感上做努力。

（2）德育活动具有综合性。

德育活动的综合性主要表现在这样四个方面：一是在德育活动中，学生的道德认知、道德情感和道德行为是综合性的投入，缺少其中任何一个要素，都会影响德育活动实效性的取得。二是德育活动的开展，需要人财物等多种外在因素的系统支持。没有这些必要的外在条件的支撑，德育活动就难以开展。因此，德育活动的开展是多种力量综合作用的结果。三是德育活动是多种教育形式的综合，既包括知识性的教授，也包括行动性的行为养成。四是德育活动的参与主体也具有综合性，不仅包括相关领导、班主任，还包括科任教师、后勤人员、家长以及社会人士等等。

（3）德育活动具有情境性。

德育活动与情境有着非常密切的联系。一方面，情境是德育活动得以开展的前提。任何一个德育活动的开展，都是在特定的情境下进行的，离开了情境，活动就缺乏其必要的行动背景。另一方面，德育活动自身也是由若干个具体情境组成的。德育活动中如果没有情境的创设，那么，学生就很难真正投入其中。因此，对于德育活动而言，情境性是其重要特征。

2. 德育活动的作用

德育活动对于学生品德的健康发展以及学校德育品质的整体提升，都有着非常重要的作用。

（1）德育活动是锤炼学生品德的重要实践场。

德育不是纸上谈兵，必须最终落实到个体的具体品行上。长期以来，学

---

① 夸美纽斯．大教学论［M］．2版．傅任敢，译．北京：科学教育出版社，2014.

校德育存在的突出问题之一就在于，过于强调静态的道德知识的学习，在很大程度上忽视了在活动实践中不断锤炼学生的品德。虽然相比于真实的道德实践，德育活动还是带有模拟道德生活的性质，但是，德育活动不同于课堂和书本的道德学习的重要地方就在于，它要求学生在一个教育者创设的德育情境中通过自主行动来完成特定德育目标的学习，因而在实践中可以最大程度地检验学生对相关道德知识习得的客观效果。“教育者或者教师企图不通过儿童自己的活动去掌握知识、培养品德，却将知识、品德要求强加到儿童身上。任何这样的企图只会破坏儿童健康的智力发展和精神发展的基础，破坏培养他的个性品质的基础。”① 如果缺乏了德育活动这一学生品德养成的实践场，那么，其所通过课堂获得的道德认知就很难真正转化为道德实践能力。

（2）德育活动是激发学生道德学习动机的助推器。

积极和自觉的道德学习动机是个体品德成长的重要条件。而道德学习动机的激活，则离不开真实道德问题的解决。只有当个体在面临鲜活的道德生活的挑战的时候，才能够从深层次激发其道德学习的内在动机。当前学生缺乏道德学习的热情的一个非常重要的原因就在于，他们往往觉得其所要学习的德育与自我的真实生活之间没有关系。一旦个体不能够从其所学习的道德中感受到现实意义，那么，激发道德学习动机就很难实现。而德育活动必然是与特定问题紧密结合在一起的。在德育活动中，个体需要完成特定的德育任务，解决相应的德育问题，在这个过程中，学生就容易发现其所学习的德育在日常生活中的重要作用。尤其是面对当前这样一个复杂的社会道德生活环境，如果个体不接受相关教育的引导，就特别容易产生迷茫感。因此，学生在德育活动中的真实道德实践，可以在很大程度上激活学生道德学习的内在动机。

（3）德育活动是提升学生自我教育能力的重要途径。

自我教育对学生品德的发展意义重大。长期以来，我们对学生的德育，更多的是采取自上而下的方式进行的。这样一种由外而内的德育固然有其特定的教育优势。但是，过于强调外在的德育，是不利于发挥学生道德学习的主体性的。在很大程度上，自我教育所取得的德育效果要远远优于外在的德育。而德育活动的开展，建立在学生主体自觉投入的基础上，因而，它可以对学生的自我教育能力产生积极的影响。比如，通过充分吸纳学生参与德育活动的设计、组织和实施，学生的自我教育能力无形之中可以得到全方位提升。

---

① 弗里德曼，沃尔科夫．中小学教师应用心理学［M］．北京：人民教育出版社，1993：92.

（4）德育活动是营造良好育人氛围的关键抓手。

德育活动不仅对学生品德的发展有着诸多积极的意义，而且对整个学校良好育人环境的打造也有着突出的作用。德育要想有效，不能仅仅依靠班主任、德育课教师来推进，更要在全校乃至全社会形成一种积极的育人氛围。而开展德育活动，无疑是营造良好育人氛围的重要途径。开展形式多样的德育活动，可以向全校师生员工以及全社会展示学校的育人理念以及对德育的高度重视，丰富社会各界对学校德育的全面认识。可以说，德育活动是学校教育与校外教育、班主任与科任教师携手合作的重要抓手，对优化学校育人氛围的意义重大。

3. 德育活动的设计原则

提高德育活动的育人效果，离不开对德育活动本身的精心设计。总体而言，在设计德育活动的时候，需要遵循以下主要原则：

（1）目的性原则。

所谓目的性原则，主要指的是德育活动的设计必须围绕明确的育人目标展开，不能为了活动而活动。当前，一些学校开展的德育活动看起来很热闹，但是，其育人目标却不明确，甚至有的德育活动存在着"娱乐化"的问题。比如，有的德育活动更多地追求表面上的热闹，而忽视了其内在育人价值的引导。一些学校的"主题班会变成了文艺汇演，社团活动变成了才艺展示……德育活动呈现出一种'表面繁荣'"①。这样的德育活动由于缺乏明确的育人目标，从而会不可避免地流于形式。因此，在设计德育活动的时候，必须要对其所承载的育人目标有准确的定位，并将其作为整个德育活动得以有效组织的内在灵魂，这样才能确保德育活动的有效性。

（2）主体性原则。

德育活动设计的主体性原则主要指的是，德育活动的设计应该在一开始就把学生作为活动的主人，充分发挥学生在德育活动设计中的主动性、能动性和创造性。一项德育活动要想充分调动学生参与的积极性，不能只在活动形式等方面下功夫，而是要充分意识到学生在德育活动中的主体地位。这一主体地位的重要体现就是成为德育活动的设计者。当前，教育者自行设计的德育活动在很多时候不能够激发学生内在的参与热情，一个非常重要的原因就在于，学生往往将这些活动看作其被动参与的活动，这些活动与其内心对活动的真实期待存在着较大的差异。实际上，一旦我们能够充分认识到学生在德育活动设计方面的主人翁地位，并为其提供相应的设计德育活动的机会，

---

① 李乃涛．论中小学德育活动"娱乐化"的原因及其对策［J］．课程·教材·教法，2014，34（6）：45－48.

那么，学生也许会创设出许多令我们惊叹的具有创新性的德育活动。

（3）综合性原则。

不能仅仅就德育活动自身来设计活动，而应将德育活动的设计与整个学校育人体系主动对接，体现其应有的综合性。具体而言，德育活动的设计要与德育课程的实施相配合，形成整体性的育人合力。另外，德育活动的设计也要充分注意与家庭、社会的有机结合，要将德育活动作为“家校社三位一体”育人体系的重要联结点。可以说，德育活动的设计能否充分体现其育人的综合性，是判定一项德育活动设计是否完善的重要依据。

（4）序列性原则。

德育活动设计的序列性原则主要指的是，德育活动的设计要在育人目标的引领下，针对特定问题进行序列化的设计。也就是说，我们不能通过一个孤立、单一的德育活动就完全解决学生成长中的所有德育问题，而是要将总体育人目标进行序列化的分解，使之成为一个前后具有连续性的育人体系。当前德育活动设计需要我们高度重视的一个问题就在于，一些学校开展的德育活动缺乏时间维度上的序列化考虑，从而造成不同德育活动之间由于缺乏内在的联结而难以形成整体性的育人合力。与此同时，有的学校则往往不切实际地希望通过一两个德育活动就解决所有的教育问题，由此带来的结果就是德育活动设计得过满，缺乏必要的留白。这也使得德育活动在很多时候就是蜻蜓点水，很难深入学生心灵。因此，德育活动的设计要有序列化的设计意识。

（5）安全性原则。

相比于课堂教学，德育活动可能面临的不可控因素更多，因而其存在的安全风险也就相对越多。比如，德育活动的场所安全、人员安全等等，都是设计德育活动时需要考虑的重点问题。尤其是涉及校外德育活动的时候，其可能面临的安全风险因素更多。在这种情况下，我们更需要做周到的安全考虑，并形成相应的应对方案。可以说，当前学校德育活动开展不畅的一个重要原因就是安全问题。如果安全问题处理不好，那么，德育活动就很难实施，也很难得到家长和社会各界的广泛支持。因此，在设计德育活动时，要科学评估学生在活动中可能遇到的安全问题并及时排查，确保活动的安全进行。这是德育活动设计的底线要求。

二、学校活动中的德育

与学科德育类似，在学校活动中，除了那些直接以培养学生思想道德为目的的德育活动，还存在其他活动形态。这些活动并不专门指向学生思想道德的培养，但是，其本身所蕴含的丰富教育资源客观上也有助于学生品德的发展。当前，很多学校也把艺术节、体育节等的活动称为德育活动，这在概念上是不准确的。严格来讲，这些活动只是具有德育的功能，但是其本身并不是专门的德育活动。

1. 活动的德育功能

活动作为一个日常概念，在学校中主要指的是不同于学科教学的一种育人形态，其基本特征就在于强调学生通过身心的实际运动实现其素质的全面提升。具体而言，学校活动对学生主体意识的确立、集体精神的形成、责任意识的培养和意志品质的锻炼等各方面，均有突出的德育价值。

（1）活动有助于学生主体意识的确立。

活动必然要诉诸个体的身心运动，要让人真正地动起来。而人的行动必须要有主体意识的参与，缺乏主体意识参与的行动更多的是一种物理意义的身体位移而不是人的真正行动。在很大程度上，道德是自由的实践，这种自由实践是建立在主体自我意识的觉醒的基础上的。没有自我意识的觉醒，道德就会失去其存在的自由根基。如果个体的道德不是建立在其自由实践的基础上，那么，这样的道德对于个体而言就更多的是一种外在的装饰，而很难转变为其内在的个人品格。当前学生缺乏对道德的内在认同感，这与其主体意识的匮乏有着非常密切的关系。而学生主体意识的匮乏，又与学校活动的不够充分有关。因此，学校活动具有的重要德育功能就在于，它可以通过活动强化学生的主体意识，进而有利于学生成为道德实践的主人。

（2）活动有助于学生集体精神的形成。

一般而言，学校活动大多都是集体性的活动，这对于学生集体精神的形成意义重大。集体精神的形成是不能仅靠口头的说教来完成的，它必须建立在个体的集体生活的体验基础上。而集体生活是需要仪式性的活动来强化其共同目标的。只有个体切实体会到集体共同奋斗目标的存在，体会到这一目标对于每个人的意义的时候，才能够激活其对集体的认同感，进而形成集体精神。而活动毫无疑问就是提供学生认识集体、了解集体的重要载体。活动中学生的相互分工与合作，都会不断强化学生的集体归属感。而共同的活动经历，则会成为学生共同的精神财富。这些都会在无形之中强化学生的集体精神。

（3）活动有助于学生责任意识的培养。

责任意识一方面来源于个体对其公民义务的自觉践行，另一方面则来源于他者对自我的期待。学生作为活动的主人，必然要承担其在活动中的相应义务。如果每个个体在活动中都不愿意承担其义务，那么，活动本身也就很难真正开展下去。成功的活动无不建立在活动中的每个个体自觉承担义务的基础上。此外，学生在活动中对自我义务的承担本身，实际上也满足了他者和社会的期待。因此，活动是培养学生责任意识的非常重要的载体。

（4）活动有助于学生意志品质的锻炼。

意志品质的形成与困难的克服紧密联系在一起。如果一个个体从来就没有面对过真正的困难，那么，其意志品质是很难得到锻炼和提升的。几乎所有活动的开展，都会面临诸多问题，比如活动的场地、人员组织、资金筹措等等，都是在开展活动中需要一一予以解决的。而学生在参与活动的过程中也必然需要付出必要的智力和体力，如此才能确保活动目标的达成。在这个过程中，学生的意志品质也必然会得到极大的锻炼。

2. 活动德育功能的实现

当前，很多学校都会开展各种各样的活动，比如艺术节、科技节、体育节等活动。可以说，这些活动的开展，对促进学生的全面发展有重要意义。要想彰显这些活动的德育功能，需要注意以下三点：

（1）要高度重视活动的品位与格调。

活动是学生的天性。要想发挥活动对学生天性的积极作用，就需要确保活动的品位和格调。具有品位和格调的活动，能够给人以积极的价值引导；而格调低下的活动，则会导致教育的庸俗化。当前，一些学校开展的活动是对生活的简单复制，缺乏必要的教育设计，从而导致活动的品位和格调存在一定的庸俗化风险。比如，一些学校的艺术节照搬各种流行的“选秀”节目的套路，没有考虑这类活动是否有助于学生的健康成长。衡量活动是否有品位和格调的重要标志就在于，活动是否体现了先进的教育理念，是否符合学生身心发展的规律。要提高活动的品位和格调，就需要教育者有自觉的教育意识和正确的教育理念，这样才能在设计活动时有准确的判断与定位。

（2）要重视学生在活动中的主体性的发挥。

要想确保活动能够对学生的品德发展产生积极影响，就必须高度重视学生主体性的发挥。只有学生在活动中充分感受到他是活动的主人，他才能够对活动有内在的热情，并且乐于完成其在活动中的任务。为此，就需要活动的设计者眼中有人，要能够根据学生的实际设计有针对性的活动，确保活动的内容和形式与学生的特点相匹配。同时，在活动中要能够为学生能动性的发挥留有必要的空间。

（3）要确保活动机会的公平分配。

学校活动要面向全体，不能变成某部分群体才能享有的特权。一些学校往往不恰当地将活动作为对学生的奖励，只有那些获得了教师肯定的学生才有资格参加特定的活动。这样一种关于活动的定位是有悖教育公平原则的，是不利于学生健康发展的。此外，要把活动看成是提升学生基本素养的教育途径，而不是把活动本身演变为某种特定专业技能的训练。一些学校的学生社团活动存在明显的“精英化”取向，只选拔那些具有较高专业水准的学生加入社团，而其他那些对该活动有强烈兴趣但专业技能相对较低的学生则被剥夺了加入社团的机会。这样的活动安排，显然也不利于学生品德和素养的全面提升。这实际上是要求学校各类活动回归其育人本位，不能把活动作为学校获得其他声誉的筹码，否则学校活动就会失去其起码的公平性。

拓展阅读

《中小学德育工作指南》（节选）

要精心设计、组织开展主题明确、内容丰富、形式多样、吸引力强的教育活动，以鲜明正确的价值导向引导学生，以积极向上的力量激励学生，促进学生形成良好的思想品德和行为习惯。

开展节日纪念日活动。利用春节、元宵、清明、端午、中秋、重阳等中华传统节日以及二十四节气，开展介绍节日历史渊源、精神内涵、文化习俗等校园文化活动，增强传统节日的体验感和文化感。

利用植树节、劳动节、青年节、儿童节、教师节、国庆节等重大节庆日集中开展爱党爱国、民族团结、热爱劳动、尊师重教、爱护环境等主题教育活动。

利用学雷锋纪念日、中国共产党建党纪念日、中国人民解放军建军纪念日、七七抗战纪念日、九三抗战胜利纪念日、九一八纪念日、烈士纪念日、国家公祭日等重要纪念日，以及地球日、环境日、健康日、国家安全教育日、禁毒日、航天日、航海日等主题日，设计开展相关主题教育活动。

开展仪式教育活动。仪式教育活动要体现庄严神圣，发挥思想政治引领和道德价值引领作用，创新方式方法，与学校特色和学生个性展示相结合。

严格中小学升挂国旗制度。除寒暑假和双休日外，应当每日升挂国旗。除假期外，每周一及重大节会活动要举行升旗仪式，奏唱国歌，开展向国旗敬礼、国旗下宣誓、国旗下讲话等活动。

入团、入队要举行仪式活动。

举办入学仪式、毕业仪式、成人仪式等有特殊意义的仪式活动。

开展校园节（会）活动。举办丰富多彩、寓教于乐的校园节（会）活动，培养学生兴趣爱好，充实学生校园生活，磨练学生意志品质，促进学生身心健康发展。

学校每学年至少举办一次科技节、艺术节、运动会、读书会。可结合学校办学特色和学生实际，自主开发校园节（会）活动，做好活动方案和应急预案。

开展团、队活动。加强学校团委对学生会组织、学生社团的指导管理。明确中学团委对初中少先队工作的领导职责，健全初中团队衔接机制。确保少先队活动时间，小学1年级至初中2年级每周安排1课时。

发挥学生会作用，完善学生社团工作管理制度，建立体育、艺术、科普、环保、志愿服务等各类学生社团。学校要创造条件为学生社团提供经费、场地、活动时间等方面保障。

要结合各学科课程教学内容及办学特色，充分利用课后时间组织学生开展丰富多彩的科技、文娱、体育等社团活动，创新学生课后服务途径。

第三节 学校德育的隐性教育形态

学校德育除了以学科、活动等显性方式存在，还有一种非常重要的存在形态——隐性教育。很多时候学校德育效果不佳，不在于相关的德育课程、活动建设得不够科学，而在于学校的隐性教育所蕴含的德育不能与学校德育课程、德育活动等显性教育在育人的价值取向方面保持一致，从而在很大程度上削弱了德育的实效性。因此，准确理解和把握作为隐性教育形态存在的学校德育就显得极其重要。

一、隐性教育的德育特征

学校德育的隐性教育形态，主要是相对于德育的显性教育形态而言的，指的是那些虽然不在教师的主观意识之中，也不在学校德育规划和德育课程中，但是却能够对学生品德发展产生持久影响力的教育力量。有学者将之称为隐性德育。隐性德育的提出，源于隐性课程的发现。"隐性课程"一词是由杰克逊（P. W. Jackson）在1968年出版的《班级生活》（*Life in Classroom*）一书中首先提出的。如果说显性课程是学校教育中有计划、有组织地实施的正式课程（formal curriculum）或官方课程（office curriculum）的话，那么隐性课程则是学生在学习环境中学习到的非预期的或非计划的知识、价值观念、规范和态度等。由此可见，隐性课程作用结果的价值性以及作用过程的间接性和潜在性，使得它与德育之间有着一种天然的联系。

首先，从结果层面而言，隐性课程主要在价值、情感、态度等非学术性层面对学生产生影响，而这些恰恰是德育需要完成的重要任务。其次，从方式、方法来看，隐性课程主要以一种非强制的、生活化的、间接的方式，凭借一种潜移默化的力量渗入学生的思想观念和意识结构中，达到一种"润物细无声"的效果。这对减少学生在直接、显性德育课程中的抵触情绪，增强学生道德认知和道德情感之间的联系具有很好的作用。最后，隐性课程大量存在于学校的各种教育教学、管理、文化、制度中。从空间上看，隐性课程对学生品德的发展具有全方位的影响。从时间上看，隐性课程则对学生的整个在校学习及生活都具有长时段的影响。

因此，隐性课程是学校德育存在的重要形态，甚至在某种意义上我们可以说，学校中的各种隐性课程对学生品德的发展所具有的作用要远远大于正式开展的各种教育活动。不管我们是否愿意，隐性课程作为一种真实存在的教育实践对学生的发展，特别是学生品德的发展有着尤为突出的作用。总体而言，作为隐性教育的德育具有如下特点：

1. 作为隐性教育的德育是一种非课题化的生活教育

以隐性教育为存在形态的学校德育，是一种隐含在学生教育生活中的非课题化的德育。首先，这样一种德育相比于课程化、活动化的德育，是一种自发存在的教育，即它不需要人为地主动设计，就自然而然地存在于学生的学校生活之中。身处这种生活化的德育形态，学生很难将其视为需要个体自我主动反思的德育，而是更多地将其当作学校生活的想当然的自然状态。其次，这种德育弥散于学校生活的方方面面。也就是说，以隐性教育形态存在的德育，不局限于学校的某个课程、某节课、某个空间、某个时段，而是在所有的学校时空环境中，都可能存在。在学校生活中，教室里座位的排列方式、学生上课举手让谁发言、学校的制度管理、文化生活等等，都是非常丰富的隐性德育的资源。正如英国学者伯克所认为的，学校的建筑、学校的景致、学校的空间和内在的设施以及布局装饰，是学生的“第三位老师”。这些实际上就构成了学生在学校生活中的全部。

2. 作为隐性教育的德育是一种内隐性的文化熏陶

学生的品德成长在本质上是价值学习的过程。而价值学习的方式与其他知识学习的方式是不一样的。价值学习的一个十分重要的前提条件就在于学习者主体意识的高度唤醒和积极参与。如果没有这一点，价值学习将很难真正发生。这也是作为价值教育的学校德育面临的突出问题。

价值学习的特点决定了它很难简单移植、套用各种现有的常规的教学方式。有关研究表明，人们对特定文化价值的接受，往往是在一种无意识的状态下自然发生、发展的。这一过程被有关学者命名为“内隐学习”（implicit learning）。内隐学习最早由美国心理学家罗伯（A. Reber）于 1965 年提出。他把无意识获得刺激环境复杂知识的过程称为内隐学习。在内隐学习中，人们并没有意识到或者陈述出控制他们行为的规则是什么，但却学会了这种规则。由此可见，内隐学习的一个基本特征就是学习过程的无意识性。内隐学习的无意识性深刻地揭示了隐性德育之于个人品德发展的内在机制。也就是，隐性德育主要是以文化“濡染”的力量充斥在每个人的生活气息之中的，从而使每个个体在特定文化场域中不自觉地受到这一场域所奉行的价值观的不断暗示，以及有关重要他人行为示范作用的不断感召，这就使个体在没有意识主动参与的情况下逐步认可、接受并内化与这一文化场域相一致的价值观念和道德意识。在很大程度上，正是隐性教育的文化“濡染”力量所产生的个体道德发展的内隐性，克服了长期以来制约学校德育实效性提高的瓶颈问题——价值引导与个体自主建构之间的“顽强的疏远性”。从这个角度出发，作为隐性教育的德育之于个体品德发展的重要性就显得尤为重要。

二、隐性教育的德育作用

隐性教育形态的学校德育具有突出的育人价值，对整个学校德育的健康发展意义重大。

1. 隐性教育形态的德育是学校德育的有机构成

虽然隐性教育形态的德育不在学校有意识的教育计划之中，但是，这并不等于说这一形态的德育对学校而言就不重要。作为一个专门化、组织化的育人机构，学校的整个运转实际上都要为人的全面发展服务。由于人的全面发展，特别是人的品德的成长，离不开学校课程、活动之外的整个校园生活的深刻影响，而这些影响不管学校是否主动意识到，都客观存在。也就是说，虽然作为隐性教育的德育从表面上看不在学校有意识的规划之中，但是，它却实实在在地构成了实际运行的学校德育的有机组成部分。

2. 隐性教育形态的德育是学校德育的重要支撑

学生的品德发展固然需要学校通过课程、活动等直接、显性的德育形态加以有意识的引导，但是，任何忽视隐性教育形态的德育的做法，都必然会使整个学校德育实效低下。这主要是因为，隐性教育形态的德育由于其生活化的特征，与学生实际的学校道德生活体验有着更为直接和密切的关系。一旦学校隐性教育中所蕴含的育人价值取向与其显性德育所主张的价值取向不一致，那么，这必然会在很大程度上削弱显性德育价值引导的合法性，甚至有可能会造成学生价值观上的混乱。当前，很多学校虽然高度重视学校显性德育的建设，但是却在很大程度上忽视了隐性教育形态的德育的重要支撑作用，导致显性德育与隐性德育在育人取向上的不一致，从而不可避免地影响了学校整体育人效果的真正取得。因此，学校德育必须高度重视隐性教育形态的德育对整个学校德育的支撑作用。

三、隐性教育的德育优化

以隐性教育为载体的德育由于游离于人的主动设计之外，具有明显的自发性特征，这就不可避免地带来了其德育作用效果的两面性：一方面，它可以成为学生品德发展的积极促进力量；另一方面，它也可能成为学生品德发展的消极作用力量。因此，如何更好地发挥这种德育形态的积极作用，避免其消极作用对学校德育产生的负面影响，就成为学校德育需要着力考虑的重要现实问题。

针对这一问题，有学者主张开设隐性课程，以避免隐性教育可能出现的负面影响。但是，以这样一种主动开设课程的思路来建设隐性教育从逻辑上看是有问题的。隐性教育最大的特点就是非计划性和影响的内隐性，一旦将隐性教育变成课程加以开发，那么，这势必会从根本上改变隐性教育的性质，从而也就在事实上取消了隐性教育这一德育形态存在的必要性。因此，隐性教育形态的德育是不宜通过开设相应的课程或活动等直接的、显性的方式来推进的，而更多地应该采取优化的思路来建设。

对作为隐性教育而存在的德育的优化，主要是通过对其存在的重要现实载体来推进。总体来讲，作为隐性教育的德育，主要存在于学校的文化、管理制度以及教师的职业修养之中。因此，隐性教育的德育优化，主要就聚焦在这样三个方面。

1. 学校育人文化的优化

总体而言，学校文化是学校成员在一定学校价值观和教育哲学影响下所形成的各种对待学校物质、制度和行为方式的态度，以及在此基础上所形成的各种约定俗成的行为准则和生活方式。从学校文化的这一定义可以看出，它对于学生品德的健康发展意义重大，是作为隐性教育的学校德育的重要载体。

实际上，学生在学校生活中最直观、最直接的道德体验主要来源于学校文化。道德体验是个体道德发展的重要资源。学生缺乏相关道德体验的参与，德育将很难取得效果。积极、正面的道德体验有利于学生在相同或类似的道德情境中产生移情，能够更好地设身处地地从他人的立场和处境中处理各种道德问题。因此，良好的道德体验可以在很大程度上确保个体形成积极向上的道德品质。

如果学校道德教育仅仅停留在书面的学习上而学生没有具体的道德实践的参与，那么，知识形态的道德教育将很难与学生的具体经验产生有机的联系。由此可见，一个人的生活经验对其接受道德教育的态度具有深刻的影响。

如果学生在学校生活中处于不道德、不民主、不公正的文化环境之中，那么他们将很难认同并同化教师在课堂上所传授的各种道德观念。在很大程度上，学生道德的发展不是教会的，而是学生在鲜活的生活体验中，通过环境的不断暗示、示范和引导自主建构的。学校德育固然包括道德知识的内容，但德育中更为重要的道德意识、道德情感以及道德行为等是很难通过直接的课堂知识传授就可以形成的。在很大程度上，非知识形态的道德教育只能通过体验与各种实践来实现。

对于学校文化而言，最为核心的部分就是文化的价值观，即学校的精神和教育哲学。纯粹的学校物质环境、制度体系和行为习惯并不是文化本身。我们之所以将学校的物质文化、制度文化、行为文化统称为学校文化，是因为学校文化主要反映的是教职员工和学生群体对待这些物质、制度和行为的态度，即人们长期以来所形成的对物质、制度和行为的价值判断。正因为有了这些价值判断的参与，我们才能够称之为文化。如不同的学校的文本制度可能是相同的，但由于人们对这些制度的态度截然不同，由此将形成不同的制度文化。有的学校可能认为制度是虚的，主要还是校长说了算；有的学校则认为制度是大家通过民主讨论形成的，因而是每个人都应该遵守的。由此可见，“物质文化、制度文化、精神文化、行为文化的建设中最重要的是组织成员对待物质、制度、精神和行为的方式和态度的不断改善”①。而组织成员态度的形成，则深受学校价值观和教育哲学的影响。

因此，充分发挥学校文化的育人功能，关键就是要能够较为客观、准确地把握学校中的各种“内隐行为”和“内隐观念”。所谓“内隐行为”，主要指的是学校师生员工已经接受并已习以为常的做事方式。“内隐观念”则指的是师生员工做事方式中所蕴含的对该事情的价值判断。具体而言，学校建筑的空间安排、教室中的座位排列、师生以及生生关系的互动等等，都蕴含了学校文化的价值导向。只有当我们从学校文化的外在表现深入其精神内核去思考整个学校文化的优化的时候，才能从根本上提升学校文化的育人功能。

2. 学校管理制度的优化

学校管理具有明显的“二重性”特征：一方面，学校管理具有组织、指挥、协调、控制、计划等自然属性；另一方面，学校管理也具有非常重要的人际关系调节作用的社会属性。实际上，“管理不只是一门学问，还是一种‘文化’，它有自己的价值观、信仰、工具和语言”②。正因如此，学校管理对学生的品德发展，同样具有非常重要的隐性教育的作用。学校管理要发挥其

---

① 季苹．学校文化自我诊断［M］．北京：教育科学出版社，2005：11－12．

② 陈孝彬，高洪源．教育管理学［M］．4版．北京：北京师范大学出版社，2019．

对学生品德发展的正面隐性教育功能，需要着重在学校的管理制度方面强化其内在的公正属性和关怀品质，并强化学校的道德领导。

首先，需要确保学校管理制度的公正性。制度作为学校有序运行的基本依据，直接关涉生活于其中的每个人。可以说，学校的制度环境是学生价值观形成的重要经验资源。尤其是对于学生而言，学校是他们离开家庭之后进入的第一个带有较强制度化属性的公共空间。由于其公共属性，学校更多地依靠制度的强制性、外在性作用于学生。这时候的制度生活体验对于他们而言，在很大程度上是一种有别于其家庭生活的经验习得。这种经验的性质将在很大程度上影响学生正确价值观的建立。因此，学校如果能够从一开始就给予学生积极的制度生活体验，这将对其正确价值观的形成和发展具有重大的意义。在学校的制度设计中，最为重要的是确保其公正属性。没有公正作为价值内核的制度设计就容易导致制度实践中的诸多不平等、不正义事情的发生，这势必会给学生带来成长的负面影响。

为确保学校管理制度的公正性，需要重点做到以下两点：(1) 制度出台要遵循基本的程序正义，即学校的各项管理制度的出台，应该遵循必要的民主程序。尤其是涉及学生利益的管理制度的出台，应该充分了解并尊重学生的正当需求，让学生能够成为学校管理制度制定的重要参与者，而不是被动的遵守者。(2) 制度的实施要充分做到平等与差异的有机结合。平等对待所有人，是制度实施的基本要求。但对于学校管理制度而言，仅仅有平等是远远不够的。学校制度要根据教育的基本特点，对个性迥异的学生进行差别化对待，真正做到因材施教。这实际上是对学校管理制度的更高要求。

其次，在公正的基础上，学校管理制度要体现其关怀品质。从关怀伦理的角度看，公正的管理制度虽然可以确保整个学校的有序运转，但是，对于学校而言，仅强调制度的公正性会显得刚性要求有余而柔性关怀不够。学校不同于其他组织机构的关键地方就在于，它是一个育人单位，面对的是正在成长中的、活生生的人，因此，过于刚性化的制度要求是不利于学生的成长的。这就需要在制度的公正性的基础上，践行充满爱的教育理念和方式。美国教育哲学家诺丁斯说，“只有在学生知道你关心他们时，他们才会关注到你的学问”，换句话来讲，只有学生感受到学校管理制度中所包含的教育者的爱的关怀的时候，他们才会接受教师善意的管理及其背后的教育指向。

这就需要管理者（特别是校长、德育处工作人员和班主任）要设身处地地考虑学生和教师的情感需要，用“移情”的方式去体会和思考“假如处于这种情境中，我的感受如何”，在发出关怀的行为之前换位思考“这种关怀行为是学生所需要的吗”。因为，只有当学生承认管理者的关怀动机并做出回应时，关怀行为才能算产生了效果。相反，如果管理者不是从学生的需要出发，不顾及学生的想法和感受，而只是从个人意愿出发，那么即使付出了很多努力，也很难获得学生的理解，达不到预期的教育效果。因此，关怀对于学校管理制度的建设而言，同样具有十分重要的作用。

最后，要增强学校管理者的道德领导力。所谓道德领导力，主要包括两个方面的含义：一是学校领导要能够用学校发展的美好愿景去团结广大师生，而不是采用自上而下的强制力单向要求师生员工。二是学校领导要以身作则，成为师生的道德楷模，做好榜样示范作用。这种学校发展的道德领导力，由于更多地作用于教师和学生内在的主体认同的基础上，因而就能够更加地凝聚人心，从而也就能够激发每位师生员工的主人翁意识。这种积极向上的工作氛围，无疑就是对学生进行的最好的隐性德育。表 6－1 描述了领导/管理政策与实践的权威来源。

表 6－1　领导/管理政策与实践的权威来源

来源	假设	策略	结果
科层权威： ·等级制度 ·规则与规章 ·指令 ·角色期待（教师或遵守规则，或面对不利结果）	·教师是等级排列体系中的部属 ·管理人员值得信赖，而部属不值得信赖 ·管理者与教师的目标、利益不同，管理者必须保持警觉 ·层级高低等于专业知识多少，管理者比教师高明 ·外控的考核最为有效	·要求和检查时始终贯穿统一规则 ·教师的工作必须符合既定的标准 ·鉴别出教师的需要，让其接受在职培训 ·直接、严格控制教师的工作，以保证其遵守规则 ·解决如何驱动教师并改变教师的问题	在一定的监控之下，教师作为执行既定政策的技师做出回应，其用武之地受限
道德领导： 责任感和义务感来自宽广而共享的共同价值观、理念和理想（教师对共同的承诺和相互依赖感做出回应）	·学校是专业的学习共同体 ·共同体由共享的价值观、信念和承诺的核心界定 ·在共同体内，什么是对、什么是好，与什么可行、什么有效是同等重要的；情感和信念与自利对人有同样大的激励作用；团队精神是一种专业美德	·甄别并澄清价值观，将学校的核心价值定义为共同体的价值观和信念 ·把价值观和信念转化为驾驭行为的不成文规范 ·将团队精神作为内化的感受和受道德驱动的相互依赖关系来推进 ·领先共同体成员的能力去回应责任和义务 ·依靠共同体的非正式规范去强化专业及共同体的价值体系	教师因道德原因对共同体的价值观做出响应；他们的工作变成集体性的活动，他们的表现舞台得以延展，并且是稳固持久的

资料来源：萨乔万尼．道德领导：抵及学校改善的核心［M］．冯大鸣，译．上海：上海教育出版社，2002：41－42.

3. 教师职业修养的优化

教育作为有意识地影响学生成长和发展的实践活动，不仅发生在制度化的师生交往过程中，而且还广泛存在于日常的生活实践中。也就是说，教育既可以通过课堂这样显性、直接的方式作用于学生的成长和发展，也可以通过师生的日常互动对学生产生深刻的影响。

实际上，学生有着极强的向师性。学生从教师那里学到的东西，不仅仅是教师在课堂上讲授的各种知识，而且也包括教师个人的人格修养和言行举止中所包含的价值取向。对此，美国有关专家曾做过一个实验：将参与实验的儿童划分为四组，然后每组分别派一名实验员与他们相处。当双方建立起良好关系并取得儿童的信任后，实验员分别以不同的方式向各组儿童谈关于为孤儿院捐款的问题。第一组实验员在向儿童宣传募捐意义的同时，自己也慷慨解囊；第二组实验员则宣传把钱留给自己的好处；第三组实验员大力宣传捐款的意义，可在行动上表现得吝啬；第四组实验员则宣传贪婪，并劝儿童不要捐款，但实验员自己却慷慨解囊。实验结果为：第一组儿童全部捐款；第二组儿童无一捐款；第三组儿童在实验员喋喋不休的教育下，多数未捐；第四组儿童同第三组儿童相反，绝大多数捐了款。这一有趣的实验充分证明了以下三点：一是良好道德行为对孩子可以产生巨大的教育力量；二是成人对孩子道德影响的前提在于儿童信任感的确立；三是在对孩子的教育中，言行一致的教育效果最佳；四是当教育者的言行不一时，其行为对受教育者的影响力更大。

由此可见，教师劳动的最大特点就在于，它不仅要求教师要注重言教，更要注重身教，言教和身教要统一。对此，有学者就明确指出，教师劳动的重要特点之一就在于，它是劳动主体和劳动工具的统一。也就是说，不仅教师自身是开展教育活动的主体，而且，教师个人的修养和言行举止本身又是确保教育获得实效的重要工具。此外，教师的人格修养不仅能影响学生思想道德观念的发展，而且也在良好师生关系的形成、教师权威的树立等方面具有十分重要的作用。这反过来同样也会激发学生学习的内在积极性和主动性，从而全面提高教师的教育实效。在很多情况下，学生只有在“亲其师”的基础上才能够“信其道”。“身教”的客观存在就意味着实际上的“育人”是每位教师不可回避的重要教育问题。

这实际上表明，教师的教育影响是存在于他与学生交往的每个空间中的，而这种影响甚至不以教师个人的主观意志为转移，即不管教师主观上是否意识到这种影响的存在，这种影响都会在客观上作用于学生的成长与发展。这种不在教师意识之内的教育影响本质上就是一种隐性教育。不同于显性教育，隐性教育更多地作用于学生的人格和思想道德的发展。因此，从隐性教育的角度看，教师实质上的“育人”是不以教师个人的主观意志为转移的。不管教师个人在主观上是否有“育人”的意识，由于学生的向师性和隐性教育的存在，他在面对学生时在客观上都会产生“育人”方面的影响。只不过这种教师个人无意识层面的“育人”影响有可能是正面的，也有可能是负面的。因此，作为教师，在面对学生的时候，不存在是否“育人”的问题，只是存在育什么样的人的问题。教师要做的，就是尽可能地对学生的成长产生积极的、正面的育人结果。

由此可见，教师的言行举止就是最大的隐性德育。教师要使自己成为能够发挥积极作用的隐性德育载体，前提在于必须具有人格魅力，必须与学生建立起稳固的信任感。从隐性德育的角度看，一个道德高尚的普通人能做到的最多就是独善其身，而一个人格高尚的教师，就不仅仅能独善其身，而且还能够最大程度地实现“兼济天下”的效果，能够通过自己的高尚人格促进学生的健康成长。这正是教师职业的特殊性所在。所以，隐性德育最终落实在教师的道德人格的提升上。从这个角度看，师德建设和德育建设在隐性德育的意义上就具有高度的一致性。

本章小结

学校德育主要存在三种形态：学科形态、活动形态和隐性教育形态。

学校德育的学科形态主要包括德育学科课程和学科德育两种类型。前者是以学生的思想道德培养为课程目标的学科类型，主要指的是国家德育课程。后者则是指语数外等学科中所具有的德育功能。

学校德育的活动形态同样也包含两种主要类型：德育活动和学校活动中的德育。德育活动不同于学校活动中的德育的关键地方就在于，它以促进学生品德发展为活动设计的主要目标。诸如学校的艺术节、科技节等活动虽然不聚焦于学生品德的发展，但是这些活动本身同样也蕴含了丰富的德育价值。

学校德育的隐性教育形态则主要指的是不在学校德育的育人规划之中，也不在教师自觉的育人意识之中，但是却对学生的思想道德发展产生持久且深远影响的教育力量。它主要体现在学校的文化、管理制度以及教师的职业修养之中。

思考题

1. 德育学科课程的基本特点是什么？如何更好地发挥国家德育课程在整个学校德育中的引领作用？

2. 学科德育有什么特点？开展学科德育需要注意哪些关键问题？

3. 德育活动的特点是什么？怎样开展德育活动？

4. 隐性教育与德育的关系是什么？怎样优化隐性教育的德育功能？

参考书目

1. 周晓静．课程德育论［M］．北京：人民教育出版社，2010.
2. 戚万学．活动道德教育论［M］．天津：南开大学出版社，1994.
3. 杰克逊．课堂生活［M］．丁道勇，译．北京：北京师范大学出版社，2021.

第七章
德育模式

学习目标

通过本章的学习，了解德育模式的基本内涵及其建构要求。掌握价值澄清模式、道德认知发展模式、体谅关怀模式、社会行动模式等当前在西方国家较为成熟的德育模式的基本理论主张及其实践要点。了解我国在德育模式建构方面的主要进展，知道生活德育模式、情感德育模式、欣赏型德育模式、制度德育模式等模式的主要内容。

德育模式是当代德育理论和实践不断走向专业化的重要表现。当前，很多冠以“德育模式”之名的理论与教育实践呈现出一派繁盛的景象。但是，什么样的德育理论与实践能够被称为德育模式？德育模式具有哪些质的规定性？如果对这些问题了解得不清楚，那么，很多所谓的德育模式可能并不是真正的德育模式。因此，学习有关德育模式的基本原理，了解世界和我国较为成熟的德育模式，对我们更好地把握德育模式的特征和意义有着非常重要的作用。

第一节　德育模式概述

一、德育模式的概念

要想对德育模式有清晰和准确的把握，就必须从理解什么是“模式”开始。在英语中，“模式”一词源于拉丁文 modus，意思是与手有关的定型化的操作样式。在中文中，“模”是制造器物的模型，“式”则有样式、榜样、规格等意思。[①] 第七版《现代汉语词典》对“模式”的定义是：“某种事物的标准形式或使人可以照着做的标准样式。”但是“标准样式”并非凭空产生的，它一方面可以借助于一定的思想或理论得以说明，另一方面又可以通过对具体实践的操作经验的总结得以展现。基于此，当前关于模式的认识，主要有两种主要范式：一种是相对强调模式的理论特征，另一种则是强调模式的技术操作维度。前者以美国两位比较政治学者比尔和哈德格雷夫的模式定义为代表，他们认为：“模式是再现现实的一种理论性的、简化的形式。”后者则以英国人丹尼斯·麦奎尔和瑞典人斯文·温德尔为代表，他们从传播学的角度为模式下定义，认为模式就是“用图像形式对某一事项或实体进行的一种有意简化的描述。一个模式试图表明任何结构或过程的主要组成部分以及这些部分之间的相互关系”[②]。基于以上两种关于模式的定义路径，一种关于模式的综合理解就认为：“‘模式’既有抽象性、简约性特征，但它又不等于具体的事实经验，它是一般原理与具体条件相结合，原理的共性与具体的个性相结合而形成的活动结构的活动形式。”[③] 由此可见，模式主要包括两个要点：一是要有一套具有解释力的理论系统，二是要有一套与该理论体系相匹配的操作策略。

学者们基本上也是依据模式的基本构成对德育模式做出界定的。比如，哈什（Richard H. Hersh）等人在《德育模式》一书中认为，所谓德育模式，“乃是在教育情境中思考关怀、判断、行动之历程的方式。一个模式含有一对人类道德如何发展的理论或观点，以及一套促进道德发展的策略和原则”[④]。我国学者黄向阳在其《德育原理》一书中认为，德育模式是“在德育实施过程中道德理论与德育理论、德育内容、德育手段、德育方法、德育途径的某种组合方式，因而为我们观察、理解和思考德育提供了种种综合方式”[⑤]。

由此可见，德育模式实际上是德育理论以及与之相配套的实践策略的结合体。具体来说，德育模式必然包括关于道德发展的一套观念和基本原理。在此基础上，这些观念、原理必须能够借助于一定的策略、程序或方式方法作用于德育实践，表现出一定的可操作性。德育模式既是某种德育理论的简约化的表现形式，又是对某些具体德育经验的理论加工和概括。因此，德育模式是结构化了的德育理论和理论化了的德育实践的结合体，反映了德育的普遍原理与具体实践的统一。

---

① 辞海编辑委员会．辞海［M］．1979年版．上海：上海辞书出版社，1980：1319，716.

②③ 杜爱森．关于德育模式的理论探讨［J］．理论探索，1996（2）：53-55.

④ 哈什，等．德育模式［M］．刘秋木，译．台湾：五南图书出版公司，1994：7-8.

⑤ 黄向阳．德育原理［M］．上海：华东师范大学出版社，2000：211.

按不同德育模式在实现学校教育的道德目的上侧重点的不同来进行分类，德育模式可以分为认知模式、情感模式和行动模式。具体情况见表 7－1：

表 7－1　德育模式的分类

侧重的目的	模式	代表人物
道德认知	道德认知发展模式	皮亚杰、科尔伯格
	理性建构模式	谢弗
	价值分析模式	库姆斯
	社会探究模式	马夏拉斯、考克斯
	直接教学模式	威尔逊
	案例研究模式	斯特赖克、索尔蒂斯
道德情感	体谅关怀模式	麦克菲尔、诺丁斯
	价值澄清模式	拉思斯、西蒙、哈明
	训练小组模式	沙因、贝尼斯
	非指导性教学模式	罗杰斯
	群策模式	戈登
	意识训练模式	舒茨、布朗
	课堂会议模式	格拉泽
	直率性训练模式	里姆、马斯特斯
	角色扮演模式	F. 谢夫特、G. 谢夫特
道德行为	间接德育模式	杜威
	集体教育模式	马卡连柯
	社会学习模式	班杜拉
	社会行动模式	纽曼
	社会模拟模式	内斯比特
	小组调查模式	塞伦
	团体相倚性管理模式	奥姆、珀内尔
	自我控制操作模式	索森、马哈内

资料来源：黄向阳．德育原理［M］. 上海：华东师范大学出版社，2000：212.

二、德育模式的作用

从德育模式的概念界定中可以看出，德育模式最重要的作用在于它是沟通德育理论和德育实践的桥梁。它一方面可以促进德育研究的理论成果向实践领域推广，使德育理论在影响德育发展的过程中得以不断修正和完善；另一方面可以在对实践经验的不断概括和提升中，促进实践经验的理论化发展，使德育实践获得更大的理论解释力和包容性。

1. 德育模式有助于理论与实践的有机结合

很长一段时间以来，德育理论研究者与德育工作者之间基本上处于分离状态。这就使得一方面，德育理论研究由于缺乏现实的有力支撑而趋向于闭门造车，玄而又玄，难以指导实践；另一方面，德育在现实发展过程中，不断面临着许多新的问题和挑战。那种依靠经验、凭经验办事的德育思路难以适应社会发展和人的发展的需要，迫切需要理论的指导。这就产生了理论与实践脱节的矛盾。由于德育模式的建构本身，体现了一定德育理论、观点与实践原则、策略、程序的统一，这就为理论与实践的统一提供了可能。一方面，德育模式可以通过对相关德育理论的实践转化，变成具有可操作性的一系列原则、方式、方法，推动德育实践的深入发展；另一方面，德育模式依凭其对德育实践经验的理论自觉，可以形成较为系统化、理论化的知识体系，从而不断充实和完善有关德育理论，实现德育理论与实践的统一。

2. 德育模式有助于德育专业化的不断提高

长期以来，德育在各类教育形态中地位不高、名声不好的重要原因即在于，它似乎是一项缺乏技术含量、人人都可以进行的“贤（闲）人”“圣（剩）人”工作。德育这种公众形象的形成，与其专业化程度不高有着重要的关系。在很长一段时间里，德育工作的展开主要依靠的是个人的经验，缺乏理论的指导，具有很大的随意性，与此同时，我们对具体的德育工作中形成、积累的一些有益经验的理论总结与提升不够，这就使得德育的发展在很大程度上处于一种自发的状态。而德育模式的形成，则是理论与实践自觉的结合。一方面，它要求人们在开展各种德育工作时，必须以一定的道德原理和人的身心发展的规律为依据；另一方面，它要求人们要在具体的德育实践过程中，自觉地对各种理论、观念和原则进行充分的思考。这样，通过理论与实践的不断互动、磨合、匹配，我们就能够总结出一套适用于某一问题或情境的德育操作策略、原则、程序、方式、方法，从而实现德育的科学化、专业化发展。

3. 德育模式有助于学校育人环境的整体改善

在许多学校，德育工作主要由德育处（教导处、教育处、学生发展处等）、班主任、德育课（政治课）教师承担。学校对普通科任教师的要求更多是教学任务的要求，却在改变学生思想道德素质方面对普通科任教师基本上没有硬性的规定。这就容易加重班主任的工作负担，不利于德育工作的全面展开。而德育模式在学校德育实践中应用的意义不仅仅是对特定德育工作者个人教育行为的指导，还是对学校整体教育行为的指导。这主要是因为，观念的运用和模式的操作是不同的。观念的运用具有个体性和私人性，一个具有“爱的观念”的教师的个人教育行为不一定能够成为整个学校的教育行为。但是，这种观念借助一定的模式化构造之后，“它就能够产生一种系统性的教育行为，从学校教育的行政、管理、教学、环境、活动等各个环节中体现这样的教育观念，这就可以在更大的范围内实现德育观念的影响，形成整个学校的教育特色、教育风格和教育个性”①，从而改善整个学校的育人环境。

三、德育模式的建构要求

促进德育理论和德育实践模式化，是当前学校德育发展的重要方向。建构具有科学性和操作性的德育模式，一方面需要我们加强对德育基本理论问题的研究，另一方面则需要强化理论的实践转化。

1. 加强德育基本理论问题的研究

当前，人们对德育模式最大的误解就在于，认为德育模式就只是一种实践操作策略。因此，很多中小学都会在对其德育实践进行简单总结的基础上，把自己学校的德育实践命名为某某德育模式。实际上，这些冠以德育模式之名的德育实践，更多的是基于特定学校德育经验的总结，因而，它们往往会缺乏必要的普适性。这与德育模式带有普遍适用性的特征是有着本质不同的。因此，构建德育模式，离不开对相关德育基本理论问题的研究。没有足够的理论研究做支撑，所谓的德育模式就缺乏有效的实践解释力。实际上，任何一个成熟的德育模式都有着非常扎实的理论建构。

要想夯实德育模式的理论基础，就必须注重多学科研究成果的综合运用。当前，较为成熟的德育模式无不建立在一定的科际整合的理论基础上。在这方面，以科尔伯格为代表的道德认知发展模式表现得最为突出。道德认知发展模式的理论具有深厚的道德哲学、道德心理学和道德社会学基础，对当代德育实践具有很好的解释力和说服力。因此，构建德育模式，最重要的前提就是加强多学科视野中的德育基本理论问题研究。

2. 注重德育理论与实践相结合

德育模式不能仅仅停留在理论的演绎之上，更要研制出具有实践可行性的德育操作策略。纯粹的德育研究主要生产的是带有思辨性质的德育理论，

---

① 班华，薛晓阳．新时期我国德育模式研究的理论特征［J］．北京大学教育评论，2004（1）：71－76.

但这些理论更多表达的是人们关于德育的认识和主张，而不是具体实践。正因如此，并不是所有的德育理论最终都会变成德育模式。

实际上，理论与实践相脱节一直为人们所诟病，德育领域也不例外。当代德育模式在具体建构过程中，除了对德育模式的理论前提或基础进行多学科、细致周密的构思外，还在不同范围内进行过或长或短的实践，并在实践中不断总结，进而形成一整套的策略体系，从而把理论不断引向实践。与此同时，这种实践反过来又使理论日益丰富和完善，从而提升了整个模式的整体生命力。[①] 道德认知发展模式的形成过程鲜明地反映了一个德育模式从理论建构到实践应用再到理论修正、完善，最后回归实践的过程。在这一模式的早期建构阶段，科尔伯格从道德发展心理学出发直接推衍出道德教育的目的和方法，犯了“心理学家的谬误”。为了修正这种谬误，科尔伯格转向了公正团体法的研究，根据道德教育的实践来确定道德教育的目的和方法。经过了长达十几年的研究，这一模式才得以在理论和实践的反思中成熟起来。由此可见，注重理论与实践的相互促进已经成为当代德育模式建构的基本路径。

第二节　当代西方国家主要的德育模式

了解西方比较成熟且影响面比较广的德育模式，对我国德育理论的创新和德育实效性的提高都具有重要的参考价值和借鉴意义。本节我们将主要介绍西方比较成熟且具有较大实践影响力的四种德育模式，它们分别是价值澄清模式、道德认知发展模式、体谅关怀模式、社会行动模式。

一、价值澄清模式

价值澄清模式（the values clarification model）是由美国纽约大学教育学院教授路易斯·拉思斯（Louise Raths）等人于20世纪60年代创建的一种德育模式。1966年，由拉思斯、梅里尔·哈明（Merrill Harmin）和西德尼·西蒙（Sidney B. Simon）共同撰写的《价值与教学》一书的出版标志着价值澄清模式的正式诞生。该模式因其具有很强的实践性、操作性以及体现了美国固有的个人主义价值观，曾一度风行欧美国家学校德育实践领域。

---

① 谭再文．当代美国德育模式探析［J］．外国教育资料，1994（4）：74－80．

(一)理论基础

总体而言，价值澄清模式的基本理论基础是价值相对主义。它认为每个人都有自己的价值观，而且价值是多元、相对和变化的。没有适合任何人、任何情境的绝对的价值观。因此，一个人拥有什么样的价值观并不重要，重要的是他应该清楚自己拥有的价值观是什么以及如何获得这种价值观。当前人们之所以会感到思想混乱，就在于不清楚自己的价值观。因此，价值澄清模式就是要通过澄清价值评价的过程，来帮助学生减少价值观的混乱，提高他们分析和处理各种道德问题的能力。

1. 什么是价值观

拉思斯等人在《价值与教学》一书中认为，所谓价值观，是指导人们如何生活的一套准则。它反映了人们在有限的时间和精力中如何行事的问题。

在价值澄清模式中，价值观是与个人的生活经验紧密联系在一起的。而人们生活经验的获得，是由他们生活的环境的特点决定的。因此，具有不同生活经验的人的价值观是不一样的。与此同时，人们的生活经验也会随个人生活地点、职位、年龄等因素的改变而改变。因此，对于个人而言，其价值观也不是恒久不变的。

由此可见，价值澄清更多的是关注人们获得价值观的过程而不是获得怎样的价值观。对于价值澄清模式，人们相信什么并不重要，重要的是人们怎么相信。

2. 价值澄清的四大要素

价值澄清模式认为，在当前多元的社会环境中，并不存在一套放之四海而皆准的价值体系。试图为人们寻找具有普适性的价值观的做法是徒劳的，我们不能把自己认可的价值观强加给他人，但是，我们却有义务去帮助人们澄清自己拥有的价值观。为此，必须做到以下四个方面的要求[①]：

- 以生活为中心

使人们注意到他们在生活中所珍视的事物，如行为、态度、目标、兴趣、情感、信仰、烦恼等；并使他们注意使生活复杂化或价值问题显得扑朔迷离的一般生活问题，例如该如何处理友谊、恐惧、合作、金钱、爱情、法律与秩序、贫穷、忠诚、暴力和脆弱等问题？

- 接受现实

在澄清别人的价值观点时，我们要做的不是去改变他人的价值观，

① 拉思斯．价值与教学［M］．谭松贤，译．杭州：浙江教育出版社，2003：1-2.

而是要不偏不倚地接受他人的立场。这种认可意味着帮助他人接受自我，互相开诚布公，不管他们的思想或情感也许是多么的混乱或消极。

● 鼓励进一步思考

我们不能仅仅停留在认可的水平上。我们应该使学生进一步思考尤其是全面地思考价值问题。这就要求他们：（1）更加明智地选择；（2）更加清楚被珍视与珍爱的事物；（3）更好地使选择和珍视融于日常行为之中。

● 培养个人能力

价值澄清模式认为，人们不但能深思熟虑地思考价值问题，而且能更好地将价值观整合到他们的选择、珍视和行动中。因此，价值澄清不仅倡导练习澄清技能，而且培养他们审慎自主的潜在意识。

3. 价值澄清的评价过程

虽然价值澄清模式不承认复杂多变的社会中有一套公认的价值观，但是，它却主张学校和教师应该在发展儿童价值观方面有所作为。为了确保学校在发展儿童价值观方面的中立地位，价值澄清模式反对把某种现成的价值观灌输给学生。学校应该做的只是建立一种澄清过程，通过这种过程，儿童可以确定自己的价值观。这一过程被称为“评价过程”（valuing process）。

一个人是否获得价值观必须接受这一评价过程的检验。而这一过程主要包括三个阶段七个步骤，只有符合这一过程的七个步骤的事物才能被称为价值。

选择：（1）自由地选择
（2）从各种可能的选择中选择
（3）认真思考每一种选择的后果后进行选择
珍视：（4）珍爱，对选择感到满意
（5）愿意向别人确认自己的选择
行动：（6）根据选择行动
（7）以某种生活方式不断重复行动

（二）实践策略

价值澄清模式在道德教育实践领域产生了很大的影响。这主要得益于它提出了许多具体的方法和策略，具有很强的操作性，容易被广大教师掌握。该模式提出的价值澄清方法有很多，限于篇幅，在此仅就其中三个比较核心的方法进行介绍，它们是澄清反应、价值单策略、团体讨论策略。

1. 澄清反应

澄清反应（clarifying response）是价值澄清策略中最为灵活的澄清策略。它是教师针对学生所说的话或所做的事而做出的反应，旨在鼓励学生就自己的行为进行深入的思考。通过这种思考，学生可以对自己所拥有的价值观进行澄清。由此可见，澄清反应主要是一种师生间的对话策略，主要是以一对一的交谈形式进行的。这种对话不要求教师对学生进行强制性或对抗性的询问，而是一种看起来较为随意的或激励性的谈话。通过下面这个澄清反应的例子，我们可以对这一澄清策略有更为直观的了解。

学生：我相信人人生而平等。

教师：你说这话是什么意思？

学生：我想我的意思是，所有人是一样出色的，不应该有人凌驾于他人之上。

教师：你的观点是否表明，在我们这个世界甚至在这所学校和这个城市里必须进行某些变革？

学生：噢，是许多变革。要不要我列举一些变革？

教师：不，我们得回到拼写课上了，但是我刚才一直在想你是否会为其中的某些变革而努力，并且实实在在地竭力使之成为现实。①

从上面的例子可以看出，虽然教师没有对学生关于“人人生而平等”的观点进行价值评价，但是，学生却可以从与教师的对话中得到某些启发，激发他考虑自己是否愿意将“人人生而平等”付诸实践。

为了有效地进行澄清反应，该模式提出了应遵循的10条基本原则②：

● 澄清反应要避免道德说教、批评、向儿童灌输价值观或进行评价。教师应避免一切关于“好的”、“对的”或“可接受的”等暗示。

● 使学生有责任检查自己的行为或思想，并独立思考和确定自己的需要。

● 澄清反应是非强制的和使人兴奋的，但它不强人所难，不强求学生有问必答。

● 澄清反应的作用更多地在于激发个体思考自己的言行。其目的在于形成一种氛围。每一种澄清反应只不过是众多澄清反应之一，而且其效果是累积而成的。

● 澄清反应的目的不在于盘问学生或收集资料，而在于使学生在需要时澄清自己的思想和生活。

---

① 拉思斯．价值与教学［M］．谭松贤，译．杭州：浙江教育出版社，2003：53.

② 同①54－56.

• 澄清反应通常不是范围过于宽泛的讨论。其目的在于促使学生进行思考。教师最好在进行了两三个来回的对话后便主动以不表态但很坦率的语句中断会话。

• 澄清反应经常是针对个人而进行的，当然，也可以针对全班学生就大家普遍关注的问题进行澄清反应，但即使这样，最终必须要求个体进行独立的思考。

• 教师无须对每个学生在课堂上的所有言行做出反应。

• 澄清反应经常在没有“正确”答案的情境中起作用，诸如与情感、态度、信仰或目的等有关的情境。它们并不宜把学生引向预定的答案。它们并非那种教师在头脑中已有正确答案的问题。

• 澄清反应不存在固定的模式。教师必须富于创造性和洞察力地使用澄清反应，但必须记住：澄清反应只有在有助于学生澄清他们的思想或行为时才能被认为是富于成效的。

这些原则表明，价值澄清有效地发挥作用，有赖于教师有意识地提醒自己，在教育教学过程中不要把自己或者成人社会的观念直接强加给学生。同时，要为学生的自由选择和独立思考营造安全、开放的氛围。没有这样的氛围，学生很难在对话中真诚地表达自己的观点，反思自己的行为。但是，这并不意味着教师不能够表达自己的观点。实际上，在以个人主义为价值基石的教育模式下，教师和学生一样，都可以自由地表达自己的态度和看法。如果教师刻意隐藏或者歪曲自己的观点，那么，这种行为更容易令学生反感。在某种情况下，教师坦率地表达自己的观点更容易赢得学生的信任。如果学生认为教师的提问是对自己的侵扰或冒犯，那么教师不应再继续问下去。

2. 价值单策略

价值单（values sheets）策略主要是针对那些不适合交谈和讨论的问题（如政治信仰、性等）时采用的一种澄清方法。这些问题如果采用澄清反应的交谈方式，一是容易使学生不好开口，不易谈出心中的真实想法；二是交谈容易成为口才好、威望者高的人的特权，影响他人的独立思考。采用价值单策略，可以有效地避免以上问题。价值单策略的使用要求教师设计和编制出一些价值表，在每个表的标题上列出主要讨论的议题，然后陈述一种情况或一件事情，接着给出几个问题。有些问题下面呈现几个备选答案让学生自由选择，并要求学生解释选择这一答案的原因。

以下是价值单策略的一个例子。[①]

① 拉思斯．价值与教学［M］．谭松贤，译．杭州：浙江教育出版社，2003：95-96.

违法行为

说明：写出下列问题的答案。稍后，你们将有机会与小组同学一道讨论你们的答案。如果你们决定不这样做的话，那么你们不必泄露自己的答案。

10月27日，纽约州新罗谢尔——当红灯变成绿灯，新英格兰高速公路的某一自动收费亭显示出“谢谢你”时，它并不总是“言为心声”的。至少当驾车旅行的人故意欺骗机器或者将铝制垫圈或外国硬币塞入机器时，它就不是由衷致谢了。

经过为期两周的整治通行费作弊者的运动，纽约州警方今天报道说，他们已逮捕151名作弊者。市法院对初犯者每人罚款25美元，屡犯者每人罚款250美元。

据托马斯·F. 达尔比副州长报道，这些违法者包括1名牧师、1位医生、1位牙科医生、1名原子物理学家，以及几位律师和为数众多的工程师、广告商、推销员。

副州长说，这些违法者不知道的是，这种新型的单向玻璃没让他们发现收费亭内正密切注意着他们的州警察。

副州长继续说，他们更不知道每一位违法者的汽车牌照及塞入机器内的东西已被记录下来。

(1) 在什么情况下，你会努力逃避付费扬长而去？请在下面的回答中，勾出最为可能的选择。

______只有当我确信我不会被抓住时。

______如果我认为我有很好的机会不会被抓住。

______从不，不管情况怎样。

______只有当我极其需要这笔钱时，如为家人购买食品。

______写出其他任何更适合你的选择。

(2) 在这151名被逮捕的人中，只有1名牧师、医生、牙科医生和原子物理学家，另外有几位律师、工程师、广告商和推销员。你认为，这是否表明从事第一组职业的人比从事第二组职业的人更为诚实？

(3) 你认为这种行为是否严重？你认为这些人在其他更严重的方面可能会不诚实吗？请加以评论。

(4) 让我们回到问题 (1)，在你可能选择的回答旁打钩：在什么情况下，你会将电话亭里的人错找给你的10块钱占为已有？

(5) 如果有的话，你如何解释问题 (1) 的回答和问题 (4) 的回答之间的差别？

（6）你是否清楚自己对违法行为的感想？请讨论。

从上面的例子可以看出，价值单策略强调学生以书写的形式对各种问题进行独立的思考。即使是上面这个例子中有关讨论的要求，也是在小范围内进行，一般不进行全班性的讨论。这可以有效避免学生在独立思考问题时受他人的干扰或心理暗示。

价值单策略的显著特征就在于：努力揭示知识背后所蕴含的价值依据，将知识学习与道德评价紧密地联系在一起。这一点恰恰是我们当前学科教学所欠缺的。

价值单策略主要应用于以下主题：
- 金钱，它是怎么样被分配和处理的
- 友谊，我们怎样与周围的人相处
- 爱情和性，如何与关系亲密的人交往
- 宗教和道德，我们所奉行的终极信仰是什么
- 闲暇，如何利用闲暇时间
- 政治和社会组织，尤其是当它们对个体产生影响时
- 工作，职业选择，工作态度
- 家庭，我们在家里的表现怎样
- 成熟，我们为何奋斗
- 性格特征，尤其是当它们影响个体的行为时

价值单策略可以采用不同的方法，但是，最无效的方法是将价值单用作讨论课。诚如前文所述，讨论往往会演变成争论，容易使人激情有余而独立思考不足。同时，讨论的过程往往会形成一些“意见领袖”人物主宰和控制讨论的意见，使得一些人不能够有效参与并自主对自己的价值观进行审慎的思考和选择。因此，价值单策略在使用时应注意以下四个方面的要求：

- 要求书面回答，与纯粹的口头谈论相比，书面回答要求更加认真的思考。
- 允许学生以匿名的形式进行书面回答。
- 价值单策略尤其适合周末作业，此时学生的压力会减少，而且能有足够的时间来思考。
- 教师可以对学生上交的价值单做简要的评语，但是评语应当根据价值澄清理论的要求，进一步提出有助于学生重新思考其原先的答案的问题。例如，问学生他们所写的某些内容是否形成于对各种可能选择的思考之后，或问他们，他们的生活方式是否真的与他们所写的相一致，等等。

3. 团体讨论策略

澄清反应和价值单策略基本上都是以一对一的形式开展的，只有在必要的时候才会进行小范围的讨论。但是，对于一些全班同学普遍关心或具有普遍意义的问题，我们可以采用团体讨论策略，在全班范围内进行价值观的澄清活动。为了保证这种大范围的讨论能够取得成功，团体讨论策略一般遵循以下四个步骤[①]：

- 选择主题

教师应该认真注意学生深感困惑的问题，或依据学生的年龄，考虑设计出富有价值意义的主题，诸如友谊、金钱、规则、家庭、兄弟（或姊妹）、家庭杂务、爱情、性、工作、职业、目标、闲暇或政治。在选择主题时，教师可以通过一段引文、图片、戏剧或电影片断以及有争议的问题等来选题。

- 深思熟虑

教师应该要求所有学生安静地坐着思考问题一两分钟，最好要求学生在思考他们对问题的最初反应时做一些简短的笔记。

- 结构交流

为了避免某些健谈者控制讨论的情况，教师可以把学生分为两人一组、三人一组或四人一组。不要给小团体太多的时间。一开始可以进行小组短时间的讨论，然后再进行全班讨论。

- 帮助学生获取知识

通常，在团体讨论最后，教师应要求学生独自坐在自己的座位上，思考他们从这次讨论中学到了什么。学生可以通过对以下一些问题的思考来归纳出他们在本次讨论中所获得的知识：

——我认识到……

——我再度发现……

——我正想知道……

——我从来不知道……

（三）简短评析

20世纪70年代，价值澄清模式在西方社会产生了很大的影响。当时，美国许多学校在开展道德教育时都以这一模式为蓝本。这一模式在实践中也取得了较大的成绩。总的来说，价值澄清模式有以下两个优点：

（1）简单易行，容易被教师掌握和推广，具有较大的实用性和现实针对

① 拉思斯．价值与教学［M］．谭松贤，译．杭州：浙江教育出版社，2003：138-153.

性。价值澄清模式所提出的澄清反应、价值单和团体讨论等策略，具有很强的操作性。

（2）价值澄清模式明确反对灌输，注重学生主体性的发挥，容易调动学生参与的积极性和主动性。价值澄清模式不以灌输某种固定的价值观为目的，而是让学生学会通过价值评价过程来澄清、发展自己的价值观，有利于学生独立思考问题。

但是，价值澄清模式在实践中也受到了人们的一些批评和指责。这些责难主要有：

（1）价值观上的相对主义否定了道德教育的价值引导功能，使得学校德育陷入尴尬境地。这一模式认为每个人的价值观都是相对的，不存在被普遍认可的价值观。在这种精神指导下，不管学生最终到底形成了什么样的价值观，这种价值观都是没有是非、善恶、对错区分的，这显然令人难以接受。

（2）价值澄清模式对价值观概念的界定过于宽泛，许多问题甚至超出了道德的范畴。从根本上说，价值澄清模式并没有给价值观下过严格的定义，它所谓的价值观更多的是与行为相联系的内部心理状态。

另外，价值澄清模式完全否认外部因素，如榜样示范、说服教育的作用，也显得有些武断。

二、道德认知发展模式

道德认知发展模式是美国当代著名道德教育家和心理学家科尔伯格等人创建的。他被称为“现代道德教育复兴运动中最著名的人物”。本部分主要以介绍科尔伯格的理论和实践为主要内容。

（一）理论基础

相比于其他德育模式，科尔伯格创建的道德认知发展模式的理论基础更为深厚、系统，涉及道德哲学、道德心理学以及道德社会学等学科的综合运用。这些深厚而广博的理论基础体现在道德认知发展模式中，主要反映在科尔伯格关于道德认知发展的理论和道德教育的目的的基本观点的论述上。

1. 道德认知发展理论

（1）道德发展的核心是道德推理能力的发展。

科尔伯格认为，道德发展的核心是道德推理能力的发展。道德推理能力是道德思维的基本品质。而道德思维的成熟度是以一个人的逻辑思维的发展水平为基本前提条件的。一个人的逻辑思维阶段决定了他所能达到的道德阶段的限度。如果一个儿童在认知发展中没有达到形式运算的思维水平，那么，他在道德发展中也不可能达到与之相适应的道德认知发展阶段。实验证明，达到某种道德水平的儿童大多都能通过相应水平的逻辑测验，但达到某种智慧水平的儿童并非大多都能通过相应水平的道德判断结构。[①] 这实际上表明，我们可以根据一个人的道德发展阶段来推测他的逻辑思维水平，但是，我们却不能根据一个人的逻辑思维水平来确定其道德发展阶段。因此，认知发展只是道德发展的必要条件，但不是充分条件，道德发展的核心是以道德推理为主要形式的道德思维的发展。

（2）道德认知发展的阶段性特征。

科尔伯格认为，一个人的道德判断可以表现在内容和形式两个方面。道德判断的内容主要指的是对某一道德问题的“应该”或“不应该”、“对”或“错”的评价。道德判断的形式则指人们进行道德判断时所根据的理由及其推理方式。一个人的道德发展水平不能单单从其道德判断的内容来考虑，更多的是要考察他在进行道德判断时使用的推理方式。在科尔伯格看来，一个人道德判断的内容往往会受各种外在因素的影响，具有很大的情境性。例如欺骗行为，在很大程度上取决于情境的因素。但是，一个人道德判断的形式——道德推理方式却是人们内心较为稳定的因素。因此，我们应该从一个人的道德判断形式来确定其道德发展水平。

科尔伯格进一步指出，在道德判断的形式方面，存在处于不同成熟水平或阶段的道德推理方式。这些阶段性的道德推理方式构成了人们区分一个人道德发展水平的重要依据。通过多年的研究和实验，科尔伯格认为，在不同的文化环境中，存在着普遍的道德发展的三个水平和六个阶段（具体内容见第五章）。

科尔伯格认为，道德发展的三个水平和六个阶段并非仅仅与年龄有关。道德发展的这种阶段划分，更多的是由各个阶段所具有的特性决定的。

第一，每个阶段是“结构性的整体”（structured whole）。这实际上表明，道德发展是一个由具有本质性区别的不同阶段顺序发展的过程。导致各个发展阶段具有本质性差异的影响因素不仅包括人们在文化、情境和知识掌握方面的不同，而且也包括人们道德思维方式、推理判断方式的不同。

第二，阶段的发展具有顺序性。这些阶段有恒定不变的发展顺序，每一

① 钟启泉，黄志成．西方德育原理［M］．西安：陕西人民教育出版社，1998：192－193.

阶段的发展都以前一阶段的发展为前提，并为下一阶段的发展做好准备。儿童可能由于某些原因固定在某个发展阶段上，但他继续发展时，一定会朝着更高的阶段发展。

第三，阶段的发展是一种“层级整合”（hierarchical integration）。高级阶段的道德思维方式必然包括或涵盖低级阶段的道德思维方式。因此，阶段的发展一定会朝着最高的阶段运行。

2. 道德教育的目的

（1）道德教育的目的是让学生掌握具有普适性的道德原则：公正原则。

科尔伯格认为，以往学校道德教育之所以实效性低下，其中一个很重要的原因是学校德育在目的设定上发生了偏差。长期以来，学校德育总是热衷于向学生传授各种具体的道德规则和社会规范。但是，由于规则和规范本身在不同的文化和情境下具有不同的含义和功能，它们并不具有普适性。因此，向学生灌输这些具体的价值观念难以确保他们能够在不同的环境中表现出一致的行为。

但是，不同的道德规则却存在着普遍适用于一切文化和情境的道德原则。道德原则与道德规则的不同之处在于，“它不是一个行为的准则，而是指导人们在各种行为中做出选择的原则。它不受特定文化内容的限制，它既超越、又包含了特定的社会法规，因此它是普遍适用的”①。“道德的基础是道德原则，这些原则与诸如诚实之类的美德词和‘勿偷盗’或‘勿争吵’之类具体规则是不同的。原则是指我们希望所有人将其运用于所有情形的那些普遍的选择方式，它们代表了在道德上对行动作自我证实的理由。”② 因此，学校道德教育的目的就是向学生传授这种具有普适性的道德原则，而不是各种烦琐而具体的道德规则。在科尔伯格看来，这种普适性的道德原则即公正原则。

（2）学校道德教育的主要任务是促进学生道德推理能力的发展。

科尔伯格认为，传统道德教育的失败不在于学校没有能力去影响儿童品格的发展，而是因为传统的品格教育过多依赖说教、榜样、惩罚或奖励等手段对学生进行行为的训练，目的是培养出能被社会或教师接受的所谓的“好的行为”。这种教育方式实际上强调的是道德判断的内容方面，而忽视了更为根本的道德判断的形式方面——道德推理。因此，它们“并不反映儿童或成人从事他们的道德决断或道德行为时所运用的心理结构”③。这就使得学校所

① 柯尔伯格．道德教育的哲学［M］．魏贤超，柯森，译．杭州：浙江教育出版社，2000：4.

② 同①68.

③ 同①32.

传授的道德内容难以与学生的道德心理结构发生意义上的关联，因此难以取得相应的教育效果。

为此，科尔伯格认为，如果学校要有效地发挥其在学生品德发展方面的积极作用，就必须从过去那种专注于培养学生具体行为的做法中解放出来，把重点放在如何促进学生的道德推理和思维能力从不成熟向成熟状态的不断进步上，一直达到能清晰地理解以公正平等这个普遍原则为基本特征的最成熟的阶段。但是，普遍性的道德原则是不能直接教给学生的，它只能通过学生自身的努力实现。

为了促进学生的道德思维和推理能力不断向前发展，学校教育或教师的主要任务就在于通过创设富含冲突性的情境引起学生道德认知的冲突，创造机会让学生接触和思考高于他们一个阶段的道德思维与推理方式，造成他们的认知失衡，引导学生在寻找新的平衡中，不断提高自我道德判断的水平和能力。

（二）实践策略

科尔伯格的道德认知发展模式在学校道德教育领域的应用主要体现在两个方面：一是在课堂中学生对各种道德两难问题展开讨论，以此促进学生道德思维的发展；二是对学校的环境进行重新改造，建立“公正团体”，以此使学生在民主的管理氛围中获得道德的发展。

1. 道德两难法

道德两难法又称新苏格拉底法。这种方法旨在通过各种道德两难问题的呈现，刺激和引起学生的思维失调，使他们对自己目前的思维方式感到不满，并要寻求一种更完整，也被认为更合理和高级的道德思维方式，从而促进学生道德判断和推理水平的提升。

具体而言，教师在开展道德两难问题的课堂讨论时，应该遵循以下两个步骤[①]：

第一，引发性提问（initial questioning）。

在课堂讨论的初始阶段，教师的作用主要体现在以下方面：

——确定学生了解道德两难问题的困境或问题的症结所在；

——帮助学生正视问题中所固有的道德因素；

——引导学生就自己的道德判断提出学理上的依据；

——鼓励学生以不同的学理依据进行交流。

① 哈什，等．德育模式［M］．刘秋木，译．台湾：五南图书出版公司，1994：150－162．

为了使讨论能够顺利进行并取得良好的效果，教师要注意各种不同的提问方式对课堂讨论展开的不同意义。

(1) 突出道德问题 (highlighting the moral questions)。

这类问题经常出现在课堂讨论的开始，要求学生面对道德两难问题时明确地表明自己的态度和立场。这将有助于学生将情境看成是要求解决冲突或做出选择的两难问题。它们通常包含了“应该”、“不应该”或“对错”的回答。

(2) 询问“为什么”的问题 (asking “why” questions)。

仅仅让学生意识到两难问题中的道德因素是不够的，重点应该是通过学生对这些两难问题的认识来了解其判断的依据和理由。因此，对学生“为什么”如此判断的理由的追问，可以使学生认识到自己与其他同学所具有的观点以及支持这些观点的思维方式的不同。这些不同的道德思维和推理方式能够引起学生的兴趣，并使讨论得以进一步发展。

(3) 使情境复杂化 (complicating the circumstances)。

有两种提问的方法可以使原有的道德问题复杂化。第一种是加入新的信息或情境到原有的道德问题之中，以增加原有道德问题的复杂性，加剧道德认知的冲突。第二种是帮助学生正视而不是回避道德问题上的冲突。当学生第一次面对道德冲突的时候，这种冲突会使他们有些不安，他们往往试图回避其中的冲突或通过对原有道德情境的改造使得道德两难问题得到消解。例如，海上救生艇载人过多有翻船的风险，在决定将谁扔下海的问题中，学生则希望不要这样做。为了回避这种道德冲突，他们往往设想用一根绳子把多出的人拴在船边，从而回避这个两难问题。为了使学生能够正视这一道德问题，教师可以增加假设情境，“假设当时不能将多出的人拴在船边”，或“假如船上没有绳子”。教师也可以使两难问题本身复杂化：“如果带上绳子，就会弄沉救生艇，在这种情况下，你要在一位母亲和她 18 岁的儿子之间进行选择，你让谁跳海?”

当学生开始对道德两难问题进行讨论时，会有不同程度的不安。教师应该尊重这一事实。这种对道德两难问题的讨论对学生而言是一种崭新的方式，而且是一种有困难的尝试。教师的主要任务是推动学生正视道德冲突的实质，而不是“强迫”学生去面对。经过一段时间的讨论后，学生就可以在同伴群体的帮助下正视各种道德两难问题了。

第二，深入性提问 (in-depth questioning)。

经过引入性的提问之后，学生基本上已经表明了自己面对道德冲突时的立场和理由，这为进一步的小组讨论提供了可能。为了使学生能够更为深入、全面地进行讨论和思考，教师必须转变原来的提问策略，要求学生抓住争论的观点和对方的理论依据，这样就会导致学生的道德思维结构发生变化。适用于这一阶段提问的策略有四种，它们分别是使问题精细化、突出相邻阶段的观点、澄清与概括以及角色承担的问题和策略。

（1）使问题精细化（refining question）。

使问题精细化的目的是让学生能够探究到问题的更多方面。“应该”和“为什么”等问题已经不足以促使学生的道德思维向更高的阶段发展。学生应该能够听到别人更广泛的意见。在这方面比较有效的提问有五种：

- 澄清性追问（a clarifying probe）

这种追问的目的是使学生更为明确地理解其所使用的词语的含义，尤其是一些比较含糊和模棱两可的话语。这样可以有效地避免教师将其意图强加给学生。例如：

学生：不，他不应该把朋友作弊的事情报告给老师。他这样做会自找麻烦的。

教师：什么麻烦？

学生：嗯，他的朋友从此不再喜欢他，而且可能用某些方式来报复他。

- 特定问题追问（an issues-specific probe）

特定问题追问要求学生探究与所讨论道德问题有关的某种情境，如权威、义务、生命价值等。这是因为，每一个道德判断的事实总会有不同的事件焦点。如果学生能够专注于对某个事件的探究，他就会有机会了解自己所持各种观点的理由。例如：

——对陌生人，你有义务去帮助他吗？

——一个人对家庭或朋友的责任，和对陌生人的责任有什么不同吗？

——为何人们有遵守法律权威的责任？

- 问题间的追问（an inter-issues probe）

这种追问的目的是帮助学生解决两个道德问题之间的冲突。这种追问会激发学生对自己选择的立场所持的基本理由进行充分的检验。例如：

——对朋友忠诚和遵守法律哪个更重要？

——假如为了救人而不得不去偷东西，你能为这种行为辩护吗？如何辩护？

- 角色转换追问（a role-switch probe）

这种追问实际上是要求学生扮演道德冲突中另一个人的角色。它可以锻炼学生从别人的观点来观察同一个问题，促进学生角色扮演能力的发展。例如，在讨论“是不是应该揭发朋友作弊”这一问题时，教师可以追问：

——你的朋友是否会认为你报告老师是不对的？

——但是，从老师的立场来看，在这种情况下，你会怎么做？为什么？

——你的父母会建议你怎样做？你的朋友的父母又会建议你怎样做？

● 普遍后果追问（an universal-consequences probe）

这种追问要求学生考虑，假如每个人都采取他的这种推理形式，那么，这会产生怎样的后果。这种追问鼓励学生做出对大家都公平的道德决定，同时也帮助学生检验其道德判断的逻辑适当性的程度。例如：

——如果人人为了救人而去偷东西，后果会怎样？

——如果社会中的人都不遵守法律，结果会如何？

——如果人人都考试作弊，那么，老师如何管理班级？如何帮助学生学习？

（2）突出相邻阶段的观点（highlighting contiguous-stage argument）。

较高阶段的观点往往对学生道德思维的发展有很大的影响，因而，教师在课堂讨论过程中，应注意突出较高阶段的道德思维。处于较高阶段道德思维水平的学生不会因为与处于较低阶段道德思维水平的学生的互动而失去其推理能力，同时，他们也需要更高更复杂的推理方式的刺激。

突出较高阶段道德思维水平的途径一般有三种：

第一种是有的学生在讨论中运用了较高阶段的推理方式。一旦教师听到这种不同的推理方式，就可以鼓励学生解释其推理的理由。

第二种是在全班都没有出现涉及更高阶段的道德推理形式时，教师可以鼓励那些在其他问题上已经达到更高阶段的学生，对新的问题进行主动的探究。

第三种是有时全班都没有人能够从多方面来思考道德问题，也没有人提出一种更合适的观点，这时老师可以提出一个更高阶段的道德推理形式供学生讨论和思考。

（3）澄清与概括（clarifying and summarizing）。

这种策略实际上是要求教师角色转变，从启发性地提问转到澄清与概括学生的观点，目的在于使学生意识到同学们提出的推理方式，促进认知冲突的发展。

（4）角色承担的问题和策略（role-taking questions and strategies）。

角色承担的目的是激励学生考虑其他方面的能力，也就是使学生从自我中心阶段向考虑他人的思想情感和权利方面发展。

角色承担不仅仅局限于对道德问题的讨论。学生如果在认知能力上能够考虑到他人，并能将自己与别人联系起来进行考虑，那么这种经验也是非常重要的。教师应该在初等教育阶段为学生创设各种关注道德冲突的合作活动，如角色扮演、游戏、辩论、影片或幻灯片等可以刺激学生考虑别人经验的活动。当学生专注于这些情境，并有机会从别人的角度观察和思考问题时，这种体验就有助于学生走出自我中心的思考。另外，对角色承担的讨论，也能促进学生道德思维的发展，同时，它也为全班同学的全身心投入提供了机会。

中学阶段的学生也能从角色承担中有所收获。扮演幼童的家教老师的角色，或者是扮演同伴咨询者的角色，都能帮助学生发展考虑他人的能力。通过帮助别人，青少年能够从他人的视角来观察世界。

2. 公正团体法

公正团体（the just community）法又称新柏拉图法，它是科尔伯格针对早期实施的道德讨论法的局限性而提出来的。道德讨论法是通过对道德两难问题的讨论，引发学生的道德认知冲突，激发学生积极的道德思维，从而促进学生道德判断水平向高一阶段发展的方法。这种方法在实验初期取得了一定成效，但随着研究的进一步展开，科尔伯格发现道德讨论法实际上犯了一种“心理学家的谬误”（the psychologist's fallacy），它是单通道模式（a one-way street model），仍然不能从总体上解决道德判断与道德行为的关系问题，并且讨论的程序十分复杂，不易实施。

1969年，科尔伯格到以色列集体农庄的一所中学进行研究性访问。那里的集体道德教育方式引起了他的兴趣，促使他重新评价道德讨论法。同时，基于对柏拉图、杜威教育思想的吸收，以及对涂尔干教育思想的重新评估和他本人的“监狱实验”，他逐步探索实践出一种新的道德教育策略——公正团体法。

> 学校是一个互助的团体。学生将会形成集体的帮助、信任和积极参与团体的规范。这些规范的基础是一种团体感或一种团体团结性和凝聚性的价值感……通过建设更高阶段的集体规范和团体观念，我们将会更好地促进学生的道德行为。①

由此可见，所谓公正团体法，是一种根据集体教育原则形成的，旨在通过改善学校育人环境而达到影响学生的道德判断和道德行为统一发展的教育策略。它通过在学校建立一个公正的生活共同体（合作性团体），在师生共同

① 柯尔伯格．道德教育的哲学［M］．魏贤超，柯森，译．杭州：浙江教育出版社，2000：168.

参与的民主氛围中，实现学生自我管理和自我教育的目的，并在此基础上提升学生的道德判断水平，促发其道德行为。它具有以下基本特征[①]：

（1）公正团体的规模不应太大，它的人数一般控制在60～100人之间最为合适，以便所有成员之间能够面对面地相互交流。

（2）公正团体的管理规则包括：

- 实行直接民主管理。团体内所达成的共识是通过无记名投票的方式实现的，采取少数服从多数的原则。
- 设有学生、教师和家长共同参与的固定委员会。
- 学生和教师拥有同等的权利，包括言论自由、尊重他人、禁止伤害等。
- 每个人的权利和责任由团体成员制定的社会契约所规定。

（3）公正团体的组织机构主要有：

- 民主群体大会。会议每周召开一次，时间为1.5～2个小时，主要作用是制定与学校生活和纪律有关的规则与政策。
- 指导小组会议。指导小组会议一般由12名学生和1名教职工参与，其主要职责是审议即将向群体大会提出的问题报告。
- 学校纪律检查组。小组由8名学生和2名教职工组成，并且成员是轮流担当的。其主要作用是处理那些破坏规则或持不同意见的群体成员。
- 顾问小组。由教师、专家和几名学生组成，就1～2个重要的道德问题进行讨论，以把握团体的方向。

科尔伯格认为，这种管理学校的方式很公正，不仅因为它的管理方式是民主的，而且因为团体的决定能够促进学生的道德推理向最高阶段发展。教师的任务不在于向学生强制灌输较高阶段的道德推理方式，而是为学生提供能够理解的最合理的推理方式，并不断鼓舞他们通过自治的方式来提高自我的道德判断和行动能力。只有当自治的目标达成，并且学生坚持自己的决定并加以执行的时候，学校才是真正的公正的团体。

总体而言，公正团体法的基本特征可以归纳为：建立各种管理组织，鼓励学生民主参与，营造一种民主的道德氛围。在民主管理过程中，发展学生的集体或共同的价值意识，把集体力量作为一种教育资源。实现学生自治，促进学生的道德发展，使他们学会对集体和个体的发展负责。

---

① 袁桂林．当代西方道德教育理论［M］．福州：福建教育出版社，2005：72－73；田贵华．科尔伯格“公正团体法”对我国德育的启示［J］．学校党建与思想教育，2004（1）：61－63；董秀娜．科尔伯格“公正团体法”及其对我国学校道德教育的启示［J］．前沿，2005（6）：149－151.

（三）简短评析

道德认知发展模式的一个显著特点在于它建立在坚实的哲学、心理学和社会学的基础上，具有较强的理论解释力和说服力。该模式所提出的道德两难讨论策略和公正团体策略对学校德育实践的展开也有很好的指导意义。但是，这一模式从理论到实践并非无懈可击。在理论方面，人们认为该模式主要有以下不足：（1）该模式关于道德发展水平的阶段划分不具有普遍性，一些跨文化的研究表明，并非所有地区的人都会出现相同的阶段。（2）该模式关于道德发展阶段的顺序划分具有一定的“年龄歧视”色彩。“年龄歧视论”把道德发展看成是一个由低到高逐步发展的等级性过程，并且认为这种发展具有不可逆性。因此，“年龄歧视论”的理论缺陷不仅在于它的不公正，而且在于它的简单化和宿命论倾向。（3）该模式对公正原则的强调具有“男权主义”的价值取向。科尔伯格的同事，哈佛大学的吉利根（C. Gilligan）教授认为，科尔伯格的理论研究基本上都是以男性儿童为被试验者，另外，道德两难故事给学生提供的回答、学生讨论的关于道德两难的问题也把儿童局限于正义的概念之下思考。这就不可避免地使学生得出公正是最具有普适性的道德原则的结论。

另外，还有不少人认为，这一模式过于强调学生的道德认知方面，而忽视了学生道德情感的培养。

在实践方面，这一模式存在的问题是①：

（1）许多教师由于没有受到很好的理论培训，在实践中往往滥用道德认知发展的阶段划分，盲目地给学生贴标签，造成了一些副作用。

（2）这一模式对学生的评价标准并不明确，缺乏操作性，教师很难对学生的道德认知发展阶段进行科学的评价和准确的测定。

（3）这一模式对教师的水平提出了很高的要求。教师一般习惯于给学生提供信息或答案，但要求教师成为一名道德认知冲突的促进者，具有一定的难度。

三、体谅关怀模式

体谅关怀模式的基本特征是强调道德情感在道德教育中的核心作用。它的代表人物主要是英国的著名学校道德教育家彼得·麦克菲尔（Peter Mcphail）和美国的著名教育哲学家、道德教育家诺丁斯（Nel Noddings）。

① 钟启泉，黄志成．西方德育原理［M］．西安：陕西人民教育出版社，1998：215.

如果我们详细划分，麦克菲尔在道德教育中所关注的核心概念是“体谅”（consideration），而诺丁斯所关注的核心概念则是“关心”（caring）。为了论述方便，我们首先介绍以麦克菲尔为代表的体谅模式。

（一）体谅模式

体谅模式（the consideration model）是麦克菲尔及其同事共同创造的，以培养学生道德情感为中心的道德教育模式。麦克菲尔等人根据《英国学校道德教育课程方案》编写的《生命线》（*Lifeline*）系列教材以及《学会关心》（*Learning to Care*）教师参考书的大量出版和发行，标志着这一模式的确立。这一模式具有很强的实践性，在英国和北美一些国家广泛流行，并产生了极大的影响。

1. 理论基础

相比于其他德育模式，体谅模式虽然建立在广泛的实地调查的基础上，但是，其理论基础是比较薄弱的。总体而言，这一模式在价值取向上具有很强的人本主义色彩，强调对学生需要的关注，反对理性化的道德说教。

（1）学校道德教育应该以满足学生与人友好相处的需要为基本职责。

1967 年至 1971 年，麦克菲尔等人对 800 多名 13～18 岁的中学生进行了广泛的问卷调查和个别访谈，要求学生各举一个成人对待他们好和不好的例子。调查结果发现，学生认为成人对他们好的事例有以下六种①：

- 在某些情况下成人允许儿童有“合理”的自由，并且鼓励儿童自主选择。
- 成人能够对儿童的困难给予帮助，但不能对儿童包办一切。
- 成人能倾听儿童的呼声，能从儿童的角度来理解儿童。
- 成人向儿童提出某些要求时，能提供良好的榜样。
- 成人要有幽默感，宽宏大量，不过于严肃和正规。
- 成人能够表现出一定的预见性，不一定准确也可以。

学生认为成人对待他们不好的事件是②：

- 无理的限制。不容儿童解释和争辩，把问题的后果无端地强加给儿童。
- 无理的要求。有些要求是儿童无法忍受的，有些属于对儿童的过高期望。

---

① 袁桂林．当代西方道德教育理论［M］．福州：福建教育出版社，2005：272－273.

② 同①273－274.

● 无理的惩罚。儿童没有做的事情却说是他做的；儿童知道老师曾经做过的事，但把老师作为榜样行事却被老师惩罚；由于没人认错而对所有儿童采取株连的惩罚方式；儿童认为很小的错误却受到严厉的惩罚；体罚；等等。

由此可见，青少年学生对人际关系中的关心、坦率、互惠、谦让等品质给予了高度的认可。他们认为好的事情就是对自己的需要、情感和兴趣给予关心的事，反之就是不好的事情。因此，学校道德教育的首要职责就是要满足学生在与他人友好相处、爱与被爱等方面的需要。

与此同时，调查还发现，学生感到学校过于强调知识的掌握和信息的积累，却忽视了帮助学生解决人的个性与社会关系方面的问题。学校根本不知道学生在自我成长过程中到底需要什么。基于此，麦克菲尔等人在确定学校道德教育的目的时，采取了相信学生自己能够确定自己的需要的观点。在他们看来，一种合理的、令人信服的道德教育课程就是学生感到自己需要这些课程。

(2) 学校道德教育应促进学生成熟的人际意识和社会行为的发展。

尽管麦克菲尔对学生抱有很大的尊重和信任，但是他也注意到，中学生与成人相比，在面对某些人际关系或社会问题时仍然会有不成熟的表现。通过与成年人对相应问题的成熟反应的比较，麦克菲尔把学生的反应分为被动反应、依赖成人、主动、回避性反应、成熟而富有想象力的反应等 11 种反应类型和成熟度。虽然他没有对这些类型做过明确的定义，但是，通过他给出的例子，我们可以比较清楚地了解各个成熟类型的特征。

例如，麦克菲尔曾经设计过这样一个问题情境：假如你的一个好朋友正心烦意乱，而你又不知道其中的原因。面对这样一个问题，你会怎么办？表 7－2 描述了对这一情境的不同反应及反应类型和成熟度。

表 7－2　情境反应及反应类型和成熟度

序号	对上述情境的反应	反应类型和成熟度
1	不闻不问	被动反应
2	感到不安，但不知道怎么办	被动的情绪性反应
3	向某个成年人反映这种情况	依赖成人
4	与朋友一起商讨这一情况	依赖同伴
5	告诉他/她要振作起来	主动
6	取笑他/她	攻击性反应
7	躲开他/她	回避性反应
8	试着问朋友怎么了	经验性的不成熟反应
9	像没发生什么事情一样，设法与他/她交谈	经验性的老练反应

续表

序号	对上述情境的反应	反应类型和成熟度
10	安慰他/她	成熟的习俗性反应
11	劝他/她想开点，如果需要，给予力所能及的帮助	成熟而富有想象力的反应

资料来源：哈什，等．德育模式［M］．刘秋木，译．台湾：五南图书出版公司，1994：60.

通过对调查材料的分析，麦克菲尔对不同年龄学生所属的成熟类型进行了归纳。他指出，学生的成熟是随其年龄的增长而增长的。因此，青少年期的学生实际上正处于所谓的“社会试验期”（a period of social experiment），他们正在为处理成人问题和承担成人责任做准备。同时，“社会试验期”还意味着这是学生对各种人际和社会问题的反应由不成熟向成熟迈进的过渡期，是他们学会关心和体谅他人的关键期。因此，学校应该鼓励处于“社会试验期”的学生自由地试验各种不同的角色和身份，以此来促进学生成熟的人际意识和社会行为的发展。

（3）学校道德教育应注重道德榜样的作用，不应采用高度理性化的道德教育方式。

麦克菲尔在调查中发现，尽管学生对自由抱有很大的热情，但是，他们并未一概否定成人的帮助。他们不满的是成人对自己生活的过多支配和干涉，但是，他们还是很欢迎善解人意、具有幽默感的成人为他们的成长提供帮助的。同时，他们对那些以身作则、自信而正直的家长和教师表示出很大的敬佩之情。因此，麦克菲尔坚信，行为和态度是富有感染力的，尤其是道德，在很大程度上是通过受感染形成的，并不是直接教授就可以学会的。在日常生活中，通过观察重要人物怎样待人接物，学生可以学到一些价值观；通过接触具有关心体谅品质的人，学生可以获得有益的东西。学生从教师所做中学到的东西比从教师所教、所说中学到的东西还要多。因此，教师要在关心人、体谅人上起到道德表率的作用。教师引导学生学会关心的最好方法是教师自己去学会关心。

麦克菲尔认为，在道德教育中采用高度理性化的教育方式只能把道德教育变成冷冰冰的思维训练，这会有损于学生道德情感和道德行为的发展。学生道德的发展具有明显的个性化特征，而不是一种思维运作的结果。学生道德的发展与其说是一种平衡各种相互冲突的道德技巧，不如说是实现个人与他人的自然和谐；与其说是判断，不如说是关心。因此，麦克菲尔主张，在进行“体谅模式”的教育中，不应依赖说服学生理性地接受体谅他人是好的这种观点……实际上，有效教育本身就是要学会关心，这在行动上表明了体谅他人的生活模式是一种有益的、有吸引力的生活方式，因而会激励学生与别人相处时采纳这种体谅他人的生活模式①。体谅模式旨在向学生表明，关心他人是一种令人愉快的生活方式。

2. 实践策略

体谅模式的实践策略主要体现在麦克菲尔等人编写的《生命线》系列道德教育丛书之中。这套丛书在英国学校中进行了广泛的试验，深受教师和学生的喜欢，接受这套丛书的学生超过了2万名。虽然《生命线》丛书最初是为中学生准备的，但是即使是其中最深奥的部分，许多小学五六年级的学生也能读懂，因此在小学中也比较受欢迎。本部分主要以《生命线》丛书的课程目的、结构和内容等三方面为依据，来介绍体谅模式的实践策略。

(1)《生命线》丛书的课程目的。

这套丛书实际上构成了体谅模式的实践支柱，其目的在于：

- 提高个体对他人需要、兴趣、态度和情感的感知能力。
- 鼓励基本技能特别是非言语沟通技能的发展。
- 为更完善的私人关系打基础。
- 掌握体谅行为的各种可能的变通方式，增加个体做道德决定的自由。
- 通过探究创造性活动中沟通风格与表达手段之间的关系，促进人际沟通。

从以上内容可以看出，虽然麦克菲尔比较重视道德教育中的情感和关心，认为道德教育中的“关系比材料重要”，但他并未全盘否定理性思维和知识的作用。实际上，理性思维和知识在实现以上目的方面具有很大的作用。

(2)《生命线》丛书的课程结构。

《生命线》丛书主要由三部分构成，每部分都包含若干单元，其基本结构可以通过表7-3展示出来。

表7-3 《生命线》丛书的课程结构

部分	单元	情境特点
第一部分：设身处地	第一单元：敏感性	所有情境都是围绕人们在家庭、学校或邻里中经历的各种共同的人际关系而设计的
	第二单元：后果	
	第三单元：观点	

① 钟启泉，黄志成．西方德育原理［M］．西安：陕西人民教育出版社，1998：282.

续表

部分	单元	情境特点
第二部分：证明规则	第一单元：规则与个体	情境所涉及的都是比较复杂的群体利益冲突和权威问题
	第二单元：你期望什么？	
	第三单元：你认为我是谁？	
	第四单元：为了谁的利益？	
	第五单元：为什么我应该？	
第三部分：你会怎么办	第一单元：生日	向学生展示以历史事实或现实为基础的道德困境
	第二单元：禁闭	
	第三单元：逮捕	
	第四单元：街景	
	第五单元：悲剧	
	第六单元：盖尔住院	

从表 7－3 可以看出，《生命线》丛书的三个部分代表了三个渐趋复杂的社会情境。

(3)《生命线》丛书的课程内容。①

第一部分：设身处地

这部分课程主要包括《敏感性》、《后果》和《观点》三个单元。这些单元由几十张类似 16 开纸大的卡片构成。这些卡片均画着学生在生活中常见的场景，卡片下方是一句发人深省的提问。教师可逐一向学生显示卡片的内容，并通过对学生的提问了解他们面对特定情境时的态度。总体而言，这部分教材在使用策略上具有以下特点：

- 教材具有情境性。
- 这些情境皆来源于青少年的实际经历。
- 情境的表述简单明了，鼓励学生能够自主地说出他们在这样的情境中会怎么办。
- 教师所提出的问题一般只涉及具体做法，不要求学生做理论性思考。
- 围绕学生提出的行动方针所进行的角色扮演和戏剧表演比一般的讨论更能促进他们情感和理性的投入，因而使学生能够进一步提高对行为的理解和鉴赏。

① 哈什，等．德育模式［M］．刘秋木，译．台湾：五南图书出版公司，1994：66－76；钟启泉，黄志成．西方德育原理［M］．西安：陕西人民教育出版社，1998：283－290；黄向阳．德育原理［M］．上海：华东师范大学出版社，2000：244－254．

- 鼓励青少年进行社会试验的自然倾向。
- 所提供的体谅行为是基于对他人的考虑，而这种行为的结果就是对该行为的回报。
- 列举的事情没有固定的结局，师生可以按自己的想法进行下去。
- 尽可能让学生自由选择情境。
- 这些情境绝不用来惩罚或增添学生额外的负担。

第二部分：证明规则

这部分课程由《规则与个体》、《你期望什么?》、《你认为我是谁?》、《为了谁的利益?》和《为什么我应该?》五个单元组成。这些单元都有图文并茂的故事。这些故事以一个名叫保罗的男孩为例，探讨他在学校、家庭、工作等不同社会环境中所面临的问题。每个故事之后还有供学生讨论的思考题或练习题。其目的是让青少年有机会把解决一些熟悉问题（这些问题是他们想获致成人地位并在与其他成人平等的基础上生活和工作时产生的）的解答方案付诸实践进行检验。

第三部分：你会怎么办

这一部分包含《生日》、《禁闭》、《逮捕》、《街景》、《悲剧》和《盖尔住院》六个单元。这些单元都涉及某一历史时期所发生的真实故事，目的是通过这些故事的呈现，培养学生分析复杂历史问题的能力和道德思考方式。

《生日》是以 1904 年的南非德尔班为背景，讲述了一个非洲儿童在美国传教士诊所里出生的故事。

《禁闭》是以 1917 年的英格兰为背景，讲述了军队中军人因为道德和宗教的原因而反对服兵役的事情。

《逮捕》是以 1944 年的阿姆斯特丹为背景，讲的是安妮·弗兰克以及其他犹太人藏身于德国占领的荷兰，但最终被发现并遭逮捕的事情。

《街景》是以 1965 年的洛杉矶为背景，讲述了一个黑人酒后驾车被拦停，引起洛杉矶暴乱的事情。

《悲剧》是以 1966 年的越南为背景，讲述了一个 14 岁男孩严重烧伤而住院的故事。

《盖尔住院》是以 1969 年的伦敦为背景，描写了一个因吸毒住院的少女的故事。

这部分的内容很容易和历史、社会常识、英语等课程结合在一起，能够使学生超越当前社会的道德视野，形成更为普遍、深刻的判断框架。

3. 简短评析

体谅模式从学生的需要出发，以情感为主线，注重体谅他人，强调学会关心以及真实的社会情境在道德教育中的重要作用，与主流的强调理性和判断的德育模式具有很大的不同。总的来说，体谅模式具有以下特点：

(1) 具有很大的情境性。体谅模式的教材在内容的选择上十分注意从学生的生活世界以及他们的身心发展特点出发，所选的内容对学生而言都是比较容易理解和接受的。另外，教材结构的安排和设计具有较大的连贯性和递进性，符合学生道德发展的特点。

(2) 具有很强的操作性。体谅模式为一线教师的工作提供了一系列操作程序，包括由教师向学生提供道德情景、再以学生为主展开角色扮演、共同讨论和分析案例等步骤，同时也为教师的课堂教学提供了许多可供参考的摹本。

(3) 具有较强的实效性。体谅模式的教材在英国和北美以各种版本出版，历年不衰。该模式的运用也受到教师、学生和家长的广泛欢迎。该模式在实践过程中，对改善师生关系、营造良好的学习与生活氛围具有明显的效果。

但是，这一模式也受到了一些批评和指责。其中最大的批评来自对该模式理论基础的质疑。一些批评者认为，这一模式以人本主义和行为主义两种在价值取向上完全不同的理论作为其理论基础，显得十分矛盾。该模式在对青少年成熟类型的划分方面，缺乏令人信服和清晰的分类标准，使人难以把握。另外，该模式对一些基本的概念也没有明确的界定，显得十分模糊，等等。

(二) 关怀模式

关怀模式是诺丁斯在其关怀伦理的基础上，通过哲学的推理和论证建构起来的道德教育模式。她以关怀为核心，根据对自我、对他人、对动植物、对器具以及对思想等不同的关怀，组织起了一个完整的道德教育体系。

1. 理论基础

作为关怀伦理的重要代表人物，诺丁斯在建构、实践自己的道德教育过程中，无不把关怀伦理的思想渗透并贯穿于学校教育的过程之中。因此，关怀伦理构成了关怀教育基本的理论基础。

(1) 关怀伦理。

在诺丁斯看来，西方传统伦理学主要关注的是道德推理和逻辑演绎，强调的是公正、正义等父亲的语言。这种父亲的语言体现的是一种以权利为核心的等级式的人际关系。在正义语言占统治地位的社会中，母亲的声音是沉默的。实际上，母亲的声音代表了人类社会另一种网络式的平等人际关系。而关怀就是这种网络式人际关系的核心，它主要表现为关怀者和被关怀者的双向互动和沟通。

在关怀者和被关怀者的关系中，关怀者主要扮演的是对他人的需要给予帮助和设身处地为他人着想的角色。而被关怀者则要对关怀者的关心予以主动回应和反馈。因此，这种关系可以描述为“关怀和动机换位的一方与做出接受、回应和认可的一方之间的联系和遭遇”①。在这里，诺丁斯区分了两种关怀类型：自然关怀和伦理关怀。自然关怀是“一种不需要伦理的参与而激发的关怀形式”②。它是原始的最初的感觉，我们感受到别人的需要并做出关怀的行为。这是一种源于爱的、无须做出伦理努力的自然反应。例如，母亲为孩子利益做出的努力通常被看作自然的而非伦理的。伦理关怀则是在伦理思想的激励下做出的关怀反应，它来自关怀和被关怀的记忆感觉。这种关怀类型需要人们做出一定的伦理努力才能实现。人类社会正是在这两种伦理类型的调节下，才会呈现出一个充满关爱的和谐社会。总体而言，诺丁斯所倡导的关怀伦理具有以下特点：

第一，情境性。传统的伦理学追求的是一种放之四海而皆准的普适性的伦理模式，忽视了人际交往在不同时空场域中的具体情境，因此不能有效地解决各种现实的人际冲突。而关怀伦理中的关心，则强调不同的人在不同的时间、地点，面对不同的问题都会有不同的体验和反应。这种特殊的体验和反应构成了人们处理人际关系的基础。

第二，关系性。诺丁斯认为，不管是柏拉图的美德伦理还是康德的义务伦理，它们都有一个共同的假设：作为整体的自我。这种整体自我观强调的是个体作为单子式的人的存在，而调节这种单子式的人际关系的根本出发点就是建立在个体利益基础上的理性的正义原则。诺丁斯则认为，自我是一种关系性的存在，关心则是这种关系性存在得以实现的前提。这实际上表明了关怀双方的平等地位和互惠关系。关怀不是一种居高临下的施舍，关怀者也有自己的需要，而被关怀者也要尽自己的责任。

第三，情感性。诺丁斯认为，苏格拉底、亚里士多德以及当代的伦理主要是以理性为主导地位的伦理形态。诺丁斯从休谟的情感伦理出发，认为德性的动机来源于个人的内在感受和感应。伦理的形成是以个人的情感体验和感受为基础的。因此，关怀伦理就是要“建立、恢复和增强关怀的关系。在这种关怀关系里人们能根据自己的意愿自由地做出反应”③。诺丁斯的关怀伦

① 石中英，余清臣．关怀教育：超越与界限：诺丁斯关怀教育理论述评［J］．教育研究与实验，2005（4）：28－31．

② NODDINGS N. Starting at home：caring and social policy［M］．California：University of California Press，2002.

③ NODDINGS N.，Educating moral people：a caring alternative to character education［M］．New York：Teachers College Press，2002：14.

理强调情感性并不是否定理性在伦理发展中的作用，而是认为理性的发展必须以情感的唤起为前提和归宿。

（2）多元智能理论。

诺丁斯认为，当前的学校对每个儿童所开展的博雅教育（liberal education）美其名曰是为了使学生获得全方位的发展。但是，这种教育在实际的运作过程中往往过于强调知识，特别是语言和数学的传授，忽视了学生内在丰富的情感体验和不同的发展要求。诺丁斯从多元智能理论的角度出发，认为人的智能是多种多样的，除了语言智能和数理智能，运动、人际、空间、音乐以及自我知觉等都应算作人的智能。不仅人的智能是多元的，而且每个人的天赋、需要和兴趣也是各不相同的。因此，当前学校关注的只是学生智能结构中很小的一部分，而忽视了更为核心、更为根本的内容，即教育的目的应该是鼓励有能力、关心他人、懂得爱人、值得别人爱的人的健康成长。[①]实现这一目的，就必须以关怀为核心来组织整个教育。

2. 实践策略

为了使关怀模式在实践中取得切实的效果，诺丁斯进行了一系列努力，形成了一些成果。这些实践成果大致可以分为三个方面：关怀模式的课程体系、关怀模式的德育方法、关怀模式的教师特征。

（1）课程体系。

诺丁斯认为，学校教育应该是一个由不同孩子组成的大家庭，关心则是维系这一家庭的基础与核心。教育者要充分相信孩子们的能力与天赋，为孩子们设计合适的课程并采取丰富的教学手段。基于此，诺丁斯以关怀为核心，根据不同的关怀领域及其涉及的主题、知识、态度和技能等设计了一套不同于现行教育的课程体系。这一课程体系主要是围绕学生的日常生活情境所设计的，遵循由近及远的原则。该课程由关心自己开始，扩展至关心身边的人，之后是关心陌生人和离自己较远的人，再到关心人类创造的物质和文化成果以及关心动植物和地球。

诺丁斯的课程体系[②]

对思想的关怀

对人造世界的关怀

对动物、植物和地球的关怀

对远方的人和陌生人的关怀

---

① 诺丁斯．学会关心：教育的另一种模式［M］．北京：教育科学出版社，2003：5.

② NODDINGS N. The challenge to care in schools：an alternative approach to education［M］. New York：Teachers College Press，1992：47.

对亲密的人的关怀

对自我的关怀

（2）德育方法。

传统的道德教育主要强调的是理性化的道德推理和判断，重视的是道德知识的掌握。而在以关怀为核心的道德教育中，诺丁斯更为关注的是教育中的情感沟通和共鸣，强调的是人际关系和动机，重在培养学生的关心能力。为了实现这一目的，诺丁斯提出了榜样、对话、实践和认可四种主要的道德教育方法。

榜样（modeling）。榜样并非关怀模式所独有的教育方法，在很多道德教育体系中，榜样都占有一定的位置。但是，在诺丁斯看来，榜样在以关怀为核心的道德教育中扮演着更为重要的角色。首先，道德教育不能仅靠道德知识的简单传授以及道德思维的理性训练就可以取得成效，它强调教师要主动同学生建立起关心的关系，以身作则，向学生示范如何做到关心。其次，学生关怀能力的形成离不开一定的经验积累。学生通过教师的榜样示范，可以获得被关怀的经验和体验。这有助于学生将这种体验扩大到其他的人和事身上。

对话（dialogue）。诺丁斯认为，教室中经常采用“教师启发、学生回答、教师评价”的话语模式。在这样的话语模式中，师生之间所进行的对话是封闭的，其结果是固定的。这种对话模式是为了迎合以知识传授为主要目的的传统教育，不利于学生关怀能力的形成，因此，必须建构一种新的对话模式。这种对话应该是真正的探寻，探寻一个在开始时不存在的答案，允许学生具有表达各自心声的自由空间。在这样的空间中，教师通过与学生进行开放性的对话、与学生讨论成长中经常困扰他们的问题，建立与维持他们之间的关心关系。这样的对话才是真正意义上的对话，没有既定的结论与模式。

诺丁斯很重视对话的作用，它重点介绍了三种形式的对话①：

1. 正式的对话（formal conversation），这是一种带有哲学味道的、严肃的、受规则限制的对话。在讨论道德哲学问题时会用到这种对话。这种对话可以帮助我们发现自己的立场有哪些优点和缺陷，还可以让学生学会如何进行理想的对话。

2. “不朽的对话”（“immortal conversation”），这种对话既有正式的，也有非正式的，它的特点是讨论的主题都是与存在有关的重要问题。诺丁斯建议在这种对话上打破各学科之间的界限，引导学生在学科狭窄

① NODDINGS N. Educating moral people：a caring alternative to character education [M]. New York：Teachers College Press，2002：118－130.

的技能和观念之外讨论更广泛的问题。

3. 日常对话（ordinary conversation），这种对话通常都有熟人和朋友参与其中。这是最重要，但也是最容易被人们忽视的一种对话。很多人认为日常对话随便而且琐碎，但在日常对话中我们会更注意交谈的伙伴而不是话题；日常谈话的内容并不重要，人们交谈是因为喜欢彼此并且希望能够待在一起。因此这种对话能够增进人与人之间的了解和联系。孩子很少有机会和成人交谈，成人也不把孩子的话当真。因此我们更应该通过日常对话和孩子建立并维持关怀和信任的关系。通过这种对话，孩子可以学习各种各样的东西：生活实际、礼貌交谈的规则、行为方式和风格、信任和信心、如何倾听、如何做出反应而不造成伤害以及其他人际交往的要素。

实践（practice）。诺丁斯认为，关心关系的建立与维持不仅需要情感的投入，还需要以关心的能力作保障。人们的关心能力并不是可以凭空产生的，它是建立在一系列的实践经验的基础上的。因此，诺丁斯认为，如果我们希望人们过一种符合道德的生活，关心他人，那么我们应该为人们提供机会，使他们练习关心的技巧，更重要的是，使他们有机会发展必需的个性态度。① 学校应该以此为目标为学生提供实践的机会。实践的环节就是要在学校生活的设计中给学生提供发展关心能力的活动和机会。例如，可以让学生参加种植和饲养活动，或者到医院、公园、植物园等地方，让学生在关心活动中学会关心。

认可（confirmation）。认可是对一个人道德行为的肯定。当我们认可一个人的某种品质时，就会看到他人性中的闪光点，并鼓励其发扬光大。如果一个人造成了一些不道德或不关怀的行为的产生，只要他是出于好意或是无心的，那么，我们也应该肯定他的这种动机。因此，教师应对学生的优点进行及时的夸奖与肯定，而在犯错误时，学生更需要认可而不是所谓有效的惩罚。当然，教师要想对学生的言行进行有效的认可，就必须深入地了解学生，只有这样，教师才能够看出学生的意图以及学生的人格。

（3）教师特征。②

在以关怀为核心的学校道德教育中，诺丁斯认为教师扮演着重要的角色。这是因为学生一天中的大部分时间都待在学校中，与教师有着很多的接触，教师的言行举止对学生的影响很大。因此，要想培养学生良好的关心能力，教师首先必须在日常生活中奉行“关心”原则。为此，教师必须淡化职业意

---

① 诺丁斯．学会关心：教育的另一种模式［M］．北京：教育科学出版社，2003：34．

② 袁桂林．当代西方道德教育理论［M］．福州：福建教育出版社，2005：285－286．

识。这主要是因为：第一，教育不能仅仅局限在狭小的学校场域之中，而是应该和整个社会生活时空紧密联系在一起。如果教师具有强烈的职业意识，他就会把自己的工作范围局限在学校之中，而不会对学校之外的教育感兴趣。第二，教育是一项系统的工程，单靠教师是无法取得教育成效的，需要社会多方力量的参与。因此，淡化教师职业意识，有利于教师克服职业要求的限制，与家长、社会各方面的力量通力合作，从人类共同的本性的角度关心道德教育，建立普遍的关心与被关心的关系。第三，淡化教师职业意识，有利于社会改变对教师作用的看法。教师将会从传统的“帮助者”（helpers）的社会角色中解放出来，成为关怀关系中的关心者与被关心者。

此外，诺丁斯还论述了在道德教育中如何实现学校与家长、社区的有效互动等问题。

3. 简短评析

关怀模式出现于20世纪80年代的美国，是针对当时美国社会乃至整个人类社会都出现的精神与道德危机——关怀的缺乏提出的。诺丁斯全力倡导建立并发展一种学会关怀他人、关怀人类命运的价值观念。她把“关怀”作为道德教育的核心与基础，建立了包括学校教育的“关怀”目的、道德教育的内容和方法等思想在内的新道德教育模式。这一模式具有浓厚的人本色彩，强调道德教育的情境性，注重道德教育过程中学生道德动机的激发和道德情感的体验，并重视从实践的角度培养学生的关怀能力。这些构成了该模式鲜明的特点，体现了一种不同于传统的“主知派”“主行派”的道德教育模式，引起了道德教育界的普遍关注。

目前，人们对关怀模式的批评主要集中在它的实践策略上。这也是该模式遇到的棘手的问题。人们认为，诺丁斯为学校教育特别是中学教育设计的课程过于理想化，难以实行，表现在：第一，时间难以保证。诺丁斯认为，关怀素养的培养和知识的学习是不冲突的，但她并没有解决在有限的教育资源中如何协调两者矛盾的问题。因此，在目前的学校教育中，拿出一半时间进行关怀教育在实践中几乎是不可能的。第二，内容过于笼统。诺丁斯并没有为关怀课程提出明确的课程内容，她所提到的关怀自我、关怀身边的人等教育内容不系统也不具体。另外，该模式的理论基础并不是无懈可击的。在关于关怀关系的理论论述部分，诺丁斯虽然认为“关怀是一种互惠关系，但关怀方的确要有无私的付出，那么在师生关系中如何保持教师关怀的持续性，诺丁斯也没有相应的对策”[①]。这实际上表明，任何德育模式从其诞生到走向

① 何艺，檀传宝．诺丁斯的关怀伦理学与关怀教育思想［J］．伦理学研究，2004（1）：81－84．

成熟，都是一个渐进的过程，不可能一蹴而就。这一模式也不例外。

四、社会行动模式

社会行动模式是20世纪70年代中期由美国教育家弗雷德·纽曼（Fred Newman）提出的，纽曼的代表作是《公民行动教育：对中学课程的要求》《公民行动教育技巧》。

（一）理论基础

纽曼认为，当代出现的各种道德教育理论都只重视道德知识、道德情感及道德认知能力的培养，忽视了行动的训练和技能的养成。他认为，如果一个人缺乏改变环境的能力，那么，这个人是很难形成对道德本身的内在热情的。因而，他把注意的焦点放在公民的有效行动上，强调每一位公民应发挥对公共事物的影响，并把它与社会的变化联系起来。基于此，他认为，道德主体（moral agent）应该是那些在可能含有自我利益与他人利益，或者同伴群体之间存在冲突的情境中，能慎重地考虑自己是一个什么样的人的人。成为一个道德主体，意味着他具有改变环境的能力，以及具有较高的心理能力。

纽曼认为，要推进一个民主社会的建立，就需要做到“被管理者同意”（consensus of the governed），即对公民的管理要建立在其基本的知情同意的基础上。如果一个社会的公民缺乏对社会事务的参与，那么，这样的社会是很难实现真正的民主的。

他认为，一个有道德的社会成员应具备三种环境胜任能力（environmental competence）：A. 自然界的——作用于物体的能力，它包括审美（如绘画）与功用（如造房子）两方面；B. 人际间的——影响他人的能力，它包括培养人际关系方面（照看婴儿或关心朋友）和经济关系方面（购买小汽车）的能力；C. 公民的——影响公共事物的能力，它包括公共选举过程和在利益相关群体里的活动。

在这三种环境胜任能力中，纽曼更关注第三种能力，即公民行动能力的培养。而公民行动能力的养成，只有依靠有效的公民行动课程的学习才能实现。因而，其社会行动的第一步是制定政策目标，包括道德审议和社会政策研究两大部分。前者即对各种政策目标进行充分的道德辩护，确定各个道德原则的价值优先性。这一过程会涉及一系列道德认知方面的判断和推理策略的应用。后者的目的是检验某一政策目标的执行可能带来的后果，并根据对该后果的认识，调整、修改原先的政策目标。在政策目标制定后，公民主要的任务是为目标的实现寻求最大程度的社会支持，这将广泛涉及政治程序的知识，辩护的技能，团体程序的知识、技能以及组织管理技能的应用等。公民在行动过程中往往会遇到一些心理哲学问题需要加以解决，以保证行动的有效进行。

该模式的操作框架具体如图 7－1 所示①：

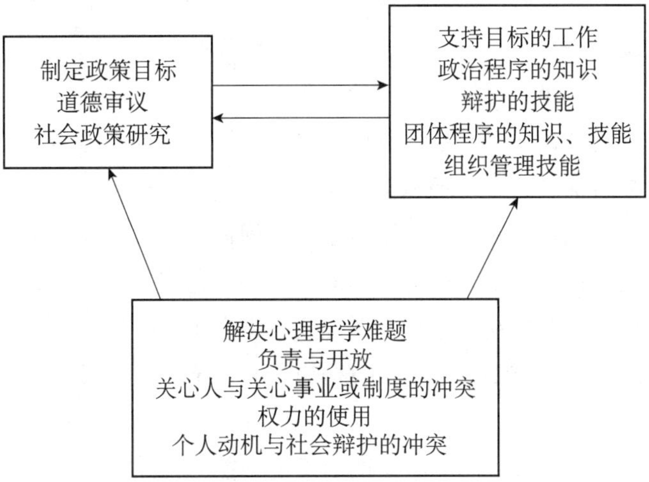

图 7－1　社会行动模式的操作框架

从图 7－1 可以看出，社会行动模式旨在提高公民揭露、研究和解决社会问题的能力。纽曼像科尔伯格一样，注重发展公民的道德推理能力，但比科尔伯格更注意培养公民维持社会行动的环境胜任能力（环境胜任能力是纽曼社会行动理论中的一个核心概念，主要指的是影响环境的能力）。纽曼的观点是，如果没有教会公民把自己的道德理想付诸实践，那么他们的道德反思和道德讨论将永远是空中楼阁。如果公民感到自己无力在实践中贯彻自己的决定，那么他对该如何处理这个问题就不会有多大兴趣。

（二）实践策略

纽曼在威斯康星州麦迪逊市的一所中学实施了他的社会行动模式。该行动模式的实践策略主要包括两大部分：一是通过社区问题课程（the community issues program）实施，二是与其他相关学科联合实施。

1. 通过社区问题课程实施

该课程主要包括六大部分，需要学生在一年内完成。学生第一学期要完成的课程包括：

（1）政治-法律活动课。这部分课程主要是给学生教授政治制度的运作规

① 黄向阳．德育原理［M］．上海：华东师范大学出版社，2000：264.

则，让学生学会收集民意和有关的政治决策知识。

（2）沟通课程。这部分课程重在让学生学会设身处地地从别人的立场和观点思考问题，懂得尊重别人，并学会用书写、口头和非语言的方式表达自己的观点，具有与他人和组织沟通的能力。

（3）社区服务课程。这部分课程主要是鼓励学生参加各种社会服务活动，帮助其获得有关政府、社会组织的工作经验。

学生在第二学期要完成的课程包括：

（1）公民行动。这部分课程鼓励学生积极参与各种社会公共事务，如消费者权益保护、宣传环境保护等。

（2）文学作品中的学习。让学生阅读诗歌、传记、戏剧等来学习前人争取权益的经验，知晓社会变革的意思，学会控制自己。

（3）公共交流。这部分课程要求每个小组撰写一份详细的报告，呈现其学习、服务经验的总结，并对其进行反省；与此同时，与同学们进行交流分享。

以上课程重点培养学生的以下七种能力：

（1）具有口头或语言沟通的能力；

（2）具有收集和有逻辑地表达公众意见的能力；

（3）具有再现政治和决策过程的能力；

（4）具有依据民主原则有效解决争端的能力；

（5）具有与人合作的能力；

（6）具有解决个人问题并将之应用于解决人类普遍问题的能力；

（7）具有影响政策的技术能力。

2. 与其他相关学科联合实施

除了直接的社区问题课程，纽曼也十分强调将公民行动的培养与其他学科有机融合在一起，全面推进公民行动教育在其他学科中的渗透。为此，他较为详细地罗列了可以与培养公民行动能力相融合的主要课程，具体见表 7-4。

表 7-4　社会行动要素与各学科的关系

社会行动要素	相关学科	可起辅助作用的学科
道德慎思	社会科①（英语）	哲学、文学
社会政策研究	社会科（科学、数学）	与政策有关的任何学科
政治-法律活动	社会科	法律、社会学
辩论术	英语（演讲、新闻）	法律、公共关系、历史

① 社会科是指历史及其他社会学科的总称（包括社会学、人类学、政治学、心理学、经济学等等）。

续表

社会行动要素	相关学科	可起辅助作用的学科
团体活动	英语、心理学	社会学、社会心理学、社区组织
组织行政管理	无	企业管理、会计、劳工关系
心理平衡机制	无	历史、哲学、文学（传记）、总结、心理学、咨询辅导

3. 公民行动能力培养的条件

要增强公民行动能力培养的效果，需要我们明确教师的角色，并且具备开展公民行动的一系列条件。

在公民行动能力的培养中，教师应扮演好以下角色：（1）一般资料的提供者，要能够为行动的开展提供必要的人财物以及行动的方法、策略等方面的信息；（2）顾问，要能够对学生在公民行动中出现的问题提供各种咨询帮助，解决学生的各种心智问题；（3）经验分享者，要能够在事关环境污染等重要社会议题上提供有意义的经验分享；（4）践行者，教师不仅是学生发展的指导者，他本身也应该亲身参与到相应的公民行动之中。

公民行动能力的培养既需要诸如公民实验室、电话、复印机等物质设施，也需要成立相应的行政管理体系。为此，纽曼构建了关于公民行动的管理结构，具体见图 7-2。

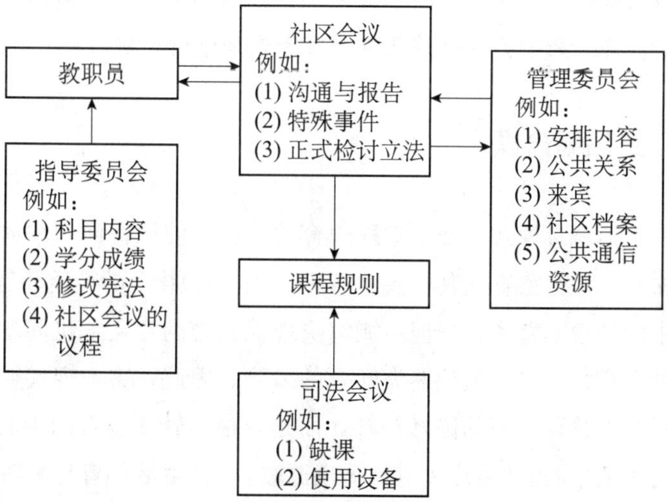

图 7-2　关于公民行动的管理结构

由此可见，社会行动模式的重要特征即在于，它从以往的理论出发，提出道德教育必须注重公民社会行动方面的教育，注重个体社会道德行为的培养，弥补了道德认知与价值澄清等理论行动性不足的缺点。同时，它在实践中发展了一套较为完整的教育实施方法和程序，使学生有可能获得真正的公民行动教育，在实践中参与真实的活动，而不是纸上谈兵。

（三）简短评析

有学者指出，纽曼社会行动模式的第一个障碍便是实施中的困难：（1）昂贵的实验室与活动经费使许多学校望而却步；（2）“社会问题纲要”课程的实施将破坏原有的课程安排，尤其是在校外让学生追求方案的完成，其管理更是困难重重；（3）如果学校没有条件为教师和学生提供民主参与的条件，那么便与鼓励他们在社会中参与民主产生矛盾。除此之外，在对具体的教学策略的论述上，该模式则显得比较单薄，不像价值澄清策略一样发展出了一套较为成熟且具有较强操作性的方案、策略，即在微观层面的课堂教学上缺乏行之有效的手段。①

第三节 我国主要德育模式

近年来，我国关于德育模式的研究呈现出异彩纷呈的局面，各种有关德育模式的理论与实践成果也在不断涌现，这对促进我国德育专业化的不断提升有着积极的意义。当前，有关德育模式的成果有很多，本节主要选取其中相对成熟、影响力较广的四种德育模式来进行介绍。

一、生活德育模式

生活德育模式是回应知性德育的困境，使德育回归本质的德育理论与实践探索。知性德育就其“去生活化”“唯知识化”的性质而言，是对道德和德育本性的根本背离，非但不能解决现代社会的意义危机问题，还具有加剧现代社会意义缺失、道德迷失问题的风险。因此，突破现代德育困境不能只依靠对知性德育框架的修修补补，而是要根本转变德育的中心——由知识中心转向生活中心。《生活·道德·道德教育》《生活德育论》等是这一模式的重要代表作。

1. 理论主张

生活德育回归德育本质并超越知性德育困境的理论依据是其对生活、道

① 谭再文．当代美国德育模式探析［J］．外国教育资料，1994（4）：74－80.

德及二者关系的哲学理解。生活是人类特有的改变客观现实的活动，各种各样的生活活动共同构成人的生活世界，生活世界是人存在的基本事实，是事实世界和意义世界相联结的世界。生活世界对意义进行自觉探寻的趋向显示出道德的需要内在地隐含于人的本质存在之中，渗透于生活的基本形式之中。① 基于此，生活和道德的关系可以归纳为：第一，道德内在于生活。道德作为生活意义世界的构成要素，是和生活中各种因素、各个部分有机联系在一起的整体性存在，道德只有在生活中才会展示。第二，道德的目的指向生活。道德既是生活的解释系统，使人对生活意义有更合理、更深刻的理解；又是生活的目的系统，指向更为美好的生活、更为完善的生命实践。第三，道德的发展依赖生活。道德是在生活实践中不断形成、发展的生成性存在，人对于道德意义的把握也是一个历史生成的过程，生活是道德存在的逻辑，道德必须在生活过程中才能得到发展。

在生活与道德关系观的基础上建构以“回归生活世界”为基本理念的生活德育模式，包括德育的目的和过程两个方面，即回答德育“要把人引向何方”和“怎样引导人”的问题。在生活德育模式的视域下，德育的目的在于使人成为“人”，由于人只能在各自生活的建构中成为人，因而德育的成人目的本质上又可以理解为引导生活的建构。“引导”意味着道德赋予生活规定性，使人在多种可能的生活中选择某一种生活方式而摈弃和否定其他生活方式；“引导”还意味着道德赋予生活自觉性，使人得以自觉设定和筹划自己，使原本自然、本然的存在方式因有道德灵魂的附体而成为自觉、自为的存在方式，以使客观的、自在的善和主观的、自觉的善相统一。②“成为人”的基本含义是在实践中成为一个具有实践本性的人③，而超越性是人的实践本性的必然要求，“实践本身的含义在于它既是现实生活的创造和建构，又是一切可能生活的开启和超越，它永远在超越着现实，包括对人自身的超越”④。因此，做成一个人、引导人建构更好的生活、实现人之自我超越是生活德育模式视域下德育目的同一本质的不同表达。

生活德育模式主张通过“过”道德的生活来学习道德，或者说，真实有效的德育必须从生活出发、在生活中并回到生活。⑤ 其中，关注生活、反思生活和改善生活是道德学习过程的关键。道德学习从生活出发，要求将关注现实生活作为道德学习的起点，关注使人“在”生活之中，使自在的生活经验转化为自觉的学习对象，在知道“生活是什么”的基础上追问“生活有什

---

① 鲁洁．生活·道德·道德教育［J］．教育研究，2006（10）：3－7.

② 鲁洁．道德教育的根本作为：引导生活的建构［J］．教育研究，2010，31（6）：3－8，29.

③④ 鲁洁．做成一个人：道德教育的根本指向［J］．教育研究，2007（11）：11－15.

⑤ 高德胜．生活德育简论［J］．教育研究与实验，2002（3）：1－5，72.

么意义和价值”的问题。道德学习在生活中，要求将反思生活作为道德学习的中介，反思使人“不在”现存生活中，使人走出现存的生活限定去寻求新的生活可能，将人原有的生活、生活经验置于被“探问”的状态：现在的生活还有可能变得更好吗？道德学习回到生活，要求将改善生活或建构更好的生活作为道德学习的目的，道德学习从未离开生活，“回到”指的是“高于”生活的德育对现实生活做出改变和超越，引导人以实际活动去重构生活，使人过更美好的生活、善的生活。

2. 实践路径

在实践层面，生活德育模式不仅不否定专门的德育课程，反而重视其作用，并强调关键在于改革德育课程，为其找到一个恰当的定位，使“德育课程不是一个单独的德育时间，而是一个生活提升的‘特定时空’”①。在生活德育模式的指导下，德育课程由知识道德转向生活道德、由知识课程转向经验课程。一方面，课程以儿童的生活经验而非系统的道德知识为基础，承认儿童只有在自己的生活世界中才能进行有意义的学习，只有基于自己的生活经验才能生成新的意义世界。课程与儿童的生活经验相联结，从儿童的动机、需要出发，并适应儿童的心智发展。课程充分肯定儿童个体的生活经验，也并不排斥成人的和类的经验，而是将儿童经验与成人经验、个体经验与类的经验视为一个连续体，使二者在连续中走向融合。另一方面，课程以生活而非学科为逻辑，营造和展示出一种与生活本身一致的综合课程形态②，将各种教育融合起来，使儿童置身于生活所能遇到的各种复合因素中学习道德，使学习面向学生的真实生活，促进学生的整体发展。

在教材编写方面，生活德育模式认为，德育教材的组织和设计应遵循生活的逻辑并以儿童的“生活事件”的形式呈现出来，即德育课程教材不再是外在于儿童经验的知识载体，而是满载儿童经验的叙事文本。③ 对于学生而言，教材要成为对话的文本。教材始终以儿童为主角，通过讲述儿童的成长叙事、他人的叙事的方式，使“教材中的儿童”与“教室中的儿童”形成一种主体间性的对话关系，在对话中实现儿童观点与教材观点的融合，引导儿童过好当下的生活，并超越现时、现地的生活步入广阔的人类文化世界。④对于教师而言，教材要成为有效的教本。教材是教师用以教学的工具，教师

---

① 高德胜．叙事伦理学与生活事件：解决德育教材困境的尝试［J］．全球教育展望，2017，46（8）：56－66.

② 鲁洁．再论“品德与生活”、“品德与社会”向生活世界的回归［J］．教育研究与实验，2004（4）：1－2，7.

③ 高德胜．论小学《道德与法治》教材的“叙事思维”［J］．课程·教材·教法，2019，39（6）：11－20.

④ 同①.

需要在具体的教学情境下，根据不同的教学对象对教材进行二次开发，将生活事件教学化，创设支持学生与教材对话的有意义的学习情境。概言之，教材是一种激活师生思考的“活性因子”，师生凭借它“激活”自主思考和生命潜能，要使它在师生的生命体中活起来、运转起来，成为活在师生生命中的智慧、知识和品性素质。[①] 相应地，德育课堂则是一个引导儿童探寻生活意义的课堂，儿童与教师、儿童与儿童、儿童与教材、儿童与自我之间通过对话和交往进行着有意义的交流和共享，从而突破自己原有理解和体验的局限，逐渐从他人那里学会用新的视界、视角去理解生活，去体验、领悟生活的多重多样意义。[②]

生活德育不仅重视专门的德育课程，而且重视学校整体生活的道德影响。学校生活是儿童整体生活的主要形态，包括课堂教学生活和学校日常生活两大领域。生活德育作用的发挥，关键在于提升学校生活的道德品质。首先，教学生活是学校生活的主体内容，德育回归生活，尤其要回归儿童的课堂教学生活，重视渗透在其他学科中的德育，挖掘课堂教学生活中丰富的德育资源。例如，教师在教学生活中对发生在课堂内外的德育问题进行引领与示范，按照学生认识社会和世界的方式从事教学，教师了解与满足学生的需要，教师公平对待每一个学生，等等。[③] 其次，学校日常生活或日常活动在德育方面具有独特的作用，其不露痕迹性和效果的扎根性是任何有意为之的活动所不具备的。[④] 德育回归生活，自然要回归儿童的学校日常生活，重视学校日常生活对学生的道德影响，尤其需要平衡日常生活与制度生活的关系，克制对儿童日常性交往、自由支配时间、日常生活范式和儿童游戏与语言方式的不必要干预，在顺其自然的前提下，对日常生活中的危机和问题进行适度干预，包括反思因制度生活过度扩张而学校日常生活空间被压缩的现象及其后果。

德育回归生活，还意味着回归儿童的整体生活，课内和课外、校内和校外相联动的一体化生活，重视德育课程与学校生活、社会生活中道德影响的互动。就德育课程与学校生活而言，学校生活的德育意义的发挥是“自在”的，专门德育课程在德育方面是“自为”的，“自为”的德育必须以“自在”的学校生活为基础，而“自在”的学校生活的德育意义的充分发挥也需要上

---

① 鲁洁．再论“品德与生活”、“品德与社会”向生活世界的回归［J］．教育研究与实验，2004（4）：1－2，7.

② 鲁洁．行走在意义世界中：小学德育课堂巡视［J］．课程・教材・教法，2006（10）：20－24.

③ 高德胜．向教学生活要德育［J］．上海教育科研，2019（6）：1.

④ 李玲，高德胜．论学校日常生活的道德教育功能［J］．思想・理论・教育，2005（21）：39－41.

升到“自为”的层次。[①] 一方面，德育课程需要不断从课堂以外的生活中汲取营养，在儿童参与的学校生活中了解真实的儿童、丰富儿童的生活经验，将学校生活中具有普遍性和典型性的问题纳入自身结构之中；另一方面，德育课程也需要不断为课堂以外的生活提供营养，为儿童反思、整理自己的生活提供专门的时机和引导，促使课程去追随和联结其他方面的生活，让课堂教育的作用辐射儿童的整个生活。

二、情感德育模式

情感德育模式是20世纪90年代中后期出现的一种德育范式。该德育模式高度重视情感在个体道德形成及道德教育中的地位和价值。情感德育模式强调以情感体验为基础，以情感-态度系统为核心，通过情感与认识的相互影响与促进，从素质层面保证个体的德性构成[②]，进而培养全面、完整的人，即心理结构完整、精神世界完整的人。[③] 从实践层面来看，情感德育作为一种新的德育理念和德育模式，主要针对的是学校德育工作过程中偏重外部知识灌输和行为规约，忽略人的内在生命情感等问题。《情感德育论》一书集中阐释了这一模式的基本主张。

1. 理论主张

情感德育模式强调从内在动力系统而不是从外在能力系统来体现人的道德发展水平。[④] 该模式认为，情感教育与道德教育是相互联系的。道德教育若要真正成为一种抵达心灵、发育精神的教育，一定要诉诸情感。如果不诉诸情感、改善情感，就不可能变成精神发育的活动、生命内在的精神活动，这也就是说，情感教育是从生命的内在性上支持道德教育的。[⑤] 情感不仅是道德认识转化为道德行为的中间环节，而且在个体道德形成的完整过程中始终具有特殊的地位、特殊的价值。这具体体现在：人对道德信息的接受以情绪活动为初始线索；人对道德价值的学习以情感-体验型为重要的学习方式，也就是主要学习道德价值的评价性知识与人事性知识；人的道德行为的发生受情感的引发和调节；人将以情感为核心的动机系统作为个人道德发展的内

---

① 高德胜．回归生活的德育课程［J］．课程·教材·教法，2004（11）：39－43，73.

② 朱小蔓．关注心灵成长的教育：道德与情感教育的哲思［M］．北京：北京师范大学出版社，2012：68.

③ 朱小蔓．德育的非理性视角［J］．高等师范教育研究，1991（1）：41－45.

④ 朱小蔓．情感德育论［M］．北京：人民教育出版社，2005：63.

⑤ 同④10.

在保证。①

这一德育模式具体包括以下六个方面的理论主张：

（1）情感不仅仅是人的心理过程中即时即景出现的“情绪”和“情感”，而且表征着人的整个的情感发展水平。它是每个个体生活的复杂的多层次的过程，同时已成为反映人的整个精神价值追求的内在动机系统本身。

（2）情感性道德教育范式突出强调人的情感性素质是个人德性的深刻基础，也是道德教育现实化的重要保证，是整个人类道德及道德教育优化的基石。虽然此前个体形成的道德认识在其道德教育中起到了一定的作用，但从根本上来说是那些具有价值负载的、以往的生活经验被当下特殊的情绪形式激活了的情感，如忧虑、恐惧、愉快的满足、安定的信心、幸福的希冀等等对个体的道德发展产生更为直接的影响。

（3）任何道德教育的过程都是试图对人的道德认识、道德情感、道德行为产生影响的过程，因此，在运行过程中必然始终伴随着人的认识与情感的相互作用。其主要强调两点：其一是道德教育应是对人的情绪、情感合理适应的过程，其二是道德教育应是对人的情感需求的引导、提升。

（4）情感德育关注并强调情感对人的道德发展和德育的本体性价值，不仅关注道德情感的培养，同时也强调与道德相关的基础性情感的获得。因此，它认为德育要注重人的德性生长的情感基础，将情感发育视为德育的基本目标。

（5）情感德育认为道德价值的学习不同于一般科学知识的学习，以情感-体验型为重要的学习方式。对此，朱小蔓强调，“在德育中，我们要根据一定的教育目的，创设可感受的对象，创设有移情效应的气氛，创设理想的冲突的情境。情感的中介作用，使受教育者在意识和无意识层面尽可能地活跃起来，运用想象、幻想、无意识记忆、直觉、灵感等方法来把握价值体系”。

（6）情感德育强调要关注德育过程中的情绪情感现象及其活动机制，特别是情感在德育过程中的“激化-动力机制”“认知-预测机制”“评价-选择机制”“享用-保健机制”等。

2. 实践路径

这一模式在实践层面具有以下两个特征：一是把德育过程作为人的情感交往过程，应具有三个效应特征。在生理-心理层面，它以受教育者获得安全感为基本标志；在社会-心理层面，它以受教育者获得共通感为基本标志；在精神-文化层面，它以受教育者获得道德崇敬感与自我的道德尊严感为基本标

① 朱小蔓．情感德育论［M］．北京：人民教育出版社，2005：41-48.

志。二是把德育过程作为导向情感的过程。在指导、调整行为中导向情感，在提高人的认知能力中导向情感，在情绪唤起状态中导向情感。①

情感德育模式在实践操作上关注三个最为敏感的指标：教育者有无情感——人格资质与技能，是否形成情感交往关系或“情感场”，受教育者是否有情感经验的积累和改组。②

情感德育模式的操作要求以情动感受、体验共鸣为内在机制的情感反应模式和移情共感模式，创设情境，再现生活，加深感受，重视觉知，把道德认知与道德体验结合起来，把隐性与显性结合起来，在特定的情感场中，形成特定的道德情感品质。

在具体的实践探索中，初步形成了以下三个共识：一是道德情感形成有自身的发展轨迹，道德情感教育的目标要求和内容确定存在着明显的阶段性和层次性。二是道德情感教育要把握情意感通机制和需求冲突机制，让学生在情感场的氛围中积累道德情感的感受和体验，从而使道德情感得到内化和升华。三是道德情感教育要重视教育者的情感资质和人格魅力的独特作用。③

所以，新时代学校德育课程实践需真正关怀与培育儿童的情感，通过学校情感德育课程文化的浸润影响，让每个儿童与青少年获得独特的情感语言、情感品质、情感素养，使其通过情感与精神的发育内化形成良好的心性品质，从而形成独立的个性，拥有持续幸福生活的能力。④ 因此，专门设计并实施情感德育课程对指导儿童与青少年情感和道德发展具有重大价值，具体如下：

一是学校德育课程设计关注儿童的情绪情感。二是学校德育课程目标紧密聚焦儿童情绪情感，促进道德发展。三是学校德育课程内容明确儿童与青少年的情绪情感和道德发展。四是德育课程组织和实施聚焦儿童与青少年道德情感，影响道德发展。五是进一步营造与完善学校情感性德育课程环境。六是进一步做好德育课程实施与学生情感发展的观察与评价。⑤

目前，已有学校进行了相关教育实践，例如南京师范大学附属小学“爱的德育课程”，用“童心母爱”统领学校德育课程体系的建构，促进学生以自己的方式爱自己、爱他人、爱自然、爱社会，在丰富、多元的体验活动中培养学生爱的情感与核心素养。⑥

---

① 朱小蔓．情感德育论［M］．北京：人民教育出版社，2005：48－62．

② 同①63－67．

③ 同①74－79．

④ 李亚娟．觉醒情感：学校德育课程原点［M］．南京：南京大学出版社，2020：95．

⑤ 同④101－109．

⑥ 同④142－143．

此外，情感德育模式指出，关注并发展人的情感层面，建设情感文明，应成为学校德育工作的核心内容。当前，情感德育对情感文明这个概念非常认可，并且将“情感”概念提升为“情感文明”。情感德育代表人物朱小蔓教授在任中国陶行知研究会会长期间，推动建立了教育与情感文明专业委员会，创办了一批情感文明学校，走进中小学和幼儿园，引导教师关注生命的情感维度，“扎根在种子学校及课堂，观察、评价教师如何处理教材，如何处理与学生的交往及对话，考察、体悟教师的情感能力以及其中所蕴含的情感人文素养，并基于此建构‘情感-交往型课堂表现性指标’，引导执教者与观课者体悟教师的情感人文素养是如何影响师生关系，进而影响一个个具体的学生的学习质量以及教育教学质量的”[①]。

例如，江苏省南通田家炳中学则围绕情感教育、情感德育开展了系统化、持续性的研究，形成了情感文明学校的理论框架与实践路径。其构建了学科情感德育课程、情感德育活动课程、学生关怀实践自育课程以及家校合作共情陪伴课程四种情感德育课程实践模式。学校课程以激发与培养学生的情感（尤其是道德情感）为出发点，通过情感教育进行道德教育，指向的仍然是学生的道德成长，包括道德品质的丰富和道德能力的提升。而主要特征是以“情”为基点，以“善”为旨归，以“体验”为表征，以“关系”为纽带，以“活动”为主要载体。[②]

三、欣赏型德育模式

欣赏型德育模式是在德育美学观的基础上，通过多年的试验所建构起来的一种旨在通过对美学与教育学的“深层交叉和灵魂借鉴”，实现道德教育的“价值引导”与道德主体的“自主建构”的和谐统一，以促进教育对象的解放和提升的德育实践模式。这一德育模式所追求的是一种自由的道德和审美（立美）的德育境界。“欣赏型德育模式建构研究”系列丛书的出版，是该模式从理论走向实践的重要标志。

1. 理论主张

欣赏型德育模式的基本理论假设是：道德教育的内容与形式如果可以经过审美化改造，成为“一幅美丽的画”“一曲动听的歌”，那么与这幅画、这首歌相遇的人就会在“欣赏”中自由地接纳这幅画、这首歌所表达的价值内

① 朱小蔓．爱的联结：朱小蔓演讲录［M］．北京：教育科学出版社，2021：272.

② 陈永兵，徐志刚，等．情感文明学校的德育课程设置：情感德育课程的操作与案例［M］．北京：北京师范大学出版社，2021：11－18.

涵。“一幅美丽的画”意味着道德价值和规范可以经过处理变成被欣赏的文化产品，道德人格的光辉可以成为映照学生道德成长的美丽风景。而“一曲动听的歌”的重点则在说明德育过程的智慧处理本身具有艺术特征和“可欣赏性”，学生在接受教育的过程中可以主动、愉快地生活和沉浸于美好的学习生活之中。其基本理念包括两个方面：

（1）反对强制灌输，从而实现“解放教育对象”的目的。该模式批判了历史的教育强制灌输思想和实践，认为灌输的德育完全忽视受教育者的存在与尊严，因而是不人道的教育。同时，灌输违背了教育和道德发展的基本规律，因而也是不科学的。

（2）反对德育放任，做到“提升教育对象”的目的。反对德育上的强制灌输，不等于主张在德育上教师就应该放任不管。放任在伦理学上意味着道德主体只要所谓的自由而不愿意承认自由的条件——履行一定的义务或承担一定的责任。放任在德育上则意味着教师在道德教育的过程中让孩子为所欲为而不加引导，这必然会使德育陷入相对主义。

基于这两个基本理念，该模式试图探索出不同于强制灌输，也不同于放任自流的德育中间路线——欣赏型德育。欣赏型德育模式操作的基本原理有两个：

第一，德育内容与过程的审美化处理，使之变成“一幅美丽的画”和“一曲动听的歌”。这是建立合乎美的本质和规律的德育活动形式的前提。在这一过程中，要实现艺术与美的技术意义和价值功能的有机统一，并以价值功能的发挥与审美精神（自由）的深层借鉴为最根本的价值诉求。其具体表现形态就是，一方面要创造一种向道德教、学主体“许诺自由”和“施展自由”的中介结构形式，另一方面还要使教学双方作为道德教授和学习主体欣赏自身的活动形式。

第二，师生关系的审美化重建，是“合规律性和合目的性的统一”的美学精神在师生互动关系中的体现。其现实化形态可以表述为对教师的“师表美”和学生道德发展的“作品美”的追求与相互欣赏。“师表美”包含“表美”、“道美”、整体（教育）“人格美”（或“风格美”）三种。德育“作品美”就是德育对象的道德品质及其成长的势态之美，可以有个体与集体、成品与情态等不同的表现形式。

2. 实践路径

欣赏型德育模式在德育的具体实践中主要处理的问题包括三大方面：第一，教学处理和活动设计；第二，新型师生关系的建立；第三，如何实现美育与德育的相互支撑和融合。这三大方面在欣赏型德育模式的具体建构过程中则划分为欣赏型德育教学模式、欣赏型德育活动模式、欣赏型德育师生关系模式、艺术手段在德育中的运用四个模块。这四个模块的展开都遵循自觉、开放和自由的原则。

（1）欣赏型的德育教学。

教学是事实欣赏型德育的重要途径。而对于欣赏型的德育教学，最为重要的是在教学的内容和形式中都必须有美的中介来承载德育，或者，德育的美的创造就是这些中介形式的创造。美是自由的形式，在德育教学过程中，这种“自由的形式”主要有两种：一种是“许诺自由”，它启迪人们认识到道德规范合规律性的要求的背后实际上是合目的性，所以，只要遵循规范即可获得自由。另一种是“施展自由”，从表面上看，一个懂得教学艺术的教师的所有举止是有目的的、主观性的，实际上在这些动作的背后统统隐藏着规律性。

欣赏型德育要求教师通过教学活动中道德美和教育形式美的呈现去“涵泳”学生。这就要求教师对德育内容进行审美化改造。教师要看到德育素材的审美化特征——非功利性、可欣赏性、和谐性，通过筛选、发掘、打磨、整合的方式对德育素材进行审美化改造。为此，教师要拥有一双发现美的眼睛，同时，教师也要帮助学生生长一双发现“美”的眼睛，另外还要对德育内容的呈现形式进行审美化改造，包括情景设置、呈现节奏、呈现手段等方面的审美化改造。

（2）欣赏型的德育活动。

欣赏型德育活动模式就是在学校的一切德育活动中，将道德教育的内容与形式经过审美化设计，使学生在“美”的活动中认识德美、感悟德美、追求德美、创立德美，从而成为德美兼备的时代新人。具体来说，欣赏型德育活动模式的构建主要包括两个方面：一是利用活动的形式将德育内容作为产品以符合美的精神的方式呈现出来；二是在德育活动中发现和运用审美因素，在活动中体现德育美。

欣赏型德育活动主要由三大活动系统构成，即德育情境美的创设活动、德育内容美的呈现活动、德育形式美的创设活动。每项活动遵循的基本操作程序都是：活动背景、理论支点、活动形式审美化设计、具体活动方案、效果反馈。在这样一个基本框架结构的基础上，欣赏型德育活动的开展形式可以不拘一格。但往往每一项活动既包含德育情境的创设，也包含德育内容美的呈现，同时还包含德育形式美的创设等多种审美因素。我们在研究过程中力求通过“愉情、感心、悟理”的德美活动，用“德育形式的美”去呼唤“德育行为的美”，用“道德智慧”的美去呈现“德育本身的美”。

（3）欣赏型的德育师生关系。

欣赏型德育模式不同于传统的道德教育模式。在道德教育的“转化”模式中，教师与学生关系的基本特点有两个：一是“教师→学生”的单向关系，二是师生关系的居高临下特性。欣赏型德育模式所希望建立的师生关系是一种“参谋或伙伴”的关系。在这一关系中，教师的智慧表现在设置情景中，并隐蔽起来（或退居幕后），学生则成为价值判断和建构的主体。这一关系的特质是：第一，“参谋或伙伴”的关系是双向或多向的关系；第二，“参谋或伙伴”的关系是平等的关系。这就意味着在道德教育中，教师与学生、学生与学生、学生与教师之间是一种共同面对道德智慧风景欣赏和交流欣赏心得的关系。当然，教师还必须是道德风景的设置者和导游人。当教师完成了道德风景的设计、导游的任务之后，教师就应当退居幕后，即使再在教育情境中出现，也只能以一种道德人格的风景或普通的游客同伴的身份出现。教师的作用主要是以自己对道德智慧的欣赏来刺激、启发和带动学生的德育“欣赏”活动。

（4）艺术手段在德育中的运用。

在欣赏型德育模式中，艺术化策略运用模式的基本程序如下：以情感为突破口，寻找一个欣赏的视角，然后通过情感的变化，引导道德主体的自主构建，最后提升道德主体的品德水平。具体程序为：确立道德教育内容—实施审美化改造—建立欣赏视角—实现情感突破—延长主体的审美感受—产生强烈的情感愉悦—引发主体的自主构建—提升品德发展水平。欣赏型德育模式的具体目标就是通过语言艺术（文学、诗歌、说唱）、表演艺术（音乐、舞蹈）、造型艺术（绘画、雕塑、摄影、设计）和综合艺术（戏剧、电影）等各种艺术手段在德育中的应用使德育情境审美化，让道德内容在欣赏中完成，在“欣赏”中完成价值选择能力和创造力的培养。

四、制度德育模式

制度德育旨在通过良善的制度生活来促进个体品德的健康发展。这一德育模式的最大特点就在于，将个体的品德发展与外在的制度建设主动结合在一起，而不仅仅局限于从传统的德育课程、活动等常见的德育形式中开展德育。制度德育模式跳出教育看教育，积极援引当代政治学、社会学、伦理学、法学、经济学等领域有关制度、公平、正义的理论与实践资源，聚焦于学校道德教育，开辟了一条极具思想批判力、现实观照力、理论创造力和实践指导力的学校德育可能路径。《制度德育论》一书的出版，标志着该模式的日趋成熟。

1. 理论主张

制度德育模式的思想来源和理论基础有三个①：一是新制度主义，主要强调从单子式的个人回到社会中的人、制度中的人。二是有限的制度决定论的社会历史哲学，主张在纷繁复杂的社会历史、社会结构和社会事实中，抓住其中的核心决定性因素，即制度决定人们的行为方式、历史走向、社会成败和国家兴亡。三是历史唯物主义的普遍原理，强调运用马克思主义的立场、观点和方法来研究和阐释人的问题、制度的问题、道德的问题和教育的问题。

制度德育模式在理论上的主张主要包括以下四个方面②：

（1）制度具有“思维”，能够代替个体做出包括道德决定在内的重大决定。从制度的演化历程来看，制度会对社会成员产生深刻影响。首先，制度具有共享意义的功能，提供人们认识和解释事物的基本框架。其次，制度通过塑造群体的记忆和遗忘来引导人们的注意力。最后，制度作为集体行动的产物和组织制定的规则，在深层次上决定人们的行为决策。

（2）制度具有重要的习惯养成功能。政治学研究表明，国家的社会基本制度对国民集体的思维和习惯有着重要影响。制度的持续运行和有效实施塑造行为者的行为方式，并使之固定下来成为一种习惯，在这个过程中也会对个体的思维方式产生连续性的影响，从而使个体形成思维习惯。

（3）制度的善恶深刻决定人的善恶。恶劣的制度容易使好人变坏，而好的制度则可以让坏人变好。美国心理学家菲利普·津巴多的“斯坦福监狱实验”深刻地揭示了恶劣制度将正常的人变成坏人的过程和机制。而新中国成立初期将一批战争罪犯、反革命罪犯和普通刑事罪犯成功转化为国家普通公民，就主要得益于社会主义制度的先进性。

（4）制度以制度情境为中介影响或决定人们的行为。人与客观环境的相互作用生成情境。人总是在特定的情境中生存与发展的。制度通过情境对人的思想、观念、道德、行为产生影响。因而，制度德育强调“制度必须情境化才能影响个人品德”，“制度情境化的必然结果是情境制度化”，“更为根本的是，制度成了情境的背景”③。

2. 实践路径

制度德育主要经历了三个层层递进的探索阶段：观念的探索、过程的探

---

①② 杜时忠．制度德育论的理论来源、实证依据与实践方式［J］．华中师范大学学报（人文社会科学版），2023，62（3）：1－10.

③ 张添翼．学校制度情境论［M］．武汉：华中师范大学出版社，2020：43－44.

索、本源的探索。[①] 在这个过程中，制度德育模式的实施路径也形成了三步曲：第一步，在观念上，认识到制度的育人作用，承认制度的育德功能；第二步，实现学校教育制度改造，制订优良的学校制度；第三步，把有形的具体的学校制度转化为学校生活方式，建构学校制度生活。其实践要点主要包括：

（1）制度德育的基本立足点是民主制度的打造。一方面，需要进一步强化社会主义核心价值观中的“民主”在整个社会制度建设中的重要价值引领作用，另一方面则需要强化学校制度自身的民主化。具体而言，学校制度的民主化主要包括两个方面：一是学校层面的制度，如教师管理制度、学生管理制度的民主化建设；二是班级层面的制度，如班级中的班规、奖惩制度等的民主化建设。

（2）学校制度需要经过道德的审视。制度德育不是把现成的学校制度当成一成不变、神圣不可侵犯的东西，而是认为制度本身是需要经过道德的审查的，即审查已有的学校制度、社会制度是否公平合理、是否道德，只有具有道德性的制度，才能为个体品德的健康发展提供坚实的教育支撑。虽然近年来我国教育制度建设取得了不小的成就，但在教育实践过程中仍存在诸多现实问题，例如：教育发展水平的差异不断拷问着教育制度的公平性，超负荷的学习负担和高压控制下的学校管理使得教育制度的人道性和发展性受到极大损害，教育制度在制定、实施、评价过程中的公民参与度不高，教育腐败现象存在，等等。[②] 正是在此意义上，制度德育首先是一个具有重要道德反思性和批判性的德育理论。

（3）学校制度应该具有鲜明的价值立场。制度德育认为，公正、平等、效率、秩序、学生的自由全面发展是优良学校制度的价值品质。[③] 与此同时，好的德育制度应当具有正义、自由、发展三个方面的价值标准。[④] 培养社会主义合格公民是学校制度的核心价值目标与价值立场。[⑤] 总之，学校制度的价值立场问题，一直是制度德育理论的重要立足点之一，例如公正作为学校制度的首要德性，该如何实施才能保障其在性别、地域、阶层等方面的实践，是制度德育关注的重要议题。

（4）制度德育的目标是培养学生的道德-民主能力。道德能力强调的是个体应对道德困境的能力，而民主能力则是强调个体与他人共同应对道德困境

---

① 杜时忠．制度德育论［M］．福州：福建教育出版社，2023：2.

② 同①123－125.

③ 杜时忠．制度何以育德？［J］．华中师范大学学报（人文社会科学版），2012，51（4）：126－131.

④ 刘超良．论德育制度的价值标准［J］．教育研究与实验，2010（1）：25－26.

⑤ 同①250.

的能力。道德-民主能力的培养可以借鉴杜威、科尔伯格、林德等人的理论主张和教育实践开展。具体来讲，培养学生的道德-民主能力，可以采用道德两难法、公正团体法等方式。

（5）制度德育的关键在于形成良善的制度化生活方式，即把有目的、有计划、有组织的制度教育过程，转化为学校全体成员共同认同的制度生活方式。在这种公共的、共同的日常生活中，内化与外化两者相互贯通的机制，使学生、教师形成民主社会的公民美德。[①] 比如，建设制度化的民主校园，把民主精神贯彻到学校制度、教育内容、教育方法、师生关系、教育管理、教育组织等方面，使学生在民主化、制度化的生活中学习如何做一个合格公民。[②]

总体而言，制度德育主要遵循两个培养机制：一是内化机制，即学校共同体成员认同学校制度的价值取向和内在品质，把制度精神内化为自身精神品格；二是外化机制，即学校共同体成员始终如一地依据学校制度的价值取向和角色期望开展行动，从而使每个人的行动既能满足个人需要，又能符合制度期望，最终形成规范化、民主化、理性化的学校生活。[③] 近年来，制度德育模式的研究者建立了多所实验基地学校，在湖北乃至全国德育实践领域都产生了较大影响。

本章小结

德育模式实际上是德育理论以及与之相配套的实践策略的结合体。具体来说，德育模式必然包括关于道德发展的一套观念和基本原理。在此基础上，这些观念、原理必须能够借助于一定的策略、程序或方式方法作用于德育实践，表现出一定的可操作性。德育模式既是某种德育理论的简约化的表现形式，又是对某些具体德育经验的理论加工和概括。因此，德育模式是结构化了的德育理论和理论化了的德育实践的结合体，反映了德育的普遍原理与具体实践的统一。

按不同德育模式在实现学校教育的道德目的上侧重点的不同来进行分类，德育模式可以分为认知模式、情感模式和行动模式。

当代西方具有代表性的德育模式主要包括：价值澄清模式、道德认知发展模式、体谅关怀模式、社会行动模式。价值澄清模式的基本理论基础是价值相对主义。它认为，当前人们之所以会感到思想混乱，就在于不清楚自己的价值观。因此，价值

① 杜时忠．制度何以育德？[J]．华中师范大学学报（人文社会科学版），2012，51（4）：126－131，4.

② 杜时忠．制度德育论［M］．福州：福建教育出版社，2023：250.

③ 同①.

澄清模式就是要通过澄清价值评价的过程，来帮助学生减少价值观的混乱，提高他们分析和处理各种道德问题的能力。其具体方法主要包括澄清反应、价值单策略等。

道德认知发展模式认为，道德思维的成熟度是以一个人的逻辑思维的发展水平为基本前提条件的。一个人的逻辑思维阶段决定了他所能达到的道德阶段的限度。个体的道德认知发展存在三个水平和六个阶段。其主要的道德教育方法主要有道德两难法和公正团体法。

体谅关怀模式的基本特征是强调道德情感在道德教育中的核心作用。它的代表人物主要是英国的著名学校道德教育家彼得·麦克菲尔和美国的著名教育哲学家、道德教育家诺丁斯。前者在道德教育中所关注的核心概念是“体谅”，后者所关注的核心概念则是“关心”。体谅模式强调情感培养的重要性，其实践策略主要体现在《生命线》丛书中。关怀模式则强调关怀关系构建的重要性，其教育目的主要通过关怀模式的课程体系、关怀模式的德育方法等途径来实现。

社会行动模式认为，成为一个道德主体，意味着他具有改变环境的能力，以及具有较高的心理能力。一个有道德的社会成员应具备三种环境胜任能力。该行动模式的实践策略主要包括两大部分：一是通过社区问题课程实施，二是与其他相关学科联合实施。

我国当前相对比较成熟且具有较大影响力的德育模式主要包括生活德育模式、情感德育模式、欣赏型德育模式和制度德育模式。生活德育模式主张通过“过”道德的生活来学习道德。在教材编写方面，生活德育模式认为，德育教材的组织和设计应遵循生活的逻辑并以儿童的“生活事件”的形式呈现出来。

情感德育模式强调以情感体验为基础，以情感-态度系统为核心，通过情感与认识的相互影响与促进，从素质层面保证个体的德性构成，进而培养全面、完整的人，即心理结构完整、精神世界完整的人。其在实践操作上关注三个最为敏感的指标：教育者有无情感——人格资质与技能，是否形成情感交往关系或“情感场”，受教育者是否有情感经验的积累和改组。

欣赏型德育模式是在德育美学观的基础上，通过多年的试验所建构起来的一种旨在通过对美学与教育学的“深层交叉和灵魂借鉴”，实现道德教育的“价值引导”与道德主体的“自主建构”的和谐统一，以促进教育对象的解放和提升的德育实践模式。其实践路径主要包括：欣赏型德育教学模式、欣赏型德育活动模式、欣赏型德育师生关系模式和艺术手段在德育中的运用四个模块。

制度德育模式旨在通过良善的制度生活来促进个体品德的健康发展，认为制度具有重要的习惯养成功能，能够在很大程度上决定人的行为选择，因此，制度德育模式在实践上强调学校和社会制度的民主化建设，着力培养学生的道德-民主能力。

思考题

1. 什么是德育模式？它有什么作用？

2. 价值澄清模式、道德认知发展模式和体谅关怀模式的理论基础和主要实践策略是什么？它们有哪些优点和不足？

3. 我国的德育模式主要有哪些？它们的共同特点是什么？

参考书目

1. 拉思斯．价值与教学［M］．谭松贤，译．杭州：浙江教育出版社，2003.

2. 柯尔伯格．道德教育的哲学［M］．魏贤超，柯森，译．杭州：浙江教育出版社，2000.

3. 诺丁斯．学会关心：教育的另一种模式［M］．2 版．北京：教育科学出版社，2011.

4. 哈什，等．德育模式［M］．刘秋木，译．台湾：五南图书出版公司，1994.

5. 袁桂林．当代西方道德教育理论［M］．福州：福建教育出版社，2005.

6. 檀传宝．让德育成为美丽的风景：欣赏型德育模式的理念与操作［M］．合肥：安徽教育出版社，2006.

7. 高德胜．生活德育论［M］．北京：人民出版社，2005.

8. 朱小蔓．情感德育论［M］．北京：人民教育出版社，2005.

9. 杜时忠．制度德育论［M］．福州：福建教育出版社，2023.

第八章
学校德育体系

学习目标

通过本章的学习，了解和把握学校德育体系概念的基本内涵，知道学校德育体系的基本构成要素以及当前学校德育体系存在的主要问题；能够从社会发展、学生成长和德育层次的维度分析学校德育体系一体化建构的依据，进而理解德育的纵向衔接、横向协同以及相应的制度保障。通过对学校德育体系的概念和意义有准确的认识和把握，理解学校德育体系一体化建构的基本原则和主要方式，树立正确的学校德育体系观念和意识。

学校德育体系是若干德育系统的有机结合，是落实立德树人根本任务的关键领域，因此，全面加强学校德育体系建设是提升学生道德素质的必然要求。全面加强学校德育体系建设的前提是掌握我国当前学校德育体系的内涵、要素及存在的问题，进而理解学校德育体系的纵向衔接与横向协同的必要性和可能性。这可以让我们跳出学校场域，从整体的视角认识学校德育体系，以汇聚更加多样化的资源和载体，切实提高德育的实效性。

第一节　学校德育体系概述

学校德育体系是由多种要素组合而成的复合系统，涵括了家庭、学校和社会等多个相互联系的系统。关注学校德育体系发展，反映了人们对学校德育工作复杂性、系统性和长期性认识的深化；加强学校德育体系建设，则体现出凝聚各方力量共同提升学校德育质量、促进学生全面健康发展的愿景。因此，有必要在厘清学校德育体系内涵、要素的基础上，深入分析其存在的现实问题。

一、学校德育体系的内涵

从构成要素来看，学校德育体系是由德育目标、德育内容、德育原则、德育途径、德育评价和德育活动为实施要素，以教育者、受教育者、德育媒介和德育环境为结构要素的综合性系统工程。① 从德育体系诸要素之间的关系来看，学校德育体系是指学校内部德育诸要素的联系和学校德育与其他方面的联系所构成的整体。② 从德育体系的整体性来看，学校德育体系的建构不仅仅是指在现代德育理念的基础上整体地理解“德育”，更是一种基于现代德育理念的系统构建，是一种制度化、规范化的社会系统工程，包含课程教育、常规教育、准德育课程、隐性课程等方面。③ 从德育体系的发展趋势来看，学校德育体系是以马克思主义思想为理论指导，坚持唯物辩证法的系统论原则，遵循学生思想品德形成、发展的规律及社会发展的要求，将学校德育作为一个系统加以整体规划，构建符合不同年龄段学生发展特点和道德需求的德育体系，而其长远目标是要建立起具有科学化、系统化、规范化的有中国特色的社会主义德育体系。④

这些概念从不同维度界定了学校德育体系，但相互之间存在交织甚至冲突的内容。从制度化和规范化的维度来看，学校德育体系是社会系统工程的重要组成部分，是国家德育要求、社会价值理念和学生道德发展需求的聚合，涵括了极为丰富的价值要素和教育资源，可以促进学生品德循序渐进、螺旋式上升地发展，引导其逐步完成社会化。

综上所述，学校德育体系是教育主体为促进学生品德发展，综合校内外各种德育要素、活动、环境，通过开展相应的德育活动，构建合理的体制、机制，进而形成的一个整体系统。值得注意的是，学校德育体系的主体虽然是学校——作为主渠道、主阵地、主课堂，但实际上学校德育体系的建设主体不局限于学校领域，学校之外也有诸多主体参与，如政府、家庭、社区等。这些德育主体相互衔接、合作与协同，共同作用于学生品德的健康发展。

二、学校德育体系的要素

学校德育体系是一个极为复杂的系统，综合了学校内外、课堂上下等诸

---

① 姬长周，胡小林，张明．高校德育体系的基本特征与结构研究［J］．中国高教研究，1996（4）：4.

② 冯铁山，詹万生．整体建构学校德育体系与中小学德育课程改革［J］．教育科学研究，2005（5）：47－50.

③ 舒也．对“大德育体系”的思考［J］．高等教育研究，1999（3）：4.

④ 袁明．对“整体规划德育体系”的认识［J］．思想政治教育研究，2000（1）：19－33.

多教育资源，这意味着学校德育体系的构成要素较为多样。从学校德育活动的结构来看，学校德育体系的要素包括目标体系、过程体系、评价体系。[①]从学校德育活动的构成来看，学校德育体系的要素则包括教育者、受教育者、德育环境和德育媒介等。当然，这两种关于学校德育体系的看法，尚局限于学校内部系统，认为德育活动表现为课程教育、常规教育、准德育课程、隐性课程等方面。这些观点简化了学校德育体系的构成要素，虽然有利于开展相应的德育实践，但忽视了德育的综合性和学生活动的广延性，在一定程度上难以有效促进学生的品德发展。

事实上，从学校德育体系的内涵来看，它不仅超越了某个特定学段，也超越了学校领域，而且涵括了覆盖大中小学不同学段与家庭、学校、社会三个领域的诸多教育要素和资源。因此，学校德育体系是以大中小学德育工作的三个子系统为经，以德育的家庭、学校、社会三大子领域为纬，纵向衔接、横向协同、横纵交织，进而构成的一个时间上具有全程性、空间上具有全面性，能够产生更大整体效应的德育系统。[②]简言之，学校德育体系的要素包括横纵交织的六大核心要素，其中“大中小学”三级联动，“家-校-社”三大系统协同，“目标设置-内容传递-评价反馈-系统联动”四维实践支撑，共同构成了系统化育人体系。需要强调的是，这些构成要素共同对学生产生影响，而且它们之间互相影响，不能说学校德育就是唯一的、起决定作用的因素。

三、学校德育体系的问题

学校德育体系是一个系统工程，这要求学校德育活动要取得良好的效果，就必须让内外部各种要素之间、学校德育影响与其他道德影响之间协调一致，增强合力、减少斥力，为实现学校德育目标而共同努力。经过多年的探索和发展，我国学校德育体系建设已经取得了一定的成绩，但仍然存在诸多迫切需要解决的问题。

1. 大中小学学段分立，德育过程缺乏衔接

首先，各学段德育目标的层次划分缺乏科学依据，难以符合学生品德成长由低至高、由浅入深、由“他律”到“自律”的发展规律。随着学生自我意识的成熟和主体性的增强，各学段的德育目标与学校德育要求的“违和感”日渐突出。其次，各学段的德育内容，难度安排不当，有些内容脱离学生生

① 叶春生．建设高校德育体系的思考［J］．江苏高教，1991（1）：3－8.

② 詹万生．整体构建学校德育体系研究报告［J］．教育研究，2001（10）：8－13.

活实际，之于学生道德成长各个时期主要矛盾的针对性不强。最后，各学段的德育方法普遍简单，形式缺乏变化，重言教轻身教、重说教轻对话、重管教轻自主，知识讲授有余而实践活动不足。随着学生年龄的增长，德育方法更有不断单一化、粗糙化的趋势。因此，由于层次不清、难度不当、方法单一，大中小学德育各自为政，缺乏有效的衔接和有序的递进，导致学校德育工作的吸引力和感染力不断下降。

2. 教书与育人相互分离，德育要素缺乏整合

一方面，学校德育工作被窄化为部分人、个别部门的工作。提及学校德育，许多人觉得这只是德育课老师、班主任、辅导员、分管领导、政工部门的事，而其他人、其他部门很多时候则置身事外，可以不闻不问，学校“教书”与“育人”两者原本有机联系的整体功能被人为地割裂开来。另一方面，学校德育各组成部分自成一派，条块分割严重。传统的道德教育、思想教育、政治教育不仅课程不同、方法各异，而且“政治化”“知识化”的倾向导致彼此间的结构和比重不合理，衔接过渡不自然。根据社会发展需要逐渐新增的法治教育、心理健康教育、生态环保教育等也只是以简单的形式不断地加入进去。这就造成了学校德育的“体量臃肿”“负担沉重”，教师难教、学生难学。德育工作的部门化、德育构成的条块化，破坏了学校内部各种德育要素之间的有机联系，容易导致冲突多于合作、斥力大于合力，从而降低学校德育的整体效力。

3. “家-校-社”条块分割，德育影响缺乏协同

当前家庭德育、社会德育存在诸多问题，例如在现代化进程中家庭的“势微”和“脆弱”，转型时期社会道德的“失范”和“滑坡”。这些问题削弱了家庭德育和社会德育的力量，也让学校德育的力量难以完全发挥。另外，学校德育和家庭德育、社会德育之间的冲突也越来越频繁、越来越突显，例如“5＋2＝0”的现象体现出来的就是家庭对学校德育正面影响的消解，不良社会风气对学校德育环境的冲击。与此同时，社区德育也未能充分发挥应有的作用。其一，社区工作事务繁多，很难专门顾及对学生的人格培养。其二，社区缺少相应的制度保障措施，对青少年道德发展的工作举措很难实施。其三，社区开展的活动缺少吸引力，难以切实对青少年产生正面影响。有些社区虽然围绕青少年道德问题开展了培养活动，但活动大多是临时性的，或是配合职能部门的应景式活动，其设计往往不是从青少年实际出发，没有兼顾不同年龄段青少年的主体需求，这导致青少年的参与度不够，活动流于形式。学校、家庭、社会三股德育力量的衰退，以及相互之间的矛盾与冲突，严重破坏了德育过程的连贯性和一致性，不仅导致学校德育影响无法“走出校门”，而且也制约了学校内部德育过程的顺利展开。

拓展阅读

当前，学校德育存在着“学校中心论”、“专门德育论”和“即时效果论”三大认识误区，从根本上制约了学校德育的深入发展。“去中心化”使学校教育的优势式微；专门化的学校德育，对学生的品德形成和发展并不一定是“福音”；经济主义导向的德育实效追求并不恰当。面对经济社会的变迁，应树立新的德育观，以“合力德育论”、“生活德育论”和“长效德育论”超越学校德育的认识误区，推动学校德育的健康发展。

——杜时忠．当前学校德育的三大认识误区及其超越［J］．教育研究，2009，30（8）：78－82.

第二节　学校德育体系一体化

为克服学校德育体系存在的大中小学学段分立、教书与育人相互分离、“家-校-社”条块分割等问题，有必要加强大中小学德育过程衔接，构建“全程德育”，加强学校、家庭、社会德育影响协调，构建“全域德育”，以实现学校德育体系的一体化建构，提升德育活动的实效性。

一、学校德育体系的一体化依据

学校德育体系的建构需要综合考虑多重因素的影响，从而获取坚实的基础。其中，国家德育政策是学校德育体系一体化建构的社会依据，德目逻辑层次是学校德育体系一体化建构的学科依据，而学生成长需要是学校德育体系一体化建构的主体依据。这三方面的依据为学校德育体系的一体化建构提供了多重基础。

1. 国家德育政策：学校德育体系一体化建构的社会依据

国家因素始终是影响教育发展的重要因素。正是因为对国家意志的贯彻，学校德育体系始终具有一定的价值指向性。可以说，国家德育政策是德育一体化建构的社会依据。1994年，中共中央在《关于进一步加强和改进学校德育工作的若干意见》中首次明确提出加强学校德育体系建设，要求“完善德育体系，积极推进教育教学改革，克服‘一手硬，一手软’和忽视德育工作的倾向”。2005年，教育部在《关于整体规划大中小学德育体系的意见》中特别强调要“整体规划大中小学德育体系”，坚持把有效衔接、分层实施、循序渐进、整体推进作为根本要求，始终保持学校德育的生机与活力；坚持把学校、家庭、社会共同参与、相互配合作为根本举措，切实增强德育工作的合力。

从国家德育政策的要求来看，整体构建德育体系是学校德育实现科学化发展的必然要求，大中小学德育目标必须衔接构建并配以相应的实施策略，家校社德育领域应该协同合作并充分发挥各自优势，这充分体现了国家在不同时期的德育意志。从国家德育政策的内容来看，在德育目标方面，国家对大中小学的层次性要求存在不同；在德育课程方面，国家对不同阶段课程设置的规定存在不同；在德育途径方面，国家力图充分发挥家庭、学校和社会的德育价值。

国家始终引导着学校德育的发展，通过颁布各种德育政策对学校的德育目标、内容和过程进行调整，甚至细化到每个年级的德育课程设置，并涵括了家庭和社会各领域，最终的目的正是培养合格的社会主义建设者和接班人。可见，这些德育政策要求为大中小学德育过程的衔接和家校社德育活动的协同提供了社会依据，从而为德育在多个学段和领域的全面铺开提供了保障，也在一定程度上为德育的实效提供了保证。事实上，学校德育体系的纵向衔接和横向协同也符合德育活动的要求。因为学生的成长是连续的，其成长空间涵盖社会生活的各个方面，所以相应的德育活动必须是相互联系和协调的。学校德育体系的全面构建，为学生的良好成长奠定了社会基础。

2. 德目逻辑层次：学校德育体系一体化建构的学科依据

学校德育除了需要在国家德育政策的要求之下进行实践，也需要依据不同德目的内部逻辑展开教育。因为具体德目内部是有联系的，而且也存在层次的不同，这种不同的层次正好对应学生各个阶段的身心发展特点。因此，在强调全面加强学校德育体系建构时，有必要考察各个德目内部的具体逻辑。

以爱国为例，国家概念包括象征的国家、物质的国家和抽象的国家三个层次，爱国情感则包括情绪性爱国、理智性爱国和信念性爱国三个层次。①这三个层次之间虽然存在鲜明的区别，但并不是截然割裂的，而是相互渗透的，呈螺旋式上升并贯穿于大中小学各个阶段以及家庭、学校和社会各个领域。当然，随着学生认知的逐渐成熟，三个层次的爱国情感会交替成为影响学生形成国家认同的主要影响源。除此之外，以富强、民主、文明、和谐，自由、平等、公正、法治，爱国、敬业、诚信、友善等社会主义核心价值观为代表的德目也存在相应的逻辑层次。这意味着学校德育体系应将社会主义

① 孙银光．爱国主义教育的逻辑层次性及实践策略［J］．中国教育学刊，2018（3）：89－95．

核心价值观通过相应载体和途径在学生的不同年龄段循环呈现，同时在逻辑层次上螺旋式上升，引导学生层层深入认识社会道德行为规范及内在冲突，进而基于生活经验和道德实践形成自身的道德信念。

这种德目的逻辑层次性除了依赖不同德目本身存在的层次水平外，也是建立在学生身心发展的顺序性、阶段性和差异性的基础上的。学校德育体系应以平实的语言、严密的逻辑、生动的载体有序地向学生呈现不同层次的道德行为规范，以促使其可以准确识记相应的社会伦理规则，并在外部的规范约束和内在的道德认知的主导下表现出相应的道德行为。当然，家庭和社会在组织德育活动时，也应注重不同德目的逻辑层次，避免以相同的目标、重复的内容要求不同年龄段的青少年。显然，学校德育体系依据每个德目的逻辑层次并结合学生的身心发展特点来组织德育活动，可以有效提高德育的效率和效果。由此可见，德目的逻辑层次性对于学校的德育实践而言不仅是必要的，也是极为重要的，因而它是学校德育一体化建构的学科依据。

拓展阅读

爱国是由认知亚系统和情感亚系统构成的复杂体系，随着个体认知的深化，学生对国家的认识会从具体形态到象征形态，最后上升到抽象形态。与之相关，爱国情感也会经历由情境性到理性再到信念性的跃迁。这也意味着爱国主义教育不是平面单一的实践活动，而是有着层次不同的丰富内涵。为达至良好的教育效果，每个学段的爱国主义教育应该采用侧重点不同的实践策略，从而引导学生逐步认识国家、热爱国家，进而维护国家。爱国主义教育策略的拟定有三重依据：一是依据学生的心理发展特点，由浅入深；二是依据学生的生活经验，由近及远；三是依据爱国的逻辑层次性，由低到高。基于爱国的层次性特征和教育依据，小学应该侧重孵育学生对国家的浓烈情感，初中应侧重培养学生对国家的理性认知，高中则要侧重引导学生爱国的具体实践。

——孙银光．爱国主义教育的逻辑层次性及实践策略［J］．中国教育学刊，2018（3）：89－95．

3. 学生成长需要：学校德育体系一体化建构的主体依据

学生成长需要是指学生身心发展过程中所产生的各种基本需要，主要包括安全需要、关系需要和自主需要等方面，这些需要为学生自身的发展提供了内在动力。这种成长需要以心理层面的需求为特征，也与人性、文化、环境等因素相关联，因而能够成为个人走向社会的桥梁。学校德育体系作为促使学生健康成长、走向社会的中介，理应建立在学生成长需要的基础上。

其一，尊重学生的成长需要是学校德育体系建构的基点。学校德育活动的开展应该以学生的身心现状为出发点，以学生的未来发展为归宿。因为

“道德的根本在于尊重生命，尊重生命成长的自然规律，尊重人的正常需求”[①]。学校德育体系应该尊重学生在每个成长阶段的正常需要，并以不同阶段的、具有连续性的成长需要为基点，在学生当下的生活和未来发展之间搭建联结的桥梁。当然，学生的成长需要不完全是私人性的内心体验，而是主体与社会在良性互动中不断生成的发展需求。个体之间虽然会有些许差异性，但也存在明显的规律性。于是，学校德育体系以学生各个阶段的成长需要为基础，明确诊断出学生的成长在何处顺利、在哪里受阻，从而采取针对性的辅助措施。

其二，满足学生的成长需要是学校德育体系建构的核心。在尊重学生成长需要的基础上，为了切实促进个体的健康成长，学校德育体系有必要将尊重落实到行动上，即选择合适的德育内容来满足学生的成长需要。为了避免这种“满足”来自外界的臆测和成人一厢情愿的给予，学校德育体系要求教育者从学生的身心发展出发，以此来组织相关的德育活动。就此而言，基于学生成长需要的德育活动应该是内在的，它从学生自身的心理水平出发，与主体的生活经验和内心世界相连。可以说，在成长需要的视域中，学生是主体，也是核心；学生的成长需要是起始点，也是落脚点。学校德育体系将满足学生成长需要作为核心，会拉近德育活动和学生之间的距离，也会在一定程度上减轻他们对德育的疏离对抗心理，从而实现德育内容由外在到内在的转化。

其三，引导学生的成长需要是学校德育体系建构的目的。学校德育对学生需要的满足是必要的，也是基础的，但对于完整的德育活动而言却是不够的。德育最终的目的是逐渐推进学生的成长需要从较低层次向较高层次跃迁。叶澜教授就认为，教育者“应从发展的意义上把握学生的需要，关注学生在不同发展阶段所呈现的特殊的，与成长相关的需要；而不只是学生现在表现出来的需要……教育的重要任务是促进和提升学生的需要层次”[②]。学校德育体系的目的也应该如此，即在把握学生发展趋势的基础上，引导学生追寻更高层次的成长需要。这要求学校德育要善于激发和引导学生发现自己真实的、高层次的成长需要，让其获得更高水平的发展。可以说，学生成长需要是德育体系一体化建构的主体依据。

拓展阅读

成长需要指的是基于人生命成长的立场，个体成长过程中所呈现出的需要。这

① 朱小蔓，其东．关于学校道德教育的思考［J］．中国教育学刊，2004（10）：32-36．

② 叶澜．“新基础教育”论：关于当代中国学校变革的探究与认识［M］．北京：教育科学出版社，2006：309．

一概念的独特在于以“成长”和“需要”的双重视野来认识人的发展问题。从需要的角度看成长，则成长是每一个生命体不可让渡的权利。每一个人都需要成长，每一个人都需要发展。这一需要，正是一个生命体的基本特征，是人之生命性的具体体现。从成长的角度看需要，则人的成长需要具有整体综合性，具有时间的终身性和空间的广域性。

当我们以“成长需要”来认识学校教育中的学生时，学生就呈现出“需要”的丰富性。我们可以将学校变革建立在适应、满足、提升学生成长需要的层面上。这将为学校变革实践提供重要的起点，使促进学生成长的学校变革获得基础性的土壤。换言之，一个不观照学生存在状态，缺乏对学生成长需要的关注的学校实践很难对学生成长产生真正深入的影响。

——李家成．学校变革应关注学生的成长需要［J］．人民教育，2005（18）：2－5.

二、学校德育体系的一体化方式

学校是德育的主渠道，家庭、社会则是德育的重要领域。因而，学校德育体系的一体化建构必须综合考虑大中小学的纵向维度和家校社的横向维度。换言之，学校德育体系的一体化要求大中小学各学段的纵向衔接、家校社各领域的横向协同，从而切实保证德育活动的实效性。

1. 学校德育体系的纵向衔接

对于大中小学德育的纵向衔接，首先是德育目标的衔接，即各级学校需要就培养什么样的学生达成共识。在理论层面，学校要根据整体性原则确定德育的总目标，并逐步贯彻实施；根据层次性原则确定德育的分目标，并循序渐进地实施。从大中小学的角度看，小学德育的目的是实现德育任务的第一个层次，即培养爱国、守法、明德的时代新人；中学德育的目的是实现德育任务的第二个层次，即培养具有科学世界观和人生观，具有较高思想觉悟的社会主义者；大学德育的目的是实现德育任务的第三个层次，即让少数优秀分子成为共产主义者。这三个学段的德育目标存在清晰的层次性，在贯彻落实相应的德育活动过程中应相互衔接。

其次是德育课程的衔接，即各级学校在怎样培养学生方面做出努力，将各自承担的目标贯穿于课程之中，完成相应的德育目标。各级学校德育课程衔接的主要依据是德育的目标要求和学生的身心发展规律。因此，学校德育体系在设置德育课程时要进行整体规划，以避免不同学段的德育课程相互脱节。这要求德育课程必须循序渐进、螺旋上升，以避免简单重复，在小学、中学、大学三个学段进行合理配置，使之有效衔接、分层实施，实现诸阶段课程的有机整合及协同发展。在实践层面，小学要开设以基本道德素质教育为基本内容的道德与法治类课程，中学要开设以提高学生思想道德水平为基本内容的思想品德、思想政治类课程，大学要开设以提高学生政治素质水平为基本内容的各类课程，持续而有效地推动学生品德的有序发展。

再次是德育内容的衔接，即各学段德育内容应该注意阶段性和层次性，并着力在内容要求的现实性和可行性上做文章，力求符合学生的思想特点和年龄特征。就相关的德育内容而言，学校德育体系应该从德目的逻辑层次入手，结合社会主义核心价值观，将德目不同层次的内容渗透其中，通过具体的教材设计传递给学生。其中，小学阶段要注重生活体验，培养良好习惯；中学阶段要引导学生体悟，深化品德认知；大学阶段要注重理论传递，引领思想方向。这要求必须科学规划学校德育教材体系，使德育内容既要贯彻国家的意志，也要顺应时代的需求，更要符合学生的身心特点。具体而言，德育教材的编写主体要涵括教师、学生和家长，编写重点要注意整体和分层，保证不同学段间的交流和沟通，注意前后学段的衔接问题。

最后是德育活动的衔接，即依据学生各阶段的身心特征选择不同的德育活动类别和层次，从而促使德育目标的实现。这也意味着学校的德育活动要灵活多变，能够满足学生的身心发展需要。小学阶段，学生会主动地表现自我，与家长、教师和同学等交往互动较多，了解自己在集体中的地位，明确在父母、教师和同学心中的形象要求。这要求小学德育活动在形式上要鼓励学生学习，如通过故事、表演等创设能够促进学生独立意识成长的活动。中学阶段，学生的独立意识更加强烈，同龄人之间的影响力增强，性别角色意识凸显，这使得学生自我定位的着眼点逐渐从单一的学生角色视角转向多重观点，成长的需求也使得他们把视线投向生活环境中成人世界里各种各样的信息。这要求中学德育活动的形式要开放，增加学生参与班级工作的机会，通过设计多种交往活动，开展丰富而高质量的社会及学校实践活动，促进生生、师生、亲子之间的多维度交流。大学阶段，学生虽然生理上已基本成熟但心理上尚未成熟，具有自我表现欲与参与感，渴望参与班级和学校事务，面临着理想与现实的矛盾、未来发展和社会需要的冲突等问题。这要求大学德育活动要对大学生进行人际关系辅导，引导学生进行自我塑造与管理，侧重于对部分学生进行针对性的情绪情感与求职择业的辅导，强化学生对生活满意感、积极情感的体验，克服消极情感，提高他们的主观幸福感，强化他们的抗挫折能力和承受压力的能力。

需要注意的是，学校德育体系中德育目标的设置与衔接更多受到国家政策的影响，德育内容的层次与递进则更多取决于德目的逻辑层次，而德育活动的施行则是要满足学生各阶段的成长需要。三者之间的相互影响和综合作用，共同影响着学校德育体系的纵向衔接，进而作用于学生的道德发展。

2. 学校德育体系的横向协同

学校德育体系的横向协同是指以学校为主导、以家庭为基础、以社会为依托形成一体化的协同育人系统。1988 年，《中共中央关于改革和加强中小学德育工作的通知》着重强调："全社会都要关心中小学生的健康成长……要把社会和家庭教育同学校教育密切地结合起来，形成全社会关心中小学生健康成长的舆论和风气。"2001 年，中共中央出台了《公民道德建设实施纲要》，明确要求："要紧紧抓住影响人们道德观念形成和发展的重要环节，通过家庭、学校、机关、企事业单位和社会各方面，坚持不懈地在全体公民中进行道德教育。"《国家中长期教育改革和发展规划纲要（2010—2020 年）》提出："坚持德育为先。……把德育渗透于教育教学的各个环节，贯穿于学校教育、家庭教育和社会教育的各个方面。"学校、家庭和社会既是学生的基本生活境遇，也是学生道德发展的重要环节。其中，学校是有计划、有组织、有目的地为社会培养人才的专门机构；家庭是社会最基本的构成单位，肩负着培养和教育子女的基本职责，也是个体获得精神寄托和慰藉的场所；社会是学校所处的环境，也是学生学成之后的落脚点，影响着个体大部分的生命历程。可见，学校、家庭和社会都是学生学习和发展的重要场所。因此，应在实践层面实现学校、家庭和社会的沟通与协作，继而形成道德教育的合力，从而助力于培养学生形成良好的道德素质。

一方面，要整体建构"学校-家庭-社会"德育体系，必须充分认识德育环境建设的重要意义，高度重视学校、家庭和社会的道德环境建设，铺设形成德育综合力量的物质基础；尽快提高教师、家长及社会全体成员的素质，构建形成德育综合力量的精神基础，进而形成学校、家庭和社会在德育工作方面的综合效应。另一方面，学校、家庭、社会作为平等的主体，应通过加强沟通、紧密合作、积极互动，构建稳定的、强有力的、有建设性的学校、家庭、社会的伙伴关系，为学生发展创设良好的环境。与此同时，大量社区组织机构也要参与到学校教育之中，提供丰富的教育资源并发挥相应的教育功能。

其一，"学校-家庭-社会"的横向协同应建立在明确各自教育责任的基础上。由于学生成长的整体性和连续性，学校、家庭和社会的教育活动自然而然会延伸到彼此的领域，因此三者必须进行协调与合作。换言之，学校、家庭和社会的教育责任虽有重叠但又不完全重合，这意味着彼此不能相互替代。

其二，"学校-家庭-社会"的横向协同应以具体"项目"的形式进行。这些项目一般都是正式的，除了由学校发起的以外，还有家长团体、社区机构、图书馆、博物馆以及教育部门主办或推广的项目。这些项目具有明确的目标导向，主要针对学生学习和成长中遇到的重要问题或重点发展领域，如阅读障碍和阅读能力提升、社会研究课程、服务性学习等，或针对具有特殊需要的学生群体，如学前儿童、智障学生等，推动学校、家庭和社会进行多方合作。

其三，“学校-家庭-社会”的横向协同应整合各方资源和智慧，打造交流合作平台，形成具有可推广性的合作模式。虽然各地学校的具体情况存在差异，但“学校-家庭-社会”的横向协同具有共同的特点和规律，因此广泛的交流与相互借鉴合作是十分必要的。目前，我国此类交流合作平台还很匮乏，即使有也局限于某些地区，由教育行政部门主导，故而发展全国性的、以学校为主体的、基于研究项目的“学校-家庭-社会”横向协同的交流平台是需要着重努力的方向。

拓展阅读

长期以来，在传统教育观念的影响下，无论是在教育界，还是在家长和社会舆论中，都流行着这样一种错误的观点：认为对青少年进行道德教育，在入学前就是家庭的责任，而入学后就只是学校的责任了，这导致学校教育与家庭教育、社会教育分离和割裂。因此，在多数情况下，家庭和社会并不是学校德育的“同盟者”或“合作者”，而更多地扮演着“旁观者”的角色。这种观点随着我国基础教育的不断改革和发展已明显地不适应时代和青少年身心发展的需要。在理论上，人们对这种“小教育观”理论提出了质疑和批判，开始更多地倾向于在“大教育观”理论的指导下，构建青少年德育一体化体系。在实践上，通过以上的分析，我们也看到了学校、家庭和社会德育三者相对割裂的缺陷和不足，这些不足已明显阻碍了青少年德育工作的开展，不利于促进青少年思想道德水平的提高。现在一些学校、家长、社会组织等等纷纷呼吁建立一种相互合作的德育一体化机制来加强对青少年思想品德指导，以促进青少年的身心健康发展。

——车广吉，丁艳辉，徐明．论构建学校、家庭、社会教育一体化的德育体系：尤·布朗芬布伦纳发展生态学理论的启示 [J]. 东北师大学报（哲学社会科学版），2007（4）：155－160.

第三节　学校德育体系的构建和实施

学校德育体系主要涵盖了大中小学德育的纵向衔接和家校社德育的横向协同，融合了德育的不同要素和资源，覆盖了德育的不同场景和渠道，引领着不同学段学生的有序发展，在实践中表现为全程德育和全域德育。相比于以往的学校德育形态，学校德育体系将协调更多要素、汇聚更多资源，让德育工作更为高效，但也需要更高层次的建构策略和相应的制度规范提供保障。

一、高效德育体系的建构策略

为了彻底清理学校德育体系存在的问题，打破学段和领域之间存在的壁垒，最重要的还是要将系统论落实到实践层面。因为学校德育体系需要整体改观，才能促进学生的道德发展。由此，需要从优化目标、调整内容、更新方法等方面来系统建构高效的学校德育体系。

（一）“大中小”高效德育体系的建构策略

学校德育作为学生道德发展的主要影响源，在德育实践过程中发挥着主渠道的作用。为推进学校德育实践的纵向衔接，有必要建构“大中小”高效德育体系。

1. 开展一体化的德育环境设计

在学生成长过程中，校园环境起到了重要作用。所谓的校园环境不仅包括物质环境，还包括人文环境（由教师、学生和相应的制度设计等构成）。生态系统理论认为，个体的发展除了会受到与其直接接触的场所及其内的人、事、物（微系统）的影响外，也会受到其未直接参与的场所与其内的人、事、物（外部系统）及文化或次文化（大系统）的影响。[①] 正因为环境要素在学生品德发展过程中起着举足轻重的作用，大中小学应该联合起来进行整体化的校园环境设计，从而为学生创建出既有相似之处又各有侧重点的生态系统和文化环境。这项工作可以分为两个部分：

其一，低学段与高学段的对接。为了让学生更好地逐步从小学过渡到中学进而进入大学，获得道德品质的良序发展，需要着眼于提高学生在不同学段的“入学准备”，即在小学教育期间就充分做好与中学的对接，在中学教育期间就充分做好与大学的对接。为此，可以让大中小学在保持原有设计的基础上，人为地整合一些不同学段的文化元素，如有意识地强化学生的道德规范、任务意识、探究精神等。在这个意义上，“学校准备就绪”就是要在一定程度上拉近不同学段之间存在的生态和文化鸿沟，从而让每一个学生快速适应不同学段的品德要求。

其二，高学段向低学段的倾斜。大中小学德育衔接不能局限于低学段向

---

① 赵艳杰，吕晓．幼小课程衔接的理论基础［J］．学前教育研究，2008（2）：57－60.

高学段的靠拢，还要表现出高学段向低学段的倾斜，即主动引入低学段中的一些生态和文化要素。为了消弭学生迅速适应高学段存在的现实障碍，高学段必须增添一些学生喜闻乐见的文化内容，如在校园中、班级里、墙壁上呈现学生的作品，标语的内容也以学生的话语代替学校管理者的语言。同时，每个学段的低年级学生也会表现出前一学段学生的部分特征。这种情况要求高学段不能单纯以强制的方式强调规则和任务，而应该设置一个过渡时间段让学生适应高学段更高的行为规范。当然，系统的相似不是一方对另一方无条件的迁就，也不是双方生态和文化的简单杂糅，而是在保有各自特质的基础上可以更容易地对接，从而减小不同学段之间德育环境衔接的坡度。这种一体化的学校环境设计能够使学生快速跨越不同学段之间的适应性障碍，从而让其品德发展更加顺利。

2. 拟订系统性的德育任务

当前学校德育体系存在一个明显的问题，那就是任务缺乏系统性，即注意了学生品德发展的阶段性却忽视了连续性。这种情况导致大中小学教师各自关注学生某一阶段的品德发展，而未能“朝前看”或“向后看”。学校德育任务的偏差，也投射到了具体的德育活动方面。事实上，学生品德发展的连续性规律决定了必须要对大中小学德育任务进行系统合理的拟订，应该遵循三重依据：

其一，依据学生的心理发展特点，由浅入深。心理学家皮亚杰认为，不同年龄段学生的认知发展存在前后相继的过程，这意味着学校德育的目标不能断裂、内容不宜分离，学校德育应该由浅入深、次第深入，即初始以具体形象的事物为基础，后续逐步过渡到较高水平的道德观念。这样经过系统设计的德育任务才能充分地照顾到学生的心理发展特征，符合学生的成长趋势。

其二，依据学生的生活经验，由近及远。“学生当前及未来都生活在社会中，与他人、他物、他事结成一定的关系。”① 细言之，在小学阶段，学生受限于自身的认知和肢体，接触和获得的主要是直接生活经验；到了中学和大学阶段，随着学生认知和身体支配能力的提升，他们可以理解和接受更多的间接生活经验。因而，有效的德育应该从学生自身的生活体验出发，不断扩大生活经验的范围，促进其个性的全面发展。基于此，大中小学合理的德育任务应该从实际情况出发，立足于学生的生活现实，由近及远地进行系统设计。

其三，依据道德规范的逻辑层次性，由低到高。学生在不同心理发展阶

① 王道俊，郭文安．教育学［M］．6 版．北京：人民教育出版社，2009：285.

段会基于不同的理由遵守道德规范。科尔伯格将之划分为“三个水平六个阶段”：惩罚与服从阶段、功利主义阶段、人际期望阶段等。所以，大中小学德育任务既要强调建立适度的他律权威，也要重视对学生进行相对功利的引导，多给予学生鼓励与赞赏，进而帮助他们获得道德自信与自律。学校德育任务经过系统设计会呈现层次性和连续性特征，从而让学生更容易度过大中小学的衔接阶段。

3. 贯通桥梁式的德育路径

大中小学德育衔接出现问题很大一部分原因是德育路径出现阻滞，导致学段间的德育方式出现较大的偏差，以至于学生难以快速地适应。因而，有必要打通相连学段之间的阻隔，打造稳定的双方交流机制，从而构建出桥梁式的德育融合路径。

一是建立双向互动型德育课程。双向互动型德育课程是指在相连学段之间建立互通的德育课程，彻底打破学段间的隔阂。其中，“双向”指的是德育课程不是低学段或高学段向对方的单向靠拢，而是彼此的双向贴近；“互动”则是指开设的德育课程是由不同学段学生相互沟通协调构建出来的，这就意味着学校在实施课程过程中进行任何调整都会得到对方的回应。可见，双向互动型德育课程能够有效避免德育途径阻滞造成的“课程失联”，也使不同学段的学校能够在统一的德育任务指引下生成一个德育课程体系——有共同认可的课程组织形式和实施方式，并且能够有效发挥德育课程的价值。

二是建立学段间学校联谊机制。学生进入更高学段，不仅仅是学习场所发生了变化，自身的角色也发生了转变，这意味着学生在德育生态上的衔接问题出现了。因此，不同学段之间的学校必须采取相应的措施以促使学生实现衔接，而联谊活动可以有效解决这个问题，如定期进行互访，举行相关活动。当然，为了能够合理有效地组织联谊活动，不同学段教师要通过平等协商来确定开展活动的时间、主题、方式、内容等，并拟订详细的活动计划，最好能够就联谊和后续活动的开展进行常规的制度设计。在联谊活动中，学生可以凭借联合学习、混同合作、分组社会实践活动、联合运动会等形式进行相互交流。更重要的是，学校联谊机制可以打造出一种文化氛围和生态环境，低学段学生在其中可以提前接触到高学段学校的气息。可见，通过建立双向互动型德育课程和学段间学校的联谊机制，大中小学之间的壁垒被打破，学生的品德才可能实现有序健康发展。

（二）家校社高效德育场的建构策略

建构家校社高效德育场的主要目标是借助家庭、学校和社会三方的有效合作和积极沟通来形成德育的合力，进而促进学生的健康成长和幸福发展。为了有效建构家校社高效德育场，需要从国家、社会、学校和家庭等方面同步着手。

其一，国家需要发挥好协调性作用。总体而言，我国实行的是“条块分割”的教育治理体制——家庭教育主要由妇联系统负责，学校教育由教育行政部门负责，社会教育由民政部门、社区、街道负责，已经形成了各司其职、互不干扰的治理样态。在此情况下，政府部门应从上位协调和统筹，整合各方德育力量和资源，并建构出协同工作机制，进而推动家校社工作的协调开展。此外，国家还需要在政策制定、经费保障、评价考核等方面发挥重要作用，以保障家校社德育合作能够长期、稳定和积极地运转。

其二，社会需要发挥好平台性作用。当前，在政府主导下，家校社合作的情况并不尽如人意，很难完全建构和发挥出家校社高效德育场的作用和价值。有鉴于此，有必要转变政府职能，由政府提供基本架构和教育取向，赋予学校、社区、社会组织等更多的合作自主权，允许和鼓励相应的社会组织、教育团体成立并发展，进而逐步实现家校社合作的自主运行和自我管理。在这种情况下，教育行政部门则聚焦于方向性把控，将具体操作权力和责任移交给社区及社会组织，从而培育并创生出更多家校社协同合作的平台，汇集更多的社会教育资源。

其三，学校要发挥好主导性作用。从目前来看，我国社会组织的发育程度还不够完善，无法迅速承担起推动家校社合作的重任，甚至在短时期内很难实现根本性突破。由此，为了推动家校社三方更好地协同合作，学校应充分发挥好主导性作用。这要求学校必须主动打破校园壁垒，主动引入各种社会德育资源，引导家长积极承担德育责任并参与到学校德育工作之中。在此过程中，班主任作为联系家庭、社会和学校的纽带，应该发挥极为重要的作用。一方面，班主任要继续通过家长会、家访等方式与家长进行沟通，增进彼此的信任和理解，从而促进学生实现更好的发展。与此同时，教师也要开发利用网络媒介进行沟通，提升师生、生生和家校交流的频次和质量，避免因沟通不畅而产生家校合作障碍。另一方面，班主任也要主动联络并联合社区工作人员，围绕学生发展过程中出现的典型道德问题，共同组织具有吸引力的德育活动。

其四，家庭要发挥积极性作用。随着家长受教育水平的提高和教育观念的更新，越来越多的家长关心子女的成长和发展情况，并通过各种各样的方式主动参与学校教育，甚至代替学校部分教育工作。这种情况在中小学尤其常见，如学生作业要家长检查、督促。事实上，学校教育责任的简单移交，难以充分发挥家庭的德育价值。家庭应在与学校、教师充分沟通的前提下，围绕子女存在的道德知行脱节等重点问题，协同教师开展针对性的德育活动。

另外，家长参与学校教育的一个重要途径是通过家长委员会来承担一些校方不方便出面组织的事宜，比如牵扯安全问题的春秋游活动，涉及利益纠葛的校服购买问题，等等。可见，家庭在家校社横向协同过程中，发挥着愈发重要的价值和作用。

拓展阅读

武汉市百步亭社区拥有住宅面积 150 万平方米，社区居民 6 万余人，其中有未成年人 1 万多人。6 年来，百步亭社区没有发生过一起青少年犯罪案件，也没有一起侵犯青少年权益的案件，没有一个孩子辍学，没有一个青少年沾上黄、赌、毒，甚至没有一家电子游戏室或网吧……之所以如此，是因为学校与社会的教育联结发挥了重要作用。

学校经常到社区里来召开家长会。例如，百步亭社区与育才小学联合举办了优秀家长表彰会，由社区出资，对学校推选的优秀家长进行奖励。在家长表彰会上，受到表彰的家长和大家交流教育孩子的经验。此外，学校还组织社区实践活动，主要包括：社区里的数学题、车流量调查报告、画出社区里的美丽景色等。学校德育实践课多达 54 种。

青少年德育离不开家庭、学校和社区，三者互为依存，缺一不可。百步亭社区用他们的实践证明：家庭、学校和社区在青少年道德发展过程中，不仅要各司其职、各负其责，而且还要良性互动。

——杜时忠，等．全面加强学校德育体系建设研究［M］．北京：经济科学出版社，2019：165.

二、高效德育体系的建构方式

为消解学校德育体系不同学段和领域之间存在的现实壁垒，促进学生品德的健康有序发展，学校德育体系的一体化建构问题必须得到足够的重视。为此，可以从整体建构“大中小”高效德育体系和家校社高效德育场两个维度进行努力。

（一）“大中小”高效德育体系的建构方式

学段间学校德育任务的分立、德育内容的区隔、德育方法的僵化等问题，导致学校德育体系运转不良，难以高效开展德育工作，进而无法有效促进学生品德的健康发展。因此，有必要建构“大中小”高效德育体系，实现学校德育资源的优化利用、德育任务的充分实现。

1. 优化德育目标

大中小学的德育目标都是培养学生形成高尚的社会主义品德。在这一总体目标下，不同学段应该有其具体目标，才能够确保目标的有效落地。但在很长一段时间里，德育目标在学段上的特点突出不够，存在大中小学德育目标简单重复的现象。实际上，德育目标应该是充分考虑不同学段学生的品德情况而提出的发展性要求。为此，需要从以下两个方面着手优化德育目标：

其一，德育目标要明晰属人立场。道德在本质上是要人根据人的目的去生活，即道德是成人之道。就此而言，学校德育的目的应该是使学生成为人，而不是成为某一种人——从事某种职业、具有某方面技能的人。正如鲁洁先生所言，“做成一个人——道德教育的根本指向”①。这就要求相关德育活动要以学生为核心，在顺应学生身心发展趋势的基础上，引导学生成人。因此，教育工作者首先必须了解每个年级、每个学段学生的成长需要——在何处顺利、在何处受阻，然后再重新修正、拟订具体的、有针对性的德育目标。唯有如此，大中小学德育目标才会更具真实性、生活性，从而与学生更加契合。

其二，德育目标要引领需要层次。德育关注学生基本成长需要是必要的，但却是不够的。因为“人是在自我超越中不断生成和发展的，自我超越，是人之为人的基本特征。为此，赋予人自我超越的意识和能力，应当成为教育的主要使命，也应当成为德育的主要使命”②。就此而言，大中小学德育目标的拟订应该关注并提升学生成长需要的层次，从而使学生脱离简单物性的束缚，超越平面的生活意义。其实，德育目标对学生需要层次的引领，“既反映发展可能性所指向的领域，也包含着学生在不同发展阶段必须跨越的领域”③。总而言之，大中小学德育目标应该是发展性的、超越性的，在尊重和满足不同学段学生基本成长需要的基础上，也为之指出未来发展的更高层次。

2. 完善德育内容

内容的知识化倾向是当前学校德育的一个重要现实问题。虽然学习知识是德育的重要内容，但不能因为对知识的强调而遗忘学生具体的生活情境和真实的心理因素，否则德育就很难与学生产生内在的意义联结。因此，高效学校德育体系应着力于更新德育内容。

其一，德育内容要满足学生的心理需要。不同学段学生成长需要的满足

---

① 鲁洁．做成一个人：道德教育的根本指向［J］．教育研究，2007（11）：11-15.

② 鲁洁．道德教育的期待：人之自我超越［J］．高等教育研究，2008（9）：1-6.

③ 叶澜．“新基础教育”论：关于当代中国学校变革的探究与认识［M］．北京：教育科学出版社，2006：309.

受到阻碍，会外化为一系列的“品德问题”。因此，德育内容的厘定必须以满足学生的成长需要为指向。例如小学阶段，四年级学生的安全需要最强烈，六年级学生的自主需要达到小学阶段的最高水平；初中阶段，初一学生的关系需要发生巨大变化——更愿意与朋友相处，初二学生的学业竞争最为激烈，初三学生的不良行为达到峰值等。其实，这种心理需要是学生身心发展（包括主体已有经验的积累）和外在生活环境（包括德育政策和学校德育的影响）等内外因素综合交互作用的产物，并呈现出动态而有规律的特征。正是因为学生在大中小学阶段的品德发展需要差异明显，所以学校德育必须要辅之以适切的德育内容，从而避免学生的发展受到抑制。

其二，德育内容要照顾学生的生活经验。道德与生活是合二为一的，而人总是处于被某种道德统领的生活之中。就此而言，学生道德层面出现的矛盾在实质上也是生活领域中的冲突。这意味着教育者若想引起学生道德认知和情感的共鸣，辅助学生的品德获得良性发展，德育内容就要关涉学生的生活经验，并随着学生生活境遇的变化而进行调整。“本着尊重学生成长需要的学校道德教育的内容构成需要积淀到学生的生命成长中，形成学生生命内涵丰富、生命质量提升的重要内容。”① 值得注意的是，学校德育内容满足学生的心理需要、尊重学生的生活经验是基础，但不能仅仅停留在这个层次。依据德育目标，大中小学德育内容还应该涵括一些让学生能生成自我意识、进行自我创造的要素。因为“人的最根本的创造就表现在他的自我创造中，人总是在不断地进行自我创造，不断地提高自己的人生境界，不断地赋予自己的生活以新的意义”②。这样的德育内容既可以在联系学生生活经验、满足成长需要的前提下，促使他们成为德育活动的参与者，又可以反过来让心理需要变得立体化，引导他们成为自身思想、感情、行为的反思者。

3. 调整德育方法

学校德育体系的建构不仅需要优化目标、完善内容，还需要对相应的方法进行更新，以推进目标的实现和内容的落实。

一方面，运用德育方法要基于灵活的态度。不同学段学生的身心发展特征、道德发展需要存在极大的差异性，这就意味着学校德育要根据大中小学生的身心状态及遭遇的问题来选择恰当的德育方法。

根据学生的心理状况，教育者在小学阶段可以侧重使用情感和实践的方

---

① 李家成．论大中小学德育内容的衔接：基于学生生命成长的立场［J］．东北师大学报（哲学社会科学版），2011（1）：174－179．

② 鲁洁．道德教育的期待：人之自我超越［J］．高等教育研究，2008（9）：1－6．

法，在中学阶段应该侧重自我教育的方法，在大学阶段可以多运用社会实践的方法。例如，一年级学生初入学校，喜欢满校园跑动追逐。如果从常规视角出发，教师会认为这是一年级学生不适应学校“规矩”的表现，从而会选择借由严格规范训练来“解决问题”。然而，一年级学生在校园里跑动是因为他们初到新学校，心中充满了好奇——对学校陌生环境和陌生同伴的好奇。基于学生的这种特点，教师应该组织学生开展群体性实践活动，引导他们去了解校园的各个角落和设施并讲解其功能，从而让他们在集体游戏中适应新的环境。教育者应该始终持有灵活的态度，因时因事因境而使用不同的德育方法，这样才会达到理想的德育效果。

另一方面，运用德育方法要尝试互动的方式。学生的发展不完全是内在心理需求的显化，还需要与外界进行交流并获得反馈，其中教师扮演着相当重要的角色。“发展中的个体之成长需要不会自发形成，这促使我们注意从师生互动和转化过程去理解成长需要。教师根据学生成长过程中的困惑、问题状态和发展趋势的分析，设计针对性的教育活动，引导学生广泛参与、主动实践。”[①] 这就要求教育者在使用德育方法时要侧重与学生的互动，采用个体乐于接受、可以参与的方法开展德育活动。在师生互动过程中，学生可以主动地甄别、展露并在教师的引导下修复自身存在的问题。此时，大中小学高效德育体系才能真正成型，进而化外在为内在、转被动为主动，成为学生日常生活中不可或缺的一部分。

（二）家校社高效德育场的建构方式

一是德育形式互补。学校德育多以课堂集中授课为主，基本采用讲授和引导式教学方式，这导致学生缺少相关的实践体验过程。就此而言，学校与家庭、社区开展形式多样的协作互动可以增强学生的社会实践和内在体验。就学校与社区的协作而言，可以在社区开展公益帮扶、社区志愿者、社区劳动、社会调查等一系列丰富多彩的社区实践活动。就学校与家庭协作而言，可利用家长学校、家长会、讲座论坛等，对家长进行家庭教育方法、观念等方面的指导、培训，从而提升家庭教育的水平，增强家校间的有效协同，以共同促进学生的全面发展与健康成长。就社区与家庭的协作而言，社区可以围绕辖区内学生存在的典型道德发展与行为习惯问题开展相应的德育活动，比如，开展社区内的家庭亲子活动、帮护活动等。家校社高效德育场要求德育形式的互补，不仅可以有效汇聚德育资源、利用德育场所，还可以充分发挥不同德育形式的作用和价值。

---

① 李晓文．青少年发展研究与学校文化生态建设［M］．北京：教育科学出版社，2010：12.

二是德育角色互动。从区域范围来看，社区是一所大的学校和家庭，而学校、家庭是社区的重要子系统。这就意味着学校与社区内各类社会组织可以有机地结合在一起，通过彼此的角色转换与互相配合来搭建德育平台。例如，可以在社区让高年段学生指导和帮助低年段的学生，这样既可以增强高年段学生的信心，同时也让低年段的学生有所收获，形成教育的良性互动；可以设立大学生志愿岗位，给大学生提供参与社会的机会，让他们走进社区，用自己的智慧在社区为大家服务，以更多地了解社会和锻炼能力，为将来走入社会做准备；可以成立青少年文明礼仪监督岗，对小区内的不文明现象进行纠正，对父母等成年人的不文明行为进行监督；还可以开展亲子乐园等活动，给家长和孩子提供交流的场所，让家长和孩子彼此交流教育心得和成长感悟，从而构建和谐的亲子关系，营造小区良好的人文氛围。家庭、学校和社区是一体三面的社会组织，可以也应该围绕青少年的成长互换德育角色，充分发挥德育价值，从而更好地促进青少年的健康成长。

三是德育资源共享。家庭、学校和社区是青少年活动、学习和成长的主要场所，容纳着多种德育要素，也蕴含着极为丰富的德育资源。它们彼此之间通过学生相互联结、嵌套，但也因现实的阻隔而使德育资源无法相互流通，更遑论实现德育资源共享。因此，有必要挖掘、整合、拓展家庭与社区显性或隐性的德育资源，从而促进家庭、学校、社区高效德育场的建设。

其一，德育设施共享。学校与社区教育硬件实施共享，实现两者一体化。学校可以在节假日和空余时间段开放校内的体育场馆、图书馆等，社区可以开发辖区内的公共场所以及共建单位的有关设施供青少年开展各类实践活动，让教育资源得到最大效度的使用，从而为青少年的成长提供尽可能多的服务。

其二，挖掘德育资源。社区内的每一个单位或个体都是社区的资源，而每一个社区居民都扮演着一个或多个不同的社会角色。事实上，不同的社会角色便意味着不同的教育资源，可以发挥不同群体和个体的资源优势为社区青少年提供教育服务。例如，社区可以组织辖区派出所、法院等单位为青少年开展普法教育、禁毒教育、维权教育等；学校可以在社区开展心理辅导咨询、素质拓展等活动。

其三，拓展学生校外实践基地。根据学校所处社区地域特点，利用图书馆、青少年宫、影剧院、博物馆、科普基地等，拓展学生校外实践基地。对此，相关政策就提出了明确的要求："要充分发挥普及推广、兴趣培养、体验实践的功能。要针对未成年人的身心特点，精心设计和广泛开展经常性、大众化、参与面广、实践性强的校外活动；要结合学校的课程设置，组织开展生动活泼、怡情益智的文体、科技等兴趣小组和社团活动，使广大未成年人在形式多样的校外活动中，培养兴趣爱好，发挥发展特长，得到锻炼和提高。”①

拓展阅读

光谷四小进行了三年的探索，以“家长讲坛”为课程开发的切入点，采取先实践再开发的形式，带领家长逐渐揭开了校本课程的神秘面纱。

（1）“家长讲坛”汇聚课程资源。“家长讲坛”的初衷在于激发家长参与校本课程开发的兴趣，消除其心理的距离感，让不同职业、不同身份的家长带着自己的专业知识或是兴趣爱好，抑或特长等参与到学校教育中来。家长群体中蕴藏着丰富的教育资源，他们所擅长或从事的领域很多为学校教育中所缺乏的教育内容，因此做好“家长讲坛”就是挖掘和整合优质的课程资源，为课程开发做好充足准备。

（2）建立“家长讲坛”授课制。为了更好地实施“家长讲坛”，让更多家长参与到课题研究之中，除了鼓励家长走进课堂，我们还积极建立“家长讲坛”授课制。每班利用每半月一次的“走班制”教学时段，邀请家长进行授课。为实现好的教育效果，对家长进行课前培训和指导显得尤为关键。家校共备一节课、家长培训家长等方式，提升了家长的教学能力。

学校的“家长讲坛”可以根据实际情况开展，尤其是要善于发现并懂得使优质的教育资源发挥最大作用，实现资源共享。班级的“家长讲坛”可以在同年级中实施“一课多讲”活动，既满足了多名学生的需求，也扩大了家校育人的影响力。班级、年级、学校还可以以学期或学年为限开展展示活动，不仅为学生，也为老师和其他家长开设讲坛，形成良性互动。

——杜时忠，等．全面加强学校德育体系建设研究［M］．北京：经济科学出版社，2019：161.

三、高效德育体系的制度保障

学校德育体系是学校为促进学生品德发展，综合各学段、校内外各种德育要素、活动和环境，构建合理的体制、机制进而形成的整体系统。这意味着学校德育体系的运行和维续，必然包含了制度要素。一方面，制度是学校德育体系的一个构成性要素；另一方面，制度也是学校德育体系的稳定形态的表达。因此，有必要厘清学校德育体系的保障需求，通过制度创新维持高效德育体系合理而持续地运转。

---

① 参见《中共中央办公厅 国务院办公厅印发〈关于进一步加强和改进未成年人校外活动场所建设和管理工作的意见〉的通知》。

1. 学校德育体系的制度需求

学校德育体系的核心问题是如何促进学生优良品德的发展，而解答这个问题正是全面加强学校德育体系建设的根本诉求。自改革开放以来，德育领域一直有极为丰富的探索，一是将德育目标从“天上”拉回到“地面”，使德育目标更贴近学生成长和发展的实际；二是德育工作者普遍感觉到“老办法不行，蛮办法不灵，新办法不明”，于是认为德育方法存在问题，提出要实现德育模式的转型；三是在新课程改革潮流中，德育工作者认识到不仅是德育课程存在不足，更重要的是德育理念也存在问题，因此提出要以生活德育理念来指导学校德育变革。在种种努力之下，学校德育体系得到了极大的丰富和完善，取得了巨大的历史进步，但依然面临诸多尚未解决的现实问题。解决这些问题的重要出路就在于，将学校德育体系运转和维续的要素转向制度保障。

首先，社会事实表明制度确实可以影响个人品德发展。一方面，在不同社会制度之下，国民的道德心理与道德行为表现具有明显的差异。这种不同制度形态下国民道德的具体样态，充分说明了制度对个体道德发展的影响作用。另一方面，相同时期社会制度不同的社会或地区的公民的道德心理与道德行为也表现出不同。以中国和西方国家为例，由于民众在不同的社会制度之下发展，他们的道德心理与道德行为表现也不尽相同。

其次，学校生活本质上是一种制度生活，学生品德在制度的规范之下发展。一方面，学校是一种制度性的存在。学生进入学校成为学生，这一事实表明学生道德发展居于教育制度之中。另一方面，学校内部充斥着大量“规范性制度”。学生在校的核心生活，是一种制度化的生活。中部地区某中学自主制订的制度规范多达 170 余项，与学生直接相关的学校制度就有 40 余项。① 事实上，学校生活中制度呈现高密度，“大到爱国主义教育、法制教育，小到学科学习行为规范，几乎学校德育工作的每一环节、领域都制定了相应的规章制度”②。

最后，在制度不变的前提下，学校德育改革收效甚微。学校管理者、教师与学生虽然身处密集的规范性制度之中，但并未认识到这些规范性制度是一种德育资源。在这种“制度无意识”的教育状态之中，无论是榜样的树立、先进思想的灌输，还是对学生的尊重，其责任几乎都落在教育者身上。由此，必然导致一种师生间的直接对抗，“教师要用自己的血肉之躯来应对学生的挑

---

① 刘任丰．学校制度的个案研究［D］．武汉：华中师范大学，2013：13－15.

② 刘争先．中学德育制度存在的问题及其优化：基于对 C 市 T 中学的个案分析［J］．基础教育，2014，11（6）：103－108，102.

战，正是在这种情境之中，教师的个人素质成了教育成败的关键”①。在此种意义上，学校德育体系低效、教师职业倦怠、教师专业水平难以提升等问题正是师生直接对抗的必然结果。因此，在当前学校德育体系存在育人困境的教育背景之下，伴随着多元主体“制度意识”的提升，有必要正视学校德育体系的制度需求，系统审视与变革学校制度及其生成的学校制度生活。

2. 学校德育体系的制度价值

在学校德育体系中，学校制度发挥着极为重要的价值，包括规范德育秩序、引导德育价值等。

第一，制度是学校德育体系正常运行的保障条件。“没有社会秩序，一个社会就不可能运转。”② 同样，教育秩序是教育存在与发展的条件，是学校生活正常运转的基本前提，而这种教育秩序在学校层面表现为各种制度规范。事实上，学校制度也是大中小学纵向衔接、家校社横向协同合作的重要保证。换言之，若缺乏一定制度规范的支撑，这种教育合作将趋于瓦解。由于“教育失序就其基本的意义而言，指的是教育生活或教育世界失却了教育交往活动中普遍有效的教育制度规范，致使教育交往活动呈现出失序状态”③。在教育实践之中，制度有助于减少学校德育体系中的不确定性，促进学校共同体之间的信任与合作，进而建立良好的教育秩序。

第二，制度是学校德育体系传递价值序列的重要途径。教育是一种有目的地培养人的活动，而学生的自主发展应当是教育的基本追求，也应该是学校德育体系优先传递的价值。学生自主的实质是学生按照自己的意志进行主动选择和自觉行动。因此，自主性对学生来说“既是一种能力，也是一种权力，而且还是自我实现的模式”④。学校制度环境的优良与否是学校德育体系价值传递的条件，也是学生实现道德自主发展的环境因素。换言之，道德的人只有在由公正制度所架构的道德社会中才能依据个人道德自律来解决自主发展问题，从而达到社会生活的有序。同样，在学校德育体系中，学生要解决自主发展问题也需要优良制度环境的支持。因此，学校德育体系应健全和优化制度，确保其价值指向学生道德的自主发展。

第三，制度是学校德育体系实现德育功能的重要资源。

首先，学校制度为学生提出了明确的行为规范要求，成为学生公民道德

---

① 康永久．制度情境：隐形的德育力量［J］．中小学德育，2013（3）：4－9.

② 布罗姆利．经济利益与经济制度：公共政策的理论基础［M］．陈郁，郭宇峰，汪春，译．上海：上海人民出版社，1996：24.

③ 佐藤学．学校再生的哲学：学习共同体与活动系统［J］．钟启泉，译．全球教育展望，2011，40（3）：3－10.

④ 李松林．控制与自主：课堂场域中的权力逻辑［M］．北京：教育科学出版社，2010：211.

知识的重要来源。学校制度代表社会或学校对学生提出了明确的行为规范要求，这可以缩短学生进行道德探索并获致道德发展的时间，减少学生道德发展的“试错”成本。同时，学校制度也提供了学生在学校德育体系中反复开展道德实践的机会。在反复实践中，学生不断通过感知、记忆、思维来认识道德行为规范，进而认同、内化所处的制度。这样，制度规范就成为学生道德认识的重要来源，也成为学校德育体系实现德育功能的重要来源。

其次，学校制度为学生规定了特定的价值导向，对学生的道德养成产生了重要的影响。任何制度都要以一定价值认识、价值判断和价值取舍为前提，都要以一定的伦理精神为底蕴。制度的伦理价值或通过规定某种伦理要求，或通过具体的组织形式、运作程序等来默认某种价值准则，潜移默化地在学校德育体系中影响个体的道德养成。学校制度所内含的伦理价值取向也必然在学校德育体系中深刻影响学生的价值取向，进而使学生形成一种制度心理定式。合理的学校制度从一定的价值观出发，对学生在学校德育体系中的生活做出安排。学生在按这种制度规范行事时，也必然对这种制度内在的价值产生心理认同，在情感上表示默认或赞成，形成对学校德育体系的总体看法。

最后，学校制度为学生建构合理、有序的学校环境，保护学生的健康成长。学校制度提供的是学校生活的具体准则与规范，这种准则与规范旨在保证学校日常工作的顺利开展，实现学校德育体系的目标与价值。合理的学校制度对于学生而言，能够保证他们的正当利益，使他们在教育教学中能被公正公平地对待，可以比较愉快地接受学校生活并能习得个体应当具备的基本技能。因此，好的学校制度的作用在于营造有序、合理、公平公正的学校环境，让学校德育体系可以合理运转，从而保证学校成员的合理利益，促进学生的健康成长。

3. 学校德育体系的制度创新

在学校德育体系中，制度的基本价值在于规范学校生活，为学校德育活动的正常开展提供必要的秩序；制度的更高价值在于充分保障德育活动的功能，进而引导学生生成高阶道德素养。因此，为实现这两方面的价值，应该积极推动学校德育体系的制度创新。

一方面，坚持德法结合并重，形成法治教育和道德教育相结合的创新机制。学校德育体系的有效性运转，既需要靠教育来引导，也要靠法律法规来约束，形成道德教育与法治建设有效结合的新机制。这要求学校要建构合理有效的规章制度，尽可能将那些公正、公平且符合社会道义要求的道德规范制度化，将学校的一些道德规范转化为法律法规或规章制度，以此来规范和调整学生的日常行为。

其一，学校规章应该是完备的。法律规则由构成要件和法律后果构成，“法律规范向社会的渗透，主要以程序为桥梁，……程序主要体现为按照一定的顺序、程式和步骤来做出法律决定的过程”①。作为学校制度创建的“软法”，完备的管理规章应该包括如下要素：一是学校对学生行为的要求，包括学校期望、鼓励、表彰的学生行为（倡导性规范）和不被学校许可的、禁止出现的学生行为（强制性规范）；二是各种学生行为对应的后果，包括对合规行为表达认可和赞赏、对违规行为实施惩戒；三是学生管理的实施主体和实施方式，尤其是教育惩戒的实施程序、师生权益的救济方式及操作程序。

其二，学校规章制度应该是公开的。公开学校管理规章对保障师生的知情权、参与权、表达权、监督权具有重要意义。学校要健全学生管理事务的公开途径，通过印发《教师手册》《学生手册》《家校联系册》或者在校园网站开辟学校规章制度专栏等方式将相关制度及执行情况广而告之。

其三，学校规章制度的制定过程应该是合乎程序正义的。决策民主是公共政策程序正义的制度保障，其基本要求是公民以平等身份参与并决策。②依此要求，学校制度的研制要以《中华人民共和国教育法》《中华人民共和国义务教育法》《中华人民共和国高等教育法》等法律为依据，广泛征求教职工、学生和学生父母或者其他监护人的意见，落实多元主体共同参与。同时，还要健全家长委员会意见、教职工代表大会讨论、校长办公会议审议、主管教管部门备案等环节，在充分考虑各方诉求的基础上制定出平衡社会期望、学校需要、师生权益的学生管理规章。这样学校制度既能保障学校德育体系的教育秩序，又能最大限度地尊重特定学段学生的成长特点、道德发展需求和基本受教育权。③

另一方面，优化学校制度体系，建构基于全过程人民民主的新型治理形态。全过程人民民主是在民主发展历史基础上的新探索，也是在新时代背景下人民民主的新形态，根本目的是保障人民的根本利益，促进人的现代化发展。这意味着全过程人民民主必须在各个领域与层面进行贯彻落实，从健全国家民主制度延伸至优化学校制度体系。可见，全过程人民民主思想为推动学校德育体系的制度创新提供了理念引领。

一是开放决策机会。在全过程人民民主理念的统领下，学校制度要进行全面变革。从过程环节来看，学校制度要构建民主选举、民主协商、民主决策、民主管理、民主监督环环相扣的过程链；从现实效能来看，学校民主制

---

① 蒋秋明．程序正义与法治［J］．学海，1998（6）：84-89.

② 谢金林．决策民主：公共政策程序正义的制度保障［J］．理论学刊，2009（6）：96-100.

③ 刘长海，原方．新时代学生管理的德法共治模型探论［J］．国家教育行政学院学报，2021（5）：87-95.

度要实现民主与集中、过程与效率的有机统一；从制度绩效来看，学校民主制度要实现师生利益需求与维护师生利益的有机联结。因此，学校制度应以师生根本利益为实质追求，逐步放开重大问题决策机会，在制度设计上保证全过程、全方面、全方位参与，从而实现从权威型管理向多元型治理的变革。在这种情况下，学校德育体系的制度创新才能有明确的价值引领。

二是建构民主社区。学校是社会的一个子系统，是制度化社会重要的辐射场所，因而也是发展基层民主的重要场所。循此逻辑，应将学校建成民主社区，通过拓宽师生参与治理的渠道，健全教职工代表大会制度和学生代表参与公共治理制度，从而维护师生的根本权益。在将学校建设成为民主社区后，学校权力结构将从少数人转移到多数人身上，师生可以围绕学校重大议题进行民主征集、民主协商、民主表决、民主监督，关注学校公共事务和公共福利，不再是旁观的实践者和沉默的大多数。学校制度体系的优化将给予学生更多参与公共事务的机会，让其在协商、决策和监督的过程中形成道德-民主能力。通过优化学校制度体系，建构基于全过程人民民主的新型治理形态，学校德育体系才能向学生充分敞开，引导其获得良序的品德发展。

本章小结

准确把握学校德育体系的内涵和要素，需要以整全的视角看待学校德育系统，而不能局限于学校内部。学校德育体系是教育主体为促进学生品德发展，综合校内外各种德育要素、活动、环境，通过开展相应的德育活动，构建合理的体制、机制，进而形成的一个整体系统。因此，这需要从大中小学德育的纵向衔接和家校社德育的横向协同两个维度理解学校德育体系。以此反思当前学校德育体系，会发现存在大中小学学段分立，德育过程缺乏衔接；教书与育人相互分离，德育要素缺乏整合；“家-校-社”条块分割，德育影响缺乏协同等典型问题。

这要求我们综合考虑国家德育政策要求、学校德目逻辑层次和学生成长需要，推动学校德育体系的一体化建构。其中，学校德育体系中德育目标的设置与衔接更多受到国家政策的影响，德育内容的层次与递进则更多取决于德目的逻辑层次，而德育活动的施行则是要满足学生各阶段的成长需要。三者之间的相互影响和综合作用，共同影响着学校德育体系的纵向衔接，进而作用于学生的道德发展。

学校德育体系在实践中表现为全程德育和全域德育，融合了德育的不同要素和资源，覆盖了德育的不同场景和渠道，引领着不同学段学生的发展。在这种情况下，学校德育体系必须协调更多要素、汇聚更多资源，让德育工作更为高效，但也需要更高层次的建构策略和相应的制度规范提供保障。一方面，需要优化德育目标、调整德育内容、更新德育方法；另一方面，需要实现家校社德育形式互补、德育角色互动、德育资源共享。

为了保障学校德育体系合理而持续地运转，需要在现有基础上进行一定程度的制度创新；既要坚持德法结合并重，形成法治教育和道德教育相结合的创新机制；也要优化学校制度体系，建构基于全过程人民民主的新型治理形态。

思考题

1. 学校德育体系的要素是什么？具体包括哪些方面？

2. 当前学校德育体系存在哪些主要问题？请结合德育实践思考如何优化学校德育体系。

3. 学校德育一体化建构的主要依据是什么？它可以推进我们怎样转换对德育问题的认识？

4. 如何系统建构学校德育体系？

参考书目

1. 杜时忠，等．全面加强学校德育体系建设研究［M］．北京：经济科学出版社，2019.

2. 檀传宝．德育原理［M］．3版．北京：北京师范大学出版社，2017.

3. 黄向阳．德育原理［M］．上海：华东师范大学出版社，2000.

4. 孙启武，杜时忠．中小学生成长需要的实证研究［M］．武汉：华中师范大学出版社，2018.

第九章

学校德育现代化

学习目标

通过本章的学习，了解德育现代化的内涵及基本特征，掌握德育现代化的实践原则，能够对中国梦的实现与德育现代化、全人类共同价值的构建与德育现代化、人工智能的发展与德育现代化、生态文明建设与德育现代化等关系有准确的理解，并能够主动运用这些理解分析当前中国德育现代化的现实挑战与发展路径。

中国教育现代化是中国式现代化的有机组成部分，是指导新时代我国教育发展改革的总目标和行动纲领。德育是学校教育的重要构成部分，是立德树人的关键教育。建设中国德育现代化，是新时代学校德育发展的必然要求。

第一节　学校德育现代化概述

党的十八大以来，我们在理论突破和实践创新的基础上不断推进和拓展中国式现代化的核心理念及路径。中国式现代化在德育领域落实的核心是坚持走中国特色社会主义的德育发展之路，全面落实立德树人根本任务，加快德育现代化建设以及人的解放，在中国式现代化洪流中不断推进现代人的培养。这也是德育在新时代需承担的重要历史使命。

一、学校德育现代化的内涵

德育现代化是中国式现代化的重要组成部分，它展现了德育事业走出一条中国式新道路的决心和勇气。这条新道路致力于创造出德育发展的新形态、新路径，从而使德育全面融入中国式现代化，为建设现代化教育强国、培养具有现代精神的新人贡献中国智慧和中国方案。因此，中国德育现代化的核心就是以人为中心的现代化，同时也是德育自身（包括德育目标、内容、方法等）的现代化。

（一）德育现代化的核心

德育现代化是以人为中心的现代化。德育现代化的最终目标是促进人的现代化，也只有促进了人的现代化，中国式现代化建设才能真正成功。现代化肇始于西方社会，西方的现代化进程以大工业生产、城市化以及人的个体化为主要标志，它使人、社会以及自然获得了极大解放，但是也制造了自身所不可调和的矛盾。比如，工业生产虽然创造了大量的财富，但是却无法真正解决人的贫困和饥饿问题；先进的科技手段在各行各业被广泛使用，技术似乎取得了胜利，但是却无法阻止人的道德败坏；人类不断尝试控制自然，但是却没有带来应有的自由，反而越来越成了别人的奴隶以及自身卑鄙行为的奴隶。[①] 西方的现代化道路，包括西方教育的现代化道路，以个人自由为口号但是却带来了人的身体和精神的极大不自由，它导致"人的心与身、灵与肉、理智与情感、物质追求与精神享受等非但没有得到相济相成、自由张扬，反而在资本追求价值增值的逻辑下被篡夺了"[②]。中国德育现代化，显然必须坚决反对这种对人的自由、尊严和价值的践踏。

中国德育现代化是始终坚持以人的发展为中心的现代化，是始终以"人民对美好生活的向往"为目标追求的现代化，它强调的是人与他人、人与社会、人与自然的和谐共融。中国德育现代化，事实上就是要打破西方现代化的个体主义及个体化、割裂化的生活方式，走向以人的发展为中心的、人与人实现价值共享的现代化。这样的现代化，才是能培养真正意义上的"现代人"的现代化，才是涵养人的现代精神以及现代人格的现代化。

德育现代化是具有中国特色的现代化。它不是以西方现代化为蓝本，而是致力于打破西方现代化的话语霸权，摈弃启蒙现代性以来所形成的科学主义、人类中心主义等现代化理念，中国德育现代化倡导的是物质与精神、肉体与心灵、理智与情感等的有机统一。这种理念要求德育的内容、方法等要进行现代化的重建，以更好地传递人与他人、人与社会、人与自然的和谐共

---

① 伯曼．一切坚固的东西都烟消云散了：现代性体验［M］．徐大建，张辑，译．北京：商务印书馆，2013.

② 孟庆龙．人的解放与中国式现代化新道路［J］．南开学报（哲学社会科学版），2022（4）：13－21.

融、共建共享的核心价值观，从而走出一条不同于西方的现代化道路。

德育现代化也是面向数字化、信息化转型的现代化。德育现代化必然需要面向未来，需要面向以互联网、大数据、人工智能为核心特征的数字化社会。在数字化社会里，德育现代化已然整体“嵌入”整个信息网络及大数据系统中。因此，德育现代化不仅要广泛使用人工智能、云计算、大数据等新技术及方法，加强自身的现代化信息技术水平；同时，更为重要的是，也要借用数字化、信息化来深度改造自身的理念、内容、方法、评价等，从而更好地应对数字化社会和数字化生存的挑战，培养符合未来社会发展需要的新人。

拓展阅读

党的二十大报告（节选）

中国式现代化，是中国共产党领导的社会主义现代化，既有各国现代化的共同特征，更有基于自己国情的中国特色。

——中国式现代化是人口规模巨大的现代化。我国十四亿多人口整体迈进现代化社会，规模超过现有发达国家人口的总和，艰巨性和复杂性前所未有，发展途径和推进方式也必然具有自己的特点。我们始终从国情出发想问题、作决策、办事情，既不好高骛远，也不因循守旧，保持历史耐心，坚持稳中求进、循序渐进、持续推进。

——中国式现代化是全体人民共同富裕的现代化。共同富裕是中国特色社会主义的本质要求，也是一个长期的历史过程。我们坚持把实现人民对美好生活的向往作为现代化建设的出发点和落脚点，着力维护和促进社会公平正义，着力促进全体人民共同富裕，坚决防止两极分化。

——中国式现代化是物质文明和精神文明相协调的现代化。物质富足、精神富有是社会主义现代化的根本要求。物质贫困不是社会主义，精神贫乏也不是社会主义。我们不断厚植现代化的物质基础，不断夯实人民幸福生活的物质条件，同时大力发展社会主义先进文化，加强理想信念教育，传承中华文明，促进物的全面丰富和人的全面发展。

——中国式现代化是人与自然和谐共生的现代化。人与自然是生命共同体，无止境地向自然索取甚至破坏自然必然会遭到大自然的报复。我们坚持可持续发展，坚持节约优先、保护优先、自然恢复为主的方针，像保护眼睛一样保护自然和生态环境，坚定不移走生产发展、生活富裕、生态良好的文明发展道路，实现中华民族永续发展。

——中国式现代化是走和平发展道路的现代化。我国不走一些国家通过战争、殖民、掠夺等方式实现现代化的老路，那种损人利己、充满血腥罪恶的老路给广大发展中国家人民带来深重苦难。我们坚定站在历史正确的一边、站在人类文明进步的一边，高举和平、发展、合作、共赢旗帜，在坚定维护世界和平与发展中谋求自身发展，又以自身发展更好维护世界和平与发展。

中国式现代化的本质要求是：坚持中国共产党领导，坚持中国特色社会主义，实现高质量发展，发展全过程人民民主，丰富人民精神世界，实现全体人民共同富裕，促进人与自然和谐共生，推动构建人类命运共同体，创造人类文明新形态。

（二）德育要素的现代化

学校德育现代化具体涵盖德育目标的现代化、德育内容的现代化、德育技术手段的现代化、德育体系的现代化等。

1. 德育目标的现代化

中国式现代化的一个特定含义是人口规模巨大的现代化，这对学校德育现代化具有特殊的要求。面对规模巨大的青少年学生群体，学校德育现代化在个体的培养上主要有三个基本目标：

其一是培养品德高尚的青少年，这是德育的底线目标。面对规模巨大的青少年学生群体，德育最重要的是确保青少年的思想品德素养的合格。人的现代化具有鲜明的政治品格。促进人的现代化，首先要强化人的思想政治与道德品格的现代化，培养有理想、有本领、有担当的时代新人。

其二是确保高素质人才的培养，这是德育的英才培养目标。人才是第一资源，创新是第一动力。教育与科技、人才深度相关，德育也必然要服务于高素质人才的培养。

其三是确保青少年的健康和幸福，这是德育的社会主义的人性目标。德育不仅关乎人的思想觉悟，更关乎人的异化问题或人的安身立命这个根本性问题。从本质上看，人的培养问题是个社会建构问题。培养什么样的人，就可能有什么样的社会。社会主义旨在追求人的解放，注重人的自由与幸福，德育要根植于社会主义的人性目标，维护个体的自由与幸福。人的身体经验，包括精神和实践的感觉，尽管都是历史的和社会实践的产物，但这并没有否定个体精神或意识体验的内在性困惑或生存性问题。从这个意义上说，德育现代化在促进人的全面发展上，必然内在地蕴含着人的灵魂照料的使命，即高度关注个体在社会关系中的自我超越问题。

2. 德育内容的现代化

学校德育现代化重在内容现代化。社会主义核心价值观既是德育的重要构成内容，也直接决定着德育的价值导向。社会主义核心价值观，最初于

2012年在党的十八大报告中提出。社会主义核心价值观的基本内容是：富强、民主、文明、和谐，自由、平等、公正、法治，爱国、敬业、诚信、友善。① 社会主义核心价值观的内容具体分为三个层面：国家层面、社会层面和公民层面。“社会主义核心价值观是当代中国精神的集中体现，凝结着全体人民共同的价值追求。”② 社会主义核心价值观承载着国家民族的精神追求，也是社会中基础性的价值标准。一个国家的发展，必须有其内在的强大精神力量，这种精神力量在很大程度上决定了社会的凝聚力和价值倾向。

建构全人类共同价值是学校德育内容现代化建设在全球化时代的必然要求。习近平于2015年在第七十届联合国大会一般性辩论时提出：“和平、发展、公平、正义、民主、自由，是全人类的共同价值，也是联合国的崇高目标。”③ 全人类共同价值是价值伦理领域的中国思想、中国智慧和中国方案。全人类共同价值基于全人类共同的利益和立场，体现了应对人类发展挑战的中国智慧，是基于中国历史经验的中国方案，代表了人类社会发展的时代伦理和价值追求，具有丰富的伦理内蕴。中国德育在内容上要坚持个体与社群和谐统一的道德哲学，拒斥和警惕二元对立思维，推进个体、社会、国家、世界、人类的价值和谐一体建设，力促新时代德育的国际视野和国际理解，并结合国家治理，推进人类命运共同体建设。

3. 德育技术手段的现代化

学校德育现代化要求德育技术手段现代化。其一是传承中华礼乐结合的德育方法论，其二是构建新时代中国德育的方法体系，其三是积极推进德育技术革新。

传承中华礼乐结合的德育方法论，是历史智慧和经验的传承。中国德育的重要历史经验就是礼乐结合的德育方法观。所谓礼教，用现代教育学术语来讲，就是德育，包括伦理教育和政治教育两方面，伦理教育重在修己，政治教育重在治人，礼教的本质功能是维护人际关系和社会结构的稳定。所谓乐教，相当于现在所说的美育，其本质功能在于培养、熏陶人的感情。德育技术的现代化需要在继承这些德育传统的基础上，结合时代与学生的特点，不断创新和发展德育技术。

构建新时代中国德育的方法体系，是时代发展的方法要求。方法创新是德育现代化的必然要求。当前，德育现代化需要尤为注重以文化人、协同育

---

① 习近平．习近平谈治国理政：第1卷［M］．2版．北京：外文出版社，2018：169.

② 习近平．决胜全面建成小康社会 夺取新时代中国特色社会主义伟大胜利：在中国共产党第十九次全国代表大会上的报告［M］．北京：人民出版社，2017：42.

③ 习近平．习近平谈治国理政：第2卷［M］．北京：外文出版社，2017：522.

人，要求思政小课堂结合社会大课堂，在德育风格上注重循序渐进、水到渠成、惊涛拍岸与润物无声结合，并注重德育中的知情意行统一。

积极推进德育技术革新，是中国德育现代化的技术支撑。现代社会从工业化走向了数字化、信息化，学校德育现代化必须要致力于推进技术的现代化。具体而言，德育必须要注重互联网、大数据和人工智能。不能简单地认为技术发展对德育没有影响，事实上，数字化社会对人类的生活方式、生存状态、道德价值观均有着重要的影响。

4. 德育体系的现代化

高质量德育体系是学校德育现代化的重要内容，其目标指向主要有三个：其一是德育体系自身的高质量发展，这里的高质量主要是指德育的专业化水平和能力；其二是德育体系本身的科学性提升，这里的科学性主要是指整个德育工作符合学生发展的基本规律；其三是德育体系结构的内在系统性，即德育体系是一个有着内在生态结构的系统性整体。

这就需要德育现代化秉持大德育的育人体系，推进“三全育人”理念的有效落地，切实做到全员全程全方位育人。“三全育人”强调学校德育本身的育人理念、育人体系和育人方式的系统化，并高度重视以理服人、以文化人、以学养人、以美育人的基本理念和实践指向。“三全育人”注重整合德育资源，形成教育教学的系统合力，强调把德育融于日常、贯穿全程、做到润物细无声。

为此，需要努力构建家校社协同的德育体系，要在课程建设、教材编写、课堂教学中始终秉持为党育人、为国育才的价值准绳，确保德育体系的科学性和先进性，确保课程教学育人质量。①

此外，学校德育现代化要具有创新精神。德育创新应当包括两个方面：一是德育自身的创新，即根据时代特征，遵循德育规律，针对德育目标与德育对象之间的矛盾运动，通过革新德育理论、德育内容、德育方法等措施，提高德育的效率。二是培养德育对象的创新精神。具有创新精神是人全面发展的重要标志，也是推动人的全面发展的内在动力。② 德育要想不断自我超越、自我完善和发展，就必须不断反思、不断扬弃传统、不断创新创造。

二、学校德育现代化的基本特征

学校德育现代化的基本特征主要包括以下六个方面：

---

① 张铭凯．夯实高等教育现代化的课程教学之基［J］．大学教育科学，2023（1）：22－25.

② 陈建民．关于德育现代化的思考［J］．湖南师范大学教育科学学报，2003（6）：15－19.

1. 有坚定的社会主义方向

中国德育现代化是以马克思主义中国化时代化为底色的德育现代化。在指导思想上，中国德育现代化坚持以马克思主义思想为指导，强调马克思主义关于人的全面发展理论在德育现代化中的方向引领作用，确保中国德育现代化的社会主义办学方向。

以人民为中心是社会主义的价值追求。中国德育现代化坚定社会主义方向，关键就在于坚持德育的人民立场。具体而言，中国德育现代化重点在于教育青少年树立为人民服务的价值观，在利益选择上以人民利益为重，在个人发展上根据人民的需要做出选择。这种人民性的价值取向是中国德育现代化坚持教育的社会主义方向的重要体现。

2. 有明确的主流价值观体系

价值观在中国社会具有特殊的重要性。当前，中国主流价值观集中体现为社会主义核心价值观。

社会主义核心价值观是国家民族最持久最深层的力量。核心价值观作为道德伦理的基石，对国家治理、社会建设的所有领域均有重大影响，在很大程度上决定了国家的道德水平和方向、社会的道德水准与和谐程度、公民道德素养和法治水平，这些都是社会发展中至关重要的建设领域，也体现了核心价值观的重要地位。中国德育现代化必须坚持社会主义核心价值观的引领作用。

3. 传统与时代有机结合

中国德育现代化是传统与时代相结合的德育现代化，主要体现在守正创新的德育思维、丰富而充满智慧的德育传统。

守正创新是中华文明的重要思维特质。传统中国强调走正道，中正和合，其内在的思维就在于守正。守正但不故步自封，传统本身也会随着时代的发展而变迁。注重创新发展，是中华文明繁荣昌盛的重要思维特质。中国德育现代化同样要谨守守正创新的德育思维，推进德育领域的创新发展。

中国德育现代化的重要特色在于文化传统深厚。中华优秀传统文化高度重视伦理教化，在道德伦理领域有着丰厚的积累。君子圣贤的培养目标，内圣外王的道德指向，礼乐教化的德育方法，知行合一的德育路径，都是中国德育现代化的重要历史智慧。中国德育现代化的前提是中国式，必须彰显中国文化特色。其基本内涵主要有：其一是传承知情意行的中国德育文化结构，其二是传承中华求善求真的价值指向，其三是传承中国德育家国同构的历史经验。

4. 致力于人类命运共同体建设

德育现代化，既指向个体道德品质的发展，也指向国家的长治久安，还指向人类种族的整体安全与未来发展。走和平发展道路的现代化，决定了中国德育现代化具备国际视野和担负人类命运共同体建设的重要使命。

中国德育现代化具有国际视野的和合指向。中华民族有着和合的文化特征。中国德育不只是指向社会治理，还在于维护人类社会的和平发展。新时代提出了全人类共同价值，这是中华民族对人类价值观领域提出的公约数，也彰显着中华民族的善意。中国德育要立足于人类命运共同体建设，为实现全人类自由解放传播中国声音，向国际社会提供中国经验，担负中国的道义责任。人类命运共同体是新时代中国共产党的重要理论创新。人类命运共同体是新时代德育的重要内容，新时代德育要培养青少年的人类命运共同体意识，推进世界和平与发展。

5. 注重人与自然和谐共生

中国德育现代化，既注重人的和谐发展，同时也高度重视人与自然的和谐共生。中国德育现代化在人与自然和谐共生方面，需要重点把握三个方面：其一是生命共同体哲学的重要价值基础，其二是价值观的对象从社会价值观扩展到自然价值观，其三是推进生态文明教育。

中国德育现代化的重要哲学基础是生命共同体。生命共同体是习近平生态文明思想的重要哲学基础。生命共同体的核心理论内涵主要有三个维度：自然内部制衡的生命共同体、人与自然和谐共生的生命共同体、人与人命运相连的生命共同体。[①] 与传统生态文明相比，生命共同体的生态哲学在很大程度上超越了传统意义上人与自然的和谐，在哲学层面将人与自然视为命运一体的生命共同体，超越了单向度的保护自然，而把人类与自然视为一体共存。

这就需要学校德育拓展价值观教育的内容，从过去强调社会价值观扩展到自然价值观，高度重视生态文明的建设。这种生态文明的启蒙教育既能引导广大青少年学生建构尊重自然的健康生活方式，也能有效促进人类的可持续发展。

6. 服务于人的全面发展

德育的现代化必然要建立在人的现代化的基础上。这就特别需要注意防范资本主义社会中人的物化或异化的问题，切不可在人类创造的物质世界中出现人被人的创造物所奴役的情况。

中国德育现代化是始终坚持以人的发展为中心的现代化。以“人民对美好生活的向往”为目标追求的中国式现代化，强调的是人与他人、人与社会、

① 耿步健，葛琰芸．习近平关于生命共同体重要论述的逻辑理路、内涵及意义［J］．河海大学学报（哲学社会科学版），2019，21（5）：22－27.

人与自然的和谐共融。中国德育现代化，事实上在个体道德伦理层面打破了西方个人主义的价值基础，注重人人共享、家国一体，注重人与人之间的和谐。中国德育现代化强调个体发展的全面性，注重个体发展多维度的协调性，追求个体品德发展的高素质。

三、学校德育现代化的实践原则

中国式现代化在德育领域落实的核心是坚持走中国特色社会主义的德育发展之路，全面落实立德树人根本任务，加快德育现代化建设以及人的解放，在中国式现代化洪流中不断推进现代人的培养。为此，需要在德育现代化中着力把握以下四个原则：

1. 坚持以人为中心的基本努力方向

德育现代化要重塑自身的目的导向，从培养物化的个体走向培养全面发展的现代人。西方现代化虽然“将人从对自然的顶礼膜拜、对宗教的蒙昧魅惑以及人对人的依赖关系中解放了出来”①，但是，它并没有带来人的真正的自由和解放，反而使得人们愈益陷入人对物的依赖关系，成为资本主义工业体系的“物化的个体”。中国式现代化（包括德育现代化）的核心导向就是改变这种人的物化、异化，从培养物化的个体走向培养全面发展的人，真正实现人的解放。

因此，中国德育现代化事实上面临着两个方面的重要转型。一方面，要实现人的观念的转型，即人应当成为现代人、现代中国人。这种人不仅要有现代化的精神气质，同时还要具有中国文化的特质，是能够把现代化的价值元素与中华优秀传统文化及传统美德有机结合的现代中国人。另一方面，要实现教育观念的转型，即要从西方式现代化的物化人、个体人逐渐走向培养全面发展的人。西方的教育现代化本质上是为资本主义工业培养物化、异化的人；而中国德育现代化是真正着眼于人的全面发展的现代化，它是对西方现代化的深刻反思，它所要培养的是物质与精神、肉体与心灵和谐发展的现代人。这是教育观念要实现的一个重要转型。

2. 坚持以课程体系现代化为基本抓手

德育现代化需要推进德育课程教学体系的现代化，以更好地实现共同价值的有效传递。这就要求：一方面，德育课程教学应吸收西方现代化的具有先进意义的价值理念，比如，自由、平等、公正、法治等理念，并对这些理

---

① 孟庆龙．人的解放与中国式现代化新道路［J］．南开学报（哲学社会科学版），2022（4）：13－21．

念进行反思性、批判性的改造，从而使其符合中国德育现代化的需要。同时，对这些价值理念的解释及其在德育课程教学中的运用，必须打破西方中心主义的话语霸权[①]，把这些价值理念与中国式现代化新道路紧密结合在一起，形成属于我们自身的现代化诠释，进而在德育课程教学体系中加以有效传递。

另一方面，更为重要的是，德育课程教学要着重去寻求人类的共同价值，课程建设、教学实施等要围绕共同价值来展开。正如党的二十大报告中所指出的，我们要“弘扬和平、发展、公平、正义、民主、自由的全人类共同价值”[②]。这些共同价值是人类在走向现代化的过程中共建共享而得出的价值，也是维护全球社会的稳定发展、促进人的现代化的重要价值基础。德育要坚定地传递这些共同价值，“要使人们体验相同的经历，把人们与彼此世界联系起来”[③]。因此，德育课程教学要始终关注共同价值的发掘及传递，来共同应对全球性的问题与挑战，更好地完成德育现代化的使命。

3. 坚持以整体现代化为基本支撑

德育现代化要面向数字化社会，以技术革新来引领整个德育体系的现代化发展。数字化转型已经不仅仅是人类的技术手段或者工具的转型，而是人类的整个生存方式、道德价值观念的转型。因此，面向数字化的德育现代化转型，需要做好以下主要工作：

一是要实现德育理念的转型，即德育必须主动面向数字化社会，加强年轻一代人的“数字伦理”“媒体和信息素养”“网络公共参与”“数字批判力”等方面的培育[④]，从而使他们更好地适应数字化社会，成为合格的“数字公民”[⑤]。

二是要实现德育手段及方法的数字化转型。面向数字化社会，德育必须进一步加强数字化手段的运用，包括数字化平台、新媒体技术、大数据系统等的运用；推进数字化课程资源、教学资源的建设，包括在线开放课程、教学案例库等的建设；推进数字化、信息化的教学方法的运用，包括线上教学、线上线下混合式教学等新型教学方法的运用，不断拓展教学手段和方法。

三是德育管理以及评价机制的数字化转型。加强德育管理体系的信息化水平，通过大数据系统来实施更加精准化的管理及服务，促进学生的良好行为习

---

① 张飞岸，肖楚锋．开创人类文明新形态：中国式现代化道路的三重内涵［J］．理论探讨，2022（5）：87－94.

② 习近平．高举中国特色社会主义伟大旗帜 为全面建设社会主义现代化国家而团结奋斗：在中国共产党第二十次全国代表大会上的报告［M］．北京：人民出版社，2022：63.

③ 联合国教科文组织．一起重新构想我们的未来：为教育打造新的社会契约［M］．北京：教育科学出版社，2022：13.

④ 周小李，王方舟．数字公民教育：亚太地区的政策与实践［J］．比较教育研究，2019，41（8）：3－10.

⑤ 张立新，张小艳．论数字原住民向数字公民转化［J］．中国电化教育，2015（10）：11－15.

惯及道德品质的养成；加强线上线下一体化的数字化德育评价以及大数据的跟踪机制、反馈机制等，促进学生的道德发展。当然，在面向数字化社会时，我们也需要时刻警惕和规避算法歧视、隐私侵犯、数据宰制等数字化所带来的问题，真正以数字化促进人的现代化，同时也促进德育的现代化。

4. 坚持以理论体系自主创新为基本遵循

学校德育理论体系的现代化主要包括：在世界范围内形成有影响力的中国德育理论流派，提出中国德育重要理论观点，建构中国德育理论话语体系。

中国德育要致力于推进学理化水平，提升理论本身的学术性。德育理论建设是学校德育现代化建设的必然要求，没有科学的德育理论，很难建立中国德育自信，更谈不上学校德育现代化。新时代德育理论研究要直面新时代的德育问题，扎实开展有深度的理论研究，要阐释学理，形成基本原理、基本方法。

提出关于中国德育的重要理论观点。要具有内在的德育思想和具体的德育观点，要理性审思，以问题为导向建构理论。与世界德育理论界深入对话，既要吸收其科学合理的理论和思想，也要注意打破西方德育理论界的话语霸权，形成学校德育现代化的理论阐释和建构。

建构中国德育理论话语体系。学校德育现代化不是德育的西方化，更不是把西方德育的价值理念、理论观点、方式移植到中国。要建立中国德育的基本理论体系、基本方法体系、基本价值体系，进而形成中国德育理论话语体系，这是学校德育现代化的理论自信的重要体现。

第二节　学校德育现代化的时代主题

现代化既是一个目标，也是一个过程。学校德育现代化是基于时代发展的德育现代化，需要融入时代变革与发展中。中国梦、全人类共同价值、生态文明建设是新时代学校德育的重要内容，也深刻影响着学校德育现代化。人工智能是人类社会发展的新趋势，如何运用人工智能为高质量学校德育服务，是学校德育现代化的重要时代课题。

一、中国梦的实现与德育现代化

在五千余年的中华文明史中，中华民族一直在前进的道路上，即使遇到了前所未有的挑战和困境，也勇于自我变革，秉持勇气和信心，不断走出创新发展之路。今天，中国进入了伟大的新时代，习近平指出："现在，我们比历史上任何时期都更接近实现中华民族伟大复兴的目标，比历史上任何时期都更有信心、更有能力实现这个目标。"① 中国梦是新时代理想信仰领域的重要理论基础，是学校德育现代化的重要主题。

（一）中国梦的基本内涵

习近平于2012年在参观《复兴之路》展览时首次正式提出了中国梦②，之后在第十二届全国人民代表大会第一次会议上对中国梦做了全面阐释："实现中华民族伟大复兴的中国梦，就是要实现国家富强、民族振兴、人民幸福"③。

1. 中国梦坚定走中国道路

中国梦首先在于坚定走中国道路，这是四个自信的重要彰显。"实现中国梦必须走中国道路。这就是中国特色社会主义道路。"④ 中国特色社会主义道路是中国自己持续探索出来的，中华民族既善于学习，也善于继承，还善于批判。中华民族有勇气与智慧拓展并走好自己的道路。中华民族的历史文化已经充分证明了自身的创造力和发展勇气，近现代历史的教训也充分说明了只有走自己开拓的路，才是正确的道路。实现中国梦，必须走中国特色的发展之路，这既体现了中国特色，也代表着中国勇气和中国智慧。

2. 中国梦体现了中国精神

中华民族历久弥坚，一个很重要的精神要素就是中华民族自古以来就有着深厚的爱国主义精神。在历史发展中，爱国主义精神始终把中华民族团结在一起。这种精神通过家国同构而结构化，在中华民族内心深处，家即是国，国即是家，每一个中华民族的子女都有责任和义务建设国家，投身于中华民族发展之所需。同时，在精神领域，中华民族还有着勇于自我批判和发展创新的精神，反求诸己是中华民族的伟大传统。这种不断探索创新的精神，指引着中华民族不断跨过艰难险阻，给予了中华民族不断发展的精神动力。

3. 中国梦是中国力量的重要源泉

中国梦彰显了中华民族的团结协作和奋斗力量，是理想信仰领域的重要构成，是凝聚中国力量的重要依托。"实现中国梦必须凝聚中国力量。这就是中国各族人民大团结的力量。"⑤ 有梦想，才有奋斗动力，这是人类社会的基

① 习近平．习近平谈治国理政：第1卷［M］．2版．北京：外文出版社，2018：50.
② 同①36.
③④ 同①39.
⑤ 同①40.

本规律。每一项伟大的事业，背后都有其伟大的精神动力。中国梦是中华民族近现代以来一直奋勇前进的精神动力，凝聚着中华民族的智慧和勇气。在新时代的中国，中国梦是中国力量的源泉，也是中国力量的彰显，体现着中华民族精神领域的高度。

4. 中国梦寄予着中华民族的国际善意

“实现中国梦给世界带来的是和平，不是动荡；是机遇，不是威胁。”① 同时，“中国梦既是中国人民追求幸福的梦，也同各国人民追求幸福的梦想相通”②。中华民族一向担负国际道义，致力于维护国际和平与发展。中国梦不只局限于中国自身的梦想，还彰显着中华民族为人类和平发展而做出更大贡献的善意。从一定程度上看，人类命运共同体理念也是中国梦在国际领域的重要体现，致力于构建人类命运共同体，本身也是中国梦在国际领域的自然延伸和逻辑使然。

5. 中国梦是国家、民族、个体“三位一体”的梦想

“中国梦是国家梦、民族梦，也是每个中华儿女的梦。”③ 中国社会强调家国同构，家国一体建设是中华民族的重要历史智慧，没有幸福的家，也难以有强大的国。而民族振兴本身就与家庭幸福、国家富强一体。家与国在中国人的思维世界中本身就是一体的，两者之间并非二元对立的思维，而是一体两面的关系。在中国人的价值体系中，个体的价值源于对家庭、民族和国家的责任，个体也在与家庭、民族和国家的关系中定位自我的价值。

6. 中国梦是历史现实与未来的交织

“中国梦是历史的、现实的，也是未来的。”④ 中国梦承载着中华民族发展的勇气，也不忘过往的屈辱和一路的艰辛。中国梦既是现实的奋斗理想，也传承着中华民族的历史抗争的勇气，同时还指向未来发展的梦想。在追求个体幸福的过程中，实现家国同构，进而实现民族振兴和国家富强，是中国古代“修身齐家治国平天下”的历史逻辑的重要现代转换。

（二）中国梦的重要德育价值

中国梦是新时代学校德育的重要内容，在学校德育中，要注意理解梦想是个体发展的重要驱动力，要引导个体发展融入时代使命。

1. 梦想的力量是个体发展的重要驱动力

梦想的力量需要重新得到德育的充分重视。德育致力于个体与社会的和

---

① 习近平．习近平谈治国理政：第1卷［M］．2版．北京：外文出版社，2018：57.

②③ 同①64.

④ 同①49.

谐，培养个体的亲社会价值倾向，克服不良诱惑和人性恶的一面的滋长，这需要足够的意志品质。而中国梦给予个体时代的使命与梦想，两者产生的内在精神动力能够很好地提升个体在德育过程中的道德体验和抗压能力，最终实现个体在思想道德上的健康成长。

2. 个体与社会和谐发展的德育目标

中国梦最基本的特征在于追求个体与社会的和谐，这一点有别于强调个人主义的美国梦。中国梦是一种新范式的人类梦想，在德育上，中国梦协调了个体梦想与社会梦想的一致性，一定程度上克服了个体与社会的目标冲突。个体与社会的协调发展也传承了中国传统社会中的社会理想：修身、齐家、治国、平天下的人生目标范式。

3. 个体发展需要融入时代使命

"新时代中国青年要担当时代责任。"① 今天的中国，个体的发展需要融入时代的使命，这是中国梦重要论述对德育的重要理论价值所在。从新中国成立，到改革开放，再到今天的新时代，中国社会的发展与每一个中国人的命运息息相关。对中国梦的追求，既是对个人梦想的追求，也是对民族复兴之梦的追求。个体发展融入时代使命，才能铸就强大的国家，这也是新时代学校德育注重培养青少年担当精神的重要原因。

4. 德育的艺术性需要梦想的力量

中国梦强调精神的力量，在这个飞速发展的时代，这是对国人的一次精神洗礼，也是对青年学生的一次精神洗礼。梦想能够给理想插上放飞的翅膀，给予个体战胜艰难险阻的力量，同时给予个体道德成就感。梦想的精神动力是德育艺术性的重要构成。高质量的理想信仰教育，能够有效建构青少年的思想道德素养和政治信仰，这既是学校德育的重要目标，也是社会建设的重要基础。

5. 德育需要提供个体梦想的空间

中国梦对学校德育的重要理论价值还在于，德育需要提供个体梦想的空间。社会要给予个体实现梦想的可能和实现梦想的路径。强化德育的质量，需要一个正义的社会道德环境和良好的社会发展前景保障。社会整体需要强化道德的力量，减少物质主义、消费主义的弥漫，建构公正的社会道德环境，同时注意保护弱势群体，保障社会阶层流动渠道的畅通，给予社会每一个个体良好的梦想的空间，带给社会每一个个体重要的发展希望。

---

① 习近平．习近平谈治国理政：第3卷［M］．北京：外文出版社，2020：335.

二、全人类共同价值的构建与德育现代化

全人类共同价值是新时代重要的理论创新，代表了不同文明在价值上的最大公约数，代表了人类最基本、最美好的价值追求。学校德育是塑造青少年道德价值观的重要领域，需要深入理解全人类共同价值，学习其内在的逻辑和智慧，为新时代德育高质量发展服务。

（一）全人类共同价值的基本内涵

人类社会是由国家和民族构成的，而国家和民族又是由个体的人构成的。虽然不同的国家和民族有其不同的文化特色，但人类作为“类存在”，必然在情感上有相通性，这是全人类共同价值的伦理基础和前提。

中华文明是人类文明的重要构成部分，对人类价值观的形成有重要贡献。全人类共同价值是价值伦理领域的中国思想、中国智慧和中国方案。

全人类共同价值有两个基本内涵：全人类共同价值是一种价值观，全人类共同价值是全人类的共同或共通的价值观。从语义上看，全人类共同价值是全人类对关涉人类生存和发展的基础性问题、原则性问题的基本态度与倾向。

全人类共同价值，是中国提出的关于人类社会发展的基本的共同价值观体系。“我们真诚呼吁，世界各国弘扬和平、发展、公平、正义、民主、自由的全人类共同价值，促进各国人民相知相亲，尊重世界文明多样性，以文明交流超越文明隔阂、文明互鉴超越文明冲突、文明共存超越文明优越，共同应对各种全球性挑战。”① 在全人类共同价值中，“和平与发展是我们的共同事业，公平正义是我们的共同理想，民主自由是我们的共同追求”②。全人类共同价值着眼于人类文明的永续发展，超越了狭隘的国家民族视角，树立了人类整体观。

（二）全人类共同价值的德育内蕴

全人类共同价值内涵丰富，关涉人类社会的生存、秩序、理性和价值，对人类社会影响深远。弘扬全人类共同价值必须高度重视价值观教育。价值观教育是新时代德育的重要构成部分，推进全人类共同价值教育，扩展德育

---

① 习近平. 高举中国特色社会主义伟大旗帜 为全面建设社会主义现代化国家而团结奋斗：在中国共产党第二十次全国代表大会上的报告［M］. 北京：人民出版社，2022：63.

② 习近平. 在中华人民共和国恢复联合国合法席位50周年纪念会议上的讲话［M］. 北京：人民出版社，2021：5.

的国际视野和人类命运共同体意识，是学校德育现代化的重要要求。

1. 坚守马克思主义解放伦理的中国德育价值基础

马克思主义解放伦理是中国德育的价值基础，全人类共同价值是马克思主义中国化的重要成果，是新时代的马克思主义解放伦理的创新。对中国德育来说，全人类共同价值超越了经典马克思主义的阶级价值观，确立了人类社会的全球价值观，是对中华优秀传统文化的创造性转化和创新性发展，并实现了对西方“普世价值观”的扬弃和超越，在价值基础上奠定了新时代德育的国际价值基础。全人类共同价值关注人类的类本质，强调和而不同，尊重求同存异。新时代德育在价值领域要坚持马克思主义解放伦理，确保价值领域的正义性和正确性。

2. 坚持开放交流拓展中国德育的国际视野

全人类共同价值凝聚着人类价值的最大公约数，是在传承中华文明的价值的基础上，批判汲取多种文明而形成的价值共识，彰显着人类社会建设的价值愿景。人类社会历史一次次证明，和平持久的人类共同体，只能通过各个民族和国家之间的积极沟通和合作才能实现，任何仅靠力量形成的共同体都难以长久持续。[①] 具体到德育领域，要确保德育开放交流，在开放学习中实现求同存异，达成国际理解通识，也要确保伦理道德领域的创新性和发展性，在价值观领域也要确保国家意识形态安全。

3. 坚持主流价值体系的中国德育伦理特色

中国德育基本理论的重要构成就是倡导主流价值观，以价值观共识奠定社会和谐建设的重要基础。[②] 这是中国德育的重要传统和经验。新时代中国德育在价值观领域的核心基础是社会主义核心价值观，这是中国社会治理和建设的价值观基石。而全人类共同价值则是国际领域的核心价值观，是社会主义核心价值观的国际延伸。两者在内在理念和价值倾向上是一致的。中国德育要坚持主流价值观教育，在社会主义核心价值观教育的基础上，要注重推进全人类共同价值教育。

4. 注重历史文化传承的中国德育历史责任感

全人类共同价值承载着中华文明的历史视野，内蕴着历史智慧。“历史是一面镜子。以史为鉴，才能避免重蹈覆辙。对历史，我们要心怀敬畏、心怀良知。历史无法改变，但未来可以塑造。”[③] 新时代德育需要注重历史文化传

---

① 米健．中国文化与人类命运共同体［J］．比较法研究，2022（6）：1－12.

② 冉亚辉．中国德育基本理论体系研究［M］．南昌：江西人民出版社，2019：131.

③ 习近平．习近平谈治国理政：第2卷［M］．北京：外文出版社，2017：522.

承。中华文明一贯重视文化价值观的历史视野和深远影响。全人类共同价值既源于中华文化又有重要时代创新。全人类共同价值超越了中华传统文化的天下价值观，确立了人类共同体的价值观，是中华优秀传统文化的创造性转化和创新性发展。

5. 注重个体与社群和谐统一

全人类共同价值，涵盖了个体、世界、人类三个层面，有着中国道德伦理注重个体与社群和谐统一建构的历史经验和文化特色。马克思主义认为，人的发展从来都是个体、群体和类主体三种存在形态的统一。[①] 全人类共同价值，既关注了个体层面的民主与自由，又关注了国家社会层面的公平与正义，还关注了世界与人类层面的和平与发展。学校德育要坚持个体与社群和谐统一的道德哲学，拒斥和警惕二元对立思维，推进个体、社会、国家、世界、人类的价值和谐一体建设。

拓展阅读

始终弘扬全人类共同价值——共建美好世界的最大公约数（节选）

多样性是人类文明的魅力所在，更是世界发展的活力和动力之源。必须深刻认识到，在各国前途命运紧密相连的今天，不同文明包容共存、交流互鉴，在推动人类社会现代化进程、繁荣世界文明百花园中具有不可替代的作用。共同倡导尊重世界文明多样性、共同倡导弘扬全人类共同价值、共同倡导重视文明传承和创新、共同倡导加强国际人文交流合作，习近平总书记提出的全球文明倡议，为推动不同文明包容共存、交流互鉴贡献了中国智慧，为开创世界各国人文交流、文化交融、民心相通新局面提供了中国方案。文明没有高下、优劣之分，只有特色、地域之别，只有在交流中才能融合，在融合中才能进步。弘扬全人类共同价值，应当承认和尊重文明多样性，以平等和欣赏的眼光看待不同文明。要坚持弘扬平等、互鉴、对话、包容的文明观，以宽广胸怀理解不同文明对价值内涵的认识，不将自己的价值观和模式强加于人，不搞意识形态对抗。把全人类共同价值具体地、现实地体现到实现本国人民利益的实践中去，在彼此尊重中共同发展、在求同存异中合作共赢，以文明交流超越文明隔阂、文明互鉴超越文明冲突、文明包容超越文明优越，必将有力推动人类文明发展进步，让世界文明百花园姹紫嫣红、生机盎然。

——始终弘扬全人类共同价值：共建美好世界的最大公约数［N］. 人民日报，2023－03－24（1）.

① 郑丽平．论人类命运共同体的教育价值［J］. 上海交通大学学报（哲学社会科学版），2023，31（1）：45－56.

三、人工智能的发展与德育现代化

在互联网、云计算、大数据等的驱动下，人工智能技术快速发展。学校德育现代化必须理解并适应人工智能时代的挑战。这既需要主动运用人工智能推进学校德育高质量发展，同时也要有效防范人工智能带来的德育风险。

（一）人工智能对德育的影响与挑战

人工智能是模拟人类思维、延展人类智慧的新兴技术，其主要特点有：（1）智能化。智能是指人认识客观世界并运用知识解决实际问题的能力。智能化指的是人工智能能够相对深刻、准确、完全地反映客观事物，并具备一定的应用知识解决问题与观察、记忆、判断、联想和创造等能力。（2）深度学习能力。深度学习指的是人工智能能通过数据优化规则和模型实现自我学习。（3）人机协同能力。人工智能的认知发育已经有了明显的进展，机器可以一天看百万张图片并完成深度学习。人有很强的直觉和推理能力，只需要浏览和学习少量图片就能掌握其中的规律。人工智能的深度学习和人的推理能力的结合就是两类智能的共生共融，这就是人机协同能力。（4）群体智能开放能力。群体智能指的是简单的个体通过相互协作、合作，涌现更高的智能行为的特征。以符号逻辑、专家系统为代表的经典人工智能是规则驱动的确定性智能，以神经网络、深度学习为代表的人工智能是数据驱动的不确定性智能。群体智能是在两种交互智能中构成的一种人工智能。

人工智能对学校德育的影响与挑战如下：

1. 技术理性泛化遮蔽价值理性

学校德育的目的在于培养具有美好心灵、美好品德的个体。但人工智能技术的大量使用，很容易导致技术理性泛化，价值理性逐渐被遮蔽。技术理性与价值理性的结构比例失衡使学校德育表现为追求效率至上的德育目的，即希望在有限的情感和道德投入中得到最大化的收益。而对于德育这类注重情感交互和精神成长的教育活动而言，片面追求效率意味着把一切建立在标准化的程序之上，很容易导致学校德育见物不见人，从而不可避免地造成德育活力的窒息。

2. 程序计算与德育过程的情感缺失

德育的基础和前提是人类的道德情感，正是人与人之间情感充沛的交往才使个体获得直击人心的生命体验。而人工智能由于缺少情感产生的先天生理基础和后天社会实践经历，只能将一般的伦理原则或大众认可的道德原则转变为算法，以道德算法的形式模拟人类情感。关怀、同情、认同、友善、尊重等这些难以被量化的教育价值，以及学生的求知心、好奇心、创造力、感受力都在无形中被程序计算消解，这会导致德育内容的窄化和道德情感的缺失。

3. 德育过度标准化导致个性丧失

人工智能基于大数据的采集和分析，会形成主流数据标准和固定算法，在此基础上为学生制定德育计划从表面上看既科学又有效率，但实际上这是一种过度标准化的德育操作。在德育领域，人工智能背后所依赖的算法模型非但不能实现真正意义上的个性化道德发展，反而因为排除了学生道德发展的其他可能性，会阻碍道德主体个性的多样化发展。

4. 技术的过度放大与教师的缺位

从表面上看，借助技术的优势，学生可以摆脱时间、空间等限制，在线上丰富的资源库中自主选择德育素材，提升道德水平，甚至可以和人工智能面对面地进行道德交互学习。但事实上，人工智能技术改变了教师与学生面对面的情感交互模式，从真实有温度的现实情景延展到线上虚拟的学习空间，教师很难通过言传身教的方式将道德经验知识传授给学生，这在很大程度上造成了教师在德育过程中的缺位。

（二）人工智能时代德育现代化的方向

人工智能对学校德育而言，既是资源，又有着内蕴风险。学校德育要正视人工智能技术，确保人工智能为新时代学校德育现代化服务。

1. 坚持人工智能以人的发展为最高价值原则

人工智能在学校德育中的应用不能导致人被技术绑架，须以人的发展为技术使用的最高价值原则。这就需要我们在德育现代化的过程中，一方面高度重视人工智能的技术优势，利用其增强德育的信息化水平；另一方面，也要充分意识到人工智能的技术本性，使技术成为人的发展的必要手段。

2. 确保技术正义在德育中的充分体现

在人工智能时代，算法的偏见歧视、隐私侵犯、人权尊严保障等正义性问题是学校德育需要关注的重点。人工智能技术在德育中的运用是为了解蔽世界而不是禁锢世界；是为了学生全面和谐发展，而不是使学生失去个性。在学校德育中，人工智能技术可能会过度介入学生的私人空间，违背教育促进个体生命健康成长的最初使命。学校德育需要合理把握人工智能与教育的边界，为学生的道德成长留出足够的空间。

3. 构建人、技术、道德良性互动的人机共生的德育场域

人工智能是以模拟人类思维模式和行为方式为特征的高度类人化技术，能够为教学辅助、教育评价和个别化学习提供强有力的技术支持。学校德育需要建构起与自身相适应的人工智能模式。学校德育要顺应信息化、智能化发展的潮流，突破技术与道德的壁垒，构建人机协同、线上线下融通的德育体系。同时，学校德育可以利用人工智能技术还原真实的道德场景，增强道德的叙事性体验，提升德育的科学性和艺术性。

4. 提升德育的技术反思批判能力

人工智能不仅造就了人类生活方式和交往方式的巨大转变，同时也可能改变人类社会的价值评判标准。人类的价值观念体系有可能随之更迭，以适应高度智能化的社会。基于此，人工智能时代需要建立新的价值观。人工智能时代的价值观是人们处在智能社会中形成的对人工智能的看法、倾向、态度的观念总和，在结构上由智能知识观、智能审美观、智能伦理观等构成。学校德育在现代化的进程中需要对这些问题主动予以回应。

四、生态文明建设与德育现代化

“人与自然是生命共同体，人类必须尊重自然、顺应自然、保护自然。”① 要建设生态文明，一个重要的工作就是大力推进生态文明教育。生态文明教育是建设生态文明国家、建设生态文明社会、建立生态文明的价值观的重要基础性工作，是学校德育现代化的重要构成部分。

（一）生态文明建设的基本内蕴

从整体上看，生态文明建设具体涵盖生态发展理念、绿色生产生活方式、生态哲学、生态文明教育等领域。

1. “绿水青山就是金山银山”的新发展理念

新发展理念即创新、协调、绿色、开放、共享的发展理念。其中，绿色发展注重的是解决人与自然和谐共生的问题。我国资源约束趋紧、环境污染严重、生态系统退化，人民群众对清新空气、干净饮水、安全食品、优美环

① 习近平．决胜全面建成小康社会 夺取新时代中国特色社会主义伟大胜利：在中国共产党第十九次全国代表大会上的报告［M］．北京：人民出版社，2017：50．

境的要求越来越强烈。“绿水青山就是金山银山。我们应该遵循天人合一、道法自然的理念，寻求永续发展之路。”① 生态文明不是某个具体领域的问题，而是整个生态发展的现实要求。与传统现代化注重经济社会发展不同，新时代生态文明建设在理念层面，是一种高度重视经济社会发展与生态和环境建设和谐统一的新发展理念。

2. 绿色低碳的生产生活方式

“推动形成绿色发展方式和生活方式，是发展观的一场深刻革命。”② 在生产领域，要坚持节约资源和保护环境的基本国策，形成节约资源和保护环境的空间格局、产业结构，实现经济社会发展与生态环境保护协同发展。在生活领域，重点是形成绿色生态的生活方式。

3. 尊重和保护自然的环境哲学

“人类发展活动必须尊重自然、顺应自然、保护自然，否则就会遭到大自然的报复。”③ 尊重自然是强调人类生产生活不再以征服自然为基本哲学，这改变了近代以来人与自然相对立的哲学论，将自然视为人类生存的基础性条件，在哲学层面自然与人类两者一体并存。保护自然是强调人类要通过现代科学技术，致力于维护自然的生态环境，并注意修复自然，还自然本来的面目和存在状态。

4. 生命共同体的生态哲学基础

生命共同体的核心理论内涵主要有三个维度：自然内部制衡的生命共同体、人与自然和谐共生的生命共同体、人与人命运相连的生命共同体。④ 与传统生态文明相比较，生命共同体的生态哲学在很大程度上超越了传统意义上的人与自然的和谐，在哲学层面将人与自然视为命运一体的生命共同体，超越了单向度的保护自然，而把人类与自然视为一体共存。

5. 注重公民环境意识的生态文明教育

生态文明教育是生态文明建设的重要支撑和基础。在生态文明教育领域，如何培养青少年形成绿色低碳的生产生活方式，是生态文明教育的重要目标指向。从整体上看，生态文明建设是一项长期性、战略性的建设工程，既需要强化生态环保的科学技术、物质条件等生态文明的硬实力建设，也要致力于建设生态文明价值观和生态文明法治化等生态文明的软实力建设，两者共

① 习近平．习近平谈治国理政：第2卷［M］．北京：外文出版社，2017：544.

② 同①395.

③ 同①394.

④ 耿步健，葛琰芸．习近平关于生命共同体重要论述的逻辑理路、内涵及意义［J］．河海大学学报（哲学社会科学版），2019，21（5）：22－27.

同协调合作，服务于生态文明建设。

（二）生态文明建设的重要德育价值

从整体上看，生态文明建设是新时代国家治理的重要构成内容，学校德育现代化要适应新时代的发展需要，高度重视生态文明教育的德育实践。

1. 高度关注自然环境的可持续性

新时代的生态文明，重点关注了人与自然的关系，注意到了自然环境的可持续发展对整个人类以及生态系统的重要性。在发展视野上，这是从人类社会对自身的关注走向了关注人类社会与自然环境的关系。这就在很大程度上扩展了德育的目标和方向，将人与自然的伦理关系纳入了教育的范畴。因此，学校德育既要关注人类自身发展的可持续性，也要关注自然环境的可持续性。

2. 主动建构不同于社会的自然价值观体系

价值观是德育的重点内容体系，也是德育的重要伦理基础。生态文明建设扩展了价值观体系，在传统的社会价值观体系的基础上，增加了人与自然的价值观体系，这是在价值观维度上的重要变革。基于价值观的变革，德育的内容体系和基本理念都要随之而扩展。人类从原来的战胜自然的理念发展到今天的人与自然和谐的理念，这是价值观方面的重要发展变革。人与自然的和谐也因此成为学校德育需要重视的新的重要价值观。

3. 注重培养青少年的健康生活方式

传统意义上的德育对个体的生活方式相对缺乏关注。生态文明建设既要求绿色生产，也要求建立绿色生活方式。学校德育不仅要培养青少年健康的思想道德素质，还要关注学生个体的健康生活方式，帮助学生形成绿色的生活方式，从而节约资源和能源，为社会的可持续发展服务。

4. 关注自然环境美的教育熏陶

德育与美育的关系十分密切，甚至在具体的德育实践中，美育和德育经常是交织在一起实施的。在生态文明建设的时代背景下，学校德育需要重视自然环境美的教育熏陶，让学生理解自然美，欣赏自然美，培育自然美，建设自然美。学校德育如果有效引导学生建立了生态文明的美的价值观，社会生态文明建设就有了坚实的教育基础。这也是形成社会生态文明共识的重要建设路径。

本章小结

德育现代化是中国式现代化的重要组成部分。中国德育现代化的核心是以人为中心的现代化，同时也是德育自身（包括德育目标、内容、方法等）的现代化。在中国式现代化建设的背景下，学校德育现代化主要体现在两个方面：一方面，学校德育现代化是具有中国特色的现代化；另一方面，学校德育现代化也是面向数字化、信息化转型的现代化。学校德育现代化具体涵盖德育目标的现代化、德育内容的现代化、德育技术手段的现代化、德育体系的现代化等。

学校德育现代化是基于时代发展的德育现代化，需要融入时代变革与发展中。中国梦、全人类共同价值、生态文明建设是新时代学校德育的重要内容，也深刻影响着学校德育现代化。中国梦是新时代德育的重要内容，在学校德育中，要注意理解梦想是个体发展的重要驱动力，要引导个体发展融入时代使命。全人类共同价值是新时代重要的理论创新，推进全人类共同价值教育，扩展德育的国际视野和人类命运共同体意识，是学校德育现代化的重要要求。学校德育现代化必须理解并适应人工智能时代的挑战，既需要主动运用人工智能推进学校德育高质量发展，同时也要有效防范人工智能带来的德育风险。生态文明教育是建设生态文明国家、建设生态文明社会、建立生态文明的价值观的重要基础性工作，是学校德育现代化的重要构成部分。

思考题

1. 学校德育现代化的基本内涵是什么？它包括哪些主要特征？
2. 学校德育现代化的实践原则有哪些？
3. 中国梦与德育现代化之间的关系是什么？
4. 如何看待德育现代化与全人类共同价值构建的关系？
5. 人工智能的发展给德育带来的挑战有哪些？
6. 生态文明的内涵及其对德育现代化的要求是什么？

参考书目

1. 鲁洁．德育现代化实践研究［M］. 南京：江苏教育出版社，2003.

2. 胡斌武．社会转型时期学校德育的现代化［M］. 北京：中央编译出版社，2006.

3. 柳国梁，陈国明．教育现代化进程中学校德育创新研究［M］. 杭州：浙江大学出版社，2020.

4. 褚宏启．教育现代化的路径：现代教育导论［M］. 3版．北京：教育科学出版社，2021.

后　记

本教材由北京师范大学公民与道德教育研究中心主任班建武组织编写，经教材编写组成员多次讨论和研究后确定编写思路和提纲。编写者除了北京师范大学的成员，还有东北师范大学、南京师范大学、华中师范大学、首都师范大学、重庆师范大学、深圳大学、中央民族大学等兄弟院校的教育同人。全书由班建武统稿、修改和审定。各章节执笔人如下：

绪　论，班建武，北京师范大学

第一章，班建武，北京师范大学

第二章，刘峻杉，首都师范大学

第三章，韩丽颖，东北师范大学

第四章，叶　飞，南京师范大学

第五章，孔祥渊，深圳大学

第六章，班建武，北京师范大学

第七章：班建武，北京师范大学；章乐，南京师范大学；李敏，首都师范大学；傅淳华，中央民族大学

第八章：孙银光，华中师范大学

第九章：冉亚辉，重庆师范大学；叶飞，南京师范大学

本教材的完成，是团队精诚协作的成果。各章节作者认真完成了各自负责的章节，并不厌其烦地多次修改。本教材在编写过程中参考了大量专家的观点，并引用了许多同行的研究成果。对于各位作者和专家同行的贡献，在此一并表示衷心的感谢。中国人民大学出版社的王雪颖女士高度重视本教材的编写，没有她的大力支持，这本教材是很难诞生的。

本次教材编写在充分吸收已有德育原理教材编写的有益成果的基础上，力求尽可能体现我国德育研究的最新成果。尽管教材编写组成员努力编写，但能力有限，恐有错误和疏漏之处，希望各位同人能够在使用本教材的过程中提出宝贵意见，以便再版时修订完善。

班建武

2023 年 4 月 30 日

图书在版编目（CIP）数据

德育原理/班建武主编．--北京：中国人民大学出版社，2024.4
新编21世纪教育学系列教材
ISBN 978-7-300-32590-3

Ⅰ.①德… Ⅱ.①班… Ⅲ.①德育－高等学校－教材 Ⅳ.①G41

中国国家版本馆CIP数据核字（2024）第041389号

新编21世纪教育学系列教材
德育原理
主编　班建武
Deyu Yuanli

出版发行	中国人民大学出版社		
社　　址	北京中关村大街31号	邮政编码	100080
电　　话	010－62511242（总编室）		010－62511770（质管部）
	010－82501766（邮购部）		010－62514148（门市部）
	010－62511173（发行公司）		010－62515275（盗版举报）
网　　址	http://www.crup.com.cn		
经　　销	新华书店		
印　　刷	天津旭非印刷有限公司		
开　　本	787 mm×1092 mm　1/16	版　　次	2024年4月第1版
印　　张	19.25 插页1	印　　次	2025年7月第2次印刷
字　　数	360 000	定　　价	49.00元

教学支持说明

（教学课件）

中国人民大学出版社教育学科秉承“出教材学术精品，育人文社科英才”的出版宗旨，多年来，出版了大批高质量的教育学、小学教育、学前教育专业教材和学术著作。

我们为本教材制作了相应的 PPT 教学课件，任何一位采用本书作为授课教材的教师均可免费获得该课件。为了确保该课件仅为授课教师获得，烦请您填写如下材料，并将相关信息通过 E-mail 发送给我们，我们将在收到相关信息后通过 E-mail 给您发送该课件。欢迎您加入我们的 QQ 群（教育新视野交流群，群号为 159813080），或登录我社官方网站（www. crup. com. cn），注册并认证成为教师会员，以获得更好的服务。

我们的联系方式：

地址：（100872）北京市中关村大街甲 59 号文化大厦 1202 室

中国人民大学出版社

电话：（010）62515955　62515383

E-mail：ggglcbfs@vip. 163. com

QQ 群：159813080

兹证明__________大学/学院__________院/系__________专业__________学年第__________学期开设的__________课程，采用中国人民大学出版社出版的__________（书名、作者）作为本课程教材。授课教师为__________，授课班级共______个、学生______人。授课教师需要与本书配套的教学课件。

联 系 人：____________________

通信地址：____________________

邮　　编：____________________

电　　话：____________________

E-mail：____________________

系/院主任：__________（签字）

（系/院办公室章）

______年_____月_____日